华夏家训

母教在心

谭继和

癸卯清明

母教，天下崇高之大教化

余雪

慈母严父

新一天地

父天地一新母慈严

冯文炎

—— 天府文化研究与传播丛书 ——

母教在心

成都贤母懿行故事辑略及其天府文化价值研究

冯和一　卜海艳 ◎ 著

吉林大学出版社

·长春·

图书在版编目（CIP）数据

母教在心：成都贤母懿行故事辑略及其天府文化价
值研究 / 冯和一，卜海艳著 . -- 长春：吉林大学出版
社，2023.4
（天府文化研究与传播丛书）
ISBN 978-7-5768-1716-4

Ⅰ . ①母… Ⅱ . ①冯… ②卜… Ⅲ . ①女姓 - 文化研
究 - 成都 Ⅳ . ① C913.68

中国版本图书馆 CIP 数据核字（2023）第 101216 号

书　　名　母教在心：成都贤母懿行故事辑略及其天府文化价值研究
　　　　　MUJIAO ZAI XIN：CHENGDU XIANMU YIXING GUSHI JILÜE JI QI TIANFU
WENHUA JIAZHI YANJIU

作　　者　冯和一　卜海艳
策划编辑　李卓彦
责任编辑　张　驰　韩玉梅
责任校对　高珊珊
装帧设计　尚　炜
出版发行　吉林大学出版社
社　　址　长春市人民大街 4059 号
邮政编码　130021
发行电话　0431-89580028/29/21
网　　址　http：//www.jlup.com.cn
电子邮箱　jdcbs@jlu.edu.cn
印　　刷　成都远恒彩色印务有限公司
开　　本　787mm×1092mm　1/16
印　　张　22.5
字　　数　385 千字
版　　次　2023 年 4 月　第 1 版
印　　次　2024 年 1 月　第 1 次
书　　号　ISBN 978-7-5768-1716-4
定　　价　79.00 元

序

家教关乎家事、国事、天下事

一、家教关乎忠孝伦理

母教父训是形成家风、民风的起点，中华文明有家国同体、福祸相关的悠久伦理信仰传统。在人的成长中，母教比父训更早、更切近。人之生，先在母腹，胎儿伴随母亲胎教成形、成长，从降生时起，即"子生三年，然后父母之怀"，母亲不但直接承担着子女日常衣食住行等抚养事宜，更以身教、言教影响子女的行为、观念，熏陶着子女的情操。

中华五千年文明史上，至迟到三皇五帝时代，已逐渐形成敬祖贵老的信仰伦理，胡适曾在《说儒》中，将殷人儒称为殷人敬祀祖先的教士。而孔子则将神道设教中的宗教教士之儒改造成了后世从事教化、教诲的教师之儒，即"师儒"。

二十多年前，余曾在《先秦孝道文化溯源》一文中，将先秦孝道的萌芽与形成轨迹，大体分为三个阶段，第一阶段为三皇五帝时代的先孝阶段。此时，事亲祀祖的观念在形成和丰富中，遂以敬祀祖考为特点，萌芽了一种原始家教式的迎神仪式。第二阶段为夏商时代。此时以敬祖贵老为核心，形成了尊天命、信鬼神、祀祖先的宗教信仰——胡适称这种宗教信仰为"祖先教"（敬祖、贵老、事亲是祖先教的基本内容和信仰）。第三阶段为周孔时代。孝道伦理最终形成。周公制礼作乐，《诗经》中留下许多咏孝的乐歌。如《诗·大雅·下武》咏唱："永言孝思，孝思维则；永言孝思，昭哉嗣服。"东周春秋之世，礼崩乐坏，殷裔孔子从殷人凝聚族人认同感的敬祖贵老祖先教中吸取重孝的内容，以"仁孝"为基点加以改造，创新形成一种新儒学说。何谓"仁"？在不同场合，孔子有不同侧重点的解释，但"亲亲为仁"是起点。将亲其亲的亲子关系推及处人之道，则仁爱成，是为"泛爱众，而亲仁。""仁爱"从亲亲开始并延伸。孔子强调："孝悌也者，其为仁之本与。"（《论语·学而》）后经历史官文化的转换，《礼记·祭义》云："昔者，有虞氏贵德而尚齿，夏后氏贵爵而尚齿，殷人贵富而尚齿，周人贵亲而尚齿。虞夏殷周，天下之盛王也，未有遗年者。年之贵乎天下久矣；次乎事亲也。是故朝廷同爵则尚齿。""尚齿者，贵老之义。""先王之所以治天下者五：贵有德，贵贵，贵老，敬长，慈幼。此五者，先王之所以定天下也。"

忠是孝道的一大理念，《礼记·祭统》云："忠臣以事其君，孝子以事其亲，其本一也。上则顺于鬼神，外则顺于君长，内则以孝于亲，如此之谓备。"

孔子弟子有子将孔子忠孝仁恕思想体系的逻辑做了一个通俗化的解说："其为人也孝悌，而好犯上者，鲜矣；不好犯上，而好作乱者，未之有也。"（《论语·学而》）《吕氏春秋·孝行览》云："夫孝，三皇五帝之本务，而万事之纪也。"在中华传统文化中，国事万机，纲要在孝。社会秩序的纲纪，有赖于忠孝伦理的贯彻与执行，忠孝之念始于家训，家教、家风始于母教。

二、培养优秀人才德行操守有赖于母教

《孟子·离娄上》曰："事，孰为大？事亲为大；守，孰为大？守身为大。不失其身而能事其亲者，吾闻之矣；失其身而能事其亲者，吾未之闻也。孰不为事？事亲，事之本也。"此处所讲之"大"，指人的操守大节，做人不能丧失忠孝大节。

儒经中多次指出孝道有两大要求：一是能"养"，能赡养父母。二是须敬，要孝敬父母。如果只是给父母基本的生活物资，却缺失对父母的敬爱之心，这是不孝。因为即使是禽兽也会施以饲养，人之奉养父母当然不能同于禽畜。

孝敬的理性认识与情感，都要自幼从母教中获得、培养。《四书·大学》开篇即反复讲家国治道与人生成才的宝诀逻辑："格物、致知、诚意、正心；修身、齐家、治国、平天下。"人们简称这字诀为"格致诚正、修齐治平"。这八个阶段，都必须母教在位才能实现，尤其前六阶段，母教影响更大。小儿牙牙学语，已在随母教辨别事物，认识何者为鸡，何者为狗，何者为花，何者为树。故佛学因明格言曰："见山不是山，心中有山，见山是山。"正是母教，从一开始就介入人之格物致知，母教伴随人从感性的格物致知，到理性的思考；又是母教监护着孩儿往内心世界追求正心诚意，在外部世界自修其身，有了正确充实的身心修养，达到"家和万事兴"的境象"齐家"才有了基础。

作为社会细胞的"家"祥和有秩，则国亦得安宁，家国安宁，自然天下太平。"家"这一组成社会的"细胞"有赖母教，才能保持健康。

故家国赖于教，齐家、治国、平天下之每一步，都有赖于母教的介入。母教缺位，俗谚责之曰："有娘生，无娘教。"

三、贤妻良母职责的核心内容是母教

"贤妻良母"职责是中国古代社会对妇女为人妻、为人母的规定和要求。今天对这一要求不能照旧，亦不能各取所需，正确的理解是弃其男尊女卑的糟粕，吸取其符合人性天理的合理精华。不妨参照任继愈评价中国孝道的方法与尺度审视贤妻良母论。多年前（2001 年），任继愈在《中华孝道文化》一书的序中说："中国几千年来，把忠孝视为天性，甚至作为区别人与禽兽的标志。忠孝是圣人提出的，却不是圣人想出来的。它是中国古代长期社会实践的社会产物。"言及忠孝观念，任继愈反思"五四"以后文化思潮的缺失时说到："五四以来，没有历史地对待孝这一社会现象和行为，出于反对封建的目的，把孝说成罪恶之源是不对的，因为它不符合历史实际。"

"贤妻良母伦理"是孝道的必备内容。贤妻良母是在家庭中贯彻孝道的实践体现。何谓贤妻？相夫教子有方，主持中馈有礼，方能达到"贤良"。中华文明处理"齐家"之事，一方面系统保护"男尊"，压制女权，提出"三从四德"，要求女人一生都得服从男权支配，在娘家从父，出嫁从夫，夫死从子。是谓"三从"，德、言、容、工，是谓"四德"；这里的"容"并非指女人的模样俊秀，而是要求女人在家务劳动中，要保持妆容整洁，表情和顺、谦恭。如果一味地绝对"三从"，那女人就形同奴隶，何由"贤良"？于是，提升家庭女性地位的贤妻良母、相夫教子伦理出现了。作为妻、母，家庭中必须是主妇有相教之权，有贤良行事之权，孝道实际上提升了女人的家庭地位与社会角色。俗谚云："妻贤夫祸少，母良子添福。"

常人误解孝道，以为敬顺父母为孝。父母做错事，又顺着他，甚至帮着他错下去，这种"顺"并非孝，《孝经》认为这并非"孝"，因为孝道中有诤子，忠道中有诤臣，贤妻中有诤妻，良母中有教诲。

《孟子·离娄下》中提出"不孝"的五条标准："世俗所谓不孝者五：惰其四肢，一不孝也；博弈好饮酒，不顾父母之养，二不孝也；好货财私妻子，不顾

父母之养，三不孝也；从耳目之欲，以为父母戮（羞辱甚至伤害父母），四不孝也；好勇斗狠，以危父母，五不孝也。"

孟子在赡养父母基础上补充了超越五不孝，提出另三不孝："阿意曲从，陷亲不义，一不孝也；家贫亲老，不为禄仕，二不孝也；不娶无子，绝先祖祀，三不孝也。"孔子在回答鲁哀公问孝时教导"父有争子，不行无礼；士有争友，不为不义。故子从父，奚子孝？臣从君，奚臣贞？审其所以从之之谓孝、之谓贞也。"

圣人奉道，孝与不孝，皆须由父训、母教耳提面命，训之、教之、化育之。故母教是修身齐家之治国要务，母教是否缺位，母教质量效果，不仅是衡量贤妻良母的尺度，更是修身、齐家、治国、平天下的大事。

四、巴蜀文化中有贤母优良文化传统

巴蜀大地，黄帝嫘祖子息降居之乡邦。《史记·五帝本纪·黄帝纪》记述黄帝嫘祖将长子玄嚣降居江水（今阿坝州岷江源），次子昌意降居若水（今雅砻江汇入金沙江一带），昌意娶蜀山氏之女昌仆为妻，生帝颛顼高阳氏。黄帝嫘祖的儿女亲家蜀山氏之"蜀"，即"巴蜀"之"蜀"的来源。嫘祖乃西陵氏（传说为今岷山邛崃之野）之女，发明野蚕饲养、剥茧、抽丝、织绸。《山海经》云："巴蜀境内，古有女国，由女子治理方国。"巴蜀文化率多女杰，才妇贤母成为一方风气。四千年前，巴蜀女子涂山氏敢于主动向自己倾慕的男子大禹求婚而生子启，成为有夏时代开国贤君。涂山氏之后，巴蜀贤母故事不绝于正史方志，苏轼之母教诲少年苏轼做人为臣要学习汉代著名忠贞贤臣范滂，就是见于正史的母教故事之一。

冯和一君悉心从正史、野史、方志、笔记中，搜索钩稽，撰成《母教在心》一书，此书直触贤母风范，提出今人家教良风参考之良策，有睥于盛世良俗，此书力求雅俗皆赏，避开过多的学理推考，而以可感、可学的故事，讲好母德、母教，探讨在现代亲子观念中如何继承、创新中华文明中之优良母教传统，总结形成今天的母子"孝道"以及孝道文化赋予女性自觉地承担母教之职的积极性因素。其爱心也善焉，其情怀也爱焉。愿以予拙笔，聊为之序。推荐大家读赏此书。

祁和晖

2023 年 4 月 10 日

序

巴蜀文明是具有鲜明地域特色的文化形态，是中国优秀传统文化的重要组成部分。成都历史悠久，文化底蕴深厚，是巴蜀文明发源地，拥有丰富的贤母懿行故事，对发掘成都母教资源，研究母教文化，提供了极其宝贵的文化财富。

成都大学天府文化研究院冯和一老师在其科研成果《订顽起懦，启悟来世：颜之推＜颜氏家训＞教育思想研究》的基础上，再次细化家教、家风研究领域，从地方文化"母教"资源发掘的角度，以调研数据为切入点，以史料事实为依据，从传统文化、地方文化、母教发展与教育成就的错综关系中，深度探讨贤母之教在我国家庭教育中的特殊地位、影响与价值，完成本书的撰写工作，充分体现出其课题的创新性价值。

（1）服务于实现优秀传统文化的创造性转化、创新性发展。《母教在心》这一课题，围绕成都历史名人文化创新工程，以成都历史文化名人的贤内助为视角，发掘成都贤母懿行家庭教育文献资源，建立"成都贤母懿行资料库"，开展贤母文化研究，为成都优秀传统文化创造性转化、创新性发展开拓新的路径和视角。

（2）对成都优秀的母教文化资源进行故事化汇编，使其通俗易懂，寓教于乐。成都优秀的传统文化，富含母教文化元素，把这一特色文化资源以一例例鲜活的故事，栩栩如生地展示出来，可读性强，在凸显成都传统文化创新创造、优雅时尚、乐观包容、友善公益等丰富内涵、宣传成都优秀母教文化等方面有重要价值。

（3）充分利用成都母教这一特色文化因子，发掘从远古至近现代成都贤母教育子女的丰厚史料，深度分析母亲在家庭教育中特殊地位和作用。这本书不仅是一部成都母教的资料汇编，更是一部率先研究成都母教的学术作品，对当下全国兴起的家教家风教育提供了丰富的母教范例、重要的文化资源。

近年来，家庭教育的重要性，已日益受到社会各界的关注与重视。习近平总书记多次谈到家庭教育，引用古人"爱子，教之以义方""爱之不以道，适所以害之也"，强调家庭教育对孩子成长的重要性，提出"有什么样的家教，就有什么样的人"。习近平总书记从家庭和睦、社会和谐到下一代健康成长的角度，特别强调要发挥妇女在弘扬中华民族家庭美德、树立良好家风方面的独特作用，2013年10月31日，在同全国妇联新一届领导班子集体谈话时论述："我们也要注重发挥妇女在社会生活和家庭生活中的独特作用，发挥妇女在弘扬中华民族家庭美德、树立良好家风方面的独特作用。中国人一直赞美贤妻良母、相夫教子、勤俭持家，这些是中华民族传统优秀文化的重要组成部分。我们要强调发挥好妇女在社会上的作用，也要强调发挥好妇女在这些方面的作用。"习近平总书记有关家教家风系列讲话，在全国引起巨大反响，家教家风教育活动随之展开。

"天下之本在家"，家庭在积极探索家庭教育的可行、有效的办法，学者在忙于进行家庭教育的学术研究。在这一背景下，冯和一和卜海艳两位老师独辟蹊径、博览群书、广搜材料，不舍昼夜地辛勤写作，终于完成了《母教在心》这一学术著作的撰写，为我国当下的家风家教、家庭教育与地方文化价值发掘与研究，为家庭教育的具体实践奉献了一部具有资料价值、学术价值和现实借鉴意义的作品，实乃一大幸事！

是为序。

2023年3月20日于龙树阁

目 录

第一部分　成都贤母懿行文化研究综述 ……………………………………… 1

一、研究的意义 …………………………………………………………… 1

二、成都贤母懿行文化研究的内容 ……………………………………… 2

三、内容选材的创新程度或实际应用价值 ……………………………… 4

四、成都贤母懿行文化元素研究情况说明 ……………………………… 4

第二部分　成都贤母懿行故事辑略 ………………………………………… 6

【远古】创立婚姻、繁衍华夏——黄帝祖母华胥氏 …………………… 7

【远古】天蚕圣母，以身垂范——黄帝元妃嫘祖 ……………………… 8

【远古】候人兮猗，启棘宾商——大禹贤妻涂山氏 …………………… 9

【汉】拂教五子，恩爱若一——张霸夫人司马敬 ……………………… 11

【汉】启蒙授受，筹划寻师求学——扬凯之妻李氏 …………………… 12

【汉】家之贤妇，子之慈亲——王遵妻张叔纪 ………………………… 12

【晋】不惧家道艰难，支持儿子学业——常耜之妻，常璩之母 ……… 13

【蜀汉】文韬武略，遗训忠孝——诸葛亮妻黄月英 …………………… 14

【蜀汉】任母治内，子成名贤——任安母姚氏 ………………………… 15

【唐】儒风绵聊，圭玉松筠——王武用妻颜氏 ………………………… 16

【唐】愈班氏之业，传孟母之贤——王就妻杨氏 ……………… 17

【唐】代习仁贤，母仪可观——李夫人程氏 ………………………… 17

【前蜀】怀道韫之才，布礼教于家——王宗侃妻张氏 ………… 18

【前蜀】哲妇赞成其家，慈裕无爽——韦毅夫人张道华 …… 19

【后蜀】秉心忠实，志在社稷——蜀后主母李太后 …………… 20

【宋】名儒讲习经史，以辅子之德——章献明肃太后刘娥 … 21

【宋】爱养诸孤，贤惠抚教——范锴夫人郭氏 ………………… 24

【宋】相其夫子，无愧名门——范廷杰妻范氏 ………………… 26

【宋】传范氏学，抚子外家典刑——张察宇妻范氏 ………… 26

【宋】勉夫教子，比为范母——苏洵妻程氏 …………………… 27

【宋】庆闱濯秀，笃孝姜庞——苏过妻范氏 …………………… 28

【宋】清德直道，宜知根本——范仲黼母王安人 …………… 29

【宋】家法井井，为成都最——宇文师说妻房妙光 ………… 32

【宋】劝相其夫，督励其子——宇文邦彦妻黎贤妇 ………… 33

【宋】贤明淑慎，朝夕兢兢——张栻母宇文氏 ………………… 33

【宋】章句字画，训诲诸女里中——阎路妻杨氏 …………… 34

【宋】教子有法，正家有礼——马惟用妻周氏 ………………… 36

【宋】克励驯德，抚养弱子——王准妻薛氏 …………………… 37

【宋】温温其言，慈爱为先——张确妻杜氏 …………………… 37

【宋】严师良友，徽烈懿行——许益之妻刘氏 ……………… 39

【宋】孝贤慈德，日加训饬——宋构夫人李纯慧 …………… 41

【宋】恤孤穷苦，教以清白——宋京夫人蒲洁 ……………… 44

【宋】竭力奉亲，诗书勤俭——赵复妻黎氏 …………………… 46

【宋】善言懿行，合于方册——王就妻朱氏 …………………… 46

【宋】导以箕裘之业，训以柔顺之德——刘起妻张氏 …… 48

【宋】啬于身而轻施与——勾龙爨夫人黄氏 …………………… 49

【宋】处之素定而不乱——范洋妻史氏 ………………………… 50

【宋】事以孝闻，佐君子无违——张栻妻宇文氏 …………… 51

【宋】方直之操，士夫或有愧焉——宋若水妻张氏 ………… 52

【宋】倚门尽心，以身为则——范祖尧母赵氏 ……………… 53

【宋】携诸孤严教子，必使世其家——杜翊世母黎氏　　54

【宋】母仪妇节书青史——陈堂前王氏　　55

【宋】知书好礼，钟爱孤女如己出——何夫人唐氏　　56

【宋】汝食君禄，岂可辞难——刘当可母王氏　　56

【宋】风节良有自，岂可受贼辱——范孝纯妻师氏　　56

【宋】相夫以义，教子以学——郭伯龙妻宇文氏　　57

【宋】事君之义不避害——赵彦呐（字敏若）妻杨氏　　58

【宋】以亲为师，教训子孙——大酉祖母苏夫人　　59

【宋】拊而兄弟，至忘其身之疾——大酉母史稷　　60

【宋】幼孤满前，劬躬覆帱——大酉母程曼卿　　61

【宋】拊育均一，诗书之泽不坠——王表民母黎氏　　63

【宋】延师教子，以持门户——魏了翁祖母高氏　　64

【宋】黄芝紫兰，膏润风雨——魏了翁母谯氏　　65

【宋】敬事重闱，督子游学——任逢母史夫人　　67

【宋】治家有法，容貌尊严——柳雅夫人仇道真　　68

【宋末元初】得其家学，口授诸经——虞汲妻杨氏　　70

【明】姑媳相抚，孀居教子——昭母杨氏妙明　　72

【明】治家勤俭，与人孝善宽和——蒯森妻宗妙佑　　72

【明】性严有德，义方教后人——杨玫妻熊氏　　73

【明】教必厉辞色，教学无徒以诵——杨春妻叶氏　　75

【明】惟德之行，黾勉同心——吴琨妻孔氏　　77

【明】潆濒之养，不惧燠寒之节——聂庆妻徐夫人　　77

【明】动止以礼，扃鐍以时启闭——谢惟时妻何氏　　78

【明】苦学以裕家，不勤业必隳——廖铉夫人徐氏　　78

【明】延师教子孙，尤为勤备——刘昱妻张氏　　80

【明】明顺慈惠，慈训治家——杨用贞夫人王氏　　81

【明】夫妇唱和，倾力教子——杨廷和之妻黄媛　　82

【明】纪刚家务，杨氏婴臼——杨慎夫人黄峨　　83

【明】待人宽厚，教子甚严——杨正和妻吴氏　　84

【明】训迪笞教，训子有方——蒋芹妻曹氏　　84

【明】慈爱周恤，无异己出——许契妻胡氏 ·················· 85

【明】训迪子姓，务成远器——刘恩妻李氏 ·················· 86

【明】良吏邦媛，母以成之——董万贯妻黄氏 ················ 86

【明】孟之教，陶之慈——万膏泽妻鲁氏 ···················· 87

【明】勤孝敬顺，教子成名——吴可恭妻邵氏 ················ 88

【明】孝亲慈育子，宜家睦族邻——李芳春妻陈氏 ·········· 88

【明】训子有成，不近无益之戏——邝建祥母温氏 ·········· 89

【明】析当五子均之，不令己子独赢——伍朝堂妻高氏 ······ 89

【明】虽乏食，不令废学——文节母陈氏 ···················· 91

【明】炊濯烦扪，一身兼之——高举母张氏 ·················· 92

【明】节烈殉国，振家族美名——顾金印母贾氏 ············ 92

【明】奉师当如奉神，教训多古格言——李兆盛妻韩氏 ······ 93

【明】继母至慈之极，可格神明——曾传之母李氏 ·········· 93

【清】萧氏一门，忠孝节烈——萧建勋母黄氏 ················ 94

【清】辛勤鞠育，课子成名——张凤徵妻王氏 ················ 95

【清】亲授诸子诗书，以器识为先务——缪开鼎妻葛氏 ······ 95

【清】训以孝友谦逊，夜必篝灯督课——向廷赓母武氏 ······ 95

【清】异乡施厚德，百世仰嘉风——潘成禧夫人方氏 ········ 96

【清】务自成立，贻父母令名——李兆盛母周氏 ············ 97

【清】婚嫁择书香，不啬人以自丰——黎廷赞妻晏氏 ········ 97

【清】善心最好，各宜勉之——顾复初夫人范雏娟 ·········· 98

【清】幼通文艺，作师教子——何以政妻顾氏 ················ 99

【清】数日必为师一具豚脯——周慎言妻刘氏 ················ 99

【清】同音唱和，三朵金花——李鉴时妻杨氏 ·············· 100

【清】娴熟弓马，善佐内政——岳钟琪继室高氏 ············ 100

【清】诗笔清流，兼有嶙峋气概——顾汝修继室李瀛洲 ······ 101

【清】持家有方，诗文有法度——赵遵素妻敬有斋 ·········· 101

【清】身兼子妇职，备极辛勤——李化楠妻罗氏 ············ 102

【清】变卖家财，以护前室子——李化楠继室吴氏 ·········· 102

【清】咏怀写意，高歌林下——郭名锦妻孙佑纯 ············ 103

【清】画意诗情，栖凤将雏——张问陶继室林顾 103

【清】煮茶伴读，相夫教子——张诚妻顾慈 104

【清】不因贫且拙，焉能成劲节——卢宏宇妻周氏 105

【清】淹贯史籍，纺绩课子——杨世焘母高浣花 106

【清】操管赋诗，教子成名——崔荆南母耿静如 106

【清】晓大义，娴吟咏，慈而严——刘式沂妻陈氏 107

【清】昼习女工夜工书史，教子成才——郑方得妻谢梦贞 107

【清】积善荷天禄，明者慎所为——伍肇龄妻孙慎仪 107

【清】男儿功名，女职井臼——郑曜廷妻金素兰 108

【清】和而有礼，照护施教——陈国器继室岳照 108

【清】详慎精审，设闺塾教习弟子——李廷玉妻习佩琼 109

【清】一心惟望儿成立——曾子健妻王麟书 109

【清】抚养幼子，担全家生计——萧模妻陈氏 109

【清】乐善好施，倾力教子——景豫妻倪淑仪 110

【清】手执书卷，与诸儿女讲诵不辍——赵廷璜妻郑淑昭 110

【清】携眷来花市，随姑到草堂——刘璜妻子陈昭容 112

【清】安贫抚孤，左氏三迁——曾咏妻左锡嘉 113

【清】食贫守苦，毁妆力纫，树一家门风——刘彭焕妻杨氏 114

【清】同德同志，抚爱甚至——刘汉鼎继室李氏 114

【清】勤慎宜家，贤明训后——刘沅母向氏 115

【清】妻善理家政，先生无内顾之忧——刘沅妻彭氏、陈氏、袁氏 118

【清】备娴四德，兼嫩六行——刘桂文妻黎氏 119

【清】道义以课子，撙节以处己——张祥和妻刘靓修 120

【清】先意承事，柔嘉维则——刘咸荥贤妇凌夫人 121

【清】素不以财乏而吝施减礼——刘楟文夫人王氏 122

【清】母性刚直，惟好读书——刘楟文侧室谢氏 123

【清】课督诸子，有过失则施之以夏楚——刘必帅妻曾季昭 123

【清】相夫教子，麟祉振振——左锡嘉长女曾懿 124

【清】善举之事，竭力掸精——曾光煦妻谢述 124

【清】伏生老去传经卷，愿作来生立雪人——张祥龄妻曾彦 125

【清】必摘木叶手书四子章句训之——何生美妻顾氏 ……………………… 126

【清】家有余赀，欲兴义举——陈继舜母张氏 …………………………… 126

【清】令子俟于得金处还金——刘汉伦妻郑氏 …………………………… 127

【清】延师训课，抚二子成立——王勋妻叶氏 …………………………… 127

【清】孝以事姑，严以教子——文浩妻刘氏 ……………………………… 128

【清】日勤女红以供子读——祝东旸妻张氏 ……………………………… 128

【清】日事纺绩，以为子从学资——贺应举妻袁氏 ……………………… 128

【清】事姑勤纺绩，质子赎回又抚孙——高万春妻周氏 ………………… 128

【清】亲旧之贫者有求必应——马开泰妻江氏 …………………………… 129

【清】奉亲教子，孝义并至——李彦妻黄氏 ……………………………… 129

【清】事翁姑、抚子女、让夫弟——添锡妻巴噜氏 ……………………… 130

【清】老母孤儿，惟藉十指供给——吉勒通阿妻何齐克氏 ……………… 130

【清】刀尺之声与书声相间——吴时中妻李氏 …………………………… 130

【清】内书字口授，外不吝修脯——邓文彬妻陈氏 ……………………… 131

【清】汝不发愤，负我苦心——马国泰妻冯氏 …………………………… 131

【清】前妻遗子，爱如己出——杨钟林继室蒋氏 ………………………… 131

【清】氏之彝训，耕读为本——傅廷举妻傅张氏 ………………………… 132

【清】恂恂守礼，咸遵氏教——朱亮妻宋氏 ……………………………… 132

【清】口授四子言及范经——鲍椿妻邓氏 ………………………………… 133

【清】勤俭读书为本，伙助贫者不吝——雍大龄妻傅氏 ………………… 133

【清】事姑以孝，课之游庠——宋泷妻杨氏 ……………………………… 134

【清】教以义方，口授《毛诗》——洪嘉允妻李氏 ……………………… 134

【清】典籍珥慎追远，女红度活为子孙——杨世伦妻冯氏 ……………… 135

【清】熟读女箴鉴史，侄女辈之师——朱育华妻徐氏 …………………… 135

【清】孝亲不倦，教子尊师——秦日珍妻田氏 …………………………… 135

【清】篝灯课子，贞心苦志——潘兴科妻李氏 …………………………… 136

【清】遇人有患难，必使子伙助——安士俊妻朱氏 ……………………… 136

【清】延师训迪，勖以成人——叶宗峦妻徐氏 …………………………… 136

【清】羹汤亲调，送子入太学——叶正昆妻范氏 ………………………… 137

【清】命子朝夕随侍姑以承欢——戴春魁妻叶氏 ………………………… 137

【清】教诲诸侄，日课孙曾以诗书——徐逢瑞妻王氏 137

【清】儿子成立，率由母训——盛世熙妻刘氏 138

【清】教子使各务本业——喻德彰妻王氏 138

【清】事亲以孝，教子有方——杨慎思妻王氏 138

【清】教子以耕以读——张信妻伍氏 139

【清】奉养周至，教三子皆有成——王寿妻刘氏 139

【清】善待亲族，遇贫苦辄恤之——蒲万雄妻王氏 139

【清】约束最严，有贤母风——李友文妻黄氏 140

【清】妇职自当如是，表何为耶——张庆鸿妻赖氏 140

【清】课子大兴，严如师保——武得士妻傅氏 140

【清】放弃家产，至孝继姑——王廷相妻安氏 141

【清】以小学、《孝经》诸书课子——郑维纯妻陈氏 141

【清】纺绩度日，课子成立——沈德隆妻朱氏 142

【清】勤于操作，课读维严——田世辅妻宋氏 142

【清】以班《箴》、宋《诫》为女训——萧基珍妻万氏 142

【清】教养兼至，殷勤训迪——何文藻妻张氏 143

【清】不辞艰苦，供师修脯——董怀妻罗氏 143

【清】励志抚教，生平多隐德——李裴妻杨氏 143

【清】临终训子，忠孝传家——汤万年妻易氏 144

【清】励志苦守，教子不废儒业——陈萱德妻赵氏 144

【清】孝亲甘旨必亲奉，教子勤习诗书——钟瑛相妻吴氏 145

【清】教子力勤耕读，不吝族邻——傅尚义妻王氏 145

【清】立心不二，篝灯教子——钟高振妻曾氏 145

【清】三女三侄，鞠养训诲——谢承恩妻李氏 146

【清】课子以读，恒以纺绩伴之——黎道修妻薛氏 146

【清】至孝养亲，纺绩助读——曾国斌妻邓氏 146

【清】教诲其子，惟以耕读——王明妻盛氏 147

【清】教侄如子，不事姑息——黎裔隆妻廖氏 147

【清】训子与侄，均得有成——黎赐隆妻蔡氏 147

【清】美食以养姑，与子惟餐粗粝——曾儒学妻周氏 148

【清】终养二老，教子半读半耕——刘明宗妻张氏 ………………… 148

【清】诚事姑，和处家，济里党——刘志泰妻蓝氏 ………………… 148

【清】守节凛冰霜，鸣官求抚子——秦国政妻王氏 ………………… 149

【清】抚养前室之子，爱之如己出——范维义继室范氏 …………… 150

【清】督课其子，纺绩以助膏火——赖文炳妻冯氏 ………………… 150

【清】不事奢华，而厚于待师——诸炯妻王氏 ……………………… 150

【清】严于色笑，爱惜物力——彭大洶妻王氏 ……………………… 150

【清】妯娌和睦，爱侄逾己出——张极明妻舒氏 …………………… 151

【清】量材而授以业——戴棹魁妻叶氏 ……………………………… 151

【清】事母维谨，训子维严，不稍宽待——刘枢妻任氏 ………… 152

【清】得一读书子为婿——杨秀春妻刘氏 …………………………… 152

【清】教二子，督课甚严——黄德超妻陈氏 ………………………… 152

【清】教子最严，少长即使就外傅——马耀妻温氏 ……………… 153

【清】严而有法，家范凛然——马国恩妻马氏 …………………… 153

【清】情性醇和，持身严正——韩国桢妻徐氏 …………………… 153

【清】口授四子书，课读甚严——王言纶妻黄氏 ………………… 154

【清】教以义方，俱遵氏礼法——苏成基妻曾氏 ………………… 154

【清】教子成人，家法严——齐垣妻张氏 ………………………… 154

【清】教子素严，小故必加捶楚——廖朝卿妻秦氏 ……………… 155

【清】仁慈宽恕，敬高年，周贫乏——哈喇马利妻王氏 ………… 156

【清】今有虫吟草、再刻兰音阁——陈友琴母何芷卿 …………… 156

【清】母子相伴一盏油灯，纺线念书——骆成骧母 ……………… 156

【清】恨我不为男，背亲来事姑——阎鼙妻杨淑贞（待考） …… 157

【清末】家有藏书数万卷——曾家贤妻沈仪顺 …………………… 157

【清末】守拙安贫到白头——吕清和妻李湘竹 …………………… 158

【清末】琢磨其道德，勉强其学问——吴夫人曾兰 ……………… 158

【清末】广涉家藏，侍父教弟训子——余钟祥妻王蓉 …………… 159

【清末】喜书能诗，相夫教子——王增祺母曾淑品 ……………… 159

【清—民】氏亦知书，教督綦严——林思进母邓氏 …………… 160

【清—民】种菜织布，助子攻读——赵熙母王氏 ………………… 160

【近现代】爱一切人，不管贫富——巴金母陈淑芬 ············· 160

【近现代】孀居育子，不改其乐——冷融妻黄稚荃 ············· 161

【近现代】聪明仁慈，待人厚道——汤德润之妻，艾芜高祖母 ····· 162

【近现代】精怪故事的诱惑，报恩传奇的润泽——艾芜祖母梁氏 ··· 162

【近现代】德在如愚、道在痴——刘咸忻继室万氏 ············· 163

【近现代】温恭勤俭，事无巨细——贺麟养祖母周氏 ··········· 164

【近现代】惜钱休教子，护短莫投师——郭沫若母杜邀贞 ······· 164

【近现代】严格治家，擅长管理——沙汀母郑氏 ··············· 165

【近现代】安排发蒙，慈育幼子——李劼人母杨氏 ············· 166

【近现代】汝必欲与中华文教共存亡——唐君毅母陈大任 ······· 167

【近现代】琴瑟和鸣，懿范千秋——唐君毅夫人谢廷光 ········· 168

【近现代】慈母心怀，遇事镇静——贺麟妻刘自芳 ············· 168

【近现代】简朴生活，慷慨助学——贺麟继室黄人道 ··········· 169

【近现代】慈祥严格，忠诚不渝——李硕勋夫人赵君陶 ········· 170

附集 ··· 171

第三部分　成都贤母懿行文化元素与教育价值研究 ··········· 201

第一章　天府文化滋养下贤母文化元素的传承与发展 ········· 202

第一节　创新创造的文化智慧滋养着成都女性自强不息的创造 ······· 202

第二节　优雅时尚的文化特质滋养了成都女性的梦想与追求 ··········· 204

第三节　乐观包容的文化精神赋予成都女性充分的权益与自信 ········· 207

第四节　友善公益文化环境滋养了成都女性对贤母懿行品质的认同 ····· 212

第二章　贤母懿行的现代教育价值调研及分析 ··············· 218

第一节　母教与家国大计 ··································· 219

第二节　成都母教现状的调研与分析 ························· 228

第三节　成都古代贤母的教子理念与教育方法之观察 ··········· 235

第四节　成都贤母之教的重要内容 ··························· 243

母教在心

成都贤母懿行故事辑略及其天府文化价值研究

第三章　贤母之教与家风塑造 ································· 261

第一节　成都母教的呈现及母教对成都文化发展的影响 ·············· 262

第二节　成都贤母大爱元素的垂范形式及其价值 ·················· 280

第三节　贤母的家国担当对家风塑造及子女官德、懿行的影响 ········· 302

第四节　发掘成都贤母教育资源促进成都人文和谐的名城建设 ········· 311

后记 ·· 318

附录 ·· 320

参考文献 ·· 330

第一部分
成都贤母懿行文化研究综述

一、研究的意义

（一）成都母教资源编研的现状

对于母教研究的重要性以及母教资料的丰富性，目前我国学术界对传统母教资源的研究远远不足，母教资源社会利用价值的发掘与社会文化精神发展的实际需求也十分不符；结合调研发现，学术界对母教的社会价值的关注也只倾向于以家族为视角研究母教传统与母教特征，而对具有正能量的、能体现地域性优秀文化传统的贤母资料的整理、研究及其宣传和普及价值没有给予积极的关注。系统地挖掘、梳理、研究和利用各地丰富的历史文化资源（包括贤母家训、贤母懿行文化资源），以促进地域优秀历史文化的整理和普及是一项亟待进行也很有价值的工作。本书是基于此基础展开的对成都贤母懿行特色的地域文化资料进行专门的挖掘、整理和研究。

成都平原沃野千里、物产富饶，自古被称为"天府之国"。这里的每段源远流长的历史，每件刻骨铭心的事件，每位充满正能量的人物及其背后的贤母教诲，都是成都地域文化的重要元素。尽管在成都历史上贤妻良母不能尽数，成都历史女性资料的整理和编写著作却大多限于个别才女。迄今为止，无论在成都市还是在我国国内，尚缺少能够使中国社会主义核心价值观与成都创新创造、优雅时尚、乐观包容、友善公益等具体文化内涵与要求相结合的母教科普成果，也没有一部具有母教文化资料研究价值、社会传播价值、大众普及价值的贤母家训、贤母懿行读本。

（二）成都母教文化研究的学术价值、应用价值和宣传普及价值

1. 学术价值

首先，成都母教文化研究配合四川历史名人文化创新工程，以挖掘历史、把握当代、关怀生活为编写指导思想，着眼于成都贤母的懿行文化资源，对这些资料进行深度发掘和利用，服务中国优秀传统文化的创造性转化、创新性发展。其研究成果将形成文献索引式"成都贤母懿行资料库"，其次，将结合成都古代贤母与贤子孙的教育传承特征与家族性文化特点，以资料库材料为依据，研究贤母文化资源的当代价值，为弘扬巴蜀文明、发展天府文化、讲好四川故事、建设和谐美丽新四川服务。

2. 应用价值

本书内容倾向于具有重大传播和普及价值的人物。在内容的甄选上以彰显天府文化的丰富内涵底蕴为依据，对天府文化创新创造、优雅时尚、乐观包容、友善公益的文化内涵做系统的故事化、普及化解读，以此丰富天府文化的历史文化底蕴，为天府文化的创新性发展与国际化追求提供更丰富、更具有成都个性的文化内容、项目形式、文化素材和活动载体，促进成都优秀地域传统文化的传承和当代价值的发挥。

3. 宣传普及价值

追源溯流成都文化中的母教传承，彰显成都贤母文化个性元素，弘扬成都母教文化价值，借助成都女性在地方文化发展中的价值发掘，推动成都市家庭教育的发展，为坚定文化自信、建设天府文化名城添砖加瓦。

二、成都贤母懿行文化研究的内容

（一）形成"成都贤母懿行故事辑略"

本书以"成都贤母"为整理、研究和编写的对象，在现有准确资料的基础上形成一个索引式的"成都贤母懿行资料库"。

涂山江汉，代有女宗。在成都的历史上不仅有"操概邈然""与丈夫竟爽"的才女，更有"相其夫而成其子"的贤母，其母教贤风曾为蜀都培育了很多的清廉志士或蜀学贤达，或为蜀文学、蜀文化乃至蜀都医学等方面的发展都做出了杰出贡献。本书参考《蜀王本纪》《三国志》《华阳国志》《岁华纪丽谱》《成都通

览》《四川通史》《成都通史》《老成都》以及其他相关方志资料、成都精神研究资料、蜀学研究资料、成都文化大族文书资料、家谱等，系统地梳理、整理成都秀毓闺阁人物资料，形成一个文献索引式的"成都贤母懿行资料库"，诸如张霸夫人司马敬、任安母姚氏、王遵妻叔纪、黎贤妇、陈堂前王氏、范锴夫人郭氏、范廷杰妻范氏、范仲黼母王安人、宇文师说妻房妙光、范祖尧母赵氏、虞汲妻杨氏、杨玫妻熊氏、杨慎夫人黄峨、蒋芹妻曹氏、缪开鼎妻葛氏、向廷赓母武氏、李兆盛妻韩氏、何以政妻顾氏、周慎言妻刘氏、曾咏妻左锡嘉、左锡嘉长女曾懿，等等，这些贤女无不是德才兼备、秉承母教之责的好母亲，堪称我国古代贤妻良母之楷模。在快节奏的现代社会，当人们渐渐淡忘家风家教之母教在子女三观教育中的重要价值的时候，成都这些古代贤母亲自身的德才素养及其对子女的培育、指导、规劝、教训，并最终使后嗣子孙得以成立、成名，甚或成为一代才女医师、翰林显贵、清廉志士、诗人才俊、科技贤达的善端往事，无不能给予我们更多的思考和借鉴。

（二）分析研究贤母文化资源的现代母教价值

结合积极传承与发展中华传统文化的时代需求，对具有成都个性的贤母文化资源进行现代价值的梳理与研究。

成都贤母文献资料中，有很多具有天府文化、社会主义核心价值观涵养价值的贤母教子故事。如王安人相其夫而成其子，房妙光辛苦养育和教导宇文绍节兄弟廉洁奉公，正直刚毅，等等。这样的例子还有很多。本书将结合天府文化内涵，从"成都贤母懿行资料库"中提炼具有强大正能量，具有成都地域特色，具有很强知识性和启迪作用的资料，对成都贤母生平、后嗣的业绩、家风家训以及思想等方面的贡献等进行研究，形成具有资料价值与文化涵养价值的贤母家训、贤母懿行的研究成果，传递成都贤母故事的真、善、美及其所蕴藏的创新创造、优雅时尚、乐观包容、友善公益等优秀品质，为教育添智慧，为世人弘美德，为提高对"家风家教"之母教重要性的认识和母教在新文化建设中发挥的作用提供更多思考和借鉴，增强受众群对贤母文化的感受能力、文化自信与自豪感。

三、 内容选材的创新程度或实际应用价值

（一）选材角度具有针对性与创新价值

本书突出科学性、针对性和有效性，在尊重客观资料的基础之上，对具有天府文化特色的、杰出的贤母懿行资源在符合中国特色社会主义核心价值观的基础上进行的发掘、梳理和运用。

（二）彰显天府文化贤母元素及其社会普及价值

（1）彰显成都贤母文化元素，弘扬成都母教文化价值，有益于推动成都天府文化中的女性贡献研究，推动成都市家庭教育的发展和优良家风建设。

（2）丰富天府文化内涵的阐释，丰富成都自由、平等、和谐、友善的历史文化底蕴，促进成都优秀地域传统文化的传承和当代价值的发挥，营造魅力天府文明。

四、 成都贤母懿行文化元素研究情况说明

本项研究着眼于为成都市各区（市）县传承巴蜀文明、发展天府文化提供系列可资选用的贤母资料、文化素材，并为各地因地制宜、充分发掘成都优秀地域文化的当代价值，合理利用成都优秀地域文化所蕴含的强大正能量，贯通历史、现实和未来，提供一系列研究成果、文献资料的支持。根据此项研究需要，结合天府文化中的贤母文化元素的发掘、传承以及优良家风家训的发掘、重建、传承的时代需求，围绕天府文化内涵的发掘与发展要求，历时四个月（2018 年 6 月 -10 月），对双流刘氏、华阳范氏、新都杨氏、蒲江魏氏等影响较大的文化大族母教情况及其他贤母的嘉言懿行进行走访、调研与资料整理，以期借助无数充满温情与智慧的贤母家教，汲取精华，延续弘扬成都贤母文化传统，与时俱进，涵养成都新的时代母教之风尚，服务于传承巴蜀文明，发展天府文化的时代要求。

本项研究将成都传统文化与现代母教需求相结合，将天府文化的内涵与成都贤母文化资源相结合，契合天府文化研究的时代课题，突出成都地域文化精髓与文化传承特色，研究方法力求将研究创新与学术价值、史料价值、当代价值相结合。具体而言，主要通过资料整理（涉及历史文献、相关地方志文献、文学作品等）方式，辅以实地调研（包括成都杜甫草堂、金堂贺麟故居、新都杨氏祠堂、艾芜故居、孝善文化之乡土桥镇、双流方志办、蒲江方志办、成都市图书馆、四

川省图书馆等），力求对成都市贤母文化资源、贤母母教文化发掘与利用的优劣得失情况做出比较全面的梳理，并以此为基础分析成都贤母懿行资源在涵养天府文化、发展天府文化方面的当代价值，最终形成了《成都贤母懿行故事辑略》《成都贤母友善懿行之友善文化元素》《成都贤母懿行当代教育价值分析》《成都区市贤母懿行简表》等成果汇编，约二十余万字。

第二部分
成都贤母懿行故事辑略

"贤"，古写作"𦇚"，"臣"为目，"又"为手，后加上贝，本义为善良、劳累、多财，或从能力而言曰："贤，多才也。"[1] 或从德行而言曰："有善行也。"[2] 或从对财物的态度而言曰："以财分人谓之贤。"[3] 有的更注重于从勤劳奉献方面去理解，如《诗经》中《小雅·北山》有曰："大夫不均，我从事独贤。"《正义》："贤，劳也。"[4]《传》曰："贤，劳也。"谓事多而劳也。故《孟子》曰："我独贤劳。"[5]

"母"，古写作"𠙺"，一是生养："象怀子形，一曰象乳形。"[6] 二是育养："母，牧也，言育养子也。"[7] 三是又有倾慕、学习、模仿之意："慕也，婴儿所慕也。"[8] 所以，贤母所具有的内涵：是一个具有善良德行、才华修养，熟谙治道，又能鞠育子孙，具有母教智慧的母亲的指称。"懿"多指美行、美德。由于特殊的男权经济、政治、历史原因，大多数成都历史上的贤母光辉是被其家族男性尤其是丈夫的业绩所掩盖的，所以尽管成都历史上有一大批了不起的贤母，但她们并未在文字上留下更多资料供我们检索，在查找古代贤母资料时，我们能见到的较多的往往是失去丈夫的女性独自支撑家门而得以荣显的寡母资料。所以此书有

[1]〔清〕倪涛撰，《六艺之一录》卷205，《四库全书》第834册，上海古籍出版社，1987年版，第421页。
[2]〔汉〕郑玄注，〔唐〕陆德明音义、贾公彦疏，《周礼注疏》卷2，《四库全书》第90册，上海古籍出版社，1987年版，第36页。
[3]〔晋〕郭象注，〔唐〕成玄英疏，《庄子注疏·庚桑楚》卷8，《四库全书》第1056册，上海古籍出版社，1987年版，第124页。
[4] 上海古籍出版社编，《十三经注疏·毛诗正义》，上海古籍出版社，1997年版，第463页。
[5]〔汉〕许慎撰，〔清〕段玉裁注，许惟贤整理，《说文解字注》第六篇下"贝"部，凤凰出版社，2007年版，第492页。
[6]〔清〕张玉书等编纂，《康熙字典·辰集下·母部·一画》，康熙五十五年（1716）初刻本，第588页。
[7]〔清〕张玉书等编撰，《康熙字典·辰集下·母部·一画》，康熙五十五年（1716）初刻本，第588页。
[8]〔清〕张玉书等编撰，《康熙字典·辰集下·母部·一画》，康熙五十五年（1716）初刻本，第588页。

关成都贤母嘉言懿行等内容，并不能将历代成都贤母的整体形象刻画出来，只能形成辑略，故称"懿行辑略"。本书也将以此为基础，结合天府文化创新创造、优雅时尚、乐观包容、友善公益的丰富内涵，对成都古代及现代部分贤母懿行故事进行了初步整理与研究。[1]

【远古】创立婚姻、繁衍华夏——黄帝祖母华胥氏

走近浩渺、悠长的历史长河，我们困惑于诸多起源的发生。我国文字记载的历史，难以让我们唤起对更遥远的祖先的记忆。如今，有文字但却像历史又似神话的记录，是从大祖母华胥开始的。

华胥是我国神话、历史传说中伏羲、女娲的母亲，华胥故里叫作"华胥国"，"华胥国"位于何地，历来说法不一，蜀地阆中[2]是其一。[3]所以也有人推测，华胥很可能是一位受人尊重的华胥国女首领，或者说，在华胥治天下时期，华胥国曾历经危难，四方迁徙，所以华胥的传说遍及巴蜀、黄河流域，也有专家推测华胥是在带领氏族迁徙的生活中，生下并养育了伏羲、女娲。伏羲有少典，少典娶有蟜氏，于是有了炎帝与黄帝的诞生，所以《国语·晋语四》中说炎帝、黄帝的老祖母就是华胥。华胥及其子孙辛苦流徙的开拓生活，最终为我们开辟了中华民族繁衍生息的伟大历史。在我国，华胥"履巨人迹"而生伏羲以及伏羲、女娲兄妹婚姻故事广泛流传，一方面，暗示从华胥时期到伏羲时期正是华夏子女由只知其母不知其父的原始群婚状态走向具有确定性男女配偶的婚姻历史的重要

---

[1] 本书人物选择标准与依据：①其行为具有模范效应，言行具有教育价值，在成都家庭教育发展史上具有一定贡献的女性。②体现成都地域特色。选择的空间和范围包括出生在成都区域内的和因婚嫁、移民、孝养、寓居等各种世事因缘随亲入蜀而久居成都，具有贤德懿行，对成都家庭教育的发展有贡献或影响的女性。③其嘉言懿行与"传承巴蜀文明、发展天府文化"有内涵逻辑关系，与天府文化的"创新创造""优雅时尚""乐观包容""友善公益"价值相辅相成。④按历史朝代先后编次。从远古传说到清末民初，暂时不能判断时序者，均列于《辑略》后作为附录，家庭、生平暂时难以考核的，亦置之于后备考。⑤辑略相关文献资料及口述文献资料。书中所涉贤母，间有论述。内容包括人物生平简述、贤母懿行、母训及其他事略，附相关资料于后。生平尽可能详备，有相夫教子事迹传世者，作专门介绍，前人论述也可摘取一二。

[2] 〔宋〕罗泌著《路史》一书中云："太昊伏羲氏，母华胥，居于华胥之渚"注云："记云所都国有华胥之渊，盖华胥居之而名，乃阆中渝水也。"〔明〕曹学佺撰《蜀中名胜记》一书中注："所都国有华胥之渊，乃阆中渝水地也。"据《阆中华胥故里》记载，华胥之子伏羲生于成纪，成业于巴蜀，伏羲曾三次回到阆中，并在此地教人结网捕鱼狩猎，服牛乘马，改巢造屋等。（参见何佩东《伏羲文化与巴蜀文明》，中国商报，2006年8月18日C03。）

[3] 《保宁府志序》有云："夫阆中渝水为华胥之渊，伏羲所都。"（参见《中国地方志集成·四川府县志略》第56册，巴蜀书社，1992年版，第6页。）

发生、发展时段。从这个层面来讲，华胥算是我国婚姻创立的伟大先祖了。

附：（黄帝）梦游于华胥氏之国，……其国无帅长，自然而已；其民无嗜欲，自然而已；不知乐生，不知恶死，故无夭殇；不知亲己，不知疏物，故无爱憎，不知背逆，不知向顺，故无利害……[1]

太昊帝庖牺氏，风姓也。燧人之世，有巨人迹出于雷泽，华胥以足履之，有娠生伏羲于成纪，蛇身人首，有圣德。[2]

春皇者，庖牺之别号。所都之国，有华胥之洲。神母游其上，有青虹绕神母，久而方灭，即觉，有娠，历十二年而生庖牺。[3]

【远古】天蚕圣母，以身垂范——黄帝元妃嫘祖

嫘祖，西陵（今河南西平，一说今绵阳盐亭）国女，与在黄河流域的黄帝结亲，为黄帝元妃，也被后人称为"华夏第一妃"。嫘祖母仪天下，发明蚕桑，这时原始先民们终于有了漂亮的衣服："轩辕妃嫘祖始育蚕"[4]，"缉麻以兴，机杼而成布帛。"[5] 当然，嫘祖的贡献还不仅仅于此，因为她还有一颗无私的国母之心，恩推天下，据《通鉴外记》记载："（嫘祖）始教民育蚕，治丝茧以供衣服，后世祀为先蚕。"[6] 伟大的国母嫘祖，推恩教民育蚕缫丝、缉麻制衣，福祉万民，功垂万古，被后人奉为"天蚕圣母"。

嫘祖还将育蚕的技术推广到蜀地。据文献记载，嫘祖生有玄嚣、昌意二子，其中一子昌意被分封到蛮荒的蜀地。作为母亲，嫘祖识大体、不徇私，随同儿子一同入蜀。嫘祖义方教子，以身垂范，教养昌意，同时也大爱无私、教蜀民养蚕、制衣，蜀地服饰文化由此走向新时期。在嫘祖的教育下，昌意富有圣德，后取蜀山氏女昌仆为妻，生下高阳，高阳德才兼备，继承帝位，即颛顼。

嫘祖，是黄帝时代以德立身、以身垂范、衣被天下、福祉万民的炎黄文化的积极创造者与传承者；嫘祖入蜀、教子、养蚕的懿行，也影响着中华民族——黄

[1]〔宋〕江遹撰，《冲虚至德真经解·黄帝》卷2，《四库全书》第1055册，上海古籍出版社，1987年版，第666页。

[2]〔清〕马骕撰，《绎史·太皞纪》卷3，《四库全书》第365册，上海古籍出版社，1987年版，第78页。

[3]〔晋〕王嘉撰，《拾遗记》卷1，《四库全书》第1042册，第313页。

[4]〔明〕孙瑴编，《古微书·礼纬》卷17，《四库全书》第194册，上海古籍出版社，1987年版，第927页。

[5]〔明〕董斯张撰，《广博物志·服饰》卷38，《四库全书》第981册，上海古籍出版社，1987年版，第275页。

[6]〔清〕秦蕙田撰，《五礼通考·亲桑享先蚕》卷126，《四库全书》第137册，上海古籍出版社，1987年版，第1051页。

帝后裔的言行与品德，对后世女性，包括帝后皇妃的懿行追求都有极大的影响，譬如《后妃桑蚕》所记："季春，后妃斋戒，享先蚕而躬桑，以劝蚕事"[1]等就与嫘祖的影响有关。

附：《史记》黄帝二十五子。其得姓者十四人，黄帝居轩辕之丘，而娶于西陵之女，是为嫘祖。嫘祖为黄帝正妃，生二子，其后皆有天下。其一曰玄嚣，是为青阳，青阳降居江水，其二曰昌意，降居若水，昌意娶蜀山氏女，曰昌仆，生高阳，高阳有圣德焉。[2]

在昔轩辕正妃嫘祖，孕虞毓唐，发汤启武，得姓十二，如千子乳，创制蚕织缫，陵为辅，衣被天下，功垂万古，后世文胜乃崇黼黻。[3]

【远古】候人兮猗，启棘宾商——大禹贤妻涂山氏

涂山氏，治水英雄大禹的妻子。屈原《楚辞》曾问及："禹之力献功，降省下土四方；焉得彼涂山女，而通之于台桑？"[4]屈原对大禹娶涂山的疑问说明了战国时代大禹娶涂山氏传说的广泛流传。据说，涂山氏嫁给大禹不久，大禹就外出治水了："（禹）娶于涂山。辛壬癸甲，启呱呱而泣，予弗子，惟荒度土功。"[5]后来，涂山氏生夏启的时候，大禹还在奔波于治水，甚至三过家门都没有回家。多年的分离，涂山氏曾以南音"候人兮猗"之歌以表达对丈夫的思念，这首歌被认为是我国第一首有文字记载的民间乐歌、南歌，涂山氏也因此被颂为我国历史上第一位女诗人。也有人认为涂山氏就是女娲，她们都与灵石信仰有联系："涂山氏女，名女娲，是禹娶涂山氏，号女娲也。"[6]涂山氏是夏朝开国之君启的母亲，涂山所在地，有蜀地说、徽地说、浙地说等，未有定论。曾有人推测涂山氏所属是一个力量较为强大的部落，大禹治水曾得到涂山氏的鼎力支持，从这方面而言，大禹治水的功绩更离不开涂山氏的参与和奉献了。涂思贤《重修中华涂氏大成宗谱涂山朴公传略》曾题赞涂山氏："礼尚达义，德泽宇内，贤淑治家，教子成龙，启登帝

[1]〔唐〕白居易原本、〔宋〕孔传续撰，《白孔六帖·后妃桑蚕十四》卷82，《四库全书》第892册，上海古籍出版社，1987年版，第360页。

[2]〔清〕马骕撰，《绎史·皇帝纪》卷5，《四库全书》第365册，上海古籍出版社，1987年版，第112页。

[3]〔清〕乾隆，《国朝宫史·典礼四》卷8，《四库全书》第657册，上海古籍出版社，1987年版，第143页。

[4]〔汉〕王逸撰，《楚辞章句·天问》卷3，《四库全书》第1062册，上海古籍出版社，1987年版，第27页。

[5]〔宋〕林之奇撰，《尚书全解·益稷·虞书》卷6，《四库全书》第55册，上海古籍出版社，1987年版，第120页。

[6]〔清〕储大文纂，〔清〕觉罗石麟修，《山西通志·帝王》卷61，《四库全书》第544册，上海古籍出版社，1987年版，第177页。

位，创立夏祚四百余年。"[1] 涂山氏的德泽懿行，为夏朝的顺利开启产生了极大的影响；而且，传说涂山氏的儿子夏启也非常喜欢音乐，并且还有很高的音乐素养，曾经创制了远古乐歌——《九歌》《九辩》，"启棘宾商，《九辩》《九歌》"[2]。

附：启母者，涂山氏长女也，夏禹娶以为妃。既生启，辛壬癸甲，启呱呱泣。禹去而治水，惟荒度土功，三过其家不入其门。涂山独明教训而致其化焉。及启长，化其德而从其教，卒致令名。禹为天子而启为嗣，持禹之功而不殒，君子谓涂山疆于教诲。诗云："釐尔士女，从以孙子。"此之谓也。颂曰："启母涂山，维配帝禹，辛壬癸甲，禹往敷土，启呱呱泣，母独论序，教训以善，卒继其父。"[3]

禹三十未娶，行到涂山，恐时之暮，失其度制，乃辞云："吾娶也，必有应矣。"乃有白狐九尾造于禹，禹曰："白者，吾之服也，其九尾者，王之证也"，涂山之歌曰："绥绥白狐，九尾痝痝，我家嘉夷，来宾为王，成家成室，我造彼昌，天人之际，于兹则行明矣哉。禹因娶涂山，谓之女娇。"……禹行功，见涂山之女，禹未之遇而巡省南土，涂山氏之女乃令其妾待禹于涂山之阳，女乃作歌，歌曰："候人兮猗。"实始作为南音。周公及召公取风焉，以为《周南》《召南》。[4]

大禹娶于涂山，生启，弗子，凡十三年于外。而涂山氏能教其子，使著敬承之美焉。迄今考其"候人"之南，盖《葛覃》《卷耳》之音，实权与于此也。然则蜀中女德之贞有自来矣。夫倡随一室，穆穆雍雍，安其常也。乃若孤鸾寡鹄，所以矢从一之志、禦强暴之侮者，其节行不尤激烈耶？盖女史所陈，遭逢虽异，而贞静同归。[5]

启《九辩》与《九歌》兮，夏康娱以自纵。[6]

---

[1] 选自涂思贤《〈中华涂氏大成宗谱〉重修谱牒·涂山朴公传》，天下涂氏网，2009年6月8日，http://tushi.lezhi99.net/article/833.html。

[2] 〔清〕吴景旭撰，《历代诗话·楚辞》卷9，《四库全书》第1483册，上海古籍出版社，1987年版，第65页。

[3] 〔汉〕刘向撰，《古列女传·启母涂山》卷1，《四库全书》第448册，上海古籍出版社，1987年版，第10页。

[4] 〔清〕马骕撰，《绎史·武丁中兴》卷12，《四库全书》第365册，上海古籍出版社，1987年版，第168页。

[5] 〔清〕张晋生撰，《四川通志·列女》卷11，《四库全书》第559册，上海古籍出版社，1987年版，第443页。

[6] 〔汉〕王逸撰，《楚辞章句·离骚经章句第一》卷1，《四库全书》第1062册，上海古籍出版社，1987年版，第8页。

【汉】拂教五子，恩爱若一——张霸夫人司马敬

司马敬，成都张霸[1]之妻，成都人，司马氏贤女。嫁张霸后，司马敬相夫教子，重视张氏家学的传承，使张氏兴而不衰。对于司马敬的贤母懿行，《华阳国志》云："霸前妻有三男一女，敬司产一男，抚教五子，恩爱若一。"[2]司马敬抚育张霸五子，一视同仁；我国自古有后母难为的说法，但司马敬却做得很好；这对于张氏"幼也知孝让，居然合礼仪"[3]的孝悌礼让家风的塑造与传承有着极大的推动作用。张霸去世，司马敬携诸子还蜀，此后司马敬更注重对诸子女施以母教、训导子女。张霸子公超、光超，禀承母教，均为聘士，后因世乱隐居；公超子张陵，举孝廉，官至尚书。自陵以后，张氏家族世代有学有仕。如"张楷，字公超，亦通《严氏春秋》《古文尚书》，门徒常百人，宾客慕之"[4]，"张楷行慕原宪，操拟夷齐，轻贵乐贱，窜迹幽薮，高志确然，独拔群伦"[5]。张氏子孙这样贤能通达，除了受到张氏家学渊源的影响，贤淑母教对其家风的传承与塑造的作用自不待言。

附：汉敬（司马敬同），成都人，适张霸。随夫之河南，生三子二女。霸卒，葬于河南，同曰："先人庐墓在蜀，义不可离。"乃率子女归里，课子成立，女适人，同以节终。[6]

张霸，字伯饶，成都人，自少知孝让，乡人号为曾子。七岁通《春秋》，后博览五经，和帝时举孝廉，为会稽太守，表用郡中有业行者，郡人争励志节，化服群盗，童谣云："弃我戟，捐我矛，盗贼尽……"[7]

张楷，霸子，通《严氏春秋》《古文尚书》，门徒常百人，五府连辟，举贤良，不就，顺帝诏云："楷行慕原宪，操拟夷齐。"郡时以礼发遣，楷复告疾，不到，性好道术，能作五里雾。[8]

---

[1] 张霸，蜀郡成都人，人称"张曾子"，据说此人至孝，好学，曾将《严氏春秋》删减为二十万言，被称为"张氏学"。

[2] 〔晋〕常璩著，刘琳校注，《华阳国志校注》卷10，巴蜀书社，1984年版，第723页。

[3] 〔晋〕常璩著，刘琳校注，《华阳国志校注》，巴蜀书社，1984年版，第416页。

[4] 〔明〕曹学佺撰，《蜀中广记·人物记第一》卷41，《四库全书》第591册，上海古籍出版社，1987年版，第510页。

[5] 〔明〕曹学佺撰《蜀中广记》卷41《人物记第一》，《四库全书》第591册，上海古籍出版社，1987年版，第510页。

[6] 〔清〕张晋生撰，《四川通志·列女》卷11，《四库全书》第559册，上海古籍出版社，1987年版，第443页。

[7] 〔清〕张晋生撰，《四川通志·孝友》卷10，《四库全书》第559册，上海古籍出版社，1987年版，第416页。

[8] 〔明〕李贤撰，《明一统志》卷67，《四库全书》第473册，上海古籍出版社，1987年版，第430页。

张陵，楷子，官至尚书，元嘉中，梁冀带剑入省，陵敕虎贲夺冀剑，劾奏冀，百僚肃然。初，冀弟不疑，举陵孝廉，谓曰："昔举君，适以自罚。"陵曰："今申公宪以报私恩也。"[1]

【汉】启蒙授受，筹划寻师求学——扬凯之妻李氏

扬凯之妻李氏，西汉儒学大家扬雄之母，也是扬雄的启蒙之师。"在扬雄牙牙学语的时候，李氏就教他诵读'关关雎鸠，在河之洲……'，还不到四岁，扬雄就已经能够全文背诵《诗经》了。李氏又给他说《春秋》故事，讲舜和象的故事，还给他讲解《论语》中做人的道理。扬雄还不到十岁，就已经能够全文背诵《诗经》《尚书》《春秋》《周易》《论语》的'经文'了。"[2] 看到儿子能有如此表现，李氏还为他筹划了后来的求学之路。在扬雄十二岁的时候，李氏便将他带回娘家，请自己的舅舅林闾帮助教育扬雄，接受更为精深的教育。李氏的舅舅林闾不仅精通五经、诸子百家，早年曾与严遵在成都读书，是石室精舍弟子，在语言方面的造诣更是超越时贤；严遵更是著名道家学者、思想家，林闾、严遵的指导，为扬雄后来读书问学打下了牢固的基础。

【汉】家之贤妇，子之慈亲——王遵妻张叔纪

张叔纪，张霸女孙，成都人。叔纪幼承庭训，是贤孝之女。后嫁益州部广汉郡王遵为妻。王遵之家母贤孝也颇为可书。据《蜀中广记》卷四十四记载，王遵的祖婆是季姜梓潼文氏，即王敬伯的夫人。文氏少读诗礼，至孝舅姑，善教子女。堂上有祖母性格暴躁，家里的子孙即使为官二千石，这位老祖母也动不动就杖责，文氏跪受罚于堂却无怨言，王敬伯历任五郡，这位老祖母因为年老不愿离开老家，文氏便常侍左右尽孝心。王敬伯前后有八个子女，前夫人子博、女纪流，季姜子康、稚、芝等，文氏抚育恩爱，亲继若一。王纪流出嫁，文氏还将自己的侍婢分给她，王博喜欢写书，文氏就手为作表，所以王家"内门纪化，动行推让"[3]，家风良好。王博的妻子是犍为的杨进，王博之子王遵的妻子就是蜀郡张

[1] 〔明〕李贤撰，《明一统志》卷 67，《四库全书》第 473 册，上海古籍出版社，1987 年版，第 430 页。

[2] 纪国泰著，《西道孔子——扬雄》，巴蜀书社，2017 年版，第 5 页。

[3] 〔明〕曹学佺撰，《蜀中广记·人物记第四》卷 44，《四库全书》第 591 册，上海古籍出版社，1987 年版，第 594 页。

叔纪。文氏、杨氏、张叔纪等，"皆有贤训，号之三异"[1]。后来，文氏让康、稚、芝的媳妇孝敬杨进如孝敬舅姑，"中外则之，皆成令德"。叔纪，作为张家贤孝之女，嫁到王家，遂融入了这样一种和谐有范的家风氛围中。据《华阳国志》记载，叔纪颇有贤德，相夫教子，事姑以礼，可谓传承了王家贤妇精神。其子王商，得贤母之教导，也博学多识，成为一代名士，大儒宋仲子因仰慕王商名声而与之交好。叔纪死后，广汉人曾赞曰："[叔纪]少则为家之孝女，长则为家之贤妇，老则为子之慈亲。终温且惠，秉心塞渊，宜谥曰化明惠母。"[2]《华阳国志》赞曰："叔纪婉娈，十媛扬风。"[3]

　　附：《华阳国志》云："叔纪，霸女孙，适广汉王尊（遵），生子商，有贤训。"[4]

　　季姜梓潼文氏女，将作大匠，广汉王敬伯夫人也，少读诗礼，敬伯前夫人有子博、女纪流二人，季姜生康稚芝，女始示，凡前后八子，抚育恩爱，亲继若一，堂祖母性严，子孙虽见官二千石，犹杖之，妇跪受罚于堂，下堂历五郡，祖母随之官，后以年老不愿远乡里，姜亦常侍左右，纪流出适，分己侍婢给之，博好写书，姜手为作表，于是内门纪化，动行推让。博妻捷为杨进及博子尊（遵）妇蜀郡张叔纪，服姑之教，皆有贤训，号之三异。堂亡，姜勅康稚芝妇，事杨进如舅姑，中外则之，皆成令德。季姜年八十二卒，四男弃官行服，四女亦从官舍交赴，内外冠冕百有余人，当时荣之。[5]

【晋】不惧家道艰难，支持儿子学业——常璩之妻，常璩之母

　　常璩（约291—361），蜀郡江原（今四川成都崇州）人，东晋史学家，常璩出身于当时的名门望族常氏家族，其父常耒，家道中落，其母史书上未见其名氏。相传常耒临终前曾交付常璩一支铁笔，对其传承先祖遗风寄予厚望。常耒早逝，当时常璩还不满十岁。之后，常璩之母便承担起抚养幼子的职责和义务，以织布、耕田为生，生活艰难异常；尽管如此，她坚决让常璩继续学业，希望儿子

---

[1]〔明〕曹学佺撰，《蜀中广记·人物记第四》卷44，《四库全书》第591册，上海古籍出版社，1987年版，第594页。

[2]〔晋〕常璩著，刘琳校注，《华阳国志校注》，巴蜀书社，1984年版，第733页。

[3]〔晋〕常璩著，刘琳校注，《华阳国志校注》，巴蜀书社，1984年版，第733页。

[4]〔明〕梅鼎祚编，《东汉文纪》卷26，《四库全书》第1397册，上海古籍出版社，1987年版，第553页。

[5]〔明〕曹学佺撰，《蜀中广记·人物记第四》卷44，《四库全书》第591册，上海古籍出版社，1987年版，第594页。

能传承家学，继承先辈遗志。常璩之母心地善良。有一次，一对逃难的母女因饥饿在他家门前晕倒，常璩之母见她们无依无靠，便将她们收留在家里，贫苦之中，两位寡女相互支撑过活。常璩则听从母亲的建议，拜在青城山清风洞开私塾教学的大儒范长生为师。后来，常璩以广博才学名闻蜀中，并撰写了我国第一部志书——《华阳国志》，开创了中国地方志写作先河。[1]

【蜀汉】文韬武略，遗训忠孝——诸葛亮妻黄月英

黄月英，又名婉贞、硕，生卒年不详，荆州沔南白水人，名士黄承彦之女，诸葛亮之妻，诸葛乔（过继之子）、瞻、果、怀之母。传说黄氏容貌丑陋，高龄未嫁，但是自幼聪慧，熟读兵书，颇有奇才，机关术数、文韬武略，无不精湛。所以她的父亲曾对诸葛亮说："闻君择妇，身有丑女，黄头黑色，而才堪配。"[2]诸葛亮与黄氏婚后，生活和美，黄氏凭借自己的聪明才智成为诸葛亮生活和事业上的得力内助，子女在黄氏调教下也是才德颇具，而且忠孝双全。

据史书记载，黄氏是一位理家能手，处理家务和照顾子女干净利索，曾创造性地发明了会春米的木人。位居丞相夫人之时，她亲操杵臼，兼顾农桑，家人温饱无虞。所以诸葛亮、诸葛怀曾上表说："臣家成都有桑八百株，薄田十五顷，子弟衣食，自有余饶。"[3]据说这父子俩所说的桑蚕都是经过黄氏选育的改良品种，当时，黄氏还将织布机由两梳改为四梳，并将这种改良推广到整个蜀汉，从而促进了"蜀锦"甲天下。

传说黄氏还富有机械理论的创造才华，黄氏曾根据双轮车的原理，结合四川山路多、狭窄、弯曲等特点，改造出了独轮车。原本一发三矢的弩箭改良成一发八矢的"诸葛连弩"（"诸葛夫人连弩"）。传说黄氏还善于制作机械，《诸葛忠武书》记载黄氏做饭春米磨面都会用到自己做的机械："侯（诸葛亮）居隆中时，有客至。属妇具面，须臾而具。侯怪其速，后潜窥之，见数木人斫麦运磨如飞，求传此术。后变其制为木牛流马云。"[4]

黄氏生活简朴，平日粗茶淡饭，布衣素食，不事奢华，诸葛之家"内无余

[1] 杨献平，《方志鼻祖·蜀史巨擘》，方志四川，2020 年 9 月 15 日。

[2]〔晋〕陈寿著，《三国志·蜀书五·诸葛亮传》卷 35，裴松之注引《襄阳记》，崇文书局，2009 年版，第 419 页。

[3] 王缵尘编，《诸葛孔明全集·遗表》卷 7，国学整理社，1936 年版，第 96 页。

[4]〔明〕杨时伟编，《诸葛忠武书·遗事》卷 9，《四库全书》第 447 册，上海古籍出版社，1987 年版，第 206 页。

帛，外无赢财"也与黄氏的勤劳俭朴相关。相传，某年蜀地蚕茧高产，有人特意给丞相府送去一批精美绸缎，请丞相夫人换下布衣；黄氏却执意不收，后来实在无法推托，只好暂时收下，而后便将这些全部送去了国库。黄氏的这种美德与诸葛亮的节俭自律，不仅影响到子女以节俭为荣，也推动了蜀地的节俭清廉政治之风的发展。

黄氏还遗教诸葛瞻以"忠孝"，勉励诸葛瞻继承其父诸葛亮的志向、为国尽忠。诸葛瞻遵从"忠孝"母训及诸葛"诫子"遗训为国尽忠。邓艾进攻绵竹的时候，诸葛瞻誓不投降而死。干宝曾评价说："瞻虽智不足以扶危，勇不足以拒敌，而能外不负国，内不改父之志，忠孝存焉。"[1]《晋泰始起居注》载诏曰："诸葛亮在蜀，尽其心力，其子瞻临难而死义，天下之善一也。"[2]

附：臣初奉先帝，赀仰于官。不自治生。臣家成都有桑八百株，薄田十五顷，子弟衣食，自有余饶。至于臣在外任，无别调度，随身衣食，悉仰于官，不别治生，以长尺寸。若臣死之日，不使内有余帛，外有赢财，以负陛下也。[3]

【蜀汉】任母治内，子成名贤——任安母姚氏

任安母姚氏，益州绵竹人。据《华阳国志》记，姚氏雍穆闺门，很有德行、颇有贤训，且精通儒家典籍。据说蜀汉名士秦宓，年轻时就曾师从姚氏学儒家典籍。姚氏早年守寡，一心教子。任安得慈母之教，从新都（新都时属于益州广汉郡）杨厚求学，究极其术，学业非常优秀。在姚氏支持下，后来任安又离蜀至洛阳，入太学，向五经博士学习儒家五经，"少游太学，受《孟氏易》，兼通数经，行尚古道。"[4]任安遂成大儒，征聘辟举，驰名当世，曾受益州刺史征召作治中（州刺史的佐吏，主管文书案卷），后回乡教授生徒。在贤母影响之下，任安为人，居今行古，以高节闻名。任安为教授时，常常"赈恤其弟子，以慰勉其志，于是安之门生益盈门"。三国时期著名学者杜琼就曾经在幼时跟随任安学习。据《三国志文类》云："处士任安，仁义直道。"[5]《华阳国志》云："任母治

[1]〔晋〕陈寿著，《三国志·蜀书五·诸葛亮传》卷35，崇文书局，2009年版，第420页。

[2]〔晋〕陈寿著，《三国志·蜀书五·诸葛亮传》卷35，崇文书局，2009年版，第421页。

[3]〔蜀汉〕诸葛亮撰，王缁尘编，《诸葛孔明全集·遗表》卷7"遗文"，国学整理社，1936年版，第96页。

[4]〔南朝宋〕范晔撰，《后汉书·儒林列传》卷79上，太白文艺出版社，2006年版，第584页。

[5]〔清〕纪昀等，《三国志文类·荐称》卷30，《四库全书》第1361册，上海古籍出版社，1987年版，第640页。

内，子成名贤。"[1]《益部耆旧传》云："表荐安味精道度，厉节高邈，揆其器量，国之元宝，宜处弼凝之辅，以消非常之咎。"[2]

附：处士任安，仁义直道。[3]

蜀刘焉，汉末为益州牧，广汉郡人，任安兼通数经，究极图谶，不就征辟焉。表荐安味精道度，厉节高邈，揆其器量，国之元宝，宜处弼凝之辅，以消非常之咎。玄纁之礼所宜，招命，时王涂隔塞，遂无聘命。[4]

汉任安，广汉绵竹人。少游太学，受《孟氏易》，兼通数经，行尚古道，又从同郡杨厚学图谶，究极其术。[5]

【唐】儒风绵聊，圭玉松筠——王武用妻颜氏

王武用夫人颜氏（756—836），享年81岁。王武用，秦川人，祖父王弼，曾任唐朝州刺史。王武用"受先父之命，怀报国之志"[6]。夫人颜氏，鲁之琅琊人，是亚圣颜回的后裔，颜氏家族"儒风绵聊于世"[7]，王氏家族也为"当世茂族"[8]。颜氏生于儒风之家，自幼受到礼乐文化的熏陶教养，"婉淑知礼"[9]"于家清勤，事职自钟。"[10]《王武用夫人颜氏墓志铭》赞云："兹孝行多柔淑，得圭玉不杂之质，有松筠不变之操。"[11]颜氏有五子，长子莫干，次子莫翰，长女利济，均受到贤母影响，自幼慕道。

附：夫人琅琊颜氏，其先鲁人也。……兹孝行多柔淑，得圭玉不杂之质，有

[1]〔晋〕常璩撰，刘琳校注，《华阳国志校注》，巴蜀书社，1984年版，第767页。

[2]〔晋〕陈寿著，《三国志·蜀书八·秦宓传》卷38，裴松之注引《益部耆旧传》，崇文书局，2009年版，第438页。

[3]《三国志文类》卷30《荐称》，《四库全书》第1361册，上海古籍出版社，1987年版，第640页。

[4]〔晋〕陈寿著，《三国志·蜀书五·秦宓传》卷38，裴松之注引《益部耆旧传》，第438页。

[5]〔南朝宋〕范晔著，《后汉书·儒林列传上》卷79上，太白文艺出版社，2006年版，第584页。

[6]刘雨茂、荣远大编著，《成都出土历代墓铭券文图录综释·王武用夫人颜氏墓志铭》，文物出版社，2012年版，第20页。

[7]刘雨茂、荣远大编著，《成都出土历代墓铭券文图录综释·王武用夫人颜氏墓志铭》，文物出版社，2012年版，第20页。

[8]刘雨茂、荣远大编著，《成都出土历代墓铭券文图录综释·王武用夫人颜氏墓志铭》，文物出版社，2012年版，第20页。

[9]刘雨茂、荣远大编著，《成都出土历代墓铭券文图录综释·王武用夫人颜氏墓志铭》，文物出版社，2012年版，第20页。

[10]刘雨茂、荣远大编著，《成都出土历代墓铭券文图录综释·王武用夫人颜氏墓志铭》，文物出版社，2012年版，第20页。

[11]刘雨茂、荣远大编著，《成都出土历代墓铭券文图录综释·王武用夫人颜氏墓志铭》，文物出版社，2012年版，第20页。

松筠不变□□（之操）□□，适于王公。[1]

【唐】愈班氏之业，传孟母之贤——王就妻杨氏

　　王就妻杨氏（810—853），系汉太尉杨震之后，府君杨勋的四女儿，此女不仅才华可比班氏，而且善持门户，淑兰行芳，馨四德备。杨氏治家以来，逢年过节礼节从不马虎，"奉苹蘩而蒸尝以洁"[2]，礼乐炳然；杨氏注重亲伦关系，六姻和美；注重百行立身的家族教育。这样的家庭教育理念，最终使王家成为一代鼎盛之族。杨氏有长男王确，次子王苟，皆有才干，王确精通武艺，练就穿杨之术；王苟自幼得贤母之教，有对日之贤。又有女儿卅八娘，自幼以诗礼闻于世人，品格温恭有礼，对长辈孝顺，对他人友善。这均与杨氏母教有极大的关系，故《杨氏墓志铭》赞云："文藻愈班氏之业，家肥传孟母之贤。"[3]

　　附：夫人系汉太尉震之后……夫人即府君之第四女，年始及笄，兆谐和凤……持门户而礼乐炳然，奉苹蘩而蒸尝以洁……时称鼎族，人袭儒风。夫人闺仪，令淑兰行芳，馨四德备。于六姻百行加于二族，文藻愈班氏之业，家肥传孟母之贤。长男确，荆山片玉、越岭孤云，圆毫负倚马之才，发迹期穿杨之箭。次男苟，苟未识趋庭之训，已聆对日之贤……长女卅八娘秾华尚小，诗礼已闻，并孝友生，知温恭自尚。[4]

【唐】代习仁贤，母仪可观——李夫人程氏

　　华阳县李夫人程氏（763—800），享年38岁。出身华冠之族，系同安郡王孙、沁州刺史李霈的长女，她生来个性宛淑、柔顺，"风容简敬，姿望秾华"[5]；

[1] 刘雨茂、荣远大编著，《成都出土历代墓铭券文图录综释·王武用夫人颜氏墓志铭》，文物出版社，2012年版，第20页。

[2] 刘雨茂、荣远大编著，《成都出土历代墓铭券文图录综释·杨氏墓志铭》，文物出版社，2012年版，第33页。

[3] 刘雨茂、荣远大编著，《成都出土历代墓铭券文图录综释·杨氏墓志铭》，文物出版社，2012年版，第33页。

[4] 刘雨茂、荣远大编著，《成都出土历代墓铭券文图录综释·杨氏墓志铭》，文物出版社，2012年版，第33页。

[5] 刘雨茂、荣远大编著，《成都出土历代墓铭券文图录综释·李府君夫人程氏墓志铭》，文物出版社，2012年版，第1150页。

不仅有文采和艺术天赋，而且"虔修德用，允肃闺门。"[1]自从嫁到华阳，颇重妇仪，祭祀时讲究礼节，对待族姻讲究友爱，所以亲族和睦，子女教育也颇为优秀。子女皆"已知修习"[2]。故《程氏墓志铭》云李氏一族的兴盛，与程氏母仪有关："侁侁庭户，实禀母仪。"[3]

附：华阳县李公孺人程氏，……父霈，……沁州刺史、右卫将军，祖辛同安郡王，让皇帝之英胤也；祖妣王蔡国公主之长女也。皆勋华冠族。……夫人即将军府君之长女也。生则宛淑，性惟柔顺，风容简敬，姿望秾华。宜乎合配公宫。……夫人好合有光，琴瑟谐韵，虔修德用，允肃闺门，则其于妇道，盖宛如也。况地清中外，代习仁贤，自奉良人，立于团壸，如蒸尝之献，綦组之修，任用周于族姻，友爱彰于娣姒，此又妇仪之可观也。……有子五人，长曰元和，未能弱冠，次子四人，女二人，皆□□□，已知修习，侁侁庭户，实禀母仪。[4]

【前蜀】怀道韫之才，布礼教于家——王宗侃妻张氏

王宗侃夫人张氏（858—922），享年65岁。张氏生于礼乐之家，自幼受到良好的礼乐教育，"习以温和，笃于孝敬"[5]，张氏具有非凡的文学修养，"怀道韫之才，□□□唱"[6]，又善于女红，而且笔法兼精，非寻常女子所及。王宗侃是前蜀王建的养子，官至魏王。王张夫妇相为辅助，举案情深，结缡义重。张氏操持家庭事务，效法石奋以孝敬严谨的门风教育子女，她以恭谨治家，以身作则，依礼行事，培养家人，带出家风。《大蜀明德夫人张氏内志铭》云："内则夫人布礼教于家，外则魏王著忠贞于国。"[7]正因为张氏的内助，魏王王宗侃威望远播异域，

[1] 刘雨茂、荣远大编著，《成都出土历代墓铭券文图录综释·李府君夫人程氏墓志铭》，文物出版社，2012年版，第1150页。

[2] 刘雨茂、荣远大编著，《成都出土历代墓铭券文图录综释·李府君夫人程氏墓志铭》，文物出版社，2012年版，第1150页。

[3] 刘雨茂、荣远大编著，《成都出土历代墓铭券文图录综释·李府君夫人程氏墓志铭》，文物出版社，2012年版，第1151页。

[4] 刘雨茂、荣远大编著，《成都出土历代墓铭券文图录综释·李府君夫人程氏墓志铭》，文物出版社，2012年版，第1150页。

[5] 刘雨茂、荣远大编著，《成都出土历代墓铭券文图录综释·大蜀明德夫人张氏内志铭》，文物出版社，2012年版，第55页。

[6] 刘雨茂、荣远大编著，《成都出土历代墓铭券文图录综释·大蜀明德夫人张氏内志铭》，文物出版社，2012年版，第55页。

[7] 刘雨茂、荣远大编著，《成都出土历代墓铭券文图录综释·大蜀明德夫人张氏内志铭》，文物出版社，2012年版，第55页。

功勋卓著，"威望远闻于异域，功庸独出于中朝"[1]。后来，张氏受封秦国夫人，死后谥曰"明德"。

附：夫人……承祖父之明训，生礼乐之名家，习以温和，笃于孝敬，读惠姬之诚，□作清规；怀道韫之才，□□□唱，女工悉备，笔法兼精，……夫人皆以举案情深，结缡义重，家法则何？曾莫比门风则石奋焉，……内则夫人布礼教于家，外则魏王著忠贞于国，所以威望远闻于异域，功庸独出于中朝。[2]

万石君无文学，而恭谨无与比。子孙为小吏，来归谒，万石君必朝服见之，不名。子孙有过失，不责让，为便坐，对案不食；然后诸子相责，因长老肉袒谢罪，改之，乃许。子孙胜冠者在侧，虽燕居必冠。其执丧，哀戚甚悼。子孙遵教，皆以孝谨闻乎郡国。及赵绾、王臧以文学获罪，窦太后以为儒者文多质少，今万石君家不言而躬行，乃以其长子建为郎中令，少子庆为内史。建在上侧，事有可言，屏人恣言极切，至廷见，如不能言者；上以是亲之。庆尝为太仆，御出，上问车中几马，庆以策数马毕，举手曰："六马"。[3]

【前蜀】哲妇赞成其家，慈裕无爽——韦毅夫人张道华

韦毅夫人张氏（896—955），字道华。张氏出身大家，自幼得到"德""礼"的教育，善于女红，具有妇德，十六岁嫁入将门相族韦氏，家庭闺门之内极为和睦。张氏重视夫妻情感、琴瑟和谐："已谐偕老之期，冀保宜家之道。"[4]贤妃助治于国，哲妇赞成其家。作为母亲，张氏治家有方："家法母仪，严整自持，慈裕无爽。"[5]儿子得慈母教育，长男令均，曾任眉州司户参军，娶赵氏；次男令弼，曾任秘书省秘书郎，娶王氏，季男令恭，曾任绵州司户参军，娶仲氏，张氏的女儿也是"幼年皆承慈训，郁有士风""早承训谕，各冰温恭。"[6]

[1] 刘雨茂、荣远大编著，《成都出土历代墓铭券文图录综释·大蜀明德夫人张氏内志铭》，文物出版社，2012 年版，第 55 页。

[2] 刘雨茂、荣远大编著，《成都出土历代墓铭券文图录综释·大蜀明德夫人张氏内志铭》，文物出版社，2012 年版，第 55 页。

[3]〔宋〕司马光撰，胡三省音注《资治通鉴》卷 17《汉纪九》,《四库全书》第 304 册，上海古籍出版社，1987 年版，第 311 页。

[4] 刘雨茂、荣远大编著，《成都出土历代墓铭券文图录综释·韦毅夫人张氏墓志铭》，文物出版社，2012 年版，第 1155 页。

[5] 刘雨茂、荣远大编著，《成都出土历代墓铭券文图录综释·韦毅夫人张氏墓志铭》，文物出版社，2012 年版，第 1155 页。

[6] 刘雨茂、荣远大编著，《成都出土历代墓铭券文图录综释·韦毅夫人张氏墓志铭》，文物出版社，2012 年版，第 1154 页。

附：贤妃助治于国，哲妇赞成其家。德教内修，礼文外化。……张之氏乃轩辕皇帝子挥为弓矢以为张之，因而命氏。……夫人字道华，年十六归于记室，方及美职，获偶嘉姻，匪为其淑德茂才，可谓其将门相族，克叶和鸣之兆。……女功妇德，家法母仪，严整自持，慈裕无爽，闺门之内，畏爱得中，已谐偕老之期，冀保宜家之道。……夫人有三子，长男令均，前任眉州司户参军，婚赵氏；次男令弼，前任秘书省秘书郎，婚王氏，季男令恭，前任绵州司户参军，婚仲氏，……夫人即世三女、四女，幼年皆承慈训，郁有士风……[1]

四女嫁董氏，早承训谕，各冰温恭。[2]

【后蜀】秉心忠实，志在社稷——蜀后主母李太后

李太后，本山西太原人，唐庄宗赐给蜀主为侍婢，这就是后来蜀后主的母亲。李氏为人，明辨是非，颇知大体。初封夫人，明德元年，进封贵妃，后主践祚，又尊为皇太后。据说，李氏曾数次劝导后主要任用贤能。有一次，太后见领兵点将的都是些无才、无威望的人，就非常担忧后主万一大敌当前，跟前没有能用的人，她对后主说："吾昔见庄宗跨河与梁战，及先帝在并州捍契丹，入蜀定两川，诸将非有大功，无得典兵，故士卒畏服。今王昭远出于厮养，伊审征、韩保贞皆膏粱乳臭子，素不习兵，徒以旧恩，置于人上，平时谁敢言者？仓促遇疆场有事，安能御大敌乎？"[3] 李太后认为，没有经过实战经验、没有立过大功的人被直接提拔，就不能令士兵敬畏信服，只有"秉心忠实，多所经练"者，才能委以重任。后来，后主降宋。后主死去的时候，太后也没有哭泣，说："汝不能死社稷，苟生以取羞。吾所以忍死者，以汝在也，吾今何用生焉？"[4] 作为太后，她不满儿子"不能死社稷，苟生以取羞"[5]，作为母亲，她陪着儿子走到最后

[1] 刘雨茂、荣远大编著，《成都出土历代墓铭券文图录综释·韦毅夫人张氏墓志铭》，文物出版社，2012年版，第1155页。

[2] 刘雨茂、荣远大编著，《成都出土历代墓铭券文图录综释·大蜀京兆郡韦府君墓志铭》，文物出版社，2012年版，第1154页。

[3] 成都市地方志编纂委员会、四川大学历史地理研究所整理，《成都旧志》第12册，成都时代出版社，2007年版，第417页。

[4] 成都市地方志编纂委员会、四川大学历史地理研究所整理，《成都旧志》第12册，成都时代出版社，2007年版，第417页。

[5] 成都市地方志编纂委员会、四川大学历史地理研究所整理，《成都旧志》第12册，成都时代出版社，2007年版，第417页。

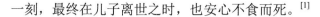

一刻，最终在儿子离世之时，也安心不食而死。[1]

附：李太后，太原人，故唐庄宗嫔御也。庄宗以赐蜀主。一日，梦大星陨于怀，告琼华长公主，公主即蜀主后也。谓太后曰："婢有福相，当生贵子。"未几，生后主。为人明辨知大体，初封夫人。明德元年，进封贵妃。后主践祚，尊为皇太后。广政末，典兵者多非其人，太后谓后主曰："吾昔见庄宗跨河舆梁战，及先帝在并州捍契丹，入蜀定两川，诸将非有大功，无得主兵，故士卒畏服。今王昭远出自厮养，伊审征、韩保贞皆膏粱乳臭子，素不习兵，徒以旧恩，置于人上，平时谁敢言者？仓促遇疆场有事，安能御大敌乎？以吾观之，惟高彦俦太原旧人，秉心忠实，多所经练，终不负汝，自余无足任者。"后主不能听。及归宋，太祖盛加优礼。后主之殁也，太后不哭，以酒酹地，祝曰："汝不能死社稷，苟生以取羞。吾所以忍死者，以汝在也，吾今何用生焉？"因不食而死。[2]

【宋】名儒讲习经史，以辅子之德——章献明肃太后刘娥

宋章献明肃太后刘娥（968—1033），益州华阳人，出身卑微，但"性警悟，晓书史，闻朝廷事，能记其本末。"[3]善处置宫闱之事，又英明果断，富有才干，是宋朝第一个临朝称制的女主，功绩赫赫，《宋史演义》称其"有吕武之才，无吕武之恶"[4]。初，真宗认为"蜀妇人多才慧。"[5]所以执意求一蜀姬，这就是刘娥。刘娥也不负真宗所望。据说真宗阅天下奏章，"多至中夜，后皆预闻。宫闱事有问，（刘娥）辄傅引故实以对"。后来宋真宗中风在床，刘娥不仅照顾真宗，且协助处理政事，即"帝久疾居宫中，事多决于后"[6]，从未出现大的差错。真宗遗诏刘娥协助仁宗理朝，"尊后为皇太后，军国重事，权取处分。"[7]由此，刘娥走向权力的巅峰，在她称制期间，号令严明、内外肃然、进贤退奸、天下晏然。

[1] 成都市地方志编纂委员会、四川大学历史地理研究所整理，《成都旧志》第12册，成都时代出版社，2007年版，第417页。

[2] 成都市地方志编纂委员会、四川大学历史地理研究所整理，《成都旧志》第12册，成都时代出版社，2007年版，第417页。

[3] 〔元〕托克托等修，《宋史·后妃上》卷242，《四库全书》第284册，上海古籍出版社，1987年版，第860页。

[4] 蔡东藩著，唐松波注，《宋史演义》第24回，金盾出版社，2012年版，第133页。

[5] 〔宋〕司马光撰，《涑水记闻》卷5，《四库全书》第1036册，上海古籍出版社，1987年版，第361页。

[6] 〔元〕托克托等修，《宋史》卷242《后妃上》，《四库全书》第284册，上海古籍出版社，1987年版，第860页。

[7] 〔元〕托克托等修，《宋史》卷242《后妃上》，《四库全书》第284册，上海古籍出版社，1987年版，第860页。

"太后称制，虽政出宫闱，而号令严明，恩威加天下。"[1] "当天圣、明道间，天子富于春秋，母后称制，而内外肃然，纪纲具举。"[2] 又云："太后临朝十余年，天下晏然。"[3]《上皇太后疏》云："章献明肃皇太后保护圣躬，纲纪四方，进贤退奸，镇抚中外，于赵氏实有大功。"[4] 苏轼亦曾称誉刘娥称制期间，天下太平，达到盛世："宋兴七十余年，民不知兵，富而教之，至天圣、景祐极矣。"[5]

刘娥善于处理自己与后宫嫔妃的关系。有杨淑妃受宠程度与刘娥不相上下，但刘娥与杨氏相处很好，终其一生，情同姐妹，二人共同抚养了仁宗皇帝，《宋史》云："（杨）妃通敏有智思，奉顺章献无所忤，章献亲爱之。故妃虽贵幸，终不以为己间，后加淑妃。"[6] 仁宗的生母李氏本是刘娥的侍女，李氏病重时，刘娥将李氏晋升为宸妃，病故又以皇后之礼厚葬，并派人"访其亲属，得其弟用和，补三班奉职"[7]。这也最终赢得了仁宗对刘娥的感激和尊重。

刘娥临朝威震天下，处于权力巅峰，但一向维护赵家天下尊严，以天下太平为重，在原则问题上能保持清醒的头脑。真宗说："皇后所行，造次不违规矩，朕无忧也。"[8] 宋太宗公主朝见，刘娥见她们"犹服髻鬏"[9]，便"命左右赐以珠玑帕首"[10]。安国夫人李氏也想得到这样的赏赐，刘娥没有答应，说："大长公主，太宗皇帝女，先帝诸妹也；若赵家老妇，宁可比耶？"[11] 曾有臣子上书刘娥，请

---

[1]〔元〕托克托等修，《宋史·列传第五十六》卷297，《四库全书》第285册，上海古籍出版社，1987年版，第734页。

[2]〔元〕托克托等修，《宋史·列传第五十六》卷297，《四库全书》第285册，上海古籍出版社，1987年版，第734页。

[3]〔元〕托克托等修，《宋史·列传第七十》卷310，《四库全书》第286册，上海古籍出版社，1987年版，第123页。

[4]〔元〕司马光撰，李文泽、霞绍晖校点《司马光集》，四川大学出版社，2010版，第648页。

[5]〔宋〕苏轼《文忠集原序》，欧阳修《文忠集》，《四库全书》第1102册，上海古籍出版社，1987年版，第4页。

[6]〔元〕托克托等修，《宋史·后妃上》卷242，《四库全书》第284册，上海古籍出版社，1987年版，第863页。

[7]〔元〕托克托等修，《宋史》卷242《后妃上》，《四库全书》第284册，上海古籍出版社，1987年版，第862页。

[8]〔宋〕李焘撰，《续资治通鉴长编·真宗》卷98，《四库全书》第315册，上海古籍出版社，1987年版，第527页。

[9]〔元〕托克托等修，《宋史·后妃上》卷242，《四库全书》第284册，上海古籍出版社，1987年版，第861页。

[10]〔元〕托克托等修，《宋史·后妃上》卷242，《四库全书》第284册，上海古籍出版社，1987年版，第861页。

[11]〔元〕托克托等修，《宋史·后妃上》卷242，《四库全书》第284册，上海古籍出版社，1987年版，第861页。

"依武后故事，立刘氏庙"，遭到刘娥怒斥；程琳献《武后临朝图》暗示有先例，刘娥扔图而怒，曰："吾不作此负祖宗事。"[1]

作为宋朝的实际当权者，刘娥十分重视对子女的教育。首先，要求百官切实承担起教育和约束子弟的责任，下《约束文武臣僚子弟诏》；其次，刘氏将李宸妃的儿子当作自己的儿子抚养，对仁宗的礼法管束十分严厉，饮食也有严格的要求，至于修学、修身、立人、立德，更不在话下。她要求仁宗随自己处理政事，同时也邀请很多有名望的鸿儒给仁宗"讲经习史"，以此"辅其德"[2]，为了方便教育，还在崇政殿之西庑专门设幄，教习仁宗，"日命近臣侍讲读。"[3] 为仁宗中兴奠定了扎实的学问根基。母贤子孝，"太后保护帝既尽力，而仁宗所以奉太后亦甚备。上春秋长，犹不知为宸妃所出，终太后之世无毫发间隙焉"。仁宗在刘娥的教育引导下，性情宽厚，不事奢华，知人善任，他在位之时，名臣辈出，国家安定，他也被历史学家称誉为"守成贤主"[4]。

附：章献明肃刘皇后，其先家太原，后徙益州，为华阳人。祖延庆，在晋、汉间为右骁卫大将军；父通，虎捷都指挥使、嘉州刺史，从征太原，道卒。后，通第二女也。……自章穆崩，真宗欲立为皇后，大臣多以为不可，帝卒立之。李宸妃生仁宗，后以为己子，与杨淑妃抚视甚至。后性警悟，晓书史，闻朝廷事，能记其本末。真宗退朝，阅天下封奏，多至中夜，后皆预闻。宫闱事有问，辄傅引故实以对。天禧四年，帝久疾居宫中，事多决于后。宰相寇准密议，奏请皇太子监国。以谋泄罢相，用丁谓代之。既而入内都，知周怀政谋废后、杀谓、复用准以辅太子。客省使杨崇勋、内殿承制杨怀吉诣谓，告谓夜乘犊车。挟崇勋、怀吉，造枢密使曹利用谋。明日，诛怀政，贬准衡州司马。于是诏皇太子开资善堂，引大臣决天下事，后裁制于内。[5]

初，仁宗即位尚少，太后称制，虽政出宫闱，而号令严明，恩威加天下。

[1]〔元〕托克托等修，《宋史·后妃上》卷242，《四库全书》第284册，上海古籍出版社，1987年版，第861页。

[2]〔元〕托克托等修，《宋史·后妃上》卷242，《四库全书》第284册，上海古籍出版社，1987年版，第861页。

[3]〔元〕托克托等修，《宋史·后妃上》卷242，《四库全书》第284册，上海古籍出版社，1987年版，第861页。

[4]〔元〕陈栎撰，《历代通略·宋东都汴京》卷3，《四库全书》第688册，上海古籍出版社，1987年版，第70页。

[5]〔元〕托克托等修，《宋史·后妃上》卷242，《四库全书》第284册，上海古籍出版社，1987年版，第860页。

左右近习亦少所假借，宫掖间未尝妄改作。内外赐与有节。柴氏、李氏二公主入见，犹服靴鬓。太后曰："姑老矣。"命左右赐以珠玑帕首。时润王元份妇安国夫人李氏老，发且落，见太后，亦请帕首。太后曰："大长公主，太宗皇帝女，先帝诸妹也；若赵家老妇，宁可比耶？"旧赐大臣茶，有龙凤饰，太后曰："此岂人臣可得？"命有司别制入香京挺以赐之。赐族人御食，必易以扣器，曰："尚方器勿使入吾家也。"常服绅缯练裙，侍者见仁宗左右簪珥珍丽，欲效之。太后戒曰："彼皇帝嫔御饰也，汝安得学。"先是，小臣方仲弓上书，请依武后故事，立刘氏庙，而程琳亦献《武后临朝图》。后掷其书于地曰："吾不作此负祖宗事。"有漕臣刘绰者，自京西还，言在庾有出剩粮千余斛，乞付三司。后问曰："卿识王曾、张知白、吕夷简、鲁宗道乎？此四人岂因献羡余进哉！"后称制凡十一年，自仁宗即位，乃谕辅臣曰："皇帝听断之暇，宣诏名儒讲习经史，以辅其德。"于是设幄崇政殿之西庑，而日命近臣侍讲读。……太后保护帝既尽力，而仁宗所以奉太后亦甚备。上春秋长，犹不知为宸妃所出，终太后之世无毫发间隙焉。[1]

李宸妃，杭州人也。祖延嗣，仕钱氏，为金华县主簿；父仁德，终左班殿直。初入宫，为章献太后侍儿，壮重寡言，真宗以为司寝。既有娠，从帝临砌台，玉钗坠，妃恶之。帝心卜："钗完，当为男子。"左右取以进，钗果不毁，帝甚喜。已而生仁宗，封崇阳县君；复生一女，不育。进才人，后为婉仪。仁宗即位，为顺容，从守永定陵。章献太后使刘美、张怀德为访其亲属，得其弟用和，补三班奉职。[2]

妃年十二入皇子宫。真宗即位，拜才人，又拜婕妤，进婉仪，仍诏婉仪升从一品，位昭仪上。帝东封、西祀，凡巡幸皆从。章献太后为修仪，妃与之位几埒。而妃通敏有智思，奉顺章献无所忤，章献亲爱之。故妃虽贵幸，终不以为己间，后加淑妃。真宗崩，遗制以为皇太后。[3]

【宋】爱养诸孤，贤惠抚教——范锴夫人郭氏

郭氏（994—1067），是成都范氏范锴的夫人，范镒的弟媳，范镇的嫂嫂，范百之的母亲，范祖禹的祖母，以贤惠抚教见称。"府君之兄陇城府君镒治家

[1]〔元〕托克托等修，《宋史·后妃上》卷242，《四库全书》第284册，上海古籍出版社，1987年版，第861-862页。

[2]〔元〕托克托等修，《宋史·后妃上》卷242，《四库全书》第284册，上海古籍出版社，1987年版，第862页。

[3]〔元〕托克托等修，《宋史·后妃上》卷242，《四库全书》第284册，上海古籍出版社，1987年版，第863页。

严，夫人事之如舅。后，陇城殁，孤女五人，皆夫人主嫁之。府君之姊既嫁李氏，李贫不能归，留止于家，夫人事之如姑。"[1] 范锴弟范镇，四岁成为孤儿，"从二兄为学"[2]，由郭氏抚育。《郭墓志》云："昔者韩愈为嫂服期，以其有爱养之恩。镇幼时亦尝被爱养于夫人者，不敢违先王之典以服期也。"[3] 范锴从弟子女幼孤，亦由郭氏收养教诲，《郭墓志》云："府君（范锴）之从父弟镛及其妇张氏相继亡，其孤百年、百行及一女皆幼，夫人收养教诲之。既嫁女，为百年娶妇，而后使归其家。"[4] 郭氏有五个儿子（即范百之、范百朋、范百世、范百禧、范百禄）皆有成。范百之及进士第，范百朋卫尉寺丞，范百世官太常寺奉礼郎，范百禧再举进士，范百禄及进士第，又策制科以直言中第。

　　附：治平四年六月丁未，卫尉寺丞致仕赠太常博士范府君讳锴之夫人、曰永寿县太君郭氏，卒于玉泉坊之第，熙宁二年正月癸酉葬于华阳县积善乡之先原。郭氏之先本晋人，唐广明中，五世从祖御史中丞甫，从僖宗入蜀任，其弟及，时为广都令，遂家于广都。曾祖侃、祖宪，父珙皆不仕。……府君之兄陇城府君治家严，夫人事之如舅。后陇城殁，孤女五人皆夫人主嫁之。府君之姊既嫁李氏，李贫，不能归，留止于家，夫人事之如姑，又娶其女以为子妇。府君之从父弟镛及其妇张氏相继亡，其孤百年、百行及一女皆幼，夫人收养教诲之。既嫁女，为百年娶妇，而后使归其家。葬内外亲不能葬者凡六人，皆以礼。其贫不能为生者，为振业之，又十余家，至有为大家者。……病既革，指所居绛帐，谓其子百禄曰："始吾为此帐，汝长兄适生，盖五十年矣，汝曹宜识之。"又指百行谓曰："教之为求善姻家。"语已而卒，享年七十三。子男五人：百之及进士第，以太常博士终；百朋卫尉寺丞；百世太常寺奉礼郎；百禧再举进士，试礼部，不第以亡；百禄及进士第，又策制科，以直言中第，今为太常博士。女三人：长适进士李大方，亡；次适进士李识；次适进士阎孟叟。孙男二十人，孙女六人，曾孙男三人，曾孙女四人。[5]

[1] 刘雨茂、荣远大编著，《成都出土历代墓铭券文图录综释·宋故永寿县太君郭氏墓志铭》，文物出版社，2012年版，第157页。

[2] 刘雨茂、荣远大编著，《成都出土历代墓铭券文图录综释·宋故永寿县太君郭氏墓志铭》，文物出版社，2012年版，第157页。

[3] 刘雨茂、荣远大编著，《成都出土历代墓铭券文图录综释·宋故永寿县太君郭氏墓志铭》，文物出版社，2012年版，第157页。

[4] 刘雨茂、荣远大编著，《成都出土历代墓铭券文图录综释·宋故永寿县太君郭氏墓志铭》，文物出版社，2012年版，第157页。

[5] 刘雨茂、荣远大编著，《成都出土历代墓铭券文图录综释·宋故永寿县太君郭氏墓志铭》，文物出版社，2012年版，第157页。

【宋】相其夫子，无愧名门——范廷杰妻范氏

范氏，乡贡进士子有之母，以才华贤惠见称。《范孺人墓志铭》云："严君所治盥帨扫洒炷香，一室茗果酒肴为客欢，子弟问难学问文章，侍立无敢哗；虽廷杰亦若懔懔缩颈畏忌。"[1]问之，廷杰说："吾内子某君，窃听宾主语，久之，以某条为是，某条为非；且俾子有辈识之，其贤如此。"[2]范氏为蜀地名门望族，礼法为人所瞩目，家教之中，家无贫富，守以诗书；仕无穷达，持以礼法；范氏子子有、子爽，得贤母教，亦皆佳士。故《范孺人墓志铭》曰："为妇为母，如孺人者，可无愧矣！"[3]"孺人所以相其夫子者，无愧名门后。"[4]

附：孺人范氏，……范廷杰之妻，乡贡进士子有之母也。……范氏廷杰伯仲，同居异爨，环堵寻丈地，户牖几案、书籍图史尽在其屏障，闾奥肃然，严君所治盥帨扫洒炷香，一室茗果酒肴为客欢。子弟问难学问文章，侍立无敢哗，虽廷杰亦若懔懔缩颈，畏忌无敢，忽问之，廷杰则曰："吾内子某君，窃听宾主语，久之，以某条为是，某条为非，且俾子有辈识之，其贤如此。"……廷杰名仲宝，子二人，子有、子爽，皆佳士，范为蜀名门，衣冠礼法，人所属目，家无贫富，守以诗书，仕无穷达，持以礼法，故其群从，男女相与，处睦如也。仆隶臧获相与言，欣如也，一有为非则竟，攻之必悛悔乃已。呜呼，为妇为母如孺人者，可无愧矣！……所以相其夫子者，无愧名门后。[5]

【宋】传范氏学，抚子外家典刑——张察宇妻范氏

华阳范氏系宋代著名世家，作为范氏子弟，范百禄自少受学于范镇，入北宋制科三等，以才识超拔称名。张察宇夫人范氏，就是范百禄的女儿。张察宇张氏

---

[1] 〔宋〕李石撰，《方舟集·范孺人墓志铭》卷17，《四库全书》第1149册，上海古籍出版社，1987年版，第733页。

[2] 〔宋〕李石撰，《方舟集·范孺人墓志铭》卷17，《四库全书》第1149册，上海古籍出版社，1987年版，第733页。

[3] 〔宋〕李石撰，《方舟集·范孺人墓志铭》卷17，《四库全书》第1149册，上海古籍出版社，1987年版，第733页。

[4] 〔宋〕李石撰，《方舟集·范孺人墓志铭》卷17，《四库全书》第1149册，上海古籍出版社，1987年版，第733页。

[5] 〔宋〕李石撰，《方舟集·范孺人墓志铭》卷17，《四库全书》第1149册，上海古籍出版社，1987年版，第733页。

家族则渊源于唐代张九皋。张察宇"以大小篆名，入为左司郎中，出知鼎州"[1]，娶荣国公范百禄的女儿，张氏家学也因之得于范氏，据《氏族谱》记载，张察宇的儿子张晦，颇有外家典刑，笔法尤工，历知雅、恭、简三州。

附：张氏，韶州曲江人，至唐相九龄显，九龄弟九皋，九皋子抗，抗七子仲方、仲孚，子孙在蜀可谱。仲孚孙，奉常博士，随扈僖宗幸蜀，传三世，曰载阳，赀产巨万，豪待四方士，子维峻待士益厚，悉散之，或相戒止。笑曰"吾遗子孙者不在是也。"以子起赠大理寺丞，起宝元中登进士第，官至太常博士，是故族也。起家尤难，如此三子，太初、太宁、太和。太宁登治平四年第，知邠汉渭等州，四入为尚书郎，三持使节迁陕西路，为都转运使。二子察宇，察以大小篆名，入为左司郎中，出知鼎州，宇初名犯钦，庙讳易名宇，三丞寺监使淮西东路，知济荣果合四州，娶荣国公百禄女，故其学得之范氏，子晦侍学中原，有外家典刑，笔法尤工，历知雅恭简三州。"[2]

【宋】勉夫教子，比为范母——苏洵妻程氏

苏洵妻程氏（1009—1057），眉山程文应之女。其夫苏洵、其子苏轼、苏辙，一门三父子，均名列"唐宋八大家"，"三苏"的成就，对成都的思想文化发展有重要影响。自文翁兴学之后，儒学在四川尤其在成都的发展已能比肩于齐鲁。苏洵、苏轼、苏辙及其门人又创建"三苏蜀学"，这是宋学分化期极具地域色彩和个人特征的学术流派。"三苏"父子是北宋"蜀学"的领袖，他们为蜀学的进一步发展、天府文化内涵的丰富做出了重要贡献，这些成就的取得，与三苏生活的巴蜀学术环境、天府生活环境有关。而在"三苏"的身后，程氏则是那位助推三苏父子取得如此成就的背后英雄，她曾被称为北宋女杰——程氏。作为苏洵之妻，程氏既是良朋，又是"箴妻"；作为苏轼和苏辙之母，程氏和我国历史上著名的孟母、陶母、岳母等并列，是一位识见超远的贤妻良母。

话说，苏洵年轻时游荡不学，后来在程氏的箴劝之下，二十七岁时才幡然醒悟，闭门发愤；苏洵担心程氏一人支撑家庭，抚养幼子过于劳累，程氏云："子苟有志，以生累我可也！"苏洵后来游学四方，终成大器。程氏死后，苏洵非常

---

[1] 〔明〕周复俊编，《全蜀艺文志·氏族谱》卷53，《四库全书》第1381册，上海古籍出版社，1987年版，第746页。

[2] 〔明〕周复俊编，《全蜀艺文志·氏族谱》卷53，《四库全书》第1381册，上海古籍出版社，1987年版，第746页。

遗憾和痛苦，《祭亡妻文》曾回忆说："自子之逝，内失良朋。孤居终日，有过谁箴？昔予少年，游荡不学，子虽不言，耿耿不乐。我知子心，忧我泯没。"[1]

苏洵子苏轼和苏辙两兄弟，自幼受到程氏的教育影响。程氏亲授其书，教其识字，且颇为严厉。传说三苏祠古井旁的黄荆树就与程母鞭策苏轼兄弟学习有关。程氏重视对苏轼兄弟的家国情怀教育，勉励他们要立下大志，不能辱没苏门，不能有悔于国家。程氏曾读《范滂传》，有所感慨，将故事讲给苏轼听；苏轼问母亲自己可否效法范滂，程氏说："汝能为滂，吾不能为滂母乎？"程母借历史故事，鼓励儿子效法古贤，以此培养苏轼兄弟为人正直的品德、为官廉洁的官德，敢赴国难的胸怀。后来苏轼虽历经人生、官场的坎坷，但始终能够坚守为国为民之志、不弃家国情怀，就与程氏对他的思想引导教育息息相关。

苏辙在《亡兄子瞻端明墓志铭》中曾追忆母亲以范滂精神教育他们的往事："公（苏轼）生十年，太夫人亲授以书，闻古今成败，辄能语其要。太夫人尝读《东汉史》，至《范滂传》慨然太息。公侍侧曰：'轼若为滂，太夫人亦许之否乎？太夫人曰：'汝能为滂，吾顾不能为滂母耶？'公亦奋厉，有当世志。太夫人喜曰：'吾有子矣！'"[2]《程氏墓志铭》曰："夫人能开发辅导成就其夫子，使皆以文学显重于天下，非诚虑高绝能如是乎？古之人曰有国有家者，其兴衰无不本于闺门，今于夫人益见古人之可信也。铭曰：贫不以污其夫之名，富不以为其子之累；知力学，可以显其门，而直道，可以荣于世，勉夫教子，不愧为古代一贤母。"[3]

【宋】庆闱濯秀，笃孝姜庞——苏过妻范氏

苏轼之子苏过，北宋文学家，其结发之妻范氏，是范镇的孙女，范百嘉的次女。苏过擅长书法绘画，有苏轼之风，是苏家子弟中最承家风者，晚号"斜川居士"，时称"小坡"。苏辙曾称赞其"党子温纯无愠喜。"[4]苏过成年，苏轼听闻范氏品貌兼具，就特意为儿子苏过求婚，他认为，范氏出于积善人家，是名门闺

---

[1] 韩鹏杰、于宏明、雪菊编，《中国十大文豪全集·苏洵全集·祭亡妻程氏文》，时代文艺出版社，2001年版，第186页。

[2]〔宋〕苏辙撰，《栾城后集·亡兄子瞻端明墓志铭》卷22（四部丛刊本），上海商务印书馆缩印明活字印本，第648页。

[3]〔宋〕司马光著，《增广司马温公全集（四）·苏轼母程氏墓志铭》卷110，广西师范大学出版社，2020年版，第1504页。

[4]〔宋〕苏辙撰，《栾城集·次韵子瞻特来高安相别》卷13（四部丛刊本），上海商务印书馆缩印明活字印本，第162页。

秀，而且是非常出色的贤女、才女、孝女，犹如卫瓘之女；苏过呢，为人可靠。苏过范氏婚后，夫妇关系融洽。

但因苏轼屡次被贬，夫妇聚少离多，治家教子也皆由范氏打理。苏轼被贬惠州，苏过随同，苏轼曾筹划盖房安居，把范氏母子接到惠州来。苏轼被贬儋州，苏过陪侍，范氏则与子苏钥等留在惠州白鹤新居与兄嫂住在一起，抚子训子的任务也就再次留给了家中的范氏。苏轼《追和戊寅岁上元》及诗《跋》曾以石建、姜庞氏两孝子比喻儿媳之孝顺，同时也为儿子不能与妻子团聚难以释怀。范氏生子有七人：籥、籍、节、笈、簟、篴、竺。

附：苏过《大隐堂为范氏西田题》："蛙鸣不知官与私，莫来乱我夜读书。人怀忠直及其子，遗爱何止屋上乌。小范更无膏粱气，闭门一味如蠹鱼。肯为山林独往计，且隐市朝行坦途。嗟我与君涉世疏，短绠汲深尔自愚。行歌道上惭妻孥，坐令家无瓶石储。"[1]

苏轼《与过求婚启》："伏承令子弟二小娘子，庆闱濯秀，岂独卫公之五长？而某第三子某，驽质少文，庶几南容之三复。恭驰不腆之币，永结无穷之欢。"[2]

苏轼《追和戊寅岁上元诗跋》："家在惠州白鹤峰下，过子不眷妇子，从余来此，其妇亦笃孝。怅然感之，故和前篇。"[3]

苏轼《追和戊寅岁上元》："春鸿社燕巧相违，白鹤峰头白板扉。石建方欣洗腧厕，姜庞不解叹蟎蜮。"[4]

【宋】清德直道，宜知根本——范仲黼母王安人

范仲黼母王安人（？—1181），名讳不详，成都华阳人，封安人。安人自幼以专静才明称于家，后来嫁到成都范家，为范灌（范祖禹之后）之妻。据《安人王氏墓表》记载，范仲黼母嫁到范家之后，"一践其庭，礼容肃穆，纤悉中度。虽在房闱，礼敬自将，燕私之言，无一不可道于外者。"[5]据《民国华阳县志》记载，范灌为仙井盐录事参军，知芦山县的时候，家里的事情都由王安人料理。王

---

[1]〔宋〕苏过著，舒大刚校注，《斜川集校注·大隐堂为范氏西田题》，巴蜀书社，1996年版，第161页。

[2]〔宋〕苏轼撰，孔凡礼点校，《苏轼文集·与过求婚启》卷47，中华书局，1986年版，第1372页。

[3]〔宋〕苏轼撰，孔凡礼点校，《苏轼文集·追和戊寅岁上元·跋》卷43，中华书局，1986年版，第2345页。

[4]〔宋〕苏轼撰，孔凡礼点校，《苏轼文集·追和戊寅岁上元》卷43，中华书局，1986年版，第2345页。

[5]成都市地方志编纂委员会、四川大学历史地理研究所整理，《成都旧志·民国华阳县志（卷19）·列女传·安人王氏墓表》第15册，成都时代出版社，2007年版，第477-478页。

安人居家俭约，从来不因为家里的琐事让丈夫费心；范滋审理案例的时候，常常不分晨夜寒暑，王安人就会鼓励夫君不需介意长久地辛苦，以免使得百姓长久蒙冤。因为有了王安人这样的贤内助，所以范滋为官一向清白，治理百姓也以公允著称。故民国《华阳县志》卷十九记载："范仲黼母者，世华阳王氏。……年及笄，归同县范滋。范氏文献之家，子弟皆有典刑，母理法自持，燕私不形。滋为仙井盐录事参军，知芦山县，家事一委于母，不问寒暑，治狱谳有未具，批览不辍。母或在旁须臾，谓无惮淹暮劳，使民久冤，故滋卒以清白著。"[1] 但是范滋早卒，范仲黼兄弟"早失先人之教"，眼看范氏兄弟陷入生存、求学的艰难困境，这时，"夫人慨然自立，以济其艰，使二子得以尽力于学，继践世科"。王安人承担起教育子女的职责。范仲黼后来曾感触地说："先夫人抚育成就，甚艰且勤。"[2] 以专静才明著称的王安人相其夫而成其子，她对子女的教育并非一般学识的人可以比拟。她从来不会期待子女去获得一些肤浅的成绩。她常教育儿子："范氏家世以'清德直道'为门阀，你们做学问'宜知根本'[3]，做官不要担心不通达，应该担心的是没有什么值得称道的成绩。"为此，范仲黼兄弟更加"自励于学"，尤其是范仲黼，曾经"闭门几十年，不汲汲于进取，蜀人高其行"[4]。范仲黼在母亲的激励下，求学问根本，而不在意于所谓的世俗功名。为了求学，范仲黼曾经东游吴楚，得到一代先哲宗师张栻、吕伯恭的赏识。范仲黼在朝为官，"遵守所闻，不狗世习，而忠君爱国。"[5] 无不是其遵从母亲谆谆教导的结果。"贤母使子贤也。"[6] 王安人的言传身教对于范仲黼兄弟的德行具备以及后来的执着于学问都起着至关重要的作用。

附：仲黼不天，蚤失先人之教，先夫人抚育成就，甚艰且勤……顾文叔之贤，未及识面，而心已敬之，且其所以属我者，又如此其重也，乃不敢辞……夫

---

[1] 成都市地方志编纂委员会、四川大学历史地理研究所整理，《《成都旧志·民国华阳县志（卷19）·列女传》第15册，成都时代出版社，2007年版，第477页。

[2] 成都市地方志编纂委员会、四川大学历史地理研究所整理，《成都旧志·民国华阳县志（卷19）·列女传》第15册，成都时代出版社，2007年版，第477页。

[3] 成都市地方志编纂委员会、四川大学历史地理研究所整理，《成都旧志·民国华阳县志（卷19）·列女传》第15册，成都时代出版社，2007年版，第477页。

[4] 成都市地方志编纂委员会、四川大学历史地理研究所整理，《成都旧志·民国华阳县志（卷19）·列女传》第15册，成都时代出版社，2007年版，第478页。

[5] 成都市地方志编纂委员会、四川大学历史地理研究所整理，《成都旧志·民国华阳县志（卷19）·列女传》第15册，成都时代出版社，2007年版，第478页。

[6] 〔汉〕韩婴著、屈守元笺疏《韩诗外传》卷九《田子为相》引《诗》"宜尔子孙绳绳兮"笺注补"贤母使子贤也。"巴蜀书社，1996年版，第757页。

人，成都华阳人，姓王氏，祖曰赠金紫光禄大夫，讳廷，妣文安郡夫人勾龙氏，父曰左朝议大夫，讳辅，妣宜人何氏。夫人自幼以专静才明称于其家，年甫笄，归同郡范君，讳淮，盖范氏自蜀郡忠文公中书荣国公徙居许洛，至是，始还故乡，文献未远，子弟皆有典刑，非清门淑质不易作对，夫人一践其庭，礼容肃穆，纤悉中度，虽在房闼，礼敬自将，燕私之言，无一不可道于外者，范君始为仙井监录事参军，后以宣教郎知雅州卢山县事，夫人居家俭约，不以出内细故累其君子，范君阅具狱，晨夜寒暑，不少懈，夫人犹从旁从臾之曰："毋惮淹晷之劳而使彼负没世之冤也。"故范君为吏以清白著，其治狱以平允称，夫人盖有助焉。范君既从官，不复问生理，身后家事益落落，夫人慨然自力，以济其艰，使二子得以尽力于学，继践世科，人以为荣，而夫人不色喜，顾语之曰："吾悲汝父之不及见也；虽然，汝家世以清德直道为门阀，汝曹问学宜知所本，仕不患不达，患无以称耳，藜糗吾能甘之，毋遽以三釜为也。"二子以是益自厉于学，而仲黼杜门几十年，不汲汲于进取，蜀人高其行。东游吴楚，张敬夫、吕伯恭一见皆叹赏，具以其学告之。今在朝列，尊守所闻，不徇世习而忠君爱国，悃款无已，识者皆倚重焉。此又夫人之教有以成之也。初，范君仲兄洪雅君，蚤卒，无子，范君将以少子仲芸后之，未及而终，后六年，仲芸奏名南省，夫人大合族党，申范君之命以告于祖，称而卒使奉其祀焉。闻者皆以为难。洪雅之妻，前已更嫁，至是乃卒，人以其服为疑。夫人曰："礼不为嫁母服，而律有心丧三年之文，且是尝为洪雅配，得不为芸母乎？"即日命仲芸服丧如律，闻者益以为难。岁时典祀，身亲蠲洁，待宾客、接宗姻，曲尽礼节，而御下一以慈恕。至其平居，教诏子孙，援前言、质往行，又皆有本有末；盖可书而诵也。卒于淳熙八年六月甲辰，葬于十三年八月丙申，墓在双流县宜城乡曹池山，实从卢山君之兆，始以夫封孺人，后以子赠安人，仲黼今以通直郎为国子博士兼皇侄许国公府教授。仲芸，尝以从政郎为彭山令而先卒。女五人，一适王晞孟，一适程师夔，一未行，余皆夭。呜呼！夫人之所以相其夫而成其子者，卢君状之详矣，然犹事之常也，至其出少子以后仲父，既又使之服其所后嫁母之丧，则处变事而不失其权，有当世士大夫之所甚难而深愧焉者，呜呼！贤哉！[1]

---

[1] 成都市地方志编纂委员会、四川大学历史地理研究所整理，《成都旧志·民国华阳县志（卷19）·列女传·安人王氏墓表》第15册，成都时代出版社，2007年版，第477-478页。

【宋】家法井井，为成都最——宇文师说妻房妙光

宇文绍节的母亲，是华阳房永的女儿房妙光。据《民国华阳县志》记载，她自幼"性明悟，在群儿中独若成人"。稍稍长大后，不但擅长女工，而且"事亲知色养之义"。出嫁宇文家，为宇文师说（银青）之妻，是一位恪守家法、能督促夫君"尽职不苟、退则耽书"的贤内助。[1] 但不幸的是她的丈夫师说早卒，当时房妙光刚刚三十有二，诸子皆幼。房妙光没有被突如其来的悲痛击败，而是决定好好教育子女，使之承续家学。据《民国华阳县志》云："自后（妙光）专一教子，昼夜不殆。又举银青学行以为法，故诸子益自刻苦。"[2] "文安每举公之遗烈以教之，大略以为公之读书为文皆有准绳。"[3] 如此二十年如一日，房妙光言传身教、教育子女而不懈。师说兄弟一家到合州时，房妙光留在家乡经营宇文一族，"教愈力，用愈俭，岁入之余，悉储以听，一毫不自私。"[4] 故兄嫂极为敬叹。长子出仕，房氏勉励他做官要清廉，多做事，"谈上世官业以勉之：且卑廉勤首公，无躁进，无诡随，不以驰惊宠禄为急也。"少子宇文绍节继伯祖为孙，她"每以书戒其尽力。"[5]《房氏墓志铭》赞曰："（房妙光）平生动中准绳，高见绝识，有士大夫所不逮。"[6]《民国华阳县志》亦云："（房妙光）平生视世荣一不概心，食不重肉，箧无新制，耽悦者书卷而已，故家法井井，为成都最。"[7]

附：文安郡夫人。四子：绍猷。故奉直大夫，知汉州；绍谔，故文林郎、知叙州南溪县；次绍彭，由权户部侍郎、右文殿修撰知太平州；次绍节，以龙图治命，继伯祖枢密……一女：通承议郎、新知简州杨思成。孙五人……公既早殁，公子尚幼，公之学行俱不得显于世。文安每举公之遗烈以教之，大略以为公之

---

[1] 成都市地方志编纂委员会、四川大学历史地理研究所整理，《成都旧志·民国华阳县志（卷19）·列女传·文安郡夫人房氏墓志铭》第15册，成都时代出版社，2007年版，第478页。

[2] 成都市地方志编纂委员会、四川大学历史地理研究所整理，《成都旧志·民国华阳县志（卷19）·列女传·文安郡夫人房氏墓志铭》第15册，成都时代出版社，2007年版，第478页。

[3] 成都市地方志编纂委员会、四川大学历史地理研究所整理，《成都旧志·民国华阳县志（卷19）·列女传·文安郡夫人房氏墓志铭》第15册，成都时代出版社，2007年版，第478页。

[4] 成都市地方志编纂委员会、四川大学历史地理研究所整理，《成都旧志·民国华阳县志（卷19）·列女传·文安郡夫人房氏墓志铭》第15册，成都时代出版社，2007年版，第478页。

[5] 成都市地方志编纂委员会、四川大学历史地理研究所整理，《成都旧志·民国华阳县志（卷19）·列女传·文安郡夫人房氏墓志铭》第15册，成都时代出版社，2007年版，第478页。

[6] 成都市地方志编纂委员会、四川大学历史地理研究所整理，《成都旧志·民国华阳县志（卷19）·列女传·文安郡夫人房氏墓志铭》第15册，成都时代出版社，2007年版，第478页。

[7] 成都市地方志编纂委员会、四川大学历史地理研究所整理，《成都旧志·民国华阳县志（卷19）·列女传·文安郡夫人房氏墓志铭》第15册，成都时代出版社，2007年版，第478页。

读书为文皆有准绳，经史百家之言悉以次第翻阅，沈潜反复，随疏坐右，旦为某书，夜为某氏之文，手抄成诵，若布衣初学之勤者。喜与士友谈《易》，时诵家人正家之道，以勉我相敬如宾。公退，则弦诵，哦诗缉文，一不以家事介意。此皆公之所安。而道行于妻子之实也。[1]

【宋】劝相其夫，督励其子——宇文邦彦妻黎贤妇

宇文显赫一族，也有很多贤母。如成都名士宇文邦彦贤妇黎氏，又被称"黎贤妇"。黎氏家境不好，但喜欢看书且能通大义，常常"手自编抄"。出嫁宇文宗象之子宋朝蜀国公宇文邦彦后，黎氏"劝相其夫，督励其子"，成为当时一位有名的贤妻良母。后来她的儿子宇文三兄弟粹中、虚中、时中并有名于时。[2]粹中仕至尚书左丞，虚中被称为宋朝爱国大臣、诗人，时中仕至左中大夫、直龙图阁。《天启成都府志》记曰："子粹中等历词掖、跻显仕，皆所教也，人称其贤。"[3]人们都认为宇文三兄弟有如此成就，宇文家族获得繁盛，都是黎贤妇教训的好。

附：黎贤妇者，双流宇文邦彦妻，居贫读书，略通大义，手自编抄，以相其夫督励诸子，粹中者，历词掖有名。[4]

【宋】贤明淑慎，朝夕兢兢——张栻母宇文氏

华阳宇文氏，是张浚继室。张浚是西汉留侯张良之后，南宋名相、抗金名将。据记载，宇文氏"贤明淑慎，与公同志"[5]，而且贤惠循礼，非常孝顺，"事太夫人尽礼"，每天鸡刚刚鸣叫便已经梳洗完毕侍奉于婆婆床前，"已冠帔立寝

[1] 成都市地方志编纂委员会、四川大学历史地理研究所整理，《成都旧志·民国华阳县志（卷19）·列女传·文安郡夫人房氏墓志铭》第15册，成都时代出版社，2007年版，第478页。

[2] 成都市地方志编纂委员会、四川大学历史地理研究所整理，《成都旧志·天启成都府志》第7册，成都时代出版社，2007年版，第349页。

[3] 成都市地方志编纂委员会、四川大学历史地理研究所整理，《成都旧志·天启成都府志》第7册，成都时代出版社，2007年版，第349页。

[4] 〔明〕曹学佺撰，《蜀中广记·人物记第二》卷42，《四库全书》第591册，上海古籍出版社，1987年版，第573页。

[5] 〔宋〕朱熹撰，《晦庵集·魏国公致仕赠太保张公行状》卷95，《四库全书》第1146册，上海古籍出版社，1987年版，第220页。

前侯"[1]；晚上直到婆婆"寝至息匀寐安"，这才放心离开。姑舅饮食、汤药，向来亲力亲为，所以太夫人曾赞扬这个媳妇说："吾儿孝，天赐贤妇以成其心。"[2]宇文氏对待内外宗族，也是敬仰有加，从无间言，对自己的丈夫，相敬如宾，而且极为尊重，"起居饮食，亦皆如公，有常度不渝，相对如宾。"[3]宇文氏重"德"又重"实"，"不为虚辞"[4]。张浚当时贵为一国重臣，宇文氏则主要在家教训诸子。宇文氏曾经对儿女说："吾朝夕兢兢履地如履冰，惟恐一言之失，一事之差，盖其德诚足以配公焉。"[5]张浚殁，宇文氏两个儿子，张栻与朱熹、吕祖谦齐名，是"东南三贤"之一。次子张杓，做了右承奉郎。

附：再娶蜀国夫人宇文氏，贤明淑慎，与公同志，事太夫人尽礼，鸡初鸣，已冠帔立寝前，俟太夫人寝觉，夜则俟太夫人寝，至息匀寐安，乃去。食饮汤药，一一亲之，太夫人尝曰：吾儿孝，天赐贤妇以成其心。内外宗族，敬仰无间言，起居饮食，亦皆如公，有常度不渝，相对如宾，公方贵，未尝言及宇文氏，私门每训诸子曰：吾朝夕兢兢履地如履冰，惟恐一言之失，一事之差，盖其德诚足以配公焉。先公五年薨。葬衡山与公同兆异穴。生子男二人，长栻，右承务郎直秘阁，次杓，右承奉郎。公奏议，务坦明，不为虚辞，率口诵，令子侄书之，皆根于心不易一字。[6]

【宋】章句字画，训诲诸女里中——阎路妻杨氏

阎路夫人华阳杨氏（986—1065），字少孤，由外祖张崇文春卿携养而教育长大，"性浑淑，针缕余，亲简牍"[7]。张春卿博通《五经》，颇具影响。后蜀亡，张留蜀不仕，并由此成为当时西南一带文章宗师。张老而无子，身边只有女儿及

[1]〔宋〕朱熹撰，《晦庵集·魏国公致仕赠太保张公行状》卷95，《四库全书》第1146册，上海古籍出版社，1987年版，第220页。

[2]〔宋〕朱熹撰，《晦庵集·魏国公致仕赠太保张公行状》卷95，《四库全书》第1146册，上海古籍出版社，1987年版，第220页。

[3]〔宋〕朱熹撰，《晦庵集·魏国公致仕赠太保张公行状》卷95，《四库全书》第1146册，上海古籍出版社，1987年版，第220页。

[4]〔宋〕朱熹撰，《晦庵集·魏国公致仕赠太保张公行状》卷95，《四库全书》第1146册，上海古籍出版社，1987年版，第220页。

[5]〔宋〕朱熹撰，《晦庵集·魏国公致仕赠太保张公行状》卷95，《四库全书》第1146册，上海古籍出版社，1987年版，第220页。

[6]〔宋〕朱熹撰，《晦庵集·魏国公致仕赠太保张公行状》卷95，《四库全书》第1146册，上海古籍出版社，1987年版，第220页。

[7]〔宋〕文同撰，《丹渊集·华阳县君杨氏墓志铭》卷40，《四库全书》第1096册，上海古籍出版社，1987年版，第800页。

外孙女，女儿张氏、外孙女杨氏为人左右恭愿柔懿，行动遵守礼法，受家学熏染浸渍，善于治学，该涉文史，徽德婉行，闻名于闾里之间。成都有很多豪宗巨家登门以媒求姻，但春卿都婉言相拒了，曰："是女与孙循服素俭甚已深矣，盖非可以侈丽华靡之好以化其所嗜者，吾将求朴茂清粹嘉才美业之士以归之，且当其意尔。"[1] 后来，张春卿的女儿妻嫁给了国子助教周式，杨氏嫁给了阎路。周式讲道著书，是当时诗书名儒，阎路履尚简洁，学问无厌，以《易》《礼》《春秋》《左氏传》名其家，居陋巷、坐黉舍，教诸生与二子。杨氏则辅助阎路"以章句字画训诲诸女及里中内外亲表之甥侄"[2]。"既知书达理道不若寻常妇人"[3]。据说，当时，"每佳时令节，车交马集，衣冠拥会，立候墙宇邻钗巷帔，招约呼引裙裾以次罗列，梱内修弟子之礼，为经师教姆之贺，如是者凡三十年"[4]。在当时，阎路与夫人杨氏远近闻名，而且大家都知道这位杨夫人很简朴，"服敝恶享粗淡怡如也，虽华章美品之在侧，未尝以我之无有耻之"[5]。夫人"性孝且慈"，对公婆很孝顺，从不缺礼数；养育阎路家弟，"一尽乎仁爱"[6]，夫人有二子，"旦暮督其学"[7]，夫人长子叫阎温，景佑元年（1034）进士及第；次子叫阎灏，中皇佑元年（1049）丙科，迁秘书丞，授雅州名山县，又假蜀之永康县。

附：阎君，讳路，字蹈之，之夫人……夫人姓杨氏，华阳人，父讳元，吉安道守节，乡里信慕，有善人君子之称，夫人少孤，外祖张崇文春卿携养于其家，春卿为孟昶时秀才，通五经，博极群书，铿然有声，于当年，昶归朝，春卿留蜀，畏远仕，遂为西南士人文章宗师，既老无子，止有女及夫人在，左右恭愿柔懿，动向礼法，熏渍善术，该涉文史，徽德婉行，闻之闾里，成都多豪宗巨家，有以媒求姻接迹于门者，春卿每拒之，曰："是女与孙循服素俭甚已深矣，

[1]〔宋〕文同撰，《丹渊集·华阳县君杨氏墓志铭》卷40，《四库全书》第1096册，上海古籍出版社，1987年版，第799页。

[2]〔宋〕文同撰，《丹渊集·华阳县君杨氏墓志铭》卷40，《四库全书》第1096册，上海古籍出版社，1987年版，第800页。

[3]〔宋〕文同撰，《丹渊集·华阳县君杨氏墓志铭》卷40，《四库全书》第1096册，上海古籍出版社，1987年版，第800页。

[4]〔宋〕文同撰，《丹渊集·华阳县君杨氏墓志铭》卷40，《四库全书》第1096册，上海古籍出版社，1987年版，第800页。

[5]〔宋〕文同撰，《丹渊集·华阳县君杨氏墓志铭》卷40，《四库全书》第1096册，上海古籍出版社，1987年版，第800页。

[6]〔宋〕文同撰，《丹渊集·华阳县君杨氏墓志铭》卷40，《四库全书》第1096册，上海古籍出版社，1987年版，第800页。

[7]〔宋〕文同撰，《丹渊集·华阳县君杨氏墓志铭》卷40，《四库全书》第1096册，上海古籍出版社，1987年版，第800页。

盖非可以侈丽华靡之好以化其所嗜者，吾将求朴茂清粹嘉才美业之士以归之，且当其意尔。"后果以女妻国子助教周式，而以夫人配先生者焉。式讲道著书为诗书名儒，先生履尚简洁学问无厌，常以《易》《礼》《春秋》《左氏》传名其家，居陋巷，坐黉舍，教诸生与二子，四时弦诵，风雨不废。夫人亦以章句字画训诲诸女及里中内外亲表之甥侄，每佳时令节，车交马集，衣冠拥会，立候墙宇邻钗巷帏，招约呼引裙裾以次罗列，阃内修弟子之礼，为经师教姆之贺，如是者凡三十年。远近称仰之先生素贫窭，衣桄食囷无有赢衍，而夫人服敝恶享粗淡，怡如也，虽华章美品之在侧，未尝以我之无有耻之，性孝且慈，奉养舅姑无阙礼，抚育诸叔一尽乎仁爱，生二子，旦暮督其学，长曰温，景佑元年进士及第，以职方员外郎，通判戎州代归，逆江上至嘉州舟覆溺死；次曰灏，中皇佑元年丙科迁秘书丞，授雅州名山县，县在层峦复岭之中，林莽阴郁岚雾日发，殊不与高年者起居相宜，灏重其行部，刺史知之，使假蜀之永康县。夫人至县，才七月，病乃作，灏言之复得就药成都，九月二十四日至私第历请诸医，卒不效，遂启手足矣。夫人既知书达理，道不若寻常妇人、女子之所为。亲见温湛没不救，收泣拔泪，一断以命，不复更嗟悼。为不可活之计被疾，归，围儿女与语，无戚戚爱恋难舍之意。此傥非尽道事物当尔之说，虽烈丈夫，吾固知其未必能矣。夫人以温封华阳县君，三女适无锡唐裴崔。庶几，刘绎，孙二人：仲曦，仲觌。铭曰："惟夫人出甲族，粤在少失所育，祖外氏恤之，独养而教，性浑淑，针缕余，亲简牍，配先生保邕睦、执闺范、端且肃、固窘陋、安水菽、以书史化邑屋。生二子，勤其读并入仕，及以禄夫人者，备五福数云。"[1]

【宋】教子有法，正家有礼——马惟用妻周氏

马惟用妻周氏（1020—1093），享年74岁。为人之妻、为人子媳、为人之母，周氏的贤德懿行均有可表之处。对丈夫而言，周氏不仅仅有"巾栉"之劳，原因就在于，周氏"尝辅之以德义、恭俭之志焉"[2]；对于婆婆，周氏也不仅仅是侍奉左右而已，"尝事之以凤夜，孝敬之道焉"[3]；对于子女，她"教子有法，正

---

[1] 〔宋〕文同撰，《丹渊集·华阳县君杨氏墓志铭》卷40，《四库全书》第1096册，上海古籍出版社，1987年版，第799-800页。

[2] 刘雨茂、荣远大编，《成都出土历代墓铭券文图录综释·扶风府君夫人周氏墓志铭》，文物出版社，2012年版，第221页。

[3] 刘雨茂、荣远大编，《成都出土历代墓铭券文图录综释·扶风府君夫人周氏墓志铭》，文物出版社，2012年版，第221页。

家有礼"[1]，她的贡献也不能用一句话概括。所以，《扶风府君夫人周氏墓志铭》为此曾感慨言："妇人女子岂特职乎中馈而已哉？"[2]认为"闺门之助必有可□者"[3]，而周氏就是这样的女子。周氏夫人之淑行，与那些"矜车服耀首饰者"[4]有很大不同；"今夫人之子孙，儒其衣冠、济济一门则翱翔青云，可立而待，岂非室家之功？"[5]

　　附：夫人周氏，成都人也。三代潜德，不仕，适眉山马君惟用。……妇人女子岂特职乎中馈而已哉？闺门之助必有可□者，□夫人之于夫也，不独蜂巾栉而已，尝辅之以德义、恭俭之志焉；夫人之于姑也，不独侍左右而已，尝事之以夙夜、孝敬之道焉；若乃教子有法，正家有礼，不可以一言；则夫人之淑行，固与夫矜车服耀首饰者远矣。古语曰：福之□，莫不本乎家，家道之衰，莫不始乎闺内。今夫人之子孙，儒其衣冠、济济一门则翱翔青云，可立而待，岂非室家之功与？夫人有子五人，女三人。[6]

【宋】克励驯德，抚养弱子——王准妻薛氏

　　王珪（1019—1085），成都华阳人。其父王准，早卒。是时，王珪年幼，由寡母薛氏独立抚养。对王珪的成才，薛氏付出了很多心血。王安礼曾在其制词中称："（薛氏）克励驯德，来嫔庆阈，有子而贤实，……尚其淑灵。"[7]王珪后来成为北宋有名宰相，著有《华阳集》60卷。他的长女嫁文人李格非，生李清照。

【宋】温温其言，慈爱为先——张确妻杜氏

　　张确妻杜氏（1022—1090），享年69岁。杜氏聪敏正淑，雅性安静，孝敬

---

[1]　刘雨茂、荣远大编，《成都出土历代墓铭券文图录综释·扶风府君夫人周氏墓志铭》，文物出版社，2012年版，第221页。

[2]　刘雨茂、荣远大编，《成都出土历代墓铭券文图录综释·扶风府君夫人周氏墓志铭》，文物出版社，2012年版，第221页。

[3]　刘雨茂、荣远大编，《成都出土历代墓铭券文图录综释·扶风府君夫人周氏墓志铭》，文物出版社，2012年版，第221页。

[4]　刘雨茂、荣远大编，《成都出土历代墓铭券文图录综释·扶风府君夫人周氏墓志铭》，文物出版社，2012年版，第221页。

[5]　刘雨茂、荣远大编，《成都出土历代墓铭券文图录综释·扶风府君夫人周氏墓志铭》，文物出版社，2012年版，第221页。

[6]　刘雨茂、荣远大编，《成都出土历代墓铭券文图录综释·扶风府君夫人周氏墓志铭》，文物出版社，2012年版，第221页。

[7]　〔宋〕王安礼撰，《王魏公集》卷2，《四库全书》，第1100册，上海古籍出版社，1987年版，第17页。

顺悌，十岁时便有成人之风，祖父母非常喜欢她，"试以家务，悉能干理"[1]。出嫁张确，事公婆如事亲生父母，"先意承志，温恭朝夕，曾无倦怠"[2]；公婆让其他家妇与她一起分摊家事劳作，均其劳逸，杜氏从来不辞难、不厌苦；即便不是她自己的事情，也会私下相助，这样，不仅合公婆心意，也使得诸妇之间感情相笃，"赖其能而相与欢爱"[3]，闺门雍穆。[4]杜氏天性孝敬，婆婆每到中夜就会起夜，侍从虽多，但杜氏还是要执灯烛在前，伺候婆婆安寝，直到婆婆让她去休息才罢。"此乃孝由中出，天性然也。"[5]杜氏又"生而知礼，克自敛"[6]，对待叔伯兄弟尽于礼节，"见郎伯则尊敬如神，封叔妹则克己尽礼"[7]，对于丈夫，杜氏"事夫则能以柔济其刚，以顺守其正，得相成之道"[8]，对于子女，杜氏"裕诸子则慈爱为先"[9]，曰："有父焉，有师训焉，吾曷用严？然犹遇他人之善者，指以为劝，恶者，指以为诫。温温其言，循循其诱不已也。"[10]杜氏善于治家，自归张氏，张家家道日隆，"内治号为得人，不可一日阙己"。不仅如此，杜氏临事能权衡利弊，颇有主张胆识。有一次，有污吏构陷、致罪于张确的兄长张砺，兄长在张确的帮助下得以逃脱。吏勒令张确寻拿其兄，杜氏劝张确也避开远去。吏张拿张确家人问话，儿子张无逸准备过去。杜氏说："吾夫妻爱养汝，望汝兴门户，或为

---

[1] 刘雨茂、荣远大编，《成都出土历代墓铭券文图录综释·张确夫人杜氏墓志》，文物出版社，2012 年版，第 198 页。

[2] 刘雨茂、荣远大编，《成都出土历代墓铭券文图录综释·张确夫人杜氏墓志》，文物出版社，2012 年版，第 198 页。

[3] 刘雨茂、荣远大编，《成都出土历代墓铭券文图录综释·张确夫人杜氏墓志》，文物出版社，2012 年版，第 198 页。

[4] 刘雨茂、荣远大编，《成都出土历代墓铭券文图录综释·张确夫人杜氏墓志》，文物出版社，2012 年版，第 197 页。

[5] 刘雨茂、荣远大编，《成都出土历代墓铭券文图录综释·张确夫人杜氏墓志》，文物出版社，2012 年版，第 198 页。

[6] 刘雨茂、荣远大编，《成都出土历代墓铭券文图录综释·张确夫人杜氏墓志》，文物出版社，2012 年版，第 198 页。

[7] 刘雨茂、荣远大编，《成都出土历代墓铭券文图录综释·张确夫人杜氏墓志》，文物出版社，2012 年版，第 198 页。

[8] 刘雨茂、荣远大编，《成都出土历代墓铭券文图录综释·张确夫人杜氏墓志》，文物出版社，2012 年版，第 198 页。

[9] 刘雨茂、荣远大编，《成都出土历代墓铭券文图录综释·张确夫人杜氏墓志》，文物出版社，2012 年版，第 198 页。

[10] 刘雨茂、荣远大编，《成都出土历代墓铭券文图录综释·张确夫人杜氏墓志》，文物出版社，2012 年版，第 198 页。

吏所害，则汝其奈何？我妇人无罪，彼焉能虐我哉？吾当往。"[1] 吏最终不敢肆虐其毒。在危急之际，"能全身以蔽，夫与夫之兄皆免于难，而解舅姑之忧，诚为义也，烈也，而孝在其中。"[2]

　　附：母氏姓杜，其先京兆人，始居蜀者，未得其详。……聪敏正淑，孝敬顺悌，十岁有成人之风，王父母异而爱之；试以家务，悉能干理，……既大归，事舅姑如事父母，先意承志，温恭朝夕，曾无倦怠；舅姑命与诸妇还相职事，均其劳逸，母氏不辞难，不厌苦；非己所掌，亦须助为默使，宜合舅姑之心，诸妇亦能赖其能而相与欢爱，闺门雍穆。每至舅姑安寝矣，命适私室以。姑中夜必起，虽多侍从，而母氏已执灯烛在前迎奉之。姑复寝矣，姑命之而后退，此乃孝由中出，天性然也。见郎伯则尊敬如神，封叔妹则克己尽礼，事夫则能以柔济其刚，以顺守其正，得相成之道，裕诸子则慈爱为先，曰：有父焉，有师训焉，吾曷用严？然犹遇他人之善者，指以为劝，恶者，指以为诫。温温其言，循循其诱不已也。母氏生而知礼，克自敛，制语不闻，外履不踰阃，雅性安静，不喜游观，乃曰：妇女不出为贵。自归张氏，家道日隆，内治号为得人，不可一日阙己。常思归宁父母而莫得。历二十余载不越户庭，年过四十，时有污吏构陷伯砺，欲致于罪。先考救之。得逃其难。吏勒先考寻兄，母氏功先考亦避去。吏呼家人，无逸将就吏。母氏曰："吾夫妻爱养汝，望汝兴门户，或为吏所害，则汝其奈何？我妇人无罪，彼焉能虐我哉？吾当往。"遂诣吏。吏有言，吏穷报，竟不敢肆其毒。母氏归，见舅姑而谢曰："妇不孝，（贻）翁家忧，赖福荫免矣。"舅姑欣慰。……当危急之际，能全身以蔽，夫与夫之兄皆免于难，而解舅姑之忧，诚为义也，烈也，而孝在其中。……况无逸蒙母氏保护……[3]

【宋】严师良友，徽烈懿行——许益之妻刘氏

　　许益之妻刘氏（1034—1072），享年 39 岁。简州阳安人，著作佐郎刘琚的女

[1] 刘雨茂、荣远大编，《成都出土历代墓铭券文图录综释·张确夫人杜氏墓志》，文物出版社，2012 年版，第 198 页。

[2] 刘雨茂、荣远大编，《成都出土历代墓铭券文图录综释·张确夫人杜氏墓志》，文物出版社，2012 年版，第 198 页。

[3] 刘雨茂、荣远大编，《成都出土历代墓铭券文图录综释·张确夫人杜氏墓志》，文物出版社，2012 年版，第 198 页。

儿，故太子中允许平施益之的妻子。刘氏自幼生性灵巧聪慧，性格"柔婉"[1]，以孝谨被亲长称道。据说刘氏"嗜学"，谈经览史，作赋吟诗，没有她不喜欢的，尤其是《左氏春秋》，刘氏对其"事迹词语、泛端极涯，开说讲辩，名氏世族，地里岁月，条分绪解"[2]，能做到癸甲不乱。出嫁到许家，刘氏一则至孝，二则亲族，三则爱幼，"事上接下，祥顺友爱，循蹈矩法"[3]。丈夫许益之天赋旷阔，磨荡崖畛，"常以燕饮敖佚自喜"[4]。夫人每次都乘间引古说今，数说古代因这种行为而最终招致祸殃的人来劝谕，许益之未尝不惕然愧畏，后来就不再这样了。许益之说他之所以能够"放而复敛"都是因为受到夫人的提醒："予之所以将放而复敛者谓何？虑其闻于予之梱中也。"[5]"盖使人听其言，惕然若严师良友在侧，动静语默以教义、谆谆警诲人者，予过渐鲜有奥助尔。"[6]许益之死后，刘氏携孤归成都，开始以教学为生，用微薄收入"以给朝夕"。刘氏教学在当时颇有影响，"合聚闾巷，亲族良家儿女之稚齿者，授训诫教书字逾十年"[7]。尽管生活困窘，刘氏教学所取获得资费并不贪多，只求满足生活所需。当时亲邻也很尊重刘氏，"其所居左右之人，凡过其门，悉俛首遽进，不敢喧呼作高语大笑，惧闻于夫人"[8]。刘氏教育子弟颇为严格，"督诸子学，昼夜不废，改诘捡问，使中程一律，或不及，谯励不贷"[9]。所以儿子天启"尝预郡府贡书，名在高等，夫人教之也"[10]。故《刘氏墓志

---

[1]〔宋〕文同撰，《丹渊集·华阳县君杨氏墓志铭》卷40，《四库全书》第1096册，上海古籍出版社，1987年版，第796页。

[2]〔宋〕文同撰，《丹渊集·华阳县君杨氏墓志铭》卷40，《四库全书》第1096册，上海古籍出版社，1987年版，第796页。

[3]〔宋〕文同撰，《丹渊集·华阳县君杨氏墓志铭》卷40，《四库全书》第1096册，上海古籍出版社，1987年版，第796页。

[4]〔宋〕文同撰，《丹渊集·华阳县君杨氏墓志铭》卷40，《四库全书》第1096册，上海古籍出版社，1987年版，第796页。

[5]〔宋〕文同撰，《丹渊集·华阳县君杨氏墓志铭》卷40，《四库全书》第1096册，上海古籍出版社，1987年版，第796页。

[6]〔宋〕文同撰，《丹渊集·华阳县君杨氏墓志铭》卷40，《四库全书》第1096册，上海古籍出版社，1987年版，第796页。

[7]〔宋〕文同撰，《丹渊集·华阳县君杨氏墓志铭》卷40，《四库全书》第1096册，上海古籍出版社，1987年版，第796页。

[8]〔宋〕文同撰，《丹渊集·华阳县君杨氏墓志铭》卷40，《四库全书》第1096册，上海古籍出版社，1987年版，第797页。

[9]〔宋〕文同撰，《丹渊集·华阳县君杨氏墓志铭》卷40，《四库全书》第1096册，上海古籍出版社，1987年版，第797页。

[10]〔宋〕文同撰，《丹渊集·华阳县君杨氏墓志铭》卷40，《四库全书》第1096册，上海古籍出版社，1987年版，第797页。

铭》云："夫人之徽烈懿行愈闻于人，万口一词，谓绝伦类。"[1]

　　附：蜀有贤妇，曰文安县君刘氏者，简州阳安人，著作佐郎琚之女，故太子中允许平施益之之夫人也。性巧慧，志尚柔婉，在家，常以孝谨称于其亲长，嗜学，《书》《传》无有不经览者，于《左氏春秋》，尤能通诵之中间，事迹词语，汾端极涯，开说讲辨，名氏世族，地里岁月，条分绪解，癸甲不乱。自归许氏，事上接下，祥顺友爱，循蹈矩法。益之资禀旷阔，磨荡崖岑，常以燕饮敖佚自喜。夫人每乘间引古之所以因是而取诸悔咎者指谕之，益之未尝不惄然愧畏，遂至于不复更敢为此，恐或庶夫人之所陈者，益之每语人曰："予之所以将放而复敛者谓何？虑其闻于予之梱中也。"盖使人听其言，惕然若严师良友，在侧，动静语默以教义，谆谆警诲人者，予过渐鲜有奥助尔，从知平定军乐平县，未几而益之卒，夫人携诸孤奉辒车还成都，至则旧产已空，萧然无一椽之屋以居，寄人舍下，合聚闾巷，亲族良家儿女之稚齿者，授训诫教书字逾十年，获所遗，以给朝夕，仅取足，不营于他，其所居左右之人，凡过其门，悉俛首遽进，不敢諠譁作高语大笑，惧闻于夫人，清风满家寒苦霜雪，督诸子学，昼夜不废，改诘捡问，使中程一律，或不及，谯励不贷，故其子天启尝预郡府贡书，名在高等，夫人教之也，自是夫人之徽烈懿行愈闻于人，万口一词，谓绝伦类。[2]

【宋】孝贤慈德，日加训饬——宋构夫人李纯慧

　　宋构夫人李纯慧（1040—1100），享年61岁。宋构，字承之，成都双流人。其父宋右仁，庆历五年进士，其母孙氏。长子早卒，次子宋京，北宋后期文化名人，著述颇丰，但大多不存。长孙宋衍，宣和年间进士。费著《氏族谱》云："右仁生桓，桓生京，京生衍，同登科，联四世右贤孙良孺，曾孙德之，祖孙又相继登科，德之尝为四川类省第一，皆文礼之后也。"[3]李纯慧即宋京的母亲。李氏讳纯慧，字端敏，华阳进士举孝廉李申的女儿，其母亲冯氏，有贤德。李氏自幼聪

[1]〔宋〕文同撰，《丹渊集·华阳县君杨氏墓志铭》卷40，《四库全书》第1096册，上海古籍出版社，1987年版，第797页。

[2]〔宋〕文同撰，《丹渊集·华阳县君杨氏墓志铭》卷40，《四库全书》第1096册，上海古籍出版社，1987年版，第796-797页。

[3]〔元〕费著著，《全蜀艺文志·氏族谱》卷54，《四库全书》第1381册，上海古籍出版社，1987年版，第758页。

悟有智识，成年后"习家法不烦姆训，容德咸备"[1]。二十四岁嫁给宋构，恩爱甚厚。李申无子，所以把后事嘱托给女儿，在祖先墓茔之侧亲手种植万松，告诉女儿："奉承蒸尝，吾将赖汝。"[2]父亲死后，李氏克尽哀戚。每年上坟都是顾瞻踟蹰不忍离去。乡邻听说这件事，都"相戒以勿犯"[3]，所以李申的墓"至今佳城郁然"[4]，没有受损。李纯慧有为妇为妻为人之母无不可道。

其一，有才华、至孝。李纯慧好观书史，通大义，与人谈论，亹亹可听，她曾学为诗，有悠闲平淡之思，自奉养，不务华饰，不求丰厚，趣具而已，"世之言子衢（道）者，称夫人之孝。"[5]其婆婆孙氏，庄重严毅，治家有法度，李氏伺候婆婆甚是恭谨。公爹丧，婆婆在堂，"子妇六人而夫人为之长。年且五十，进见侍侧犹晨夕不懈，以为诸妇先，诸妇已翕然从之"。由是，闺门之内，雍雍穆穆，下至仆御，无敢不虔。

其二，贤惠。《墓志》云："金部公逮事三朝，出入中外，所至以才称，时闻人而行义，无一毫玷缺者，盖夫人辅导之力为多。"[6]李纯慧曾经对金部公宋构说："士以寒苦自奋，其后鲜不以利欲丧其节；公年少时，志气飘飘，讵肯出人下，先人以我从公者，正欲助公为善尔！今公资适逢世，宜黾勉就功名，贫富有无吾自顺之，不敢以为公累。愿公行止进退一概于衢（道）而已。"[7]也正因此故，"金部公居官，惟尽瘁国事、不以家为恤者。"[8]

其三，有智识才干。据《墓志》记载："金部公好贤乐善，重唯诺，当世士大夫多与之游，后生晚进，亦争趋附，所在冠盖满门，语必数刻，夫人尝从户屏

[1] 刘雨茂、荣远大编，《成都出土历代墓铭券文图录综释·宋构夫人李氏墓志铭》，文物出版社，2012年版，第234页。

[2] 刘雨茂、荣远大编，《成都出土历代墓铭券文图录综释·宋构夫人李氏墓志铭》，文物出版社，2012年版，第234页。

[3] 刘雨茂、荣远大编，《成都出土历代墓铭券文图录综释·宋构夫人李氏墓志铭》，文物出版社，2012年版，第234页。

[4] 刘雨茂、荣远大编，《成都出土历代墓铭券文图录综释·宋构夫人李氏墓志铭》，文物出版社，2012年版，第234页。

[5] 刘雨茂、荣远大编，《成都出土历代墓铭券文图录综释·宋构夫人李氏墓志铭》，文物出版社，2012年版，第234页。

[6] 刘雨茂、荣远大编，《成都出土历代墓铭券文图录综释·宋构夫人李氏墓志铭》，文物出版社，2012年版，第234页。

[7] 刘雨茂、荣远大编，《成都出土历代墓铭券文图录综释·宋构夫人李氏墓志铭》，文物出版社，2012年版，第234页。

[8] 刘雨茂、荣远大编，《成都出土历代墓铭券文图录综释·宋构夫人李氏墓志铭》，文物出版社，2012年版，第234页。

间窃听之，继而与公评当否以为警劝。金部公尤嫉恶，为使时，遇部吏有犯法必钩摘不少容。夫人闻之，阴察其可恕者，徐为解释，金部公亦加敬爱，多所咨纳。"[1]李纯慧聪明爱敬出于天姿，静专而能谋，勤俭而有度，临事能断见，义必为当。众人犹豫之时，独毅然力行，不顾如烈烈丈夫，无所凝滞，所以，金部公去世之后，虽然舍家无壮子弟，但门庭不衰。

其四，善于教子。《墓志》云："夫人嗜教诸子，自其幼时，口诵九经以授之，既长，出从师友，犹日加训饬。"[2]其长子宋亮有俊誉，次子宋京好学而文能世其家。《墓志》云："养幼子齐方向学，诸孙皆竞爽，妇人之教也。"[3]

其五，慈而有远虑，生时之事不留带遗憾。《墓志》记载："夫人晚年治生事甚力，男女未婚媾者亟成之人，问其故曰：'人生如朝露，尔幸及强健时为之使，一旦有遗恨，吾何面目见金部公于地下？'已而果卒。始服其有远虑。"[4]

其六，推恩于亲戚奴妾。《墓志》云："亲戚之贫者，必赒之，无德色，或为之备物，以成其婚姻；左右妾侍，一皆抚之以恩，故其殁也，哭者皆为之恸，里巷间如闻空中有音乐声。传以为异。"[5]

附：李氏讳纯慧，字端敏，进士举孝廉讳申之女。归宋氏，为朝奉大夫致仕赠朝议大夫讳右仁之冢妇，朝奉大夫尚书金部员外郎奉使川陕诸路大管勾茶马事兼权陕西路转运使讳构之夫人。……金部公与夫人之爱甚厚，……李氏本出陇西，后徙华阳，世为著姓，孝廉君，博学……以孝闻，……娶冯氏，有贤德，是生夫人。夫人幼而聪悟有智识，既笄，习家法不烦姆训，容德咸备，孝廉君爱之，誓为选佳婿，年二十四始归金部公。……孝廉君既老无子，属以后事。手植万松于先茔之侧，畀守之曰："奉承蒸尝，吾将赖汝。"孝廉君殁，夫人为办事，克尽哀戚。每上冢，顾瞻踟蹰不忍去。乡邻闻之，相戒以勿犯，至今佳城郁然。世之言子衜（道）者，称夫人之孝。姑蓬莱县太君孙氏，庄重严毅，治家有法

---

[1] 刘雨茂、荣远大编，《成都出土历代墓铭券文图录综释·宋构夫人李氏墓志铭》，文物出版社，2012年版，第 234 页。

[2] 刘雨茂、荣远大编，《成都出土历代墓铭券文图录综释·宋构夫人李氏墓志铭》，文物出版社，2012年版，第 234 页。

[3] 刘雨茂、荣远大编，《成都出土历代墓铭券文图录综释·宋构夫人李氏墓志铭》，文物出版社，2012年版，第 234 页。

[4] 刘雨茂、荣远大编，《成都出土历代墓铭券文图录综释·宋构夫人李氏墓志铭》，文物出版社，2012年版，第 234 页。

[5] 刘雨茂、荣远大编，《成都出土历代墓铭券文图录综释·宋构夫人李氏墓志铭》，文物出版社，2012年版，第 234 页。

度，夫人事之甚谨。初，朝议公游宦，不喜近乡周旋秦晋之郊，而金部公自初仕累至郡守，尝在蜀间与夫人往，省留不得久，以为恨。泊居朝议公丧，蓬莱君在堂，子妇六人而夫人为之长。年且五十，进见侍侧犹晨夕不懈，以为诸妇先，诸妇已翕然从之。由是，闺门之内，雍雍穆穆，下至仆御，无敢不虔。蓬莱君喜曰："吾今日寝加安，食加甘矣。"世之言妇衔（道）者，称夫人之顺。金部公逮事三朝，出入中外，所至以才称，时闻人而行义，无一毫玷缺者，盖夫人辅导之力为多。尝语金部公曰："士以寒苦自奋，其后鲜不以利欲丧其节；公年少时，志气飘飘，讵肯出人下，先人以我从公者，正欲助公为善尔！今公资适逢世，宜黾勉就功名，贫富有无吾自顺之，不敢以为公累。愿公行止进退一揆于衔（道）而已。"故金部公居官，惟尽瘁国事、不以家为恤者，由此故也。金部公好贤乐善，重唯诺，当世士大夫多与之游，后生晚进，亦争趋附，所在冠盖满门，语必数刻，夫人尝从户屏间窃听之，继而与公评当否以为警劝。金部公尤嫉恶，为使时，遇部吏有犯法必钩摘不少容。夫人闻之，阴察其可恕者，徐为解释，金部公亦加敬爱，多所咨纳。世之言妻衔（道）者，称夫人之贤。夫人嗜教诸子，自其幼时，口诵九经以授之，既长，出从师友，犹日加训饬。长子亮，肄业太学，籍籍有俊誉；……次子即京也，授太庙斋郎，好学而文能世其家；元符二年获荐梓州转运司，当就试礼部，不行，求彭州法掾以便。养幼子齐方向学，诸孙皆竞爽，妇人之教也。夫人晚年治生事甚力，男女未婚媾者丞成之人，问其故，曰："人生如朝露，尔幸及强健时为之使，一旦有遗恨，吾何面目见金部公于地下？"已而果卒。始服其有远虑。言母衔（道）者，称夫人之慈。夫人聪明爱敬出于天姿，静专而能谋，勤俭而有度，临事能断见，义必为当。众人犹豫之时，独毅然力行，不顾如烈烈丈夫，无所凝滞，故自金部公捐馆，舍家无壮子弟，而门庭不衰。好观书史，通大义，与人谈论，亹亹可听。由尝学为诗，有悠闲平淡之思，其自奉养，不务华饰，不求丰厚，趣具而已。亲戚之贫者，必赒之，无德色，或为之备物，以成其婚姻；左右妾侍，一皆抚之以恩，故其殁也，哭者皆为之恸，里巷间如闻空中有音乐声。传以为异。……[1]

【宋】恤孤穷苦，教以清白——宋京夫人蒲洁

宋京夫人蒲洁（？—1150），字修卿，阆州新井人，北宋蒲宗闵（曾任北

---

[1] 刘雨茂、荣远大编，《成都出土历代墓铭券文图录综释·宋构夫人李氏墓志铭》，文物出版社，2012年版，第234页。

宋宰相，在当时显赫一时）之女。蒲氏自幼有异禀，得家母训导，"母氏尤钟爱之，选所宜归而归"。后嫁给宋京，宋京的母亲荣德李硕人"性严肃"，蒲氏早晚伺候婆婆"惟谨"，婆婆赞她孝顺，每次见到她都会称赞她"吾家之贤妇"[1]。丈夫宋京也觉得蒲氏具有高智卓识，为人处世行若男子，家里的事多而杂，但她从来不因此拖累丈夫，她治家井井有条，实在是为丈夫分忧，使他"专意宦学，置身朝右"。所以，宋京"心甚德之"，夸赞她："吾家之贤妻啊！"后来宋京去世，子女年幼，蒲氏一则勉励儿子继承世业，二则教育儿子做人清白、恤孤穷，"勉以世业，冀励志亚怠，既入仕，则安于贫窭，□教以清白故""生贵家而不骄纵，显宦而不侈随，小官而不□□□□□□□予恤孤穷□"。所以她的儿子非常尊敬母亲，称赞她："吾家之贤母。"作为叔母，蒲氏对宋京的孤侄也非常照顾："衍幼孤，乳于叔父母之侧室。……叔父母爱之犹子也。"[2]

　　附：（宋）衍幼孤，乳于叔父母之侧室。……叔父母爱之犹子也。叔父以朝散大夫太府卿出为陕西西路计度转运副使，弃其孤，叔母所恃者，特一子二孙尔。……叔母姓蒲氏，阆州新井人，……母黎氏，都官郎中锌之女，赠硕人，叔母幼异禀，笄闲礼，训以季女，母氏尤钟爱之，选所宜归而归吾叔父。衍记诸姑言叔母（入吾门），吾祖母荣德李硕人性严肃，叔母夙夜奉事惟谨，荣德喜其孝，见必祝之曰："吾家之贤妇记□□□□□高智卓识，处事若男子，家政之纤，悉不以累吾，俾吾专意宦学，寘身朝右，心甚德之，曰：吾家□□□□。"吾弟言方丧父时，□瑜冠，吾母勉以世业，冀励志亚怠，既入仕，则安于贫窭，□教以清白故。□□□□在人后心常敬之曰："吾家之贤母。"至于生贵家而不骄纵，显宦而不侈随，小官而不□□□□□□□予恤孤穷□。又衍目击而身尝之非例为谀语以实吾文也。叔母每□罢□□端□□□□□□□□□日起居不离，□席间虽未病莠亦尔其赋予，冲澹不事，游观率类此，□□□□□□□□□□□□□□，必甘处隘陋之室，必弈，逮其病时，犹呼妾媵而□治之不倦。[3]

[1] 刘雨茂、荣远大编，《成都出土历代墓铭券文图录综释·宋京夫人蒲洁墓志铭》，文物出版社，2012年版，第280页。

[2] 刘雨茂、荣远大编，《成都出土历代墓铭券文图录综释·宋京夫人蒲洁墓志铭》，文物出版社，2012年版，第281页。

[3] 刘雨茂、荣远大编，《成都出土历代墓铭券文图录综释·宋京夫人蒲洁墓志铭》，文物出版社，2012年版，第281页。

【宋】竭力奉亲，诗书勤俭——赵复妻黎氏

赵复妻黎氏（1026—1087），享年62岁。黎氏认为为人子女要做到以下几点。其一，作为人子，要有一定的才能与经济收入，因为孝顺长亲，不能求俭，"人子之于其亲，不得，不可以为悦，无财，不可以为悦，竭力而奉其亲，而不可俭也"。其二，要追求名声的显扬，"扬名以显其亲，而不可掩也"[1]。换言之，教育子女勤俭，是为了最终的富有，教育子女诗书学问，是为了他最终能显亲扬名。

附：先妣之志，以为人子之于其亲，不得，不可以为悦，无财，不可以为悦，竭力而奉其亲，而不可俭也；扬名以显其亲，而不可掩也；故克家者训之以勤俭，而欲其有富家之吉；胥堂者训之以诗书，而欲其有胥构之庆，今也。[2]

【宋】善言懿行，合于方册——王就妻朱氏

王就夫人朱氏（1035—1116），眉山人，享年82岁，朱氏父绅，有学行，对自家女儿颇为自信，说："吾女类有贤德，不妄适人。"[3]朱氏，朱绅次女，后来嫁给名声在外的王就，即思堂先生。朱氏顺适丈夫之志，"以相内事"，所以思堂先生这才能专心致学，"自力大小有端绪，故君得专心覃思，与群弟子讲磨追琢"[4]。朱氏很关心思堂先生的弟子，"其贫无赀者，教诲饮食之，夫人欣然劝相无怍色"[5]。朱氏至孝，当时双亲年高，"夫人左右奉甘旨无违"[6]。婆婆得疾，历经多年，"必胝膳尝药而后进"[7]。婆婆临终还在祝愿朱氏说："希望你将来也能有个

[1] 刘雨茂、荣远大编，《成都出土历代墓铭券文图录综释·赵复夫人黎氏墓志铭》，文物出版社，2012年版，第186页。

[2] 刘雨茂、荣远大编，《成都出土历代墓铭券文图录综释·赵复夫人黎氏墓志铭》，文物出版社，2012年版，第186页。

[3] 刘雨茂、荣远大编，《成都出土历代墓铭券文图录综释·王就夫人朱氏墓志铭》，文物出版社，2012年版，第248页。

[4] 刘雨茂、荣远大编，《成都出土历代墓铭券文图录综释·王就夫人朱氏墓志铭》，文物出版社，2012年版，第248页。

[5] 刘雨茂、荣远大编，《成都出土历代墓铭券文图录综释·王就夫人朱氏墓志铭》，文物出版社，2012年版，第248页。

[6] 刘雨茂、荣远大编，《成都出土历代墓铭券文图录综释·王就夫人朱氏墓志铭》，文物出版社，2012年版，第248页。

[7] 刘雨茂、荣远大编，《成都出土历代墓铭券文图录综释·王就夫人朱氏墓志铭》，文物出版社，2012年版，第248页。

这样的好儿媳妇。"[1] 丈夫王就也对两个儿子说："吾平生啜菽饮水以为养，而能得父母之欢心者，以汝母能竭诚以相吾之孝也；吾箪食瓢饮萧然四壁而食客之归者日以十数，以汝母能不计后日之有亡，以从吾之志也。"[2] 后来，有一位蜀地长官，请先生到成都学宫领袖后进，王就夫妇契家以行。不久，王就去世，朱氏抚养两个孤子，"蔽衣恶食，无失其常心"[3]。朱氏之教，赢得孝子在堂，她的儿子时彦，仕官二十年未尝出蜀，泊然不动于荣利；另一个儿子朱时雍力学有志，不汲汲为进取。后来两个儿子相继为官，朱氏所至定会了解人情善恶、所审判的官司轻重，以教诲二子。所以朱氏之子，临官治民，"不特畏三尺律令，而惴惴然以不当夫人之意为己忧"[4]。有一次，有人做了错事，朱氏子治县刚强果决，而没考虑到事出有因，朱氏在后面听到了，说："第志之，后必败。"[5] 后来了解到果然如此。朱氏曾从容教诲二子："某事之善汝父尝行，汝当勉之；某事，汝父虽贫不为，汝慎勿为也。"[6] 故《王就夫人朱氏墓志》赞云："其善言懿行多合方册，圣贤之语，人能道之以为闺门箴规者不胜载。"[7]

　　附：朱氏为眉山人，朱于眉为大家，父绅有学行，姿貌奇伟，善谈吐。一时惊屈诸贵人。一男七女，尝语人曰："吾女类有贤德，不妄适人。"其所归，如石颖士程之元，皆知名士。夫人，其次女也，是时，先生之名声倾剑外，即以夫人嫁焉。先生有大志，读书立文追古，作者熙宁，初照以经术取士，首冠乡书。退筑石于其乡，飞泉山下执经从学者千里踵门，尊之不敢名，即所居讲学之地而号之曰："思堂先生"。夫人顺适其志，以相内事，自力大小有端绪，故君得专心覃思，与群弟子讲磨追琢，其贫无赀者，教诲饮食之，夫人欣然劝相无怍色。时二亲年高，夫人左右奉甘旨无违。姑得疾，历数寒暑，必眡膳尝药而后进。姑临终祝之

[1] 刘雨茂、荣远大编，《成都出土历代墓铭券文图录综释·王就夫人朱氏墓志铭》，文物出版社，2012年版，第248页。

[2] 刘雨茂、荣远大编，《成都出土历代墓铭券文图录综释·王就夫人朱氏墓志铭》，文物出版社，2012年版，第248页。

[3] 刘雨茂、荣远大编，《成都出土历代墓铭券文图录综释·王就夫人朱氏墓志铭》，文物出版社，2012年版，第248页。

[4] 刘雨茂、荣远大编，《成都出土历代墓铭券文图录综释·王就夫人朱氏墓志铭》，文物出版社，2012年版，第248页。

[5] 刘雨茂、荣远大编，《成都出土历代墓铭券文图录综释·王就夫人朱氏墓志铭》，文物出版社，2012年版，第248页。

[6] 刘雨茂、荣远大编，《成都出土历代墓铭券文图录综释·王就夫人朱氏墓志铭》，文物出版社，2012年版，第248页。

[7] 刘雨茂、荣远大编，《成都出土历代墓铭券文图录综释·王就夫人朱氏墓志铭》，文物出版社，2012年版，第248页。

曰："愿汝他时得妇如我得汝。"先生尝顾二子指夫人而告之曰："吾平生啜菽饮水以为养，而能得父母之欢心者，以汝母能竭诚以相吾之孝也；吾箪食瓢饮萧然四壁而食客之归者日以十数，以汝母能不计后日之有亡，以从吾之志也。"其后，大臣有帅蜀者，迫置先生于成都学宫以领袖后进，不得已，挈家以行，居数年，卒于成都。夫人抚二孤子，蔽衣恶食，无失其常心，逮二子相继得禄养矣，则益自兢畏，所至必询人情嫩恶，官事剧易以教诏之。其子临官治民，不特畏三尺律令，而惴惴然以不当夫人之意为己忧。尝从容诲之，曰："某事之善汝父尝行，汝当勉之；某事，汝父虽贫不为，汝慎勿为也。"客有过，其子矜其治县健决，而事出绳墨之外者。夫人窃听之，曰："第志之，后必败。"已而，果然。其善言懿行多合方册，圣贤之语，人能道之以为闺门箴规者不胜载。……时彦有至，行以夫人在堂，仕官二十年未尝出蜀门户，泊然不动于荣利……时雍力学有志……不汲汲为进取计。有识之士皆以为义方之教有所自，而夫人未尝以为此也。[1]

【宋】导以箕裘之业，训以柔顺之德——刘起妻张氏

刘起妻张氏（1048—1097），享年50岁。刘起，其先长安人，六代祖刘再思为唐御史，随唐僖宗守蜀，遂家于成都。夫人张氏，成都人。张氏"生有懿德""禀性仁厚"[2]，很小的年纪便知笃孝事亲。出嫁后，一则孝顺公婆，二则姻睦亲族，三则礼事夫党，四则"柔惠逮下"[3]。公婆去世，张氏任劳任怨，对待丈夫的弟弟妹妹如长亲，所以"姊姒之间友若兄弟"[4]，而刘起也因为没有家庭后顾之忧，一志于道，"而德行文章为当时之杰，亦尝四预计偕，岂内助之力与？"[5]刘起去世时，幼子在抱，张氏衔恤忍苦，抚养幼子，"诸孤及长男则导之以箕裘之业，而不为利，女则训之以柔顺之德而及他"[6]。

---

[1] 刘雨茂、荣远大编，《成都出土历代墓铭券文图录综释·王就夫人朱氏墓志铭》，文物出版社，2012年版，第248页。

[2] 刘雨茂、荣远大编，《成都出土历代墓铭券文图录综释·刘起夫人张氏归祔志》，文物出版社，2012年版，第210页。

[3] 刘雨茂、荣远大编，《成都出土历代墓铭券文图录综释·刘起夫人张氏归祔志》，文物出版社，2012年版，第210页。

[4] 刘雨茂、荣远大编，《成都出土历代墓铭券文图录综释·刘起夫人张氏归祔志》，文物出版社，2012年版，第210页。

[5] 刘雨茂、荣远大编，《成都出土历代墓铭券文图录综释·刘起夫人张氏归祔志》，文物出版社，2012年版，第210页。

[6] 刘雨茂、荣远大编，《成都出土历代墓铭券文图录综释·刘起夫人张氏归祔志》，文物出版社，2012年版，第210页。

附：夫人生有懿德……夫人之曾祖曰元铎，祖曰惟盛，父曰用和，不仕而皆有长者称。先夫人之为妇为母，则见而知之莫详于子，自幼及笄则闻而知之有待于人，故质诸母党而得实以备载其始终焉。盖禀性仁厚，喜愠不形于色，臧否不谈于口，方十岁，笃孝事亲。……事舅姑如其亲。姻睦亲族，礼事夫党，无不得其志，柔惠逮下，故有愿为之役而不忍去者将终身焉。……先大父以疾捐馆，居其丧如礼；又六年，而先祖妣萦疾，会先君子会试赴春官，先夫人视疾，勤至早夜不懈，天不矜其志，而先祖妣告终，……逮先君子失意，涉千里奔丧，还家大恸，衣衾棺椁，无不极其诚信者，实先夫人之力也。……先夫人于舅姑为家妇，舅姑既没，夫之姊弟有未聘娶者，皆与之择良夫贤妇而配偶焉。不足，则又以嫁奁贷之。故姊姒之间友若兄弟，其家务率以身任其劳而不以一毫拂先君子心，故先君子得一志于道，而德行文章为当时之杰，亦尝四预计偕，岂内助之力与？……先君子享年止三十有九，子六人，男二女四，长女方笄，而幼子在抱，携手葡匐，委缲就位，抚棺哭恸，见著流涕。先夫人衔恤忍苦，以送死守义，不易养字，诸孤及长男则导之以箕裘之业，而不为利，女则训之以柔顺之德而及他。[1]

【宋】啬于身而轻施与——勾龙巘夫人黄氏

勾龙巘夫人黄氏（1066—1139），享年74岁，导江人，性格刚决，与妹妹居持门户甚力，后嫁给勾龙巘。勾龙巘死后，家道中衰，日益贫苦，黄氏惟俭惟勤，寸寸理之，凡是娣子娶妇、奉舅姑丧葬、岁时邻党相问之事，无不做到循礼而行，不了解她家情况的人根本不会知道她家庭很贫苦。后来，儿子做了官，家境渐好，黄氏不事华饰，"俭于家而乐于宾客，啬于身而轻于施与"[2]，邻里之间有急难者，黄氏"不择高下，必解衣推食而救之"[3]。她很孝顺，而且重视宗族亲睦。她没有一天不去探视母亲张氏；张氏的小女儿死的早，张氏想把田产分给二女儿，夫人说："吾子幸有官，若仲娣则视我贫为尤者，吾岂忍宗党义焉。"[4]

---

[1] 刘雨茂、荣远大编，《成都出土历代墓铭券文图录综释·刘起夫人张氏归祔志》，文物出版社，2012年版，第210页。

[2] 刘雨茂、荣远大编，《成都出土历代墓铭券文图录综释·勾龙巘夫人黄氏墓志铭》，文物出版社，2012年版，第323页。

[3] 刘雨茂、荣远大编，《成都出土历代墓铭券文图录综释·勾龙巘夫人黄氏墓志铭》，文物出版社，2012年版，第323页。

[4] 刘雨茂、荣远大编，《成都出土历代墓铭券文图录综释·勾龙巘夫人黄氏墓志铭》，文物出版社，2012年版，第323页。

附：夫人姓黄氏，为导江人，……少刚决，与□娣居持门户甚力，年十有九归于我家（即勾龙蘷），……家益贫，……夫人惟俭惟勤，寸寸而理之，凡娉子娶妇、奉舅姑丧葬与岁时邻党相问，劳率如礼，不知者故不知家之贫。政和戊戌，如渊登上舍第，伯氏亦以益昌掾自淮西同归，再拜于堂下，且合辞言曰："吾母为儿息辛勤二十年矣，兄弟幸得官，□所幸不远，继自今其含饴弄孙、颐神养气、稍摈其俗事，庶几其少休矣。"曰："唯唯，经理画诺如故，平生喜淡泊，居处不事华饰，惟帐太漫漶或易而进之久复易之乃止。然喜治衣服，尽四方绮好者亦不辄御，所御取澣洁而已。凡亲戚登其堂入其室者，又不知子之□□□□也。"呜呼，其贤哉，夫人刚而仁，外急而中宽，俭于家而乐于宾客，啬于身而轻于施与，凡里巷急难，不择高下，必解衣推食而救之，喜佛事，……事母张夫人至孝，馈问常相踵于途，介一日不至门则曰："吾女□□□（其忘我）乎？"言未卒，盖有扣门者矣，喜曰："是必夫人之来视我也。"已而，果然。张夫人季女早亡，□□以田分遗二女，夫人曰："吾子幸有官，若仲娣则视我贫为尤者，吾岂忍宗党义焉。"[1]

【宋】处之素定而不乱——范洋妻史氏

范洋夫人史氏（1078—1162），享年 85 岁。范洋出身于华阳范氏，"世为成都华阳人"[2]。曾祖范锴，曾祖母郭氏，祖父范百之，祖母史氏，父范祖哲，母谢氏。[3] 范洋受到家族文化之熏陶，孝悌以闻，爱护亲族、养孤推产，以正心诚意日教督其子，"发余粟以分贫乏，为义以藏不葬者"[4]。其妻史氏，"家事类有□谋"[5]，史氏相夫教子，生有两个儿子仲圭、仲璋。但范洋早亡，子尚幼，史氏素定不乱："自先君不幸，子妇继亡，履忧患变，故处之素定而不乱。"[6]

[1] 刘雨茂、荣远大编，《成都出土历代墓铭券文图录综释·勾龙蘷夫人黄氏墓志铭》，文物出版社，2012年版，第 323 页。

[2] 刘雨茂、荣远大编，《成都出土历代墓铭券文图录综释·宋故范君元嘉墓志铭［志盖］》，文物出版社，2012 年版，第 318 页。

[3] 刘雨茂、荣远大编，《成都出土历代墓铭券文图录综释·宋故范君元嘉墓志铭［志盖］》，文物出版社，2012 年版，第 318 页。

[4] 刘雨茂、荣远大编，《成都出土历代墓铭券文图录综释·宋故范君元嘉墓志铭［志盖］》，文物出版社，2012 年版，第 318 页。

[5] 刘雨茂、荣远大编，《成都出土历代墓铭券文图录综释·宋故范君元嘉墓志铭［志盖］》，文物出版社，2012 年版，第 318 页。

[6] 刘雨茂、荣远大编，《成都出土历代墓铭券文图录综释·宋故范君元嘉墓志铭［志盖］》，文物出版社，2012 年版，第 318 页。

附：君讳洋，字符嘉，世为成都华阳人。曾祖讳锴，赠太尉；曾祖姚郭氏，赠昌国太夫人。祖讳百之，赠通议大夫；祖姚史氏，赠华原郡太君。父讳祖哲，赠宣奉大夫；姚谢氏，赠太硕人。宣奉公有兄讳祖禹。元初为太史□之□经前讲一日解释具稿，必肄习于家，子侄环侍以听，君时总角，就□□所领悟。……诸兄有疾，至尝药饵；死，又能抚其孤。凡临赀产，悉推善田宅以与兄弟之子，居身湫陋不悔，人以是难之。……唯以正心诚意日教督其子。其子将应进士举，又戒毋效流俗谒牒试以幸进取。昔岁饥民莩，尝发余粟以分贫乏，为义冢以藏不葬者。……君娶史氏，生二男子：仲圭、仲璋。子尚幼。孙男三人：苹、萱、兰。孙女三人。[1]

先姚史氏□□□□，曾祖讳逊，祖讳□，考讳仲堪，姚黄氏。……及相先君，家事类有□谋□□□□……自先君不幸，子妇继亡，履忧患变，故处之素定而不乱。晚而益康，仲圭侍板舆于通泉，周览江山之胜。归又遍游无为清泉。……生于熙宁十年三月丁丑，卒于绍兴三十二年六月丁卯。……子男二人：仲圭、仲璋。女二人：长迎凤、季疵。疵适房辑。璋与二女前卒。孙男五人：庄、萱、蒙、荃、黄。孙女四人，曾孙女二人。初，先君葬华阳之仙乡崧山墓次，卒之明年（隆兴元年）正月己酉焉。……姑记其大略，纳诸圹中，尚以告当世立言者，论次其事刻之□□云哀。子范仲圭记。[2]

【宋】事以孝闻，佐君子无违——张栻妻宇文氏

宇文氏（1132—1200），享年69岁，华阳公朝散大夫宇文师申之女。嫁张栻。张栻号南轩，是南宋"中兴"贤相张浚的长子。据《成都旧志》云："（宇文师申）弟师说早卒，迎其嫠与孤，抚之终身。子绍恭、绍庄、绍房，长女嫁广汉张栻。"[3] 宇文氏与张氏联姻，宇文氏以孝贤闻。朱熹《张公神道碑》云："其配曰宇文氏，朝散大夫师申之女，事舅姑以孝闻，佐君子无违，德封安人。"[4] 宇文氏有一子张焯，承奉郎，早卒。其长女也颇具才华，嫁胡五峰先生之子胡大时。

[1] 刘雨茂、荣远大编，《成都出土历代墓铭券文图录综释·宋故范君元嘉墓志铭［志盖］》，文物出版社，2012年版，第318页。

[2] 刘雨茂、荣远大编，《成都出土历代墓铭券文图录综释·宋故特封太孺人史氏墓［题额］》，文物出版社，2012年版，第318页。

[3] 成都市地方志编纂委员会、四川大学历史地理研究所整理，《成都旧志》第15册，成都时代出版社，2007年版，第297页。

[4] 〔宋〕朱子撰，《晦庵集·右文殿修撰张公神道碑》卷89，《四库全书》第1146册，上海古籍出版社，1987年版，第86页。

附：其配曰宇文氏，朝散大夫，师中（申）之女，事舅姑以孝闻，佐君子无违，德封安人。前卒子焯，承奉郎亦蚤世，二女长适五峰先生之子胡大时，次未行而卒。孙某某尚幼，后数年胡氏女与某亦皆夭。[1]

（宇文师申）弟师说早卒，迎其嫠与孤，抚之终身。子绍恭、绍庄、绍房，长女嫁广汉张栻。[2]

（宇文师申）再娶隆州何氏秘书丞棠之女，德闻，三子绍恭，右迪功郎监永康军崇德庙，绍庄登仕郎，绍芳将仕郎，五女适右承务郎广汉张栻，余未嫁。[3]

张焯，字承禄，号文杰，袭祖荫官，至著作佐郎，居母丧，得肺疾，年未三十卒。[4]

配宇文氏赠夫人生子焯、炳……（炳）配刘氏，生子明经、明养、明衍、明缣、明隆。[5]

胡大时季随，崇安人，五峰季子，学于南轩，南轩以女妻之。湖湘学者，以季随为第一。[6]

【宋】方直之操，士夫或有愧焉——宋若水妻张氏

张氏，通判宋若水之妻。张氏贤惠孝顺，喜欢读历史书，并常常做笔记札记，不仅能通晓古今，而且颇识义理，只是不喜欢作词写文章罢了，尚未出嫁的时候，张氏就常常引古喻今，当时，他的父亲在永康为官，"颇以严治"，张氏"每陈古谊以谏"[7]。出嫁之后，张氏对长辈十分尊敬孝顺，对弟弟妹妹，也是和气有礼，对亲戚里党，不分争而和谐相助；"舅丧，悉力佐公，办治如法，人以为难。"[8]丈夫后来闲居在家，曾有人想请他去"摄局"，张氏很不高兴，我们现

---

[1]〔宋〕朱子撰，《晦庵集·右文殿修撰张公神道碑》卷89，《四库全书》第1146册，上海古籍出版社，1987年版，第86页。

[2]〔宋〕晁公溯撰，《嵩山集·宇文蜀州墓志铭》卷53，《四库全书》第1139册，上海古籍出版社，1987年版，第292页。

[3]〔宋〕晁公溯撰，《嵩山集·宇文蜀州墓志铭》卷53，《四库全书》第1139册，上海古籍出版社，1987年版，第292页。

[4]〔清〕张诰纂修，《张氏家乘·世传上》卷2，清乾隆五十九年（1794）耜洲山庄刻本影印本。

[5] 莲花镇龙洞村《张氏族谱》手抄本。

[6]〔清〕黄宗羲原著，《宋元学案·岳麓诸儒学案》卷71，中华书局，1986年版，第2368页。

[7]〔宋〕朱熹撰，《晦庵集·运判宋公墓志铭》卷93，《四库全书》第1146册，上海古籍出版社，1987年版，第191页。

[8]〔宋〕朱熹撰，《晦庵集·运判宋公墓志铭》卷93，《四库全书》第1146册，上海古籍出版社，1987年版，第191页。

在的资产足够了，跟随别人谋求禄位，"得无隳素志乎？"[1]故《运判宋公墓志铭》赞其"方直之操，士夫或有愧焉。不但为妇人之贤而已"[2]。她教导出来的子女，也多"嗜学而有文"。[3]

附：公讳若水，字子渊，成都府双流县人。……安人张氏，蜀之故家，汉御史纲之后，历千余年而谱牒可考不紊。安人性贤孝，读书史，善笔札，通古今，识义理，而不肯为词章。父岐尝宰永康，颇以严治，安人每陈古谊以谏，既归公，事舅谨敬，奉祀庄肃，和叔妹有礼，遇族党有恩，舅丧，悉力佐公，办治如法，人以为难，公居闲久，上官有欲使摄局者，安人不怿，曰："吾之赀尚足以支伏腊，狗禄从人，得无隳素志乎。"公喜其言，为谢，不往，其方直之操，士夫或有愧焉。不但为妇人之贤而已。先公十九年卒。……后安人宇文氏，宣教郎鹭之女，子男三人，之源、之润、之汪，皆嗜学而有文，女一人，适熊应，早卒，皆张出也。[4]

【宋】倚门尽心，以身为则——范祖尧母赵氏

成都范祖尧的母亲赵氏，相夫倚门尽心，教子以身为则，为世人称道。《山谷别集》卷九《成都赵夫人墓表》云："成都范祖尧之母赵夫人，幼孤而知诗书，鳏嬬而能礼义，斥簪珥以教其子，叔求异炊而不争财，可谓母仪妇师者耶！"[5]眉山张刚亦以书表达了对赵氏的恭敬，曰："夫人之事夫，天旷地远，倚门而死，哀哉！夫人之教子，江南老人曰：'嘻，尽之矣！'"[6]

附：成都范祖尧之母赵夫人，幼孤而知诗书，鳏嬬而能礼义，斥簪珥以教其子，叔求异炊而不争财，可谓母仪妇师者耶。眉山张刚名其坎曰："海廪山磨，誓义不渝。呜呼，夫人之事夫，天旷地远，倚门而死，哀哉；夫人之教子，江南

[1]〔宋〕朱熹撰，《晦庵集·运判宋公墓志铭》卷93，《四库全书》第1146册，上海古籍出版社，1987年版，第192页。

[2]〔宋〕朱熹撰，《晦庵集·运判宋公墓志铭》卷93，《四库全书》第1146册，上海古籍出版社，1987年版，第192页。

[3]〔宋〕朱熹撰，《晦庵集·运判宋公墓志铭》卷93，《四库全书》第1146册，上海古籍出版社，1987年版，第192页。

[4]〔宋〕朱熹撰，《晦庵集·运判宋公墓志铭》卷93，《四库全书》第1146册，上海古籍出版社，1987年版，第188-192页。

[5]〔宋〕黄庭坚撰，《山谷集·成都赵夫人墓表》卷9，《四库全书》第1113册，上海古籍出版社，1987年版，第626页。

[6]〔宋〕黄庭坚撰，《山谷集·成都赵夫人墓表》卷9，《四库全书》第1113册，上海古籍出版社，1987年版，第626页。

老人曰：'嘻，尽之矣。'" [1]

【宋】携诸孤严教子，必使世其家——杜翊世母黎氏

杜甫十世孙杜準，华阳人，妻黎氏。杜準早逝，黎氏携诸孤外氏，定居成都。据《氏族谱》记载："黎教子严，必使世其家。" [2]《成都旧志》亦记载："妻黎携归外家成都，教督甚严。"黎氏次子杜翊世，绍圣元年登进士第，官至朝议大夫，通判怀德军。杜翊世以死节显蜀，旧守名其居曰忠义坊。据记载，靖康元年，中原多故，边寇乱作，西羌兵临城下，杜翊世与知军率众守御，整整三旬，援兵仍未到，最终城陷，杜翊世"先火其家，乃自缢" [3]。《天启成都府志》曰："谋徙妻子于长安，妻张氏曰：'宁同死此'。城陷，贼胁使降，翊世瞋目斥之，举家皆投烈焰中。" [4]至今"其门犹曰忠义杜" [5]。

附：杜翊世以死节显蜀，旧守名其居曰忠义坊，盖以功也，事详见于先贤志矣。因其世祖甫来依严武，武卒，甫旅游衡阳，二子宗文、宗武，留蜀。甫卒，葬来（耒）阳，后返葬偃师，故元稹志甫墓谓孙嗣业终父志。或者其家竟未能出蜀也，家青城，实宗文裔，十世孙準，皇佑五年第进士，官至朝散郎，宰绵竹以卒，妻黎携诸孤外氏，家成都，教子严，必使世其家，第二子即翊世，绍圣元年第进士，官至朝议大夫，通判怀德军，靖康元年，边寇作，西羌亦张，奄至城下，凡三旬，援兵不至，城陷，翊世先火其家，乃自缢。死事闻，特赠正议大夫，命官其后十人，五子愭沈以赏，得官，孙逸老、俊老、廷老，曾孙光祖，大临以忠义、遗泽得官，翊世殁时，愭弃官，走视死所，恸几绝，见者皆为流涕，遂以丧招母魂归葬，余孙自曾及云今为士人，指其门犹曰"忠义杜"云。 [6]

[1] 〔宋〕黄庭坚撰，《山谷集·成都赵夫人墓表》卷9，《四库全书》第1113册，上海古籍出版社，1987年版，第626页。

[2] 〔元〕费著著，《全蜀艺文志·氏族谱》卷54，《四库全书》第1381册，上海古籍出版社，1987年版，第750页。

[3] 〔元〕费著著，《全蜀艺文志·氏族谱》卷54，《四库全书》第1381册，上海古籍出版社，1987年版，第750页。

[4] 成都市地方志编纂委员会、四川大学历史地理研究所整理，《天启成都府志·忠节列传》，《成都旧志》第7册，成都时代出版社，2007年版，第315页。

[5] 〔元〕费著著，《全蜀艺文志·氏族谱》卷54，《四库全书》第1381册，上海古籍出版社，1987年版，第750页。

[6] 〔元〕费著著，《全蜀艺文志·氏族谱》卷54，《四库全书》第1381册，上海古籍出版社，1987年版，第750页。

【宋】母仪妇节书青史——陈堂前王氏

陈堂前，陈安节妻。陈早卒，王氏事亲养子，治家有法。王氏很重视子女的文化教育。"新年稍长，延名儒训导。"[1]后来因儿子早死，王氏又教导二孙，即陈纲、陈绫，二孙得祖母教诲，后来都"笃学有闻"[2]。王氏心地善良、博爱慈善，经她收养的贫苦亲属就多达三四十人，族人也因此非常感激她、尊敬她，称她为"堂前"，就像尊称自己的母亲一样，《宋史》曰："（陈堂前）节操行义为乡人所敬，但呼曰'堂前'，犹私家尊其母也。"[3]陈氏子孙尊王氏教导，家族和睦，受到王氏的影响，五世同堂。

附：陈堂前，汉州雒县王氏女，节操行义，为乡人所敬，但呼曰"堂前"，犹私家尊其母也。堂前年十八归同郡陈安节，岁余夫卒，仅有一子，舅姑无生事，堂前敛泣告曰："人之有子，在奉亲克家尔，今已无可奈，何妇愿干蛊，如子在日。"舅姑曰："若然，吾子不亡矣。"既葬其夫，事亲治家有法，舅姑安之，子曰新，年稍长，延名儒训导，既冠入太学，年三十卒。二孙曰纲、曰绫，咸笃学有闻。初，堂前归，陈夫之妹尚幼，堂前教育之，及笄，以厚礼嫁遣，舅姑亡，妹求分财产，堂前尽遗室中所有，无靳色，不五年，妹所得财为夫所罄，乃归悔。堂前为买田置屋，抚育诸甥无异己子。亲属有贫窭不能自存者，救养婚嫁，至三四十人，自后宗族无虑，百数里有故家甘氏，贫而质其季女于酒家，堂前出金赎之，俾有所归，子孙遵其遗训，五世同居，并以孝友儒业著闻，乾道九年，诏旌表其门闾云。[4]

《列女传》有陈堂前者，其母仪妇节，大书青史，今日视先朝时则异矣。今陈与昔陈之为烈一也，天典民彝又可以世变论哉。[5]

[1]〔明〕解缙等撰，《古今列女传》卷3，《四库全书》第452册，上海古籍出版社，1987年版，第114页。

[2]成都市地方志编纂委员会、四川大学历史地理研究所整理，《成都旧志·天启成都府志》第7册，成都时代出版，2007年版，第349页。

[3]〔元〕托克托等修，《宋史·列女传》卷460，《四库全书》第288册，上海古籍出版社，1987年版，第458页。

[4]〔元〕托克托等修，《宋史·列女传》卷460，《四库全书》第288册，上海古籍出版社，1987年版，第458页。

[5]〔宋〕马廷鸾撰，《碧梧玩芳集·书张母陈氏礼部符后》卷16，《四库全书》第1187册，上海古籍出版社，1987年版，第113页。

【宋】知书好礼，钟爱孤女如己出——何夫人唐氏

唐令人，蒲江宋德章妻之继母。何氏出自名门之后，曾祖为朝散郎，赠少师。何氏生母冯氏，继母计氏、唐氏。何氏自幼失去母亲，后由继母唐令人抚养长成。唐氏"知书好礼"[1]，对何氏也钟爱如己出。

附：冯所出也，在襁褓失母氏，唐令人钟爱之，令人知书好□（礼）□□□□□……[2]

【宋】汝食君禄，岂可辞难——刘当可母王氏

刘当可母王氏，是一位颇通大义的烈母。刘当可曾迁母亲到兴元养老。那时候，元兵已经攻破蜀地，提刑庞授檄刘当可前往议事。刘当可捧着声讨檄文告诉了母亲这件事，想问下母亲的想法。母亲王氏毅然决然地勉励儿子率兵御敌，王氏说："汝食君禄，岂可辞难？"[3]刘当可依顺母亲的意愿而出发。后来，元军屠杀兴元百姓，王氏义不受辱，大骂元军投江而死。

附：王氏，利州路提举常平司干办公事刘当可之母也。绍定三年就养兴元，大元兵破蜀，提刑庞授檄当可诣行司议事。当可捧檄白母，王氏毅然勉之，曰："汝食君禄，岂可辞难？"当可行，大元军屠兴元，王氏义不辱，大骂投江而死。其妇杜氏及婢仆五人咸及于难。当可闻变，奔赴江浒，得母丧以归，诏赠和义郡太夫人。[4]

【宋】风节良有自，岂可受贼辱——范孝纯妻师氏

师氏，彭州永丰人，父亲师骥，通于教化。师氏嫁于范世雍的儿子范孝纯。建炎初年，夫妻还蜀，走到唐州方城县，正遇到朱显终抢掠方城，范孝纯被杀害，乱贼抓住师氏，许诺只要她愿意顺从，便不会杀害她，师氏骂道："我中朝

---

[1] 刘雨茂，荣远大著，《成都出土历代墓铭券文图录综释·何氏墓志铭》，文物出版社，2012年版，第417页。

[2] 刘雨茂，荣远大著，《成都出土历代墓铭券文图录综释·何氏墓志铭》，文物出版社，2012年版，第417页。

[3] 〔元〕托克托等修，《宋史·列女传》卷460，《四库全书》第288册，上海古籍出版社，1987年版，第458页。

[4] 〔元〕托克托等修，《宋史·列女传》卷460，《四库全书》第288册，上海古籍出版社，1987年版，第458页。

言官女，岂可受贼辱，吾夫已死，宜速杀我！"[1]遂被杀害。师氏妹"抱其姊，亦助而骂贼，并遇害。"[2]

附：师氏，彭州永丰人，父骥……女适范世雍子孝纯，建炎初，还蜀至唐州方城县，会贼朱显终掠方城，孝纯先被害，贼执师氏欲强之，许以不死，师骂曰："我中朝言官女，岂可受贼辱，吾夫已死，宜速杀我。"贼知不可屈，遂害之。[3]

公自少时，独不乐事权要，诚书而传之，庶乎来者，知慕此而不慕彼，风俗尚有改于教化有助。公之长女，适范孝纯。先道方城以归遇贼，能以不屈死，其风节良有自也。若所闻于蜀耆老，称公葬族父及从母、嫁舅之女与族之女孤而无归者，凡内外戚、或贫无以衣食，辄分所得禄衣食之；死之日，无余财于家，所居官宽而直，为政务趋于实而不收声，士大夫于此犹有能焉，故略而不书云。[4]

【宋】相夫以义，教子以学——郭伯龙妻宇文氏

宇文氏，郭伯龙之妻，是蜀地大姓宇文某之女，宇文氏具有闺阃仪范，是当地邻里中模范"邻里矜式"，宇文氏在家相夫教子，"相夫以义，教子以学，正顺慈严无有未至"[5]。宇文氏家中，藏书万余卷，对子女受学均有裨益。宇文氏有四个儿子，皆中进士。

附：君讳友直，字伯龙，其为人也，和裕淳懿，畛岸旷阔，两蜀士大夫与四方从宦于西南者于伯龙无有不识，非伯龙之求之也，而其人自以为苟，不识伯龙则为徒至于此矣，盖伯龙善与人交，又喜藏书，书至万余卷……所以善誉闻于天下将五十年。……事继母朱氏至孝……曾祖某祖某考某皆不仕，母杨氏，夫人宇文氏，乃蜀之大姓某之女，年二十一归于伯龙，闺阃仪范，邻里矜式，相夫以义，教子以学，正顺慈严无有未至，先伯龙卒，生四子大年、大方、大亨、大受，皆举进士，有名称，女二人，长适太常博士李彤，封寿安县君，次适进士文

---

[1]〔清〕傅以渐等，《御定内则衍义》卷11，《四库全书》第719册，上海古籍出版社，1987年版，第501页。

[2]〔清〕傅以渐等，《御定内则衍义》卷11，《四库全书》第719册，上海古籍出版社，1987年版，第501页。

[3]〔元〕托克托等修，《宋史·列女传》卷460，《四库全书》第288册，上海古籍出版社，1987年版，第457-458页。

[4]〔宋〕晁公遡撰，《嵩山集·师公传》卷52，《四库全书》第1139册，上海古籍出版社，1987年版，第286页。

[5]〔宋〕文同撰，《丹渊集·龙州助教郭君墓志铭》卷39，《四库全书》第1096册，上海古籍出版社，1987年版，第792页。

惟几，孙男八人，女八人。[1]

【宋】事君之义不避害——赵彦呐（字敏若）妻杨氏

杨氏，世家资中后徙昌元，是赵敏若母亲的内侄女，敏若母"知其贤，请以妇"[2]。杨氏十岁丧母，克自准绳，"凡女工酒浆之事，罔不毕诚。"[3] 时，蜀地大将吴曦吴曦受到金人蛊惑，占据蜀地叛乱称王，赵敏若捐私财招募壮丁，以保卫乡井。杨氏不忧不惧，请丈夫居守本地，自己则到阆州以探视兄长为名，"奉母出三峡，乞荆襄之师"借用杨氏之甲，扫除盗贼之患。杨氏治酒浆炙请将士进食，每天如此，大得人和，盗因此得以屏息。后来，赵敏若抵夔，杀吴曦爱将禄禧以抚慰其将士，从那以后，赵敏若分符授钺，颇受重任，杨氏里居则恬淡无欲。只是赵敏若守汉中的时候，因为与制置使郑损关系不和，而奇祸加身，尽管有人为其鸣冤，还是因罪免职了。赵敏若闲居数年，元军攻打汉中，这是赵敏若临危受命，杨氏劝他说："事君之义，不避害，不辞难，君何疑焉？"[4]赵敏若这才"起视事军律"。[5] 夫人之力，可谓大义。

附：予同年进士，今四川制置副使赵敏若彦呐，将以绍定六年二月某甲子葬恭人杨氏于彭州堋口镇仙居乡庚山之原。先事以其娅婿、户部分差利州粮料院朱元之状来请铭，而敏若以书申之曰："吾妇世家资中，徙昌元，曾大父说、大父师中、父铎、母杜氏，吾妇十岁丧母，克自准绳，凡女工、酒浆之事，罔不毕诚吾，适母（吾妇之姑也），知其贤，请以妇我，于葬祭，自致其诚敬，洞洞属属如事存事，吾母吴夫人无敢慢。吴曦以蜀叛乡，民将伺时畋攘。吾为之捐私财、料丁壮，以卫乡井。寻以授，吾妇曰：'若居守，吾省兄于阆，奉母出三峡，乞荆襄之师，借用杨氏之甲，扑逆焰而后可以有夫妇也。'乃行，吾妇不忧不惧，治酒浆炙食伍，其众而日犒之，大得人和，盗为屏息。吾抵夔，曦以爱将禄禧扼

[1]〔宋〕文同撰，《丹渊集·龙州助教郭君墓志铭》卷39，《四库全书》第1096册，上海古籍出版社，1987年版，第791-792页。

[2]〔宋〕魏了翁撰，《鹤山集·恭人杨氏墓志铭》卷82，《四库全书》第1173册，上海古籍出版社，1987年版，第263页。

[3]〔宋〕魏了翁撰，《鹤山集·恭人杨氏墓志铭》卷82，《四库全书》第1173册，上海古籍出版社，1987年版，第263页。

[4]〔宋〕魏了翁撰，《鹤山集·恭人杨氏墓志铭》卷82，《四库全书》第1173册，上海古籍出版社，1987年版，第264页。

[5]〔宋〕魏了翁撰，《鹤山集·恭人杨氏墓志铭》卷82，《四库全书》第1173册，上海古籍出版社，1987年版，第264页。

瞿唐，俄报曦授首，禧惧，将北走以遗我，患吾携其肘腋，戮禧而掫其众。厥后，吾分符授钺，当时多故靡室靡家，吾妇里居泊如也，吾守汉中，与制置使郑损有违，言中以奇祸，赖有白其冤者，犹坐免所居官。居数年，元攻汉中，鏖潭毒赤地而去，朝廷不我终，弃俾贰制阃，吾受命若恫瘝之临其身，吾妇曰：'事君之义，不避害，不辞难，君何疑焉？'乃起视事军律，赋兴皆非昔比。未几，鞑乘虚拔关大入，吾妇时已抱癣，挈二子转徙舟舣，古渝则疾不可为矣，时绍定五年正月甲午也，年六十有四。呜呼，谷不同室、殡不襄窆、葬不临穴，而又不得公之文琢，诸碑铭无以慰九原之魂，释二子之哀。"予读之，怃然曰："《中庸》以诗乐尔妻帑，为率性修道之端；《大学》以诗宜其家人，为修齐治平之本，人之其所贫贱富贵，无不以室家胥庆为乐；而《采薇》《出车》《杕杜》，三诗序情悯劳，所谓'王事靡监，不遑启居（处）'者，虽以天子之将帅乘戎车、驾四牡、与征夫、隶人其情，则一时之所遭古盖有之。敏若不幸而遇人之不淑，予何敢固谢？按状，恭人事父孝、父丧时，从敏若于沔，不得与于！哭泣之，哀之死，犹流涕道之，不懈于心，佐敏若纪家事，秩宾祭，法度森肃，艰险毕尝，教二子圭夫、珌夫，皆克自立，妇孙在列，阃阃以和。……"[1]

【宋】以亲为师，教训子孙——大酉祖母苏夫人

苏夫人，是大酉的祖母，大酉兄弟五人，母亲杨氏早殁。有一次，苏夫人问大酉："你们还能记得你们的母亲吗？"大酉等姐弟洒泪而不能对。苏夫人借此训导大酉等兄弟姐妹，要向他们的母亲学习孝顺之道，说：你们的母亲是非常贤惠孝顺的，是你们学习的榜样。你们曾祖非常严肃、不喜言笑，媪御曾送葛衣给他，他不高兴，是你们的母亲不等他开口就能顺他的心意去改摸了其他的衣服。祖父喜与士人交结，你们的母亲总是竭力置酒宴，而自己的穿衣、家用都可以不管。你们的曾祖母和你母亲同族，祖父感念外氏飘零，曾问起祖坟祭扫，从那时起，你们母亲每年省视坟墓，就像祖父亲临。曾祖母以礼法持家，每次见到你们母亲，你们的母亲一定是和颜悦色的，逢年过节奉献礼物，都是送很好的绝品。你们的母亲这样对待我的公爹婆婆，对待我的孝顺就更不用说了。有一次我生病了，你们的母亲朝夕卧内、膝行进药，久而久之，膝上都有瘢了，我对这些又怎

[1]〔宋〕魏了翁撰，《鹤山集·恭人杨氏墓志铭》卷82，《四库全书》第1173册，上海古籍出版社，1987年版，第263-264页。

能忘记呢！"妇道不当如是乎？而母，师也。"[1]

【宋】拊而兄弟，至忘其身之疾——大酉母史稷

大酉母史稷，字虞卿，隋柱国太平公万岁之后，史稷"姿间靓，不事膏沐"[2]，而且非常孝顺，长辈亲族都很喜欢她，但史稷不幸早逝。她的婆婆多年之后在教导大酉等子孙时，仍不时感叹这个儿媳的贤惠孝顺。她说："妇道不当如是乎？而母，师也。"[3] 大酉刚有些懂事的时候，每次陪侍他的父亲，他的父亲仍不时念叨史稷的孝道："而母时起躬奉温清，敬事不怠。"[4] 大酉父曾带着大酉去拜访舅舅，见着没有不流泪的，称赞史稷："事重亲，拊而兄弟至忘其身之疾，岁时来宁，尚嫁时衣也。"[5] 贤孝之母，报以贤孝之子，大酉的兄弟登嘉泰三年（1203）进士，嘉定八年（1215），大酉试邑成都上祀明堂，史稷得赠孺人。

附：吾母史氏，讳稷，字虞卿，隋柱国太平公万岁之后，曾大父乡贡进士恺、大父振、父允谐，姒杨氏，母年二十归我先君，不幸三十而没，淳熙八年六月乙卯也。大酉兄弟五人，女为长。一日大母苏夫人问曰："能记而母乎？"泪栖睫莫能对长者，曰："母姿间靓，不事膏沐，儿所能记仅此耳。"大母曰："汝曾大父，运干府君方严，家人不见其言笑，愠御尝进葛衣，不惬而母先意改为，运干喜与士接，而母竭力酒羞，虽服用可辍也。汝之曾大母，而母之族也，运干念外氏飘零，尝问其世墓。而母自是岁一展省，如运干临之。吾母程夫人以礼法持家，子妇奔走承意，惟恐失之，见而母，必为之康色。岁时庆贺奉仪物以献，如弗胜而精巧绝人，其事吾舅吾母若是，事我可知，吾不能悉数也。昔者我疾，而母朝夕卧内，膝行进药，久而疾间膝有瘢焉，吾识之，今弗忘。"语巳，顾女兄曰："妇道不当如是乎？而母，师也。"及大酉龆龀，粗省事，每侍先君，常曰："吾大父年八秩，寝食必我俱。"训言娓娓，而母时起躬奉温清，敬事不怠。大父怜之，曰："天何以报此妇也？"汝生

[1] 〔宋〕魏了翁撰，《鹤山集·安人史氏墓志铭》卷81，《四库全书》第1173册，上海古籍出版社，1987年版，第247页。

[2] 〔宋〕魏了翁撰，《鹤山集·安人史氏墓志铭》卷81，《四库全书》第1173册，上海古籍出版社，1987年版，第246页。

[3] 〔宋〕魏了翁撰，《鹤山集·安人史氏墓志铭》卷81，《四库全书》第1173册，上海古籍出版社，1987年版，第247页。

[4] 〔宋〕魏了翁撰，《鹤山集·安人史氏墓志铭》卷81，《四库全书》第1173册，上海古籍出版社，1987年版，第247页。

[5] 〔宋〕魏了翁撰，《鹤山集·安人史氏墓志铭》卷81，《四库全书》第1173册，上海古籍出版社，1987年版，第247页。

三季，大父卒，犹谓而母曰："尔事我善报其在是夫。"先君言之于邑，曰："使而母不孤，吾大父之望是在汝巳。"先君尝挈大酉过舅氏，见者辄泣下曰："而何以报而母乎？自归夫氏，事重亲，拊而兄弟至忘其身之疾，岁时来宁，尚嫁时衣也，人谓弗堪，而母无几微见于言面，则又人所甚难，而何以报而母乎？"呜呼，大酉尚忍言之，赖吾母之泽，嘉泰三年，齿一名于进士，籍母之殁，逾二十年，男女婚嫁之事，仅毕未有以葬也。开禧俶扰，从三峨陈勤节公，咸出入戎马间，辙不及息，傥幸升朝，则姑待之，又庶几泽及吾母也。嘉定八年，大酉试邑成都上祀明堂，吾母赠孺人……今乃至眉目间略不及詧省，仅从其大母若考闻一二，言行以求铭，然则朝南之请也，余宁能恝然乎？乃不果辞，朝南之考君某，以封承事郎卒，今赠朝请郎母以赠孺人葬，今赠安人，三女长未笄而卒，次嫁张子辰，次孙景舒，尝贡于乡二子，长即大酉，今朝请郎知简州，次震巳，尝与乡举以父命后族父不幸死矣，子之季曰丙仲，女之季嫁苏焘，则继母今程安人出也，内外孙曾十余人。[1]

【宋】幼孤满前，劬躬覆帱——大酉母程曼卿

大酉继母程氏曼卿，字子华。大酉母亲史氏早亡，程氏养之。程氏至孝，奉姑章尽礼。人云："人非母不生，不幸无母，非继母无以生。"[2] 大酉少失母，程氏待之如亲生，大酉少壮，程氏为他加餐，每讲习至夜艾，程氏"必问其寒饥而燠休之"[3]。大酉长成，奉养程氏，程氏言："史恭人劳而不食，吾愧之名义。"[4] 程氏气禀坚耐，少疾苦，自程氏子丙仲夫妇死，"幼孤满前，劬躬覆帱"[5]，十年间，更加憔悴，直至丙仲诸子冠笄，少宽。临殁，程氏说："死生常事也，又戒丧纪，毋得踰舅姑，毋多设浮屠、老子供。"程氏孝友勤俭，服浣濯之衣，至老不衰，大酉接她养老，她"虽幄帟之事，悉屏弗御，聪明有识，虑官居外，言不入梱，闻利害罢行，则毅然见于词色，简池救荒，首教之，曰：'流莩当散不

[1]〔宋〕魏了翁撰，《鹤山集·安人史氏墓志铭》卷81，《四库全书》第1173册，上海古籍出版社，1987年版，第246-248页。

[2]〔宋〕魏了翁撰，《鹤山集·太令人程氏墓志铭》卷87，《四库全书》第1173册，上海古籍出版社，1987年版，第317页。

[3]〔宋〕魏了翁撰，《鹤山集·太令人程氏墓志铭》卷87，《四库全书》第1173册，上海古籍出版社，1987年版，第318页。

[4]〔宋〕魏了翁撰，《鹤山集·太令人程氏墓志铭》卷87，《四库全书》第1173册，上海古籍出版社，1987年版，第318页。

[5]〔宋〕魏了翁撰，《鹤山集·太令人程氏墓志铭》卷87，《四库全书》第1173册，上海古籍出版社，1987年版，第318页。

当聚。'"[1] 大酉听教，数日而来授粮而去，"凡累月无一疾殀，全活以万数。"[2] 程氏像这样的教育子女的训敕还有很多，不可殚述。所以，蜀地大贤魏了翁曾云："每见其闺门肃穆，母子怡愉，不知其有先后之间也，迨得罪南迁，为史恭人志，窀然后知大酉鞠于继母，然而数十年间无一间言，人至于视己子如一，未足异也，视非己出者，人莫能名其薄厚，则蕴诸中者可知。诗曰：'鸤鸠在桑，其子七兮，淑人君子，其仪一兮，其仪一兮，心如结兮。吾于程氏之子母，盖两贤之。'"[3]

　　附：太令人讳曼卿，字子华，曾王父卫尉少卿赠金紫光禄大夫，讳之元，王父朝散郎，讳庭，父迪功郎，讳敦，谨先时卫尉，与苏文忠公为亲，且友元佑同朝文忠，诗所谓时闻小语说，苏程是也。先大夫早寡，我王父念诸孙不可无母，谓王母苏夫人曰："谁宜为妇，必此族也。"太令人不逮，事舅而执丧祭，奉姑章尽礼，先大夫教子，自离经辨志而上，口教指授，卧起与俱。大酉少壮，粗见头角，太令人喜，为加餐，每讲习至夜艾，必问其寒饥而燠休之，大酉筮仕昭化，亲年五十，不知剑道之艰，脱选西归调，官益部以便奉养，至是男女嫁娶，阅二十年始毕，诸孙巍巍然，粗不为亲忧，而吾父已不待养矣！庐墓三年，不自意全，南海崔正子与之制阃，四川致之幕府达之朝著，太令人皆就养焉。崔公爱其子以及其母，亟问、亟馈、牲币、药石交至大酉，待罪匠监，而弟丙仲以讣闻，不敢白母，力请外补，明年三月始得知。简州以归，亲党迎劳，太令人问弟无恙，不知所对，则曰："已矣乎。"哭之恸既而以义割爱，曰："修短命也，吾老矣，安能戚戚不解以为汝忧乎？"岁生辰上寿必怆然，曰："而父不及见，吾安能独饮此酒。"退又言："史恭人劳而不食，吾愧之名义。"根于中而发于言，足以兴起人心。今年太令人年八十，妇子称寿、孙曾扶携贺者填门，太令人曰："吾年如此，东游吴会，西遍四蜀，五被上恩，不啻足矣。"言若喜而实可惧也。太令人气禀坚耐，少疾苦，自丙仲夫妇之死，幼孤满前、劬躬覆帱十年间，为之憔悴，大酉请问曰："丙仲之诸子将冠笄矣，愿母少宽。"母领之。秋七月，大酉被命奏事，即援亲年控避。八月壬午置酒为寿，尚欢忻夷，犹如平生。未浃旬，得脾疾。九月癸亥，疾剧不可为矣！先是，母忽忽语及

[1] 〔宋〕魏了翁撰，《鹤山集·太令人程氏墓志铭》卷87，《四库全书》第1173册，上海古籍出版社，1987年版，第318页。

[2] 〔宋〕魏了翁撰，《鹤山集·太令人程氏墓志铭》卷87，《四库全书》第1173册，上海古籍出版社，1987年版，第318页。

[3] 〔宋〕魏了翁撰，《鹤山集·太令人程氏墓志铭》卷87，《四库全书》第1173册，上海古籍出版社，1987年版，第318-319页。

殡敛之事，家人惊愕。母曰："死生，常事也。"又戒丧纪："毋得瑜舅姑，毋多设浮屠、老子供。"又云："女父母葬青城县召远乡，盍沂江往从葬焉？"大酉痛，惟先人之敝庐在，而吾母不得哭于斯也，乃沂涪陆出眉脱鞲牖上。端平二年九月癸酉，以遗令祔先墓。太令人孝友勤俭，服浣濯之衣，至老不衰；就养三州，虽帏帟之事悉屏弗御；聪明有识，虑官居外，言不入梱；闻利害罢行，则毅然见于词色，简地救荒，首教之，曰："流莩当散不当聚。"大酉于是粮地远近为之期，数日而来，授粮而去，凡累月无一疾瘥，全活以万数，其余训救若此者，不可殚述。呜呼，了翁与朝南为三十余年之交，每见其闺门肃穆，母子怡愉，不知其有先后之间也。迨得罪南迁，为史恭人志，窃然后知大酉鞠于继母，然而数十年间无一间言，人至于视己子如一，未足异也，视非己出者，人莫能名其薄厚，则蕴诸中者可知，诗曰："鸤鸠在桑，其子七兮。淑人君子，其仪一兮，其仪一兮，心如结兮。"吾于程氏之子母，盖两贤之，乃为《序》而系之《铭》。[1]

【宋】拊育均一，诗书之泽不坠——王表民母黎氏

王表民母黎氏，丈夫科举不第，命运乖蹇，黎氏"麻枲饎爨米盐齑醢"[2]，亲躬劳作，并劝丈夫不用伤戚，"除馆聘士，教授诸子"[3]；为不坠先训，"尽中橐中，装以庚之堂"[4]，常相修葺；有人有急事相求，"力所逮给，未始有爱"[5]，从不吝啬，丈夫宾朋到来，从没有拒之门外的；丈夫死后，黎氏持家更靠自食其力，"聚指目伙至仆仆笃薄、织纴组纲以佐衣食之阙"[6]，对待子女"视己出若元配所出，拊育均一，人莫能厚薄名。"[7]淳熙十年（1183），"俊、达之充赋于永康维川，各以词赋居

---

[1]〔宋〕魏了翁撰，《鹤山集·太令人程氏墓志铭》卷87，《四库全书》第1173册，上海古籍出版社，1987年版，第317-319页。

[2]〔宋〕魏了翁撰，《鹤山集·太孺人赐冠帔黎氏墓志铭》卷70，《四库全书》第1173册，上海古籍出版社，1987年版，第110页。

[3]〔宋〕魏了翁撰，《鹤山集·太孺人赐冠帔黎氏墓志铭》卷70，《四库全书》第1173册，上海古籍出版社，1987年版，第110页。

[4]〔宋〕魏了翁撰，《鹤山集·太孺人赐冠帔黎氏墓志铭》卷70，《四库全书》第1173册，上海古籍出版社，1987年版，第110页。

[5]〔宋〕魏了翁撰，《鹤山集·太孺人赐冠帔黎氏墓志铭》卷70，《四库全书》第1173册，上海古籍出版社，1987年版，第110页。

[6]〔宋〕魏了翁撰，《鹤山集·太孺人赐冠帔黎氏墓志铭》卷70，《四库全书》第1173册，上海古籍出版社，1987年版，第110页。

[7]〔宋〕魏了翁撰，《鹤山集·太孺人赐冠帔黎氏墓志铭》卷70，《四库全书》第1173册，上海古籍出版社，1987年版，第110页。

第一"。黎氏非常高兴，欣慰地说："诗书之泽，幸不坠于未亡人之手。"[1]

附：表民尝辱察焉，识甗之铭，敢援此以托于子，则辞曰："甗之有铭，非古也。"妇人名不出阃，子善自饰，使身立名扬，斯其为铭也，大哉！曰："子之教，既闻命矣"，抑表民之穷毒，人有不及知者，吾父始居约，时自阃以内，麻枲饎爨米盐鬶醯，吾母实躬其劳，伯父宋杰两预贡籍，仲父宋又登绍兴第，仕至石泉守，吾父独不偶，吾母曰："乖逢命也，母多戚。"除馆聘士，教授诸子，大父所居为堂曰胜籭，石泉君质之以治庭对之装。吾母曰："先训不可坠也。"乃尽中橐中装，以庚之堂。既归，而歆陋弗治，又勉葺之，盖十五年而复旧，人缓急叩门，力所逮给，未始有爱，吾父之宾客至，无留门者，逮婆居，持家益自力，聚指目伙至仆仆笃薄，织纴组紃，以补衣食之阙，视己出若元配所出，拊育均一，人莫能厚薄名，淳熙十年，余兄子俊达之充赋于永康维川，各以词赋居第一，吾母差自慰……吾母喜曰："诗书之泽，幸不坠于未亡人之手。"[2]

【宋】延师教子，以持门户——魏了翁祖母高氏

魏了翁祖母高氏（1109—1187），享年 79 岁，蒲江人。高氏此人至孝不违，嫁到魏家后，对待婆婆家、娘家的亲族不分彼此，皆尽恩义，且慈爱恩及家中的童仆。《祖妣孺人高氏行状》云："事尊章无违志，于内外属，亡戚疏，皆尽恩意，以及于僮妾家。"[3] 高氏心地善良，博爱慈善，有人有求则必然给予帮助，以此激励、帮助丈夫最终成为"乡里善人"。《祖妣孺人高氏行状》云："故居邑外，田家印市亡明日储脱，缓急扣门，则贷者毕之，耕者种食之，疾病死丧者处业振赡之，予取予求，用励相我王考为乡里善人。"[4] 据记载，乾道七年（1171），曾经发生大饥荒，饿殍遍野，相枕藉死，朝廷不作为以至百姓起兵。高氏慨然，招呼子女说："民流移至此，吾幸有衣食，业可延旦夕，而忍坐视弗恤乎！"[5] 于

---

[1]〔宋〕魏了翁撰，《鹤山集·太孺人赐冠帔黎氏墓志铭》卷 70，《四库全书》第 1173 册，上海古籍出版社，1987 年版，第 110 页。

[2]〔宋〕魏了翁撰，《鹤山集·太孺人赐冠帔黎氏墓志铭》卷 70，《四库全书》第 1173 册，上海古籍出版社，1987 年版，第 109-110 页。

[3]〔宋〕魏了翁撰，《鹤山集·祖妣孺人高氏行状》卷 88，《四库全书》第 1173 册，上海古籍出版社，1987 年版，第 327 页。

[4]〔宋〕魏了翁撰，《鹤山集·祖妣孺人高氏行状》卷 88，《四库全书》第 1173 册，上海古籍出版社，1987 年版，第 327 页。

[5]〔宋〕魏了翁撰，《鹤山集·祖妣孺人高氏行状》卷 88，《四库全书》第 1173 册，上海古籍出版社，1987 年版，第 327 页。

是，魏家出谷赈济灾民，"乃发廪出榖，民取给者，襁负相望。既得无死，又免于从乱为田里患"。高氏教子有方，传承家族文化，《祖妣孺人高氏行状》云："嫠身治家，延师教子，翕翕有理用，不坠先志。"[1]

附：祖妣孺人姓高氏，讳卯，蒲江人……祖妣长也，温任绸直有仪法，迪功怜之，以归我王考，事尊章无违志，于内外属亡戚疏皆尽恩意，以及于僮妾家。故居邑外田家，卯市亡明日储，脱缓急扣门，则贷者誉之，耕者种食之，疾病死丧者处业振赡之，予取予求，用励相我王考为乡里善人。王考即世，于是祖妣年五十有一矣。杜门寡居，嫠身治家，延师教子，翕翕有理用，不坠先志，乾道七年春，饥，米为石万二千，浮莩相枕籍死，吏亡政，民至弄兵。祖妣慨然召诸子谓曰："民流移至此，吾幸有衣食，业可延旦夕，而忍坐视弗恤乎！"乃发廪出榖，民取给者、襁负相望，既得无死，又免于从乱为田里患，民德之。[2]

【宋】黄芝紫兰，膏润风雨——魏了翁母谯氏

魏了翁祖母高氏有兄高黄中，无子，所以高氏把襁褓间的六子孝璹过继给高黄中为子，改姓为高。高孝璹娶妻谯氏，生有六个儿子，分别为载、稼、崇、定子、魏了翁、茂。谯氏家族是当地大户，本世居邛都，以儒名家，后来迁居蒲江。谯氏知书达理。作为魏了翁兄弟的生母，谯氏抚育子女，满怀爱怜，"黄芝紫兰，膏润风雨"[3]，最终为我们培养了一位不平凡的理学大师魏了翁。魏了翁二伯父魏无子，魏了翁遂归宗本姓，还继魏家为后。《诗书持家，理学名门——宋代蒲江魏氏家族》云："魏了翁，因其生父高孝璹在魏家之胞兄魏士行无子，兼以孝璹既知为魏氏子，尝欲归宗，却因以请本州文解有名籍在礼部，恐费申明，孝璹遂遣子了翁代归本姓，回魏家嗣魏士行后，故名魏了翁。"[4]因为自幼过继，所以魏了翁称母亲谯氏为"叔母"，《鹤山文集》中有二十余首魏了翁写的与母亲生日有关的《叔母生日》诗歌，不仅体现了魏了翁对孝悌仁爱的人伦至情的理

---

[1]〔宋〕魏了翁撰，《鹤山集·祖妣孺人高氏行状》卷88，《四库全书》第1173册，上海古籍出版社，1987年版，第327页。

[2]〔宋〕魏了翁撰，《鹤山集·祖妣孺人高氏行状》卷88，《四库全书》第1173册，上海古籍出版社，1987年版，第327-328页。

[3]〔宋〕魏了翁撰，《鹤山集·代开三兄同诸弟哭叔母文》卷91，《四库全书》第1173册，上海古籍出版社，1987年版，第358页。

[4]邹重华、粟品孝主编，《宋代四川家族与学术论集·诗书持家，理学名门——宋代蒲江魏氏家族研究》，四川大学出版社，2005年版，第292页。

解，也从另一个侧面反映了谯氏与魏了翁等兄弟之间的母子情深。

附：自丧我诸父于今，历年藐然，诸孤异氏同气，则我叔母实依黄芝紫兰，膏润风雨，越兹菌稚亦被余滋。[1]

衔恤以来，有蔺其前，则动心惕志，擢肾伤肝，凄霜而怵，露踽地而蹐，天非造化之运，独有异于间者之三年也，昔丧叔父不自意，全十年之间，犹有母怜，今陟岵而谁念，上堂则无人焉，悼昔养之不终，怆前欢之莫旋，炭孤踪其无依，纷遝感其相沿，哀无穷而礼有，制服虽改而情不迁，纵体受敬身或能图酬，于未死而伶俜，孤露亦复何羡乎？[2]

三月皇皇，念母之不见，中心养养，过时而不忘。[3]

昔者吾父孤苦自力，尔居吾邻，尔实穉之，尔之同产弟兄则我之所自出也，尔也视余父犹舅也，父之窆未有识也，以惟尔也，属余弗敢辞叙而铭之……谯氏世居邛之大邑，以儒名家，后徙居蒲江，曾大父祖道、大父景阳、父询、再贡礼部，妣陈氏，文林郎寿祺之女君，在母七月而生，十有七年而孤，又三年而丧，所恃茕然一身，备尝险艰，有人所不堪者，自幼期立门户，祗遹礼法，弗敢踰越。方是时，大母王孺人，年逾八十，诸父异居，公委曲承顺，内外无间言，从父蓬州府君孝，迪心善之，每劳之以书，期属甚厚，甫冠，所从游皆父行，初明毛郑诗，继为词赋，邑宰有士名者，率宾礼之。自贡士云亡所藏图籍散逸殆尽，公雅嗜书，多所储蓄，自六经、子史至星经、地乘，虞初、稗官、道释、医卜之书，靡不究阅，或假诸人广所未见，有意者随即传抄，今手泽尚数十编。岁始生之日，子孙上寿，首陈考妣像而泣拜之。居负山望，见先陇作，顾云亭，其上凝狞（仁）輠（辌）移辜，其笃于孝爱若此。资简重与人交，怡然以和有不可，未尝假以词色，教子齐家，率本以忠孝，文以扁其室，其趣尚可概见。开禧三年，仲午以词赋举于乡，嘉定三年再举，乃登明年进士第，试吏为迪功郎，双流县尉公过，其子仅旬岁，获终养，吁是可悲也。君之配曰陈氏，讳符临，邛人进士仲鲁之女。[4]

---

[1] 〔宋〕魏了翁《鹤山集·代开三兄同诸弟哭叔母文》卷91,《四库全书》第1173册，上海古籍出版社，1987年版，第358页。

[2] 〔宋〕魏了翁撰，《鹤山集·哭先叔母文》卷91,《四库全书》第1173册，上海古籍出版社，1987年版，第361页。

[3] 〔宋〕魏了翁撰，《鹤山集·先叔母卒哭醮词》卷99,《四库全书》第1173册，上海古籍出版社，1987年版，第447页。

[4] 〔宋〕魏了翁撰，《鹤山集·谯府君春墓志》卷70,《四库全书》第1173册，上海古籍出版社，1987年版，第115页。

【宋】敬事重闱，督子游学——任逢母史夫人

　　史夫人，奉议君之妻，任逢之母，奉议君教授成都广汉期间，史夫人蒿簪布襦、蔬食脱粟，非常俭苦，但史夫人能忍他人所不能忍，敬事重闱，孝顺长辈，得其欢心，家中"凡蚕绩丝枲米盐细密之事"[1]，皆亲躬劳作，那些随奉议君游学的宗族子弟的吃穿洗涤饮食之需，史夫人"率身任之"[2]；史夫人殁时，这些宗族子弟无不失声痛哭，云："教我者，余兄也，养我者，余嫂也。"[3] 在教育子女方面，史夫人也有自己的主张。一则督促学习，二则她也了解儿子。儿子逢发未垂髫之时，史夫人便"督令游学他郡"[4]，儿子逢在外游学十年，夫人抚慰儿子说："自吾为女家妇逮事，女曾大父知，尝从李褒工词赋，年七十犹累试春官，女父祖俱屈武阳，女不自力以亢而宗，吾将奚望？"[5] 儿子听了母亲之言，"由是不懈益勤"[6]。后来中进士及第。史夫人"善知子""士益谓夫人善知子，虽滂母亡以远过。"[7] 庆元初，韩侂胄擅权，任逢用王凤事讥刺，姑苏黄公子由、台府知道任逢之贤，最终没有上报治罪，史夫人督劝儿子以名义："疏远小吏，祸且不测，敢复荣望，傥不得罪于名义，汝所就孰多？"[8] 蜀地吴曦之乱时，史夫人告诫儿子死守，并告诫儿子"吾视汝骨相疏狷且直情，径行与物多忤，是吾所念也。"[9] 任逢性格抗直，不为上司所容，后来逢果"以策士忤权臣"。[10]

[1]〔宋〕魏了翁撰，《鹤山集·史夫人墓铭》卷70，《四库全书》第1173册，上海古籍出版社，1987年版，第116页。

[2]〔宋〕魏了翁撰，《鹤山集·史夫人墓铭》卷70，《四库全书》第1173册，上海古籍出版社，1987年版，第116页。

[3]〔宋〕魏了翁撰，《鹤山集·史夫人墓铭》卷70，《四库全书》第1173册，上海古籍出版社，1987年版，第117页。

[4]〔宋〕魏了翁撰，《鹤山集·史夫人墓铭》卷70，《四库全书》第1173册，上海古籍出版社，1987年版，第117页。

[5]〔宋〕魏了翁撰，《鹤山集·史夫人墓铭》卷70，《四库全书》第1173册，上海古籍出版社，1987年版，第116-117页。

[6]〔宋〕魏了翁撰，《鹤山集·史夫人墓铭》卷70，《四库全书》第1173册，上海古籍出版社，1987年版，第117页。

[7]〔宋〕魏了翁撰，《鹤山集·史夫人墓铭》卷70，《四库全书》第1173册，上海古籍出版社，1987年版，第117页。

[8]〔宋〕魏了翁撰，《鹤山集·史夫人墓铭》卷70，《四库全书》第1173册，上海古籍出版社，1987年版，第116页。

[9]〔宋〕魏了翁撰，《鹤山集·史夫人墓铭》卷70，《四库全书》第1173册，上海古籍出版社，1987年版，第116页。

[10]〔宋〕魏了翁撰，《鹤山集·史夫人墓铭》卷70，《四库全书》第1173册，上海古籍出版社，1987年版，第116页。

附：庆元初，韩侂胄擅朝，权焰熏灼，道路以目，前隆庆守任侯逢以西充丞较士于泸，发策援汉王凤事，语涉讥刺，言路欲论击之，姑苏黄公子由，时为秩宗瞷其事，为缓频得免；又以风成都帅臣傅致其事，台府知贤，卒莫敢举，其母史夫人曰："疏远小吏，祸且不测，敢复荣望，傥不得罪于名义，汝所就孰多？"士闻其言而壮之其后。逢宰邑，温江会有贼曦之变，夫人戒以死守通守汉嘉试郡合阳，类以抗直，不为台府所容，夫人饬之曰："吾视汝骨相疏狷且直情，径行与物多忤，是吾所念也。"然淹速当知命其后。逢上合阳印绶道古渝州，会故人程叔达，遇孙奉使峡部，迎见相劳苦，他日过姑苏，见子由，曰："闻子以策士忤权臣，嘉定诏书增秩甚宠，然初议有请，速系刑狱者，傥知之乎？"夫人闻而叹曰："吾固念汝之多忤也。"于是，士益谓夫人善知子，虽潗母亡以远过。某与逢有连，自冠，习闻夫人言德，越守眉山，又得从荐绅大夫庆九秩，将往拜之，弗果。二月，夫人已不起疾矣。厥五月，逢见其二子寄余书且以夫人行淑之状来，曰逢将以十二月某日葬吾母于青神县玉台山先兆重惟，吾母始居约，时吾父奉议君教授成都广汉间，吾母居守，蒿簪布褥，蔬食脱粟，有人所不堪者，能敬事重闱，得其欢心，凡蚕绩丝枲米盐细密之事，躬服其劳，吾宗子弟之贤者从吾父游，食饮浣濯之需，吾母率身任之，逢发未垂髫，即督令游学他郡，凡十年在外，冈俾怀居亦异乎？人之爱子者矣，且尝拊逢而言之曰："自吾为女家妇逮事，女曾大父知尝从李褒工词赋，年七十犹累试春官，女父祖俱屈武阳，女不自力以亢而宗，吾将奚望？"逢闻之慽然，由是不懈益勤。淳熙七年，逢中进士第，宰相赵文定公议第三女婚对，时太常少卿朱公时敏为著作郎，于吾父雅善朱公之夫人任氏，于吾母齐年，母命逢俟而解褐宜即朱公议成礼，吾妇既归，将以宰相子所得冠帔恩为夫人，封有司格不行迨逢积官升朝，吾母始得初等封嘉定建储肆眚，益封太安人，呜呼？是尚足为报乎？义方之训，尚复闻之否乎？昔者宗族之从游于吾父者来会，吊咸曰："教我者，余兄也，养我者，余嫂也。"相向哭失声，呜呼，是可强而致言乎？[1]

【宋】治家有法，容貌尊严——柳雅夫人仇道真

柳雅夫人仇道真（1112—1165），享年 54 岁，成都府路兵马钤（辖）权知永康军事成纪县柳雅的夫人。夫人姓仇，讳道真，巩州人。仇氏之父无子，独有

[1]〔宋〕魏了翁撰，《鹤山集·史夫人墓铭》卷 70，《四库全书》第 1173 册，上海古籍出版社，1987 年版，第 116-117 页。

仇氏这一女儿，聪慧详辩，雅有志操，父母觉得此女一定能成大器。长大后，仇氏"姿质不凡"[1]。后来仇氏嫁给柳雅。柳雅在英州时，仇氏也在此"周旋英州，克苦俭约"，英州城之所以抗敌而立，"由夫人内辅之力焉"[2]。柳雅的父亲很少推许他人，但"独称夫人贤范，尤敬惮之"[3]。柳雅到了西州之后，夫人报恩外氏，"车币致之，解衣推食，待遇甚宠，与二表弟娶妇，用慰老妗之意。柳雅罢守，家中"亲宾盈门，酒馔满前"[4]，仇氏"供馈无厌，惟恐不丰"[5]。柳雅病，仇氏"远致良医和万金"之药，后来治丧事"一一裁量，不奢不俭，务中礼节，可谓通达时变。"[6]仇氏虑事深远，人所弗及，当国家面临困难之际，仇氏也能考虑到田间舍之事，变卖自己的首饰珠金，选用贤能的人士处理他人忽略之事；柳雅去世之后，"夫人率千众，乃出余缗"[7]，建立门户，"甲第之雄气象特胜"[8]。据《成纪夫人墓铭》云："夫人治家有法，容貌尊严，人仰之如泰山北斗。英州不幸，主持门户，训服内外，蕲蕲可观，妇德无可少贬。"[9]

　　附：宋故左武大夫英州刺史兼合门宣赞舍人、前成都府路兵马□（钤）（辖）权知永康军事、成纪县开国男食邑三伯（佰）户柳□（俏）公雅之夫人。……夫人姓仇氏，讳道真，巩州人，母氏王无子，独有夫人，聪慧详辩，雅有志操。父母□（视）□□□□大□（器）□（宗）□（者），必□（此）女也。既长，姿质不凡，后归公。雅方英州从事戎马，夫人周旋英州，克苦俭约，□□□□，英州□（城）立，由夫人内辅之力焉。英州之舅，故太尉威武节度锜兄，□（温）州

[1] 刘雨茂，荣远大著，《成都出土历代墓铭券文图录综释·成纪夫人墓铭》，文物出版社，2012年版，第1167页。

[2] 刘雨茂，荣远大著，《成都出土历代墓铭券文图录综释·成纪夫人墓铭》，文物出版社，2012年版，第1167页。

[3] 刘雨茂，荣远大著，《成都出土历代墓铭券文图录综释·成纪夫人墓铭》，文物出版社，2012年版，第1167页。

[4] 刘雨茂，荣远大著，《成都出土历代墓铭券文图录综释·成纪夫人墓铭》，文物出版社，2012年版，第1167页。

[5] 刘雨茂，荣远大著，《成都出土历代墓铭券文图录综释·成纪夫人墓铭》，文物出版社，2012年版，第1167页。

[6] 刘雨茂，荣远大著，《成都出土历代墓铭券文图录综释·成纪夫人墓铭》，文物出版社，2012年版，第1167页。

[7] 刘雨茂，荣远大著，《成都出土历代墓铭券文图录综释·成纪夫人墓铭》，文物出版社，2012年版，第1167页。

[8] 刘雨茂，荣远大著，《成都出土历代墓铭券文图录综释·成纪夫人墓铭》，文物出版社，2012年版，第1167页。

[9] 刘雨茂，荣远大著，《成都出土历代墓铭券文图录综释·成纪夫人墓铭》，文物出版社，2012年版，第1167页。

□（刺）史，□□□□□□（或）□（有）□□（名）□（内）□（外），亲族少见推许，独称夫人贤范，尤敬惮之。淮西之役也，英州时□（时）□（为）……，□统制□□武军□之郊，每当前摧强屠城斩将，未尝挫折，郡王杨公抗章论列其功，□（即）擢拜益部兵钤，既□（抵）西州，夫人辄垂泣曰："吾尝就养外家，属中原震扰，艰关窜伏，赖其全护，可忘报耶？"□（乃）遣□（寻）访有剑外□（来）者，言王氏之详备，车币致之，解衣推食，待遇甚宠，与二表弟娶妇，用慰老姑之意。温州之子枢，赏延未及，英州以郊礼恩奏名上之今保义郎。又尝出囊金数十，星作在所往来之费与侄，杞楷丐请遗泽，仍捐战赏三级，授次兄清江太守嫡长格。夫人皆有裹言赞成其美。英州罢守，亲宾盈门，酒馔满前。夫人供馈无厌，惟恐不丰，英州得疾，夫人远致良医和万金□（药），□（攻）疗毕，至丧葬，□□夫人一一裁量，不奢不俭，务中礼节，可谓通达时□（变）。大卿何公□（麟），今世□□□□□□夫□□□州，出处大略，请暴白之，使天下忠英义烈得考信于后世者，大人发之。□□□□□□□念国步之艰□□□□□□□（至）□（于）□田间舍之事，略不经意，夫人不敢指言，易其首饰珠金，□（择）□（负）郭之良者，使□□□□□□闲，其虑事深远，人所弗及。英州去世，夫人领千指，犹税谢氏居，乃出余缗，度南□□□□□列□，甲第之雄气象特胜。□（顾）其□，妙用见于施设，英州毕葬，费用已计千万，诸□□□□□□□扁舟南下，会边报巫□（还）□（蜀）。……夫人治家有法，容貌尊严，人仰之如泰山北斗，英州不幸，主□（持）□（门）户，训□（服）内□，□（薪）□（薪）可观，妇□（德）无可少贬。[1]

【宋末元初】得其家学，口授诸经——虞汲妻杨氏

杨氏，眉山杨文仲之女，宋成都虞汲之妻。杨文仲母胡氏，成都府路眉山（今四川省眉山市）人，嫁彭山杨某。胡氏生子名文仲。文仲七岁而孤，胡氏守节教子，"自誓教养诸子"[2]。文仲二十岁以《春秋》拔贡，胡氏高兴地说："汝家至汝，三世以是经收效矣。"[3] 后来，杨文仲以《春秋》名家，明性理之学，女儿杨氏得其家学。杨氏出嫁后，生子虞集、虞盘。据记载，"宋末兵变，汲契家趋

[1] 刘雨茂，荣远大编著，《成都出土历代墓铭券文图录综释·成纪夫人墓铭》，文物出版社，2012年版，第1165-1167页。

[2] 〔元〕托克托等修，《宋史·列传第一百八十四·杨文仲》卷425，《四库全书》第287册，上海古籍出版社，1987年版，第799页。

[3] 〔元〕托克托等修，《宋史·列传第一百八十四·杨文仲》卷425，《四库全书》第287册，上海古籍出版社，1987年版，第799页。

岭外，无书。杨氏口授（虞）集兄弟《论语》《孟子》《左氏传》、欧苏文。"[1] 等虞氏杨氏从岭外回到故乡，找到诸经典书籍刊本时，虞集兄弟早已经"尽读诸经通大义矣"[2]。可以说，颠沛流离的生活并未耽误虞氏兄弟对经典的学习。后来，杨氏子虞集以文翰擅名，学问与江西揭傒斯、婺州柳贯、黄溍齐名，并称"元儒四家"；其弟虞盘也登延佑进士，故《天启成都府志》曰："皆杨内训之力。"[3]

附：宋虞集母，姓杨，父文仲，世以春秋名家，杨氏在室，即通其说，适成都虞汲，生集。宋末兵乱，汲挈家趋岭外，无书可携，杨氏口授集《论语》《孟子》《左氏传》、欧苏文。后集以文翰擅名，当代皆杨氏内训之力也。[4]

虞汲妻，杨氏，崇仁人，宋国子祭酒杨文仲女，通《语》《孟》《春秋》《左传》及欧、苏文、子集。甫三岁，即口授之。闻吴草庐学行，数赞于汲，遣二子从游，故集与槃之学，人谓其成于母也。[5]

虞集，天性孝友，弘才博学，累迁奎章阁学士，日取经史，中切于心，德治道者，陈进经筵，凡承顾问，必随事规谏。一时大典册皆出其手，其论荐人才，必先器识，平生为文万余篇，有《道园学古录》行于世。[6]

虞集，汲子，随父居临川，天性孝友，弘才博学。[7]

杨氏者，仁寿虞汲之妻，在室时博通群书，尤精于春秋，及适汲，生子集，值宋末兵乱，汲携家居岭外，无书可读，杨氏口授集论孟左氏传欧苏文，比还，始得刻本，则已尽读诸经通大义矣。后集以文名，皆杨氏内训之。[8]

元虞汲妻杨氏：眉州人，父名文（仲），世以《春秋》名家，明于性学，杨氏在室，即通其说，适成都虞汲，汲徙江西，生子集、槃。宋末兵乱，汲携家

[1] 成都市地方志编纂委员会、四川大学历史地理研究所整理，《成都旧志·天启成都府志》第7册，成都时代出版社，2007年版，第350页。

[2] 成都市地方志编纂委员会、四川大学历史地理研究所整理，《成都旧志·天启成都府志》第7册，成都时代出版社，2007年版，第350页。

[3] 成都市地方志编纂委员会、四川大学历史地理研究所整理，《成都旧志·天启成都府志》第7册，成都时代出版社，2007年版，第350页。

[4] 〔明〕彭大翼撰，《山堂肆考·训子能文》卷92，《四库全书》第975册，上海古籍出版社，1987年版，第710页。

[5] 〔清〕谢旻监修，《江西通志·列女》卷100，《四库全书》第516册，上海古籍出版社，1987年版，第312页。

[6] 〔明〕曹学佺撰，《蜀中广记·人物记第二》卷42，《四库全书》第591册，上海古籍出版社，1987年版，第574页。

[7] 〔明〕李贤等撰，《明一统志》卷67，《四库全书》第473册，上海古籍出版社，1987年版，第436页。

[8] 〔明〕曹学佺撰，《蜀中广记·人物记第二》卷42，《四库全书》第591册，上海古籍出版社，1987年版，第574页。

趋岭外，无书读，杨氏口授集《论》《孟》《左氏传》、欧苏文，后比还，始得刻本，则已尽读诸经通大义矣，后集以文翰擅名，当代皆杨内训之力云。[1]

杨文仲母胡氏：成都府路眉山人，文仲七岁而孤，母年二十有八守节自誓，教养诸子，文仲既冠，以《春秋》贡，母喜曰："汝家至汝，三世以是经收效矣。"[2]

【明】姑媳相抚，孀居教子——昭母杨氏妙明

杨氏妙明，成都人，二十五岁时丈夫离世。杨氏誓不再嫁。从此杨氏抚养遗腹子昭，并为儿子娶了参政汪藻的姐姐，生子相。不久儿子昭也不幸离世，这时汪氏刚刚十六岁。有的人劝汪氏再嫁，欲夺其节，汪氏不愿意，哭着说："吾姑不负吾舅，吾岂忍负吾夫？"[3] 由此，杨氏、汪氏，婆媳孀居，抚养孙子相长大成人。

附：（杨氏妙明）成都人，……年二十五，夫卒，誓不他适。抚遗腹子昭，为娶参政汪藻姊，生子相，昭卒，汪时年十六，或欲夺其节，汪哭曰：吾姑不负吾舅，吾岂忍负吾夫，姑媳孀居，抚相成立，事闻旌表。[4]

【明】治家勤俭，与人孝善宽和——蒯森妻宗妙佑

宗妙佑（1411—1490），享年80岁。成都环卫处士宗公之女，有恒先生蒯森之妻。宗氏少有令质，品性澄净，不喜奢华丽靡，父母都很爱她。后嫁有恒先生，抚有二子一女。宗氏虽然出自大家，但出嫁后，勤劳又孝顺，夙夜惟勤，孝养长亲，朝夕不怠；对待亲朋邻居，从没有骄矜之态；宗氏心肠好，喜乐施与，在乡里间见到贫困的人，就会矜悯他们，见到生病的，就会施之以药，"惟欲令人得其安而不罹于困苦"[5]；治理家事，宗氏"治家勤俭之志，真女中之男子"[6]；

[1]〔清〕和珅撰，《钦定大清一统志》卷309，《四库全书》第481册，上海古籍出版社，1987年版，第353页。

[2]〔清〕和珅撰，《钦定大清一统志》卷309，《四库全书》第481册，上海古籍出版社，1987年版，第353页。

[3] 成都市地方志编纂委员会、四川大学历史地理研究所整理，《成都旧志》第9册，成都时代出版社，2007年版，第119页。

[4] 成都市地方志编纂委员会、四川大学历史地理研究所整理，《成都旧志》第9册，成都时代出版社，2007年版，第119页。

[5] 刘雨茂，荣远大编著，《成都出土历代墓铭券文图录综释·宗妙佑墓志铭》，文物出版社，2012年版，第599页。

[6] 刘雨茂，荣远大编著，《成都出土历代墓铭券文图录综释·宗妙佑墓志铭》，文物出版社，2012年版，第599页。

妯娌关系"尚于和";对待下人,"一处于宽";睦于宗姻,"一本以敬"[1],所以在宗氏治家之时,蒯氏家庭和睦,亲族友善,子女孝顺。[2]

附:宜人讳妙佑,成都环卫处士宗公之女,有恒先生森之妻。……宜人少有□(令)质,性澄净,绝华丽靡,为父母所爱,既笄,则世之贤者得有恒先生,□□人出自大家,……先生□□泰纪元年卒,年方四十,宜人抚二子携一女,夙夜惟勤,孝养□(二)亲,□(朝)夕不怠。虽居戚里而无骄矜之态,喜乐施,乡里间见其贫□(乏)者,矜悯之,疾病者,施之以药,惟欲令人得其安而不罹于困□(苦),治家勤俭之志,真女中之男子。其处妯娌也,□尚于和;其待下人也,一处于宽;其睦宗姻也,一本以敬;□□□(四)十余年,虽白首而始终一致。[3]

【明】性严有德,义方教后人——杨玫妻熊氏

杨玫妻熊氏(1409—1492),享年84岁。据《熊氏墓志铭》[4]记载,熊氏"孝敬勤俭,皆出天性。"且素有善德,"姻里穷乏,有须辄应"[5]。可以说,她是一位贤惠的内助,善良的友邻,也是一位善于教子、严而有礼的母亲。

杨玫为官时,"尝赈饥齐鲁间……孺人留京邸,勤家政,内外截截,君子以为有内助焉"[6]。其子杨春,自幼颖异,杨玫曾对熊氏言:"有此儿在,他日不忧贫也。"熊氏也对杨春怀有很高的期望,"方先生之就学,固未尝自必于显,庸盛大如今日,而大孺人独心期之。"[7]杨玫死后,熊氏独自支撑困苦之家,变卖首饰[8],督促杨春入县学为诸生。熊氏教子较为严厉,"小不悦,辄加捶挞,公安受之,惟恐意拂"[9]。杨春中进士后,为了赡养母亲,曾辞官回新都,熊夫人是个很

[1] 刘雨茂,荣远大编著,《成都出土历代墓铭券文图录综释·宗妙佑墓志铭》,文物出版社,2012年版,第599页。

[2] 刘雨茂,荣远大编著,《成都出土历代墓铭券文图录综释·宗妙佑墓志铭》,文物出版社,2012年版,第599页。

[3] 刘雨茂,荣远大编著,《成都出土历代墓铭券文图录综释·宗妙佑墓志铭》,文物出版社,2012年版,第599页。

[4] 刘雨茂,荣远大编著,《成都出土历代墓铭券文图录综释·熊氏墓志铭》,文物出版社,2012年版,第601页。

[5] 刘雨茂,荣远大编著,《成都出土历代墓铭券文图录综释·熊氏墓志铭》,文物出版社,2012年版,第601页。

[6] 刘雨茂,荣远大编著,《成都出土历代墓铭券文图录综释·熊氏墓志铭》,文物出版社,2012年版,第601页。

[7] 〔明〕李东阳撰,《新都县志·留耕轩记》卷11,道光甲辰尊经阁藏本,本卷第24页。

[8] 〔明〕刘春撰,《新都县志·杨留耕行状》卷11,道光甲辰尊经阁藏本,本卷第29页。

[9] 〔明〕李东阳撰,《李东阳集·学士杨公神道碑铭》卷10,岳麓书社,2008年版,第4册第261页。

有见识、深明大义的女性，她不愿因为自己耽误儿子的前程，严厉督促杨春移孝为忠，北上就职，云："君恩难报，非汝自由时也。"[1]并教育儿子要当一名清官。[2]杨春遵从母训，孝友纯厚，诚信不欺，为官清廉，家业振兴。《熊氏墓志铭》记载："缙举进士，授莱州府推官，孺人实就养。每讯狱声彻屏翰，辄为废食饮。缙归，必问之故。往戒之曰：'汝父之为是物，恒自虑获谴，及出赈活人多甚，吾知其必有后也。汝无亦为后地乎？'"[3]杨春深研家学，博学多识，尤其对《易经》有着深刻的研究，四十六岁登进士。

杨玫死后，熊氏带着三个幼子，回到新都独自支撑门户，她一心一意教育儿子，并留下"四重"家训，云："家人重执业，家产重量出；家礼重敦伦，家法重教育。"[4]熊氏以此训教育子孙，敦睦人伦，兴家立业，据《杨氏家谱》记载："杨氏家族自此以后四代七进士，两朝宰臣，成为四川新都最有名的望族，盛极一时。"《天启成都府志》亦云："（熊氏）性严有德。……以义方教后人，故子孙多显宦。"[5]杨玫一生三娶，即郭氏、羊氏、熊氏，前室有子杨远、杨政；熊氏有子杨春、杨惠、杨哲等，杨春登明成化十六年辛丑进士，拜"行人司正"，孙九人，即杨廷和、杨廷仪等，杨廷和曾为明孝宗、武宗、世宗三朝首辅。据《杨升庵 优良家风 延续百年》记载："新都杨氏还有一条不成文的爱乡族规：杨氏子弟凡入朝为官，均不能忘记乡亲父老，每次回乡，必捐资为故乡做一件益民的善事，以报答桑梓。杨氏子弟坚守这条家规，为家乡做了许多好事。"[6]在新都城南护城河上，有一座明代初建的清源桥，这便是升庵祖父杨春捐资修缮的；而桂胡公园饮马河上，有座古堰名"学门堰"，是由升庵之父杨廷和捐资修建的。而杨升庵本人在高中回乡之时修缮了桂湖老城墙，砌了墙垛，意为盖帽子。

附：时□（杨）氏中落，公为县学生，前□（室）二子远、政，太孺人抚若己出。及公膺贡入国学，留居故□（庐），手纺织辟、畜鸡豚，易钱谷，为朝夕费，裁取自给，余悉致京师为旅资。公授永宁州吏目，太孺人从岁所得俸禄，务节缩，一钱不妄费。公卒于官，远、政亦相继夭死，春及二季皆幼，未堪事。

---

[1]《新都县志·列女志》卷10，道光甲辰尊经阁藏本，本卷第2页。

[2]《新都县志（五）·人物下·贤良传》第五编，民国十八年（1929年）印本，第2页。

[3]《新都县志（五）·人物下·贤良传》第五编，民国十八年（1929年）印本，第2页。

[4] 全威帆，《清白家风，化雨润物——探访新都区熊氏宗祠》，《先锋》期刊，2022年第4期，第69页。

[5] 成都市地方志编纂委员会、四川大学历史地理研究所整理，《成都旧志·天启成都府志》第7册，成都时代出版社，2007年版，第361页。

[6] 吴亦铮，《杨升庵 优良家风 延续百年》，《网易新闻》转载《成都日报》，2017年03月16日，https：//www.163.com/news/article/CFK883CI000187VI.html

太孺人蓬首垢面负遗骼挈两寡妇以归。值贵州苗作乱道甚梗，晨夜间行，出入营垒，触冒瘴疠，虽造次顷刻，区别臧获，咸有分派。每经一堡，必号曰："天乎，未亡人经某堡矣。"……既抵家治葬，家复贫如未仕时。脱所被簪珥，遣春就学，始令复杨姓，曰："皆汝父□□（命也）。"[1]

【明】教必厉辞色，教学无徒以诵——杨春妻叶氏

杨春妻叶氏（1437—1499），享年63岁。叶氏，新都处士叶深之女，叶氏夫妇有子四人，孙七人，包括杨慎。叶氏刚嫁到杨家时，杨玫已逝，熊氏支撑门户，杨家尚贫苦，叶氏品行贤孝："力奉姑养，闭户织辟，笑言不闻于邻。"[2]后随杨春逆旅，"手执炊爨，齑盐或不继，未尝色愠。"[3]熊氏曾云："吾子勤学类其父，吾妇勤家类其母"[4]。

叶氏家政极其详密而子教尤其谆切。叶氏教子，必厉辞色。每次饭后，都要让诸子背诵讲授过的书，说："吾以隙时课汝，庶不妨本业，且使动荡扬厉，不为食困。"[5]晚上也让他们喝点酒，以解除他们的困乏劳累之意，但也会提醒不能多喝，曰："学者废业，仕者弛职，皆是物也。"[6]叶氏教诲子女非常辛勤，时常听诸子诵小学的内容，由于听多了也就耳熟能详了，她感觉子女吟诵的小学文章，需要学以致用才好，否则虽然对内容了如指掌，但如果不能用到现实事务中又有什么价值呢？曰："无徒以诵为也。"[7]并教育子女向他们的父亲学习，说："汝父少时欲学书，无佳纸笔，欲夜诵，无膏火，欲博观，无多藏书，今汝辈皆

---

[1] 刘雨茂，荣远大著，《成都出土历代墓铭券文图录综释·熊氏墓志铭》，文物出版社，2012年版，第601页。

[2] 刘雨茂，荣远大著，《成都出土历代墓铭券文图录综释·叶氏墓志铭》，文物出版社，2012年版，第631页。

[3] 刘雨茂，荣远大著，《成都出土历代墓铭券文图录综释·叶氏墓志铭》，文物出版社，2012年版，第631页。

[4] 刘雨茂，荣远大著，《成都出土历代墓铭券文图录综释·叶氏墓志铭》，文物出版社，2012年版，第631页。

[5] 刘雨茂，荣远大著，《成都出土历代墓铭券文图录综释·叶氏墓志铭》，文物出版社，2012年版，第631页。

[6] 刘雨茂，荣远大著，《成都出土历代墓铭券文图录综释·叶氏墓志铭》，文物出版社，2012年版，第631页。

[7] 刘雨茂，荣远大著，《成都出土历代墓铭券文图录综释·叶氏墓志铭》，文物出版社，2012年版，第631页。

有之，而一一不能如汝父，何也？"[1]

她的儿子杨廷和在母亲的教育下，幼年被誉为神童，四岁便知晓声律，七岁日能诵书数卷，十三岁举于乡里，成为我国历史上最年轻的举子。之后，杨廷和不仅以文行著称于时，且官任直经幄兼侍皇太子讲读、正德七年（1512）任首辅，因关注民生、改革弊政，被称为"救时宰相"。叶氏次子杨廷平也中举乡贡，三子杨廷仪中进士，其他诸子也各有所成，如"廷宣亦治举子业"，从此，新都杨氏家族成为西蜀望族，"自是相业，家声为西蜀望族矣"[2]。"人谓公善以身教，孺人实佐之。"[3] 待杨春乞归时，叶氏支持杨公，一再力赞，所以《墓志》曾赞她"其见识志向非恒常女子可及。"[4]

附：太孺人熊氏以三丧归，慎为少子择妇。曰："所以承杨氏祀者，在此。"故孺人（即叶氏）归于公，家始贫，孺人力奉姑养，闭户织绤，笑言不闻于邻。公之为国子生、为进士、为行人司及金事，孺人皆从其在逆旅，手执炊爨，斋盐或不继，未尝色愠。公及廷和后先举礼部，公得告以孺人归养。太孺人目久眊复明，谓所亲曰："吾子勤学类其父，吾妇勤家类其母，先亡者皆不及见之，天开我老眼，令看此好景耳。"廷和满检讨初考，孺人独被封，寄至命，冠受而藏诸笥，曰："不敢先吾姑也。"在官廨每食异物，则停箸叹曰："吾姑未尝味此也。"教诸子，必厉辞色，每食后令背诵所授书，曰："吾以隙时课汝，庶不妨本业。"且使动荡扬厉，不为食困，夜则饮之酒，节其劳，仍戒勿多酌，曰："学者废业，仕者弛职，皆是物也。"闻诵小学，耳熟之，家庭事有近似者，必举以为戒，曰："无徒以诵为也。"又曰："汝父少时欲学书，无佳纸笔，欲夜诵，无膏火，欲博观，无多藏书，今汝辈皆有之，而一一不能如汝父，何也？"盖其家政皆极详密而子教尤谆切如此。廷和历四命至今，官直经幄兼侍皇太子讲读，以文行称于时。廷平继举乡贡，至廷仪复显，廷宣亦治举子业，人谓公善以身教，孺

[1] 刘雨茂，荣远大著，《成都出土历代墓铭券文图录综释·叶氏墓志铭》，文物出版社，2012年版，第631页。

[2] 刘雨茂，荣远大著，《成都出土历代墓铭券文图录综释·杨用贞夫妇墓志铭》，文物出版社，2012年版，第782页。

[3] 刘雨茂，荣远大著，《成都出土历代墓铭券文图录综释·杨用贞夫妇墓志铭》，文物出版社，2012年版，第631页。

[4] 刘雨茂，荣远大著，《成都出土历代墓铭券文图录综释·杨用贞夫妇墓志铭》，文物出版社，2012年版，第631页。

人实佐之。及公乞归，复力赞其决，其见识志向非恒常女子可及。[1]

【明】惟德之行，黾勉同心——吴琨妻孔氏

孔氏（1432—1498），享年 67 岁。孔惟孝第四女，怡静处士吴琨之妻，吴琨为人，立身端谨，崇尚礼仪，当时士大夫称之为贤，与他交往的人，无不是峨冠博带斯文道契之友。孔氏"家世业儒"[2]，"惟德之行"[3]，品性淑良友善，崇尚勤俭，主持烹饪等家事严肃认真，对待亲族和睦有加，孔氏生有一女吴氏，嫁给高晔，有一子吴藩，孙吴堂、吴爱等。孔氏相夫教子，识大体，"惟以人之治生，非财无以足用，非粟无以养生，为急必黾勉同心，使库有余资，廪有余粟，上而眷族，下而臧获，罔不诵德，乡党邻里咸以善称焉"[4]。

附：（吴琨妻孔氏）孔惟孝第四女也。实先君子吴公讳琨别号怡静处士之配也。琨为人立身端谨，崇尚礼仪，士夫贤之。故所与朝夕往来皆峨冠博带斯文道契之友，兼以孔氏家世业儒，其为配也，惟德之行。性资淑善，勤俭持家，主馈严肃，和睦姻亲，相夫营业，一务大体，惟以人之治生，非财无以足用，非粟无以养生，为急必黾勉同心，使库有余资，廪有余粟，上而眷族，下而臧获，罔不诵德，乡党邻里咸以善称焉。[5]

【明】滫瀡之养，不惧燠寒之节——聂庆妻徐夫人

聂庆的妻子徐夫人（1424—1500），享年 77 岁，其人侍奉婆婆非常孝顺，吃穿滫瀡之养，不惧燠寒之节[6]，皆能勤劳操持。

附：宜人鞠于母氏，……宜人自归其家，事姑甚孝，而恭凡滫瀡之养，不惧

[2] 刘雨茂，荣远大著，《成都出土历代墓铭券文图录综释·叶氏墓志铭》，文物出版社，2012 年版，第631 页。另《新都县志·艺文志·杨母叶氏墓志铭》卷 10，道光甲辰尊经阁藏本，本卷 25-27 页。

[2] 刘雨茂，荣远大著，《成都出土历代墓铭券文图录综释·孔氏墓志铭》，文物出版社，2012 年版，第638 页。

[3] 刘雨茂，荣远大著，《成都出土历代墓铭券文图录综释·孔氏墓志铭》，文物出版社，2012 年版，第638 页。

[4] 刘雨茂，荣远大著，《成都出土历代墓铭券文图录综释·孔氏墓志铭》，文物出版社，2012 年版，第638 页。

[5] 刘雨茂，荣远大著，《成都出土历代墓铭券文图录综释·孔氏墓志铭》，文物出版社，2012 年版，第638 页。

[6] 刘雨茂，荣远大著，《成都出土历代墓铭券文图录综释·徐氏墓志铭》，文物出版社，2012 年版，第649 页。

煥寒之节。[1]

【明】动止以礼，扃鐍以时启闭——谢惟时妻何氏

谢惟时妻何氏（1432—1512），享年 81 岁。何氏性情柔静、恭顺，动止以礼自将，父母都非常喜爱这个女儿，将她嫁给了嗜学有声的谢惟时。当时，公婆年事已高，何氏奉养备至，务悦其心。何氏曾为了他们吃穿用度、滫瀡之供卖掉自己的妆奁。逢年过节，何氏一定会亲自洗涤烹饪。谢惟时父亲去世之后，何氏伺候婆婆更加谨慎小心，纺绩补贴家用，靠勤俭使得家用不匮。而谢惟时也因此"肆力于学，登进士，拜行人，擢监察御史"[2]。何氏随居京邸，家教更严，"门必扃鐍以时启闭，内外无敢私出入者"[3]。可以说谢惟时"官迹振冰蘖声"，何氏"实佐成之"[4]。

附：孺人在室，柔静恭顺，动止以礼自将，父能母郑钟爱之，择配。值公妙龄，嗜学有声，郡庠求而归焉。时舅姑高年在堂，孺人奉养备至，务悦其心。滫瀡之供尝贸妆奁为之，岁时□□必躬事烹涤。舅殁，事姑益慎，且务纺绩，勤俭家用不匮。公藉以肆力于学，登进士，拜行人，擢监察御史。孺人随居京邸，门必扃鐍以时启闭，内外无敢私出入者。公官迹振冰蘖声，孺人实佐成之。[5]

【明】苦学以裕家，不勤业必黜——廖铉夫人徐氏

廖铉夫人徐氏（1437—1523），享年 87 岁。《廖铉夫人徐氏墓志铭》记载了其为人妇、为人母的贤德懿行，廖铉，别号"东溪道人"，廖铉曾在云南创立社

[1] 刘雨茂，荣远大著，《成都出土历代墓铭券文图录综释·徐氏墓志铭》，文物出版社，2012 年版，第649 页。

[2] 刘雨茂，荣远大著，《成都出土历代墓铭券文图录综释·何氏墓志铭》，文物出版社，2012 年版，第712 页。

[3] 刘雨茂，荣远大著，《成都出土历代墓铭券文图录综释·何氏墓志铭》，文物出版社，2012 年版，第712 页。

[4] 刘雨茂，荣远大著，《成都出土历代墓铭券文图录综释·何氏墓志铭》，文物出版社，2012 年版，第712 页。

[5] 刘雨茂，荣远大著，《成都出土历代墓铭券文图录综释·何氏墓志铭》，文物出版社，2012 年版，第712 页。

学，"延儒训蒙"[1]。廖铉夫人徐氏为崇庆集贤里人，父徐正端，"世业以医"[2]，早卒，徐氏20岁即嫁入廖门，一生相夫教子，"心罔骄悭，素茹几四十年"[3]。虔诚佛事，曾"课梵经几万卷""其心孝慈，纯朴好施，与约自奉。故其索壶范足于人。"[4]有子三人：廖景星、景旸、景云，女一人。

附：徐氏为本郡集贤里人，父正端，世业以医，有大志事，举业未遂而折。恭人甫四岁，性慧，为母李所钟爱。年十二，诸季父专媒欲字非族业，已为之，恭人觉曰："家豪行恶，吾何为从？强不如志，乃吁天为？"自尽计，李救以苏，事因以毁。李知大夫公必贤，因许字焉。年二十始入门。大夫时为弟子员，苦学不辍，恭人供女事，勤蚕畜以赡不给；恬如也。逮事大舅姑，洎舅姑甘旨必丰洁，虽一菜羹，必躬侍；咸得其欢心。姑周因曰："汝事我以实顺，历年不渝，俗谓檐溜滴旧窝；他日而子而妇，亦以此复汝，汝安心焉。"节序忌辰，不荐不尝，奉先必孝，事佛惟谨。虽处富贵中，用无侈费。心罔骄悭，素茹几四十年，课梵经几万卷，撤钓弋、毁樊□（化）、收生鱼、罗雀螺蝉，放诸林渊。虑数万、助婚丧、抚孤侄、疾荡子、恶妒悍，遇婚戚，恂恂如也。有过则弼绝之，故凡在葛瓜者，咸畏以怀。大夫既遇，每登进，必预神梦事成，咸符吉。大夫所以综政务不危溢者，恭人之助亦多。其戒子曰："苦学以□（似），述□（约）奉，以裕家，不勤业，必隳；不俭钱，浪费，用钱如两，当思□（所）自；每观落魄之徒，其先果如是哉？良由奢堕自促尔。"有委吏□（擅）黄白术，恭人谕诸子曰："此自是神仙事，如人可能，自古帝王岂无一得其术者？何必用土赋以足国用乎？彼诚得之，虽显爵难縻，肯入此官乎？"其见甚明，督诸妇视稼穑、勤绩纺，且曰："男耕女织，寻常职业也。"得遗以安之意，字群臧获，必戒诸子曰："孙各有母以惜，厮养辈，谁司当常察其饥寒，合此，亦人子之言。"每盛宾节序，必亲主中馈，始惬其情，贤似陶母，间警内人，语因果，至夜分合，国朝劝善之典，平生教戒，恻怛类此者多。盖其心孝慈，纯朴好施，与约自奉。故其

[1] 刘雨茂，荣远大著，《成都出土历代墓铭券文图录综释·廖铉夫人徐氏墓志铭》，文物出版社，2012年版，第743-744页。

[2] 刘雨茂，荣远大著，《成都出土历代墓铭券文图录综释·廖铉夫人徐氏墓志铭》，文物出版社，2012年版，第743-744页。

[3] 刘雨茂，荣远大著，《成都出土历代墓铭券文图录综释·廖铉夫人徐氏墓志铭》，文物出版社，2012年版，第743-744页。

[4] 刘雨茂，荣远大著，《成都出土历代墓铭券文图录综释·廖铉夫人徐氏墓志铭》，文物出版社，2012年版，第743-744页。

索壶范足于人。[1]

【明】延师教子孙，尤为勤备——刘昱妻张氏

张氏（1448—1523），刘昱妻，享年76岁。明代成都府郫县守中乡人，父张觉鉴，兄张文富，皆为当地名人。张氏十分有德行。张氏子未娶之时，所聘女因疾残，必须靠他人才能活动；张氏子问母亲怎么办，张氏说："未疾而聘，既疾而悔，岂有德者事？"[2]后来，张氏子与该女子完婚，生三子，张氏"左提右携，徘徊嘱唆于一堂，人皆奇之"[3]。张氏天性仁恕，很少责骂家人和奴婢，"未尝有杖责，虽极恚，未尝见声气"[4]。张氏重孝重礼，"遭祖舅姑、舅姑、伯舅姑之丧，相夫送终如礼"[5]；张氏勤劳持家，"内助惟勤，赀产丰裕，犹不废蚕绩"；家里有人存积硝膏，"悉令投阱，权量少不合时者，焚毁"[6]，不能祸害他人；捡到他人的资产，也绝不占为己有，"尝拾养子万良妇朱氏赀，尽还之"[7]；而且乐于施予，"凡丐乞僧道桥梁寺观，邻里婚丧"，张氏皆量力相助。张氏生有子刘延表，孙男刘祉。对于教育子女，张氏就更加上心，"延师教子孙，尤为勤备"[8]。

附：孺人嗣刘子讳延表字叔正者，自幼与予友，嗣祉甫周岁，聘邑之张氏，比将娶氏，以疾废持，虽栉沐必须之丫鬟，氏父及诸昆弟咸恳，祈老于家。弗天，刘子谋之孺人，孺人曰："未疾而聘，既疾而悔，岂有德者事？"一日，予与刘子偕坐祉侍侧，因微示其意于祉，祉曰："若疾，天也，固不可弃，况祖与父命乎？"遂卜正德壬申冬亲迎。越明年甲戌，生一子，丁亥，又生一子，壬

[1] 刘雨茂，荣远大著，《成都出土历代墓铭券文图录综释·廖铉夫人徐氏墓志铭》，文物出版社，2012年版，第743-744页。

[2] 刘雨茂，荣远大著，《成都出土历代墓铭券文图录综释·张氏墓志铭》，文物出版社，2012年版，第756页。

[3] 刘雨茂，荣远大著，《成都出土历代墓铭券文图录综释·张氏墓志铭》，文物出版社，2012年版，第756页。

[4] 刘雨茂，荣远大著，《成都出土历代墓铭券文图录综释·张氏墓志铭》，文物出版社，2012年版，第756页。

[5] 刘雨茂，荣远大著，《成都出土历代墓铭券文图录综释·张氏墓志铭》，文物出版社，2012年版，第756页。

[6] 刘雨茂，荣远大著，《成都出土历代墓铭券文图录综释·张氏墓志铭》，文物出版社，2012年版，第756页。

[7] 刘雨茂，荣远大著，《成都出土历代墓铭券文图录综释·张氏墓志铭》，文物出版社，2012年版，第756页。

[8] 刘雨茂，荣远大著，《成都出土历代墓铭券文图录综释·张氏墓志铭》，文物出版社，2012年版，第756页。

午，又生一子，凡三子皆清秀可爱，孺人常左提右携，徘徊喁唊于一堂，人皆奇之。予题其所尚，日益相好，得侍于孺人最狎，孺人天性仁恕，赛嘿家人婢使，未尝有杖责，虽极恚，未尝见声气，遭祖舅姑、舅姑、伯舅姑之丧，相夫送终如礼，内助惟勤，赀产丰裕，犹不废蚕绩，营家者贮硝膏，鬻以和盐，悉令投阱，权量少不合时者，焚毁。尝拾养子万良妇朱氏赀，尽还之，且乐施予，凡丐乞僧道桥梁寺观，邻里婚丧，皆量为之助。至于延师教子孙，尤为勤备。[1]

【明】明顺慈惠，慈训治家——杨用贞夫人王氏

杨用贞夫人王氏（1493—1563），享年 71 岁，西陵人，父王栗斋。杨恒（1493—1529），字用贞，号贞庵，37 岁卒，其母黄氏，继母蒋氏，长兄杨慎。杨用贞生来发育缓慢，四岁始能言，七岁又遭母黄夫人之丧。王氏明顺慈惠，第一，孝养双亲，"养少师翁，如在京师，时人称孝焉"[2]。第二，"敬以相夫子，勤能以治家政"[3]。时逢天下多事之秋，王氏"主馈事以周旋，外内裕如也"。家道日隆之时，"食弗兼味，衣弗绮丽，虽处富贵而自奉澹如也"[4]。第三，"乐施与"。遇到贫乏的就"助其急"，不吝啬。第四，善教子。为后嗣之事，王氏"置别室，有诞息者，育之若己出。"[5] 子有杨志仁，孙有杨省吾（新都庠生）、杨养吾、杨因吾。杨用贞死后，王氏抚其子曰："未亡人不即死者，以有此儿。"[6] 训子之务从此更出于其身。"每以慈训"教子，"间取《女孝经》《女诫》以教诸孙女"。[7]"翁生四子，长修撰，次职方，即寺副君，次举人，抡魁雅行、竞爽济

[1] 刘雨茂，荣远大著，《成都出土历代墓铭券文图录综释·张氏墓志铭》，文物出版社，2012 年版，第 756 页。

[2] 刘雨茂，荣远大著，《成都出土历代墓铭券文图录综释·杨用贞夫妇王氏墓志铭》，文物出版社，2012 年版，第 782 页。

[3] 刘雨茂，荣远大著，《成都出土历代墓铭券文图录综释·杨用贞夫妇王氏墓志铭》，文物出版社，2012 年版，第 782 页。

[4] 刘雨茂，荣远大著，《成都出土历代墓铭券文图录综释·杨用贞夫妇王氏墓志铭》，文物出版社，2012 年版，第 782 页。

[5] 刘雨茂，荣远大著，《成都出土历代墓铭券文图录综释·杨用贞夫妇王氏墓志铭》，文物出版社，2012 年版，第 782 页。

[6] 刘雨茂，荣远大著，《成都出土历代墓铭券文图录综释·杨用贞夫妇王氏墓志铭》，文物出版社，2012 年版，第 782 页。

[7] 刘雨茂，荣远大著，《成都出土历代墓铭券文图录综释·杨用贞夫妇王氏墓志铭》，文物出版社，2012 年版，第 782-783 页。

美。"[1] 第五，王氏勤于劳作、涉猎书史。"虽老，犹不废女工，涉猎书史，卓然有士行焉。"[2]

附：孺人王氏……君职满进阶征仕郎，孺人与姑蒋并得封孺人焉。是岁，石斋翁再诏入相留中书君，孺人具冠服，省养姑蒋于其家，志仁甫生。……天下多事之秋，而孺人主馈事以周旋，外内裕如也。……孺人养少师翁，如在京师，时人称孝焉。孺人为寺副君置别室，有诞息者，育之若己出。……（寺副君、少师离世后）……孺人哀毁尽礼，毕抚其子曰："未亡人不即死者，以有此儿。"每以慈训，迟于嗣厥前，修是惧，乙巳为志，援例北上，道出西陵，因访诸舅氏，恋恋数月而去。孺人明顺慈惠，孝以养舅姑，敬以相夫子，勤能以治家政，食弗兼味，衣弗绮丽，虽处富贵而自奉澹如也。乐施与，贫乏者辄助其急，弗恡（吝），暇则静坐诵经，间取《女孝经》《女诫》以教诸孙女，虽老，犹不废女工，涉猎书史，卓然有士行焉。[1]

杨氏，其先楚人，五代祖讳世贤，元季徙蜀于新都；高祖讳寿山，不仕；高祖以下，皆以父少师讳廷和号石斋翁贵封□（如）其官，自是相业，家声为西蜀望族矣。翁生四子，长修撰，次职方，即寺副君，次举人，抢魁雅行、竞爽济美。[4]

【明】夫妇唱和，倾力教子——杨廷和之妻黄媛

黄媛（1462—1499），享年38岁，四川眉山人，国子监监丞黄明善之女。黄明善赏识杨廷和勤奋且胸怀大志，故将爱女黄媛许配他。杨廷和是年十四岁，黄媛十一岁。黄媛自幼聪明伶俐，深得父亲喜爱，所以无论到哪里任职，都会带着这个女儿。黄明善在云南做学政时，黄媛随父南行，杨廷和中了进士也向朝廷告长假，千里迢迢至云南与黄媛喜结良缘。黄氏美丽大方且学识过人，琴棋书画无所不能，诗词歌赋无所不通，婚后，杨、黄二人时常诗词唱和，一时成为当时士大夫阶层追求的榜样。杨慎（1488—1559）出生后，也被誉为神童，黄氏出身书

---

[1] 刘雨茂，荣远大著，《成都出土历代墓铭券文图录综释·杨用贞夫妇王氏墓志铭》，文物出版社，2012年版，第782页。

[2] 刘雨茂，荣远大著，《成都出土历代墓铭券文图录综释·杨用贞夫妇王氏墓志铭》，文物出版社，2012年版，第782-783页。

[1] 刘雨茂，荣远大著，《成都出土历代墓铭券文图录综释·杨用贞夫妇王氏墓志铭》，文物出版社，2012年版，第782-783页。

[4] 刘雨茂，荣远大著，《成都出土历代墓铭券文图录综释·杨用贞夫妇王氏墓志铭》，文物出版社，2012年版，第782页。

香门第，黄氏与丈夫倾力教育，教儿子学习唐诗宋词、学习书法，一家人其乐融融。在母亲的督促教育之下，杨慎五六岁时，就已经掌握了许多诗词，七岁便能一一成诵，十一岁开始学习近体诗，词句新颖，才华显露，少年时代便有了"相府小诗人"的称誉。"弘治七年甲寅，七岁，母夫人教之句读，并授以唐绝句，辄成诵。又以笔管印纸作圈，令公书字于中。曰：'吾虽不知书然即此则楷正自可观矣。'公奋志诵读不出外户。戊午年，十一作近体诗有'一盏孤灯照玉堂'之句。石斋公曰：'句佳矣，但恨太孤寂耳。'"[1]

可以说，杨慎之所以后来成为明代杰出的诗人、文学家，与母亲黄氏给予他的幼年启蒙教育是分不开的。

【明】纪刚家务，杨氏婴臼——杨慎夫人黄峨

黄峨（1498—1569），字秀眉，四川遂宁人，明代工部尚书黄珂之女，新都状元、翰林院修撰杨慎之妻，享年72岁。黄峨贤淑多艺，自幼习读诗书，琴棋书画样样精通，又博通经史，善于书札，娴于诗文，尤其擅长散曲，为明代闺秀才女中的佼佼者，被誉为"女才子班昭"，称"才艺冠女班"[2]。黄峨知书达理、工于诗文、识见甚广；做事干练，教育子侄，治家有方，对杨升庵后人的成长成才有很大的影响。黄峨治家，闺门肃穆，杨慎亦敬惮之。杨慎曾赞誉自己的夫人，并将夫人黄峨看作女中圣贤来尊敬，说黄峨是"女洙泗、闺邹鲁"[3]，女中圣贤。杨慎黄峨夫妇感情和谐，婚后夫唱妇随，操持家务，精心照顾杨慎生活，但不幸的是杨慎因"大礼议"被终身流放，黄峨不离不弃、共同进退；杨父死后，黄峨留在新都家中主持家政，支持灾难深重之门户。当时杨慎弟弟杨惇、杨忱均早卒，其子亦交给黄峨为之教育。"惇、忱亡而诸孙幼，……纪纲家务以付慎继室黄氏，云：'（黄）氏，遂宁黄尚书第二女，有才志，几几杨氏婴、臼矣，亦天以报公勤劳王家也。'"[4]杨慎死后，黄峨徒步奔丧，到泸州迎柩，并把杨慎侧室曹氏所生次子宁仁携归抚教，宁仁不负厚望，荫尚宝司丞，升侍御史致仕归乡。

[1] 王文才、万光治，《杨升庵丛书·赠光禄卿前翰林修撰升庵杨慎年谱》卷六，天地出版社，2002年版，第1274页。

[2] 〔明〕徐渭，《杨升庵先生夫人乐府·序》，转引自陈廷乐，《明代女诗人黄峨》，文史知识，1989年第9期，第72页。

[3] 〔明〕徐渭，《杨升庵先生夫人乐府·序》，转引自陈廷乐，《明代女诗人黄峨》，文史知识，1989年第9期，第72页。

[4] 〔清〕黄宗羲编，《明文海·杨文忠公神道碑》卷453，《四库全书》第1458册，上海古籍出版社，1987年版，第541页。

据记载，杨慎卒时，家人想给他办一个像样的葬礼，黄氏说："幸而得贬卒，天威尚难测，以春秋大义，自当藁葬。"[1] 后来，皇帝竟真的遣使启验，因为见是"青衣布袄"[2]，遂还杨氏原爵。

　　附：慎以议礼谪戍永昌，以抚臣议奏许一奔丧，已而惇、忱亡，而诸孙幼，公处浅士者四十年，纪纲家务以付慎继室黄氏，云："（黄）氏，遂宁黄尚书第二女，有才志，几几杨氏婴、白矣，亦天以报公勤劳王家也。"[3]

　　黄氏，遂宁人，黄珂女，新都杨太史慎之妻，博学，工诗文，慎被谴云南，卒，家人欲成丧，黄曰："幸而得贬卒，天威尚难测，以春秋大义，自当藁葬。"未几，世宗遣使启验，见青衣布袄，上感动，乃还原爵，氏有文集行于世。[4]

【明】待人宽厚，教子甚严——杨正和妻吴氏

　　杨正和为人忠直，他遵从祖训，乐善好施。其夫人吴氏，助夫教子甚严，待人宽厚，倾情支持丈夫兴办公共福利事业，出巨资修建新都普利寺和杨氏宗祠，赢得宗族和世人的敬重。

　　杨氏家族的妻子们在家庭生活中，敦促丈夫，孝敬双亲，团结邻里，对子女言传身教，促进下一代的健康成长。她们是平凡而又伟大的，她们勤劳而坚韧，自强不息，为家庭默默奉献，同时又培养出一个个优秀的杨氏后代子孙。可以说她们是传承优良家风家训的一个缩影。

【明】训迪笞教，训子有方——蒋芹妻曹氏

　　蒋芹妻曹氏，成都人，以训子有方称，享年73岁。蒋芹早卒，遗留三子。曹氏"多方训迪，有不笃学者，即跪夫灵前以笞之"[5]。贤母使子贤。在曹氏的苦情教育下，其子蒋三近、蒋三益俱登科进士，小子三畏也得授儒官。据《同治成

---

[1] 〔清〕张晋生撰，《四川通志·列女·黄氏》卷11上，《四库全书》第559册，上海古籍出版社，1987年版，第445页。

[2] 〔清〕张晋生撰，《四川通志·列女·黄氏》卷11上，《四库全书》第559册，上海古籍出版社，1987年版，第445页。

[3] 〔清〕黄宗羲编，《明文海·杨文忠公神道碑》卷453，《四库全书》第1458册，上海古籍出版社，1987年版，第541页。

[4] 〔清〕张晋生撰，《四川通志·列女·黄氏》卷11上，《四库全书》第559册，上海古籍出版社，1987年版，第445页。

[5] 成都市地方志编纂委员会、四川大学历史地理研究所整理，《成都旧志·天启成都府志》第7册，成都时代出版社，2007年版，第351页。

都府县志》记载，蒋三益是嘉靖乙未（1535）进士，慷慨尚节气，廉爱仁明，士民曾为之立祠；后为户部视榷浙中，除俸禄外一毫不取，有《贤节传》传于世，都御史王督学胡为序《贤节传》。

附：蒋三近，号又溪，成都人，进士授刑部主事，历郎中，工词翰，才望卓荦，升琼州知府，未任而卒。家仍寒素，自少事节母，曹氏至孝，待二弟三益、三畏极友爱，里中俱称长者。弟三益，号蓉野，先登己未进士，筮令金华，慷慨尚气节，廉爱仁明，士民为立生祠，后以户部视榷浙中，额外一毫不取，屡谋迎养母以釐年，未果，浙中士绅歌颂节孝有贤节，录一时公评，号蒋氏二难。[1]

曹氏，成都人，戊子举人蒋芹妻，年二十七守节，多方训子，长三近、次三益，俱成进士，季三畏授恩儒官，封太安人，年七十三卒。都御史王督学胡为序《贤节传》。[2]

【明】慈爱周悉，无异己出——许契妻胡氏

许契妻胡氏（1480—1538），享年59岁。胡氏是凤冈金宪胡公徐安人之长女，自幼品性柔静隐慧、素闲内则。出嫁后，以孝德称，"敬顺日闻，自许子先大夫下，无不称其孝而德其雍穆也"[3]。治理家事，事亲为，礼节备，"志静约而事多理，日亲井臼、岁事蚕桑，祭祀延宾，靡不备具"[4]。家事安排得很妥当。生有三个女儿，而且胡氏抚育妾生之子犹如自己亲生之子："慈爱周悉，无异己出。"[5]

附：先世蜀之井研望族，乃凤冈金宪胡公徐安人之长女。性幼隐慧柔静、素闲内则，甫十八而归许氏。敬顺日闻，自许子先大夫下，无不称其孝而德其雍穆也。念年余，及主内也，志静约而事多理，日亲井臼、岁事蚕桑，祭祀延宾，靡不备具。于是，许子内顾豫如。每怀嗣事，增畜二妾，孺人后以恩遇，室无间

[1]〔清〕张晋生撰，《四川通志·孝友·蒋三近》卷10上，《四库全书》第559册，上海古籍出版社，1987年版，第419页。

[2] 成都市地方志编纂委员会、四川大学历史地理研究所整理，《成都旧志·天启成都府志》第7册，成都时代出版社，2007年版，第351页。

[3] 刘雨茂，荣远大著，《成都出土历代墓铭券文图录综释·胡氏墓志铭》，文物出版社，2012年版，第799页。

[4] 刘雨茂，荣远大著，《成都出土历代墓铭券文图录综释·胡氏墓志铭》，文物出版社，2012年版，第799页。

[5] 刘雨茂，荣远大著，《成都出土历代墓铭券文图录综释·胡氏墓志铭》，文物出版社，2012年版，第799页。

言。抚其所生，慈爱周悉，无异己出。[1]

【明】训迪子姓，务成远器——刘恩妻李氏

刘恩妻李氏（1498—1567），享年 70 岁。李氏性情温和、品性雅娴，善于女工少于言笑，自幼家中父母族间都喜欢她。出嫁后，"事舅姑以孝，待卑幼以礼，相夫子以敬"[2]，每逢祭祀时，必"躬亲醴俎"[3]，以示恭敬；"恩及媵嬖，有樛木之风"；教育子女，"务成远器"；体恤贫穷孤寡，仁爱待人，"悯孤恤寡、敬老慈幼，懿行缕缕，不可殚述"[4]。

附：孺人……性温、雅娴，习女工，寡言笑，遵姆训，父母族间咸钟爱之。……既归公，事舅姑以孝，待卑幼以礼，相夫子以敬，每遇祀先，躬亲醴俎，其恩及媵嬖，有樛木之风，训迪子姓，务成远器，宗戚乡党，咸被其仁。他如悯孤恤寡、敬老慈幼，懿行缕缕，不可殚述。[5]

【明】良吏邦媛，母以成之——董万贯妻黄氏

黄氏（1498—1569），享年 72 岁，新津处士黄堂之女，董万贯妻"孝敬以事舅姑，柔顺以事夫子，勤俭以理中馈"[6]，是一位典型的贤妻良母，所以董君很敬重她，夫妻和谐，感情益笃。生有六子，分别为董辅、董辅、董乾、董坤、董宸、董巽，"皆杰士"。儿子董乾为邑掾，被称为"良吏"，董坤则廪育于庠，积学有待，"咸母有以成之也"。黄氏有三女，也均嫁到名门，女儿们个个娟好静

---

[1] 刘雨茂，荣远大著，《成都出土历代墓铭券文图录综释·胡氏墓志铭》，文物出版社，2012 年版，第 799 页。

[2] 刘雨茂，荣远大著，《成都出土历代墓铭券文图录综释·李氏墓志铭》，文物出版社，2012 年版，第 901 页。

[3] 刘雨茂，荣远大著，《成都出土历代墓铭券文图录综释·李氏墓志铭》，文物出版社，2012 年版，第 901 页。

[4] 刘雨茂，荣远大著，《成都出土历代墓铭券文图录综释·李氏墓志铭》，文物出版社，2012 年版，第 901 页。

[5] 刘雨茂，荣远大著，《成都出土历代墓铭券文图录综释·李氏墓志铭》，文物出版社，2012 年版，第 901 页。

[6] 刘雨茂，荣远大著，《成都出土历代墓铭券文图录综释·黄氏墓志铭》，文物出版社，2012 年版，第 911 页。

秀，"森森然兰蕙之英"[1]，有五个孙女，皆遵闺范，各成懿贞，"诚邦之媛也"[2]。有其母则有其子、其女、其孙等一门之秀，故《黄氏墓志铭》云："凡此，皆母之裔也，皆德之应也，而生则泰然顺矣。"[3]

附：母适董，孝敬以事舅姑，柔顺以事夫子，勤俭以理中馈，□（萃）众美而效之夫君。是以董君重之而克谐益笃。由是而生子六曰辅、曰辂、曰乾、曰坤、曰宸、曰巽，皆杰士也。母皆相夫以教之。其间，乾则为邑掾，□（不）□（落）俗□（套），称为良吏，坤则廪育于□（庠），积□（学）有□（待），赫然将有□□朝署，咸母有以成之也。女三，各适名门，……皆娟好静秀，森森然兰蕙之□（英），孙女五，皆遵□（闺）范，各成□（懿）□（贞），诚邦之媛也。凡此，皆母之裔也，皆德之应也，而生则泰然顺矣。[4]

【明】孟之教，陶之慈——万膏泽妻鲁氏

万膏泽妻鲁氏（1536—1588），享年53岁。鲁氏行六，"箴于姆训、修于女红，睦于女兄弟"[5]，嫁给万膏泽，其尊章栉纵，朝夕不懈，万膏泽早卒，有一子万景，孙万之蕙，万之兰。鲁氏"以秉训四女以顺，抚育子景，遵孟之教、陶之慈，景亦循循然就庠之器也"[6]。女婿杜次、程婿，也都是名家俊彦英才。

附：配鲁氏行六，子女尚冲，鲁则余之内宾也。万先君以世好，又占之吉，乃醮命委□（禽）焉。……然行六之贤，不□（能）辞□（于）□□，柳宗元志其崔娣曰："兄归夫家，为妇为妻为母之道，我之知不若崔之悉。"□□□（而）上，崔故不□（若）我之知，余自童而知，又合姻族所闻，而所知则视柳为悉。□□行六，自笄而上□总□澄，箴于姆训、修于女红，睦于女兄弟，使□（日）□（寸）移于姒□（姒）绿枲篶筐，莫不闲习，于归夫家，犹及事其尊章栉纵，

[1] 刘雨茂，荣远大著，《成都出土历代墓铭券文图录综释·黄氏墓志铭》，文物出版社，2012年版，第911页。

[2] 刘雨茂，荣远大著，《成都出土历代墓铭券文图录综释·黄氏墓志铭》，文物出版社，2012年版，第911页。

[3] 刘雨茂，荣远大著，《成都出土历代墓铭券文图录综释·黄氏墓志铭》，文物出版社，2012年版，第911页。

[4] 刘雨茂，荣远大著，《成都出土历代墓铭券文图录综释·黄氏墓志铭》，文物出版社，2012年版，第911页。

[5] 刘雨茂，荣远大著，《成都出土历代墓铭券文图录综释·万膏泽夫妇墓志铭》，文物出版社，2012年版，第985页。

[6] 刘雨茂，荣远大著，《成都出土历代墓铭券文图录综释·万膏泽夫妇墓志铭》，文物出版社，2012年版，第985页。

凤□不□，或怠然□（事）上姑，后先□（如）一，不幸早孀，抗□（忘）□（高）于黄□（鹄）表信指乎？青□将纵容就木焉。女少□（始）以秉训四女以顺，抚育子景、遵孟之教、陶之慈，景亦循循然就□（庠）之器也。令风云挥霍少有，待其横霄而屠龙，剚犀之手固已见其锋锷□（让）不朽美而足慰其心矣。女一适杜次、适程婿，皆名家俊彦英才。[1]

【明】勤孝敬顺，教子成名——吴可恭妻邵氏

吴可恭夫人邵氏（1542—1614），享年 73 岁。邵氏为人，勤孝敬顺，有四子一女，在其教导下均成名士在成都教学。[2]

附：适名门吴公讳可恭号子敬者，勤孝敬顺，无添妇职，生四子一女。……教子成名，泮游成都三学。[3]

【明】孝亲慈育子，宜家睦族邻——李芳春妻陈氏

李芳春妻陈氏（1572—1617），享年 46 岁。陈氏父亲早逝，母亲改李仁充。李仁充即李芳春生父。陈氏"自幼随焉"[4]，所以陈氏与其丈夫是异姓兄妹关系。陈氏为人至孝至勤，"孝视亲而慈育子，宜家人而睦族邻，且其治家也，就深浅而勤劳，虽有忘而黾勉，惟期家道成而子显贵"[5]。陈氏长子李耀门，娶妻杨氏，入温江县庠生，次子李标门，娶妻李氏，三子李在门，四子李煌门。

附：孝视亲而慈育子，宜家人而睦族邻，且其治家也，就深浅而勤劳，虽有忘而黾勉，惟期家道成而子显贵。[6]

[1] 刘雨茂，荣远大著，《成都出土历代墓铭券文图录综释·万膏泽夫妇墓志铭》，文物出版社，2012 年版，第 985 页。

[2] 刘雨茂，荣远大著，《成都出土历代墓铭券文图录综释·邵氏墓志》，文物出版社，2012 年版，第 1080 页。

[3] 刘雨茂，荣远大著，《成都出土历代墓铭券文图录综释·邵氏墓志》，文物出版社，2012 年版，第 1080 页。

[4] 刘雨茂，荣远大著，《成都出土历代墓铭券文图录综释·陈氏墓志铭》，文物出版社，2012 年版，第 1055 页。

[5] 刘雨茂，荣远大著，《成都出土历代墓铭券文图录综释·陈氏墓志铭》，文物出版社，2012 年版，第 1055 页。

[6] 刘雨茂，荣远大著，《成都出土历代墓铭券文图录综释·陈氏墓志铭》，文物出版社，2012 年版，第 1055 页。

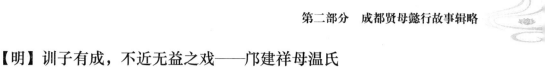

【明】训子有成，不近无益之戏——邝建祥母温氏

邝建祥母温氏，新都人，嫁邝铨斌。不久铨斌卒。当时建祥刚刚七岁，温氏盛年励节，家族中没有可倚托的人，所以就携带建祥泝流数千里，回到蜀地依母而居。当时家中赤贫，温氏辛勤劳作，十年撙节，后来稍稍存下一些钱资，便在华阳买了一些田地。温氏教子"不近无益之戏"[1]。有一次，建祥与其他人以叶子戏赌博，赢了百数十钱，温氏诘问钱的来路，建祥告诉了母亲。温氏为此哭泣，一边责骂建祥"若非吾子也"，一边要把手中纺车毁掉。建祥看母亲生气了，跪请自改，从此"终身不近无益之戏"[2]。后来建祥从师问学，业亦有成，子孙也各有所成就，读书为善士者为多，邝氏遂成为大族。

附：邝建祥母者，新都温氏女也。嫁江西上犹县邝铨斌。归上犹未久，而铨斌卒。建祥方七岁，母盛年励节，上犹族党无可倚托者，乃携建祥泝流数千里，入蜀依母。家居赤立贫甚，劳勤自将，十年撙节，稍以有资，乃买田华阳。而建祥从师问学，业亦有成。格于入籍年例，不得预试。退而致力耕稼，获殖益阜，推施戚族，邻里交称。而母犹健在。先是，建祥儿时偶从人为叶子戏博，进赢百数十钱。母诘问所自来，建祥不敢隐，以实对。母泣曰："若非吾子也。"将碎其手中纺车。建祥跪请自改。由是终身不近无益之戏。建祥有子八人。昌芹，增生，举孝廉方正，官江西县丞；昌蔡，湖南吏目，官至澧州直隶州；昌著，附生，余皆读书为善士，而孙嘉谟亦中同治庚午副贡，至今称旧族焉。[3]

【明】析当五子均之，不令己子独赢——伍朝堂妻高氏

高氏，伍朝堂之妻。伍朝堂，华阳程家沟农民；弟朝春，娶妻杨氏。家里仅有薄田八亩，他们的长兄伍朝才执家政十年，颇有私积，于是商议析产。朝堂、朝春素来实诚善良，所以也没说什么就分了家。高氏对杨氏说："我有二子，你有三子，负担很累重，如果我们不合力勤作，只能等着饿死。"于是朝堂、朝春兄弟仍合爨。两年后，朝堂、朝春相继去世。高氏、杨氏愈加勤苦，妯娌二人

[1] 成都市地方志编纂委员会、四川大学历史地理研究所整理，《成都旧志》第16册，成都时代出版社，2007年版，第482页。

[2] 成都市地方志编纂委员会、四川大学历史地理研究所整理，《成都旧志》第16册，成都时代出版社，2007年版，第482页。

[3] 成都市地方志编纂委员会、四川大学历史地理研究所整理，《成都旧志》第16册，成都时代出版社，2007年版，第482页。

"食同案，寝同榻，岁时伏腊，始一具肉，高不举箸，杨不先尝也。"[1] 就这样贫苦起家，家里逐渐有了四百亩田。高氏子昌鑫、昌文，杨氏子昌在、昌燊、昌焕，娶妇有孙，而且都很孝顺。有一天，高氏又对杨氏说，我们先后老了，"诸子产今则不可不析，析当五子均之。"[2] 杨氏不愿意，说："此家姒一人所造，即令两分，犹不足为姒报。"[3] 杨氏子昌在等也跪请，杨氏则自有主张。两家分开居住一段时间，高氏召亲族相聚置酒，并宣布："吾有两子而娣有三子。昌在，吾所爱，吾今日请诸君者，为抚昌在为吾子也。"[4] 最终将家产析分为五，"不令己子独赢也。"高氏寿七十余。她的子孙"雍睦数世，犹守其家法。"[5]

附：伍朝堂。华阳程家沟农民也。娶妻高。弟朝春，娶妻杨。家仅薄田八晦，而长兄朝才执家政十年，颇有私积，遂议析产。朝堂、朝春素恚愿，不敢言，则三分之。高语杨曰："我二子，娣三子，累重矣。不合力勤作，饿且死矣。"于是兄弟仍合爨。甫两年，而朝堂、朝春相继殁。高、杨愈益作苦，食同案，寝同榻，岁时伏腊，始一具肉，高不举箸，杨不先尝也。由是起家，有田四百亩。高子昌鑫、昌文，杨子昌在、昌燊、昌焕，及娶妇有孙，皆孝谨，惟两母命是听。一日，高复语杨曰："吾先后老矣，诸子产今则不可不析，析当五子均之。"杨泣谓高："此家姒一人所造，即令两分，犹不足为姒报。"昌在等亦跪请，不听。别居久之，高忽召戚党，置酒，饮未半，高出语客："吾有两子而娣有三子。昌在，吾所爱，吾今日请诸君者，为抚昌在为吾子也。"乃终析其产为五，不令己子独赢也。寿七十余，终。子孙雍睦数世，犹守其家法。而朝才之后，则转零替矣。[6]

---

[1] 成都市地方志编纂委员会、四川大学历史地理研究所整理，《成都旧志》第 16 册，成都时代出版社，2007 年版，第 484 页。

[2] 成都市地方志编纂委员会、四川大学历史地理研究所整理，《成都旧志》第 16 册，成都时代出版社，2007 年版，第 484 页。

[3] 成都市地方志编纂委员会、四川大学历史地理研究所整理，《成都旧志》第 16 册，成都时代出版社，2007 年版，第 484 页。

[4] 成都市地方志编纂委员会、四川大学历史地理研究所整理，《成都旧志》第 16 册，成都时代出版社，2007 年版，第 484 页。

[5] 成都市地方志编纂委员会、四川大学历史地理研究所整理，《成都旧志》第 16 册，成都时代出版社，2007 年版，第 484 页。

[6] 成都市地方志编纂委员会、四川大学历史地理研究所整理，《成都旧志》第 16 册，成都时代出版社，2007 年版，第 484 页。

【明】虽乏食，不令废学——文节母陈氏

陈氏，汉州陈炳文第五女，嫁华阳文昶，不久昶卒，没有子女，而且文家孤族，没有可继嗣的人。陈氏有个姊妹，嫁给同县张文开，有男子五人，最后又生一子。幼子未生时，陈氏求姊妹将此儿过继为后，从张谱派，名应德。张家姊妹不久也寡居，姐妹于是一同居住。两家都很贫苦，陈氏开始的时候略有微资，后来也用得差不多了，但为了文氏一脉，陈氏"恃缝纫浣濯为活，无一刻暇"。应德稍长，陈氏便将他送入学校，"虽乏食，不令废学。"[1] 时间长了，也逐渐难以支付开支，塾师胡式金同情他们，不要学费。后来应德应试，补诸生，举于乡，又举壬辰进士，授刑部主事，于是接陈氏与其本生母来自己身边供养，陈氏卒于舟次，未受一日养。人们都知道文节为文氏子，殊不知这全是陈氏一生所苦养。

　　附：文节母。漢汉州陈氏教谕炳文之第五女。适华阳文昶，三年而昶卒，无出。文孤族，无可继嗣者。节母有姊，适同县张文开，有男子五人，最后又生一子。未生时，节母求张定为后，仍从张谱派，名应德。而张亦寻寡，遂共节母居。两家皆贫，节母初犹有微资，至是亦尽，故持生至苦。以文氏垂危，誓延其祀，恃缝纫浣濯为活，无一刻暇。所后子应德稍长，送入塾读，虽乏食，不令废学。久益不支，塾师胡式金怜之，不取束修。应德年十八，已应试，乃改名龙，补诸生。明年戊子举于乡，然节母苦如故。初，乡试榜未放，城中欢言："今年文龙当中式。"既而果然，一时盛传节母之报。先是，新繁诸生某，六月中梦至一官府，据案者谕以君今年当捷，文龙母苦节，故暂屈君让之。其人入省，省于众："文龙果何人也？其事乃播于外云。"而考官张文达公百熙初得龙卷，乙之。夜梦古衣冠人指言某号当中。往者科场程序，例糊名编字为号以识别。百熙醒而验其号，则所乙者也，晒曰："梦岂足信耶？"至夜，梦复然。如是者三，心异之，乃勉取录。及写榜拆卷，审姓名为文龙。时同举大邑傅守中进谒，百熙告之故。守中适与文同里闬，夙稔其家事，百熙叹曰："天也，固宜然！"又四年，龙举壬辰进士，授刑部主事，迎节母与其本生母张就养京师，而节母道得疾，卒于舟次。其后龙官陕西汉中道。节母未受一日养，识者悲之。而张亦苦节，乃得从容十余年丰腴以终，此人事之至不齐者。龙之举进士，亦传若有阴相之事。顾人第知其为文氏子耳，则天于节母又何薄也夫！杳冥报施，儒者所不道，然百熙

[1] 成都市地方志编纂委员会、四川大学历史地理研究所整理，《成都旧志》第16册，成都时代出版社，2007年版，第485页。

在朝素持丰节，而守中又端士，其所语确确如此，当时成都人知其事者明白众著，要归于风化所系。今则久而渐湮，故特为详录之。[1]

【明】炊濯烦扪，一身兼之——高举母张氏

张氏，华阳中和场张家寺人，高程炳之妻，高举母。张氏侍奉公公和继母婆婆以孝谨闻名。刚结婚一年，程炳病卒，张氏年仅二十，哀痛逾恒，毁容深居，足不踰阈，即便是亲族也罕见其面。后来继母婆婆接连生下两个弟弟，加上其他在堂的长辈有多人，高家家事越来越繁杂，张氏尽力操作，有时她代替继母婆婆照顾小弟弟，从此继母婆婆就更喜欢她了。所以她的那些弟弟、小姑对她也都是敬礼有加。后来叔弟也有了两个儿子，这才过继一子高举承嗣程炳。"高举方一岁，养教迄于成。"张氏立家，携举别居，"家虽小康，未尝顾仆媪，炊濯烦扪并一身兼之。"[2]

附：高举母。姓张氏，华阳中和场张家寺人也。父应台，县诸生。年十九，归高程炳，事舅与继姑以孝谨闻。甫逾年，而程炳病卒，母年才二十，哀痛逾恒，自是毁容深居，足不踰阈，虽亲族亦罕见其面。其后继姑连举两弟，又诸姑在室者数人，家事益繁，母尽力操作，或代姑保抱提携，由是益得姑欢，故其诸叔诸姑于母亦莫不敬礼有加，及叔弟有两子，始以举承嗣程炳。举方一岁，养教迄于成。立家后析囊，乃携举别居。自入门至是几二十年，家虽小康，未尝顾仆媪，炊濯烦扪并一身兼之。年五十五卒，于例当旌，国变后无复此典，而闾里苦节泯没于不闻者多矣，可胜叹哉！[3]

【明】节烈殉国，振家族美名——顾金印母贾氏

贾氏，顾金印之母。顾金印，字斗如，顾存志次子。顾存志，系明朝开国功臣滕国公顾时之后。顾存志一品夫人贾氏，育有子金纯、金印、金瓯。顾金印五岁时，其父亲弃文从武，"顾存志弃文就武，四面征剿，封靖锦将军"[4]。张献忠

[1] 成都市地方志编纂委员会、四川大学历史地理研究所整理，《成都旧志》第16册，成都时代出版社，2007年版，第484-485页。

[2] 成都市地方志编纂委员会、四川大学历史地理研究所整理，《成都旧志》第16册，成都时代出版社，2007年版，第485页。

[3] 成都市地方志编纂委员会、四川大学历史地理研究所整理，《成都旧志》第16册，成都时代出版社，2007年版，第485页。

[4] 吕金华，《明太师顾存志埋骨绥阳》，贵阳文史，2015年02期，第44页。

起义时，顾存志随授驻防河南总镇都督签事，顾金印后来也赴父任，金印母亲贾氏及其夫人张氏等在成都。张献忠欲擒夫人贾氏以要挟顾氏父子。顾金印的母亲贾氏，顾金印的妻子张氏，都不忍拖累顾存志、顾金印父子，于是自焚其室，自缢节烈殉国。贾氏、张氏尽忠于国，顾存志、顾金印父子也南征北战，顾氏家族由此以忠名世，顾金印"前明忠孝尽，靖锦永流芳；祖训常遵守，家声震玉堂"一诗，也成为顾氏家训字辈诗，一直被子孙谨守至今。顾金印育有五子二女，晚年曾在雁家嘴授徒讲学，对成都重开文教做出巨大贡献。

【明】奉师当如奉神，教训多古格言——李兆盛妻韩氏

韩氏，幼承庭训，能知大义。丈夫死后，抚育四个孤儿，"延师课读，供膳必躬亲之"。她说："奉师当如奉神。"儿子交游，"必令登堂拜见，以察贤否。其平时教训多古格言。性好施济，乐规劝，族戚邻里多有赖以殡殓婚嫁及成人起家者"[1]。平时还教子女古代格言警句，以激励教训子女。韩氏的儿子锡赐、锡龄皆为庠生，正是得自于贤母的教诲。

【明】继母至慈之极，可格神明——曾传之母李氏

曾传继母李氏，德阳人，曾永鸾继室。曾传六岁失母，李氏待之比亲生子还要亲。有一次，曾传牧涉甘河（今崇州市甘河村），突遇暴雨被冲走。继母李氏心有感应"心动惊"[2]，于是到甘河寻觅并把曾传背回家，哭曰："曾氏只此孤耳，非天地祖宗之灵其能免乎！"[3]曾家家贫，李氏料理家务，亲"操井臼"[4]，曾永鸾让曾传辍学，能略微帮下忙，李氏不忍心误了曾传的前程，宁愿自己受劳苦，尽力供曾传到城里学习，颇"有割柱剉荐之风"[5]。不仅如此，李氏非常关注母子关系对曾传的影响，从各个方面关心、体贴曾传，"每传入城读，则依闾望其归，

[1] 成都市地方志编纂委员会、四川大学历史地理研究所整理，《成都旧志》第12册，成都时代出版社，2007年版，第417页。

[2] 成都市地方志编纂委员会、四川大学历史地理研究所整理，《成都旧志·天启成都府志》第7册，成都时代出版社，2007年版，第364页。

[3] 成都市地方志编纂委员会、四川大学历史地理研究所整理，《成都旧志·天启成都府志》第7册，成都时代出版社，2007年版，第364页。

[4] 成都市地方志编纂委员会、四川大学历史地理研究所整理，《成都旧志·天启成都府志》第7册，成都时代出版社，2007年版，第364页。

[5] 成都市地方志编纂委员会、四川大学历史地理研究所整理，《成都旧志·天启成都府志》第7册，成都时代出版社，2007年版，第364页。

盖传孤子，族人有甘心者；或暝还，则从门外大呼，传必答乃止，示族人毋窥孤也。"[1] 故《成都旧志》记之，曰："继母至慈之极，可格神明，录之以为继人妇者劝。"[2]

附：李氏，德阳人，曾永鸾继室，曾传后母也。传六岁失母，李子之逾己出。传牧，涉甘河，遇暴雨，漂之去。李心动惊，往觅得之。负还，哭曰："曾氏只此孤耳，非天地祖宗之灵其能免乎！"家贫，操井臼，鸾欲传辍学稍代之，母不忍，宁自甘劳苦，勉强供传学。有割柱刜荐之风。每传入城读，则依闾望其归，盖传孤子，族人有甘心者。或暝还，则从门外大呼，传必答乃止，示族人毋窥孤也。继母至慈之极，可格神明，录之以为继人妇者劝。[3]

【清】萧氏一门，忠孝节烈——萧建勋母黄氏

黄氏，松潘镇游击太和之妾，萧建勋之母。萧太和死后，其继母贾氏已经七十多岁了，贾氏嫡子不才，尽破其产；而萧建勋尚幼，无以为生，黄氏便以帮邻里干一些洗涤的杂活，挣些佣钱度日。晚上纺绩缝纫，准备一家老弱的衣履。贾氏过世后，黄氏才二十来岁，这时有人劝她改嫁，黄氏痛哭发誓："先大人没，诸郎不克自立，近且流荡死矣。萧氏只此一线，宁忍绝之耶！且他日何以见先大人地下？"[4] 为了儿子，黄氏没有改嫁，最终靠自己的双手将建勋抚养成人，为官一任，以知县湖北补用。不幸的是儿子随吴文镕殉难黄州堵城。儿媳殉命，黄氏一人忍死抚孙萧全义，后来，萧全义统军台湾，中瘴殁于埤南屯次。萧氏一门，忠孝节烈，父子事并在《忠节传》。

附：萧建勋母者，松潘镇游击太和之妾黄也。太和既卒，继母贾氏年七十余矣，而嫡子不才，尽破其产。建勋尚幼，无以为生，母乃代邻里家澣濯烦扪，博佣钱易炊。夜则纺绩缝纫，完老弱衣履。久之，贾又卒，黄氏甫二十余，人有劝他适者，黄泣矢曰："先大人没，诸郎不克自立，近且流荡死矣。萧氏只此一

[1] 成都市地方志编纂委员会、四川大学历史地理研究所整理，《成都旧志·天启成都府志》第7册，成都时代出版社，2007年版，第364页。

[2] 成都市地方志编纂委员会、四川大学历史地理研究所整理，《成都旧志·天启成都府志》第7册，成都时代出版社，2007年版，第364页。

[3] 成都市地方志编纂委员会、四川大学历史地理研究所整理，《成都旧志·天启成都府志》第7册，成都时代出版社，2007年版，第364页。

[4] 成都市地方志编纂委员会、四川大学历史地理研究所整理，《成都旧志》第16册，成都时代出版社，2007年版，第482页。

线，宁忍绝之耶！且他日何以见先大人地下？"竟抚建勋成人，以知县湖北补用。成丰四年，随吴文节公殉难黄州堵城者也。建勋凶问至，其妻李闻之，即饮碱自殉。……萧氏一门，忠孝节烈。盖实录也。李既殉，黄乃更忍死抚孙。孙即全义，后统军台湾，中瘴殁于埤南屯次。父子事并在《忠节传》。[1]

【清】辛勤鞠育，课子成名——张凤徵妻王氏

据《成都旧志》记载，张凤徵妻王氏早年守寡，一心教子，丈夫死后，家庭贫苦，生活来源不得不依靠王氏辛勤针黹劳作。王氏鞠养、教育三子张翔、张嚣、张蠹，最终教子成名。张嚣，字鹤林，乾隆乙卯举人，庚辰进士，官任翰林院检讨，为人耿介，颇有节操，生活无求于人，但对他人之急难，如救水火。在家，张嚣以孝友著称，与兄长张翔、弟弟张蠹极为友爱。著有《鹤林诗章》十卷、《馆课存稿》十卷。张蠹，同治四年（1865）进士，曾任钱塘县知县。由此，"（张氏）门庭华贵，乡党称（王氏）为女宗""门庭济济，族党以为女范"[2]。

【清】亲授诸子诗书，以器识为先务——缪开鼎妻葛氏

葛氏，安徽阜阳人，嫁成都缪开鼎。葛氏不仅勤劳治家，"竭十指以助不足，恒鸣机达旦"，而且本身也颇具学识，达诗书，善于教子。葛氏"教诸子诗书，悉亲授，尤以器识为先务。长子缪景勋考中进士，"官秦安令，恪遵训诫，以廉隅自饬"[3]。缪景勋，嘉庆辛酉年（1801）进士；颇能诗，曾作《题詹节妇萧氏传》，云："抚孤良不易。"既是对萧氏的赞誉，也是对自家母亲的深情感恩。

【清】训以孝友谦逊，夜必篝灯督课——向廷赓母武氏

武氏生有四子，"幼时即训以孝友谦逊。逮至诵读，虽日不再炊，夜必篝灯督课"[4]。她的儿子能成才，当时人都认为是武氏教导的结果。其长子向廷赓，博

---

[1] 成都市地方志编纂委员会、四川大学历史地理研究所整理，《成都旧志》第16册，成都时代出版社，2007年版，第482-483页。

[2] 成都市地方志编纂委员会、四川大学历史地理研究所整理，《成都旧志》第10册，成都时代出版社，2007年版，第148页。

[3] 成都市地方志编纂委员会、四川大学历史地理研究所整理，《成都旧志》第12册，成都时代出版社，2007年版，第417页。

[4] 成都市地方志编纂委员会、四川大学历史地理研究所整理，《成都旧志》第12册，成都时代出版社，2007年版，第417页。

极群书而恬淡市利，以教授生徒为业，并善医。曾"著有《论风》十六卷，《易图解》一卷，《周礼详解》一卷，《咏史》一卷，《医述贯》四卷，《企苏纪吟》一卷，《耆海文集》十卷，《诗》十卷。"[1]武氏次子向廷飏，康熙五十九年（1720）举人，曾"任贵州仁怀县知县，兴利剔弊、狱无系囚。值岁饥，县边鄙流民数百人来就食，廷飏命人于各乡里设粥厂，泣语饥民曰：'尔辈皆吾赤子，饥至此，吾为父母者能辞咎乎？但国犯不可犯，勿滋事，兹有粥，暂度朝夕，可待秋成。'饥民闻言欢呼。复开仓施赈，不待报即行，自申请参，大吏嘉之。"[2]后来，廷飏以劳瘁卒于官。据《同治成都府县志》记载："长廷赓，领康熙丙子乡荐；又次廷飏，甲午中式。人皆以为母教尤多。"[3]

【清】异乡施厚德，百世仰嘉风——潘成禧夫人方氏

蒲江鹤山书院山长第一人潘成禧，定居蒲江，其夫人方氏随行。方氏在蒲江极有名望，《方孺人墓志铭》记载，方氏出身名士之家，为"名士家姑"，富有才华："精书史、工文字"，具有母仪闺范，教子有方："阃范母仪""善家教，"子皆所裁成"[4]，其子潘本衡为县廪生，补为博士弟子员。方氏为人豪爽、知大义，她曾用书煽"萦挽章者"之脸颊，怒斥："尔子孙务令知书，乃使世受此辱也？"方氏辞世之际，遗命其子，将"全业百亩均捐入学田"，将财产奉献给了自己客居多年的蒲江。据《蒲江县志·义学田》卷一记载："猪漕湾田地一分大小，一百五十三块，计四十亩零，山林七十六亩七分零，载粮六钱一分二厘六毫七丝，系廪生潘本衡插业衡本江南人后归原籍，田地捐入义学。"[5]蒲江义学是蒲江官办"聚集孤寒，延师教读"的教育之所。由此，蒲江人视方氏为"本县捐资兴学之始"。2018年，方氏墓得以修葺，有对联两副一曰："执掌上庠弘圣道，概捐沃土育英才"，一曰："异乡施厚德，百世仰嘉风"。[6]

---

[1] 成都市地方志编纂委员会、四川大学历史地理研究所整理，《成都旧志》第12册，成都时代出版社，2007年版，第417页。

[2] 成都市地方志编纂委员会、四川大学历史地理研究所整理，《成都旧志》第12册，成都时代出版社，2007年版，第417页。

[3] 成都市地方志编纂委员会、四川大学历史地理研究所整理，《成都旧志》第12册，成都时代出版社，2007年版，第417页。

[4] 何绳武，《方孺人墓志铭》，陈学林，《揭开尘封的历史：神秘的方夫人墓》，微蒲江，2019年04月12日。

[5]〔清〕孙清士．《蒲江县志·义学田》卷1，清光绪四年（1878年）重纂刊本，本卷第46页。

[6]《方夫人墓对联》，陈学林，《揭开尘封的历史：神秘的方夫人墓》，微蒲江，2019年04月12日。

附：潘成禧，江左人，富才学，系潘宗洛后裔，寄寓蒲江掌教鹤山书院，卒葬县南猪漕湾，其子本衡补博士弟子员，后归原籍。[1]

呜呼！饮水思源，莫忘根本。莘莘学子，惟教乃成。夫人方氏，出自名门。望溪胞姐，籍隶桐城，宦游蒲邑，产置山林。慨捐田亩，培植斯文。此功此德，万古留存。今置纪念，节届清明。惠风和畅，水深山青。千秋享祀，无上光荣。三牲酒醴，祭奠以诚。精灵不昧，来格来临。[2]

【清】务自成立，贻父母令名——李兆盛母周氏

周氏，李维楫妻。李维楫殁时，儿子李兆盛年方五岁，女儿三岁，李维楫遗下的产业不多，周氏以纺绩来教养孩子。李维楫的哥哥李维枚，两家析居多年，李维枚因"社仓"被连累，周氏劝李维楫用自家的田地出押代偿，并让儿子李兆盛不时倾助。后来李维枚卒，周氏召诸侄到一起，拿出他们父亲的借券，让儿子兆盛焚烧，说："汝辈务自成立，好贻父母令名也。"[3] 诸侄感泣而去。"务自成立，贻父母令名"这不仅是周氏对诸侄女的安慰引导，也是对李家所有子孙的谆谆教诲。周氏有四孙，锡赐、锡龄，皆到县城中学校读书。

附：李周氏。李维楫妻。夫殁时，子兆盛方五岁，女三岁，遗业无多，氏纺绩以养以教。维楫有兄维枚，析居有年，维枚因社仓被累，氏劝维楫以己田出押代偿，并令其子兆盛不时倾助。后维枚卒，召诸侄至，出其父借券，命子兆盛焚之，曰："汝辈务自成立，好贻父母令名也。"侄感泣去。有四孙，锡赐、锡龄，皆邑庠。"[4]

【清】婚嫁择书香，不啬人以自丰——黎廷赞妻晏氏

黎晏氏，黎廷赞妻，茂才晏朴女，享年 79 岁。黎晏氏自幼在夫家长大，常

[1]〔清〕孙清士 .《蒲江县志·流寓》卷 3，清光绪四年（1878 年）重纂刊本，本卷第 48 页。

[2] 民国二十八年（1939）清明蒲江县长谢从根《祝文》，转引自陈学林《揭开尘封的历史：神秘的方夫人墓》。

[3] 成都市地方志编纂委员会、四川大学历史地理研究所整理，《成都旧志》第 12 册，成都时代出版社，2007 年版，第 417 页。

[4] 成都市地方志编纂委员会、四川大学历史地理研究所整理，《成都旧志》第 12 册，成都时代出版社，2007 年版，第 417 页。

常被小姑所虐待，黎晏氏并不计较，婚后，更是"善事舅姑，相夫子以有成"[1]。黎晏氏有二子二女，婚嫁皆择书香。黎晏氏为人善良，不吝啬，"复能厚待贫困，不啬人以自丰"[2]。

附：黎晏氏。黎廷赞妻，茂才晏朴女。幼育夫家。为小姑所虐，不校，又能善事舅姑相夫子以有成。二子二女，婚嫁皆择书香。复能厚待贫困，不啬人以自丰。年七十有九。[3]

【清】善心最好，各宜勉之——顾复初夫人范雏娟

范雏娟，字菱波，是范仲淹的后裔；曾祖范用梅游于蜀，遂隶蜀籍；祖范凤翯，父范树勋，母李宜人。范雏娟少孤，十五岁时，嫁顾复初，为其继室，后赠宜人。顾复初前室有二子，即顾璜、顾琦。范雏娟有二女，即顾珍、顾瑗。范雏娟"端雅聪淑，言动以礼"[4]，范雏娟心地善良："周困拯乏、损己益人，每若不及。"[5]范雏娟待人"庄而和、淡而永"[6]，亲戚族人都喜欢她、尊敬她，举家称之为"菩萨"。范雏娟"志尤高洁，静居室中，翛然有出尘之想"[7]，临殁，她处分众事毕，交代众人说："善心最好，各宜勉之。"[8]其母李氏说："我女自幼有志操，察言观色、守身如玉，我尝嘉叹其贤，微惜其狷。"[9]

附：（范雏娟）端雅聪淑，言动以礼，与人庄而和、淡而永，亲党咸爱敬之。至其周困拯乏、损己益人，每若不及。顾体既清羸，志尤高洁，静居室中，

[1] 成都市地方志编纂委员会、四川大学历史地理研究所整理，《成都旧志》第 12 册，成都时代出版社，2007 年版，第 417 页。

[2] 成都市地方志编纂委员会、四川大学历史地理研究所整理，《成都旧志》第 12 册，成都时代出版社，2007 年版，第 417 页。

[3] 成都市地方志编纂委员会、四川大学历史地理研究所整理，《成都旧志》第 12 册，成都时代出版社，2007 年版，第 417 页。

[4] 刘雨茂，荣远大著，《成都出土历代墓铭券文图录综释·范雏娟墓志铭》，文物出版社，2012 版，第 1135 页。

[5] 刘雨茂，荣远大著，《成都出土历代墓铭券文图录综释·范雏娟墓志铭》，文物出版社，2012 版，第 1135 页。

[6] 刘雨茂，荣远大著，《成都出土历代墓铭券文图录综释·范雏娟墓志铭》，文物出版社，2012 版，第 1135 页。

[7] 刘雨茂，荣远大著，《成都出土历代墓铭券文图录综释·范雏娟墓志铭》，文物出版社，2012 版，第 1135 页。

[8] 刘雨茂，荣远大著，《成都出土历代墓铭券文图录综释·范雏娟墓志铭》，文物出版社，2012 版，第 1135 页。

[9] 刘雨茂，荣远大著，《成都出土历代墓铭券文图录综释·范雏娟墓志铭》，文物出版社，2012 版，第 1135 页。

翛然有出尘之想，以光绪元年正月辛丑，偶感微疾，处分众事毕，徐谓人曰：善心最好，各宜勉之。危坐寂然而逝。……举家咸号："菩萨去矣。"余哭之至恸，李氏姑制泪谓余曰："我女自幼有志操，察言观色、守身如玉，我尝嘉叹其贤，微惜其狷，虽然得子以为之，天福可云，厚寿夭命也。子弗太戚。"余惟宜人来归十四年，年仅三十，而余年已踰六十以数，度之故当先宜人卒，然余窃窥其用意，若惟恐后之者。然今乃及此，岂其幽忧过虑以及此？"[1]

【清】幼通文艺，作师教子——何以政妻顾氏

顾氏，成都人，祖造明，壬戌进士，官至太仆卿；父敦仁，早卒。顾氏幼通文艺，后嫁给何以政。何以政投笔从戎，死于战阵，顾氏坚志守孀，发誓要抚育幼子何世振，由此尝尽苦辛，最终将儿子抚养成人。《康熙成都府志》云："（顾氏）兼能以母作师教子，世振复补成都弟子员。"[2]乡人也赋诗纪念其德之美。

【清】数日必为师一具豚脯——周慎言妻刘氏

刘氏，周慎言妻。周慎言，遂宁人，曾在成都授徒并留居成都，刘氏随之。周慎言死的时候，刘氏还非常年轻，家中贫苦，三个儿子均年幼，为了子女，刘氏立志抚孤。她十分看重延师教子。待儿子稍长，她送儿子就傅学习，而且"数日必为师一具豚脯。"[3]

在刘氏的教导之下，长子周绍很孝顺，长大后代母操劳家务；次子嗣勋，入上舍；三子周斡，补增广；后来，其子孙多列入簧宫，《同治成都县志》云："皆氏之遗训焉。"[4]

附："周刘氏。周慎言妻。周，遂宁人，授徒成都，家焉。周殁，氏年蓰，家贫，三子均幼，氏立志抚孤。子长就傅，数日必为师一具豚脯。长子绍，代母操劳。次子嗣勋，入上舍。三子斡，补增广，后孙曾多列簧宫，皆氏之遗训

[1] 刘雨茂，荣远大著，《成都出土历代墓铭券文图录综释·范雒娟墓志铭》，文物出版社，2012版，第1135页。

[2] 成都市地方志编纂委员会、四川大学历史地理研究所整理，《成都旧志》第9册，《康熙成都府志》何以政妻"顾氏"有录，成都时代出版社，2007年版，第120页。

[3] 成都市地方志编纂委员会、四川大学历史地理研究所整理，《成都旧志》第11册，《同治成都县志》周慎言妻"刘氏"条有录，成都时代出版社，2007年版，第386页。

[4] 成都市地方志编纂委员会、四川大学历史地理研究所整理，《成都旧志》第11册，《同治成都县志》周慎言妻"刘氏"条有录，成都时代出版社，2007年版，第386页。

焉。"[1]

【清】同音唱和，三朵金花——李鉴时妻杨氏

杨氏，清乾隆初合州人，嫁成都举人李鉴时。杨氏能诗，通于义翰，吟咏极工，《同音集》是杨氏与兄举人杨泇唱和作品的结集，故集名"同音"。《撷芳集》《合川县志》《历代妇女著作考》有著录。杨氏生有三个女儿，皆有才华。长女李涛年、次女李龙川、次女李瀛洲，三女均能诗，号"三朵金花"[2]。李涛年后归成都人总兵张某，其诗稿未加搜集保存，全遭遗失。李龙川适中江恩贡生孟衍舆，衍舆初任河南信阳州州判，后擢江苏常州府同知，龙川随夫宦江南，足迹涉中原、三江，官阁清吟，大有唱随之乐。尤其在伯父中江进士孟邵的鼓励下，诗作大进，有《李龙川诗集》四卷。

【清】娴熟弓马，善佐内政——岳钟琪继室高氏

高氏，成都华阳人，清贵州巡抚高起龙之女，成都名将岳钟琪继室，封一品夫人。岳钟琪结发妻宋氏病逝后，留下幼子岳浚，由高氏抚养。岳、高夫唱妇随，珠联璧合，相得益彰，又有子岳浚、岳瀞。高氏精通翰墨，又娴于弓马，明悉军事，佐理内政也是井井有条；岳钟琪每出征战，其家在高氏的治理下内外肃然；高氏待人以宽，人咸敬服。《红水县志》云："（高氏）能娴弓马，钟琪出征，署中内外，莫不肃然。能诗与钟琪唱和。"[3]《续眉庐丛话》云："高氏，四川华阳人，大将军威信公谥襄勤岳钟琪夫人，娴弓马，善理军政，亦能诗。襄勤著有《姜园蛩吟》二集，多与夫人唱和之作。"[4]岳钟琪具有文才，上马杀敌，下马赋诗，著有《姜园集》《蛩吟集》等；高氏亦雅好诗歌，著有《高夫人集》四卷。高氏与岳钟琪伉俪情深，皆雅好爱诗，岳钟琪有"愿得太平边事缓，牛衣卧对养衰残。"高氏有酬唱："相对莫愁秋寂寞，一生颜色不伤春。"夫妇情重，被誉为"天地生奇偶"。[5]

[1] 成都市地方志编纂委员会、四川大学历史地理研究所整理，《成都旧志》第11册，《同治成都县志》周慎言妻"刘氏"条有录，成都时代出版社，2007年版，第386页。

[2] 李朝正、李义清著，《巴蜀历代名媛著作考要》，巴蜀书社，1997年版，第91、98页。

[3] 《[民国]创修红水县志》，一九六三年甘肃省图书馆油印本。

[4] 孙安邦编，《续眉庐丛话·闺秀之文武兼备者》第484，《民国笔记小说大观》，山西古籍出版社，1995年版，第354页。

[5] 李朝正、李义清著，《巴蜀历代名媛著作考要》，巴蜀书社，1997年版，第85页。

附：妣宋氏，妣高氏。高氏成都华阳县人，封一品夫人。娴熟弓马，明悉军事，善佐内政。生岳浚、岳瀞等七子女。[1]

高氏《雨中看芙蓉作》：芙蓉花发靓妆新，细雨微风洗瘦尘。有泪却同湘女恨，无言岂作息妫嚬。遥思洛水凌波袜，想见华清出浴人。相对莫愁秋寂寞，一生颜色不伤春。

【清】诗笔清流，兼有嶙峋气概——顾汝修继室李瀛洲

李瀛洲，字怡亭，清乾隆年间成都人，李鉴时幼女，李龙川之妹，华阳进士、顺天府尹顾汝修继室。李瀛洲自幼好诗，其诗笔清流，兼有嶙峋气概；其书法字体娟秀，尤为工整，诗才书才均在其兄弟姊妹之上。顾汝修，乾隆七年（1742）进士，晚年致力于教育，任四川锦江书院山长。其夫人李瀛洲长期住京城，生有一子顾楠，后为庠生。李瀛洲毕生诗作甚多，有《瀛州草》一卷，《国朝全蜀诗钞》《华阳县志》《历代妇女著作考》著录。李龙川有《家慈寿辰寄四妹瀛洲》《寄瀛洲妹》等诗，前诗云："阶前闲看月如银，知是慈亲献寿辰。遥望兰陔诸姊妹，尊前应念未归人。"[2]并对其妹的婚事深表赞许，其诗云："匣藏宝剑海藏珠，良玉终难混碔砆。绿衣自弹谁是解？文君今日遇相如。"[3]

【清】持家有方，诗文有法度——赵遵素妻敬有斋

敬有斋，字筠卿，号季苹，清乾隆末四川华阳县人。华阳进士、翰林院编修、苏州知府、潜溪书院和锦江书院院长敬华南之女，同县国学生赵遵素妻。赵视科第如拾芥，学问宏博，其父为相国孙士毅的房师，不治家业，终日饮酒，后为郫县教授，晚年放情山水，喜为诗，酣畅淋漓，超出流辈，著有《玉沙山房集》。敬有斋持家有方，诗文有法度，与赵遵素举案齐眉，夫唱妇随，作诗甚多，远近闻名，有诗集传世。《松竹斋集》一卷，《听雨楼随笔》《国朝闺秀正始集》《撷芳集》《国朝全蜀诗钞》《华阳县志》《历代妇女著作考》有著录。[4]

---

[1] 成都市地方志编纂委员会、四川大学历史地理研究所整理，《成都旧志》第16册"蜀雅"岳钟琪妻"高氏"有录。另参见《巴蜀历代名媛著作考要》，第85页。

[2] 李朝正、李义清著，《巴蜀历代名媛著作考要·家慈寿辰寄四妹瀛洲》，巴蜀书社，1997年版，第100页。

[3] 李朝正、李义清著，《巴蜀历代名媛著作考要·寄瀛洲妹》，巴蜀书社，1997年版，第100页。

[4] 李朝正、李义清著，《巴蜀历代名媛著作考要》，巴蜀书社，1997年版，第93页。

【清】身兼子妇职，备极辛勤——李化楠妻罗氏

罗氏，李化楠妻。罗氏自幼贤淑。李化楠初为德阳诸生，因贫乏多馆于外地，后李化楠又到罗江县学习，罗氏身兼子妇双职，操持家里的各种劳务，对待舅姑无不备极辛勤，人称其孝。但是罗氏早亡，当时，其子李调元时六岁，女三岁，乳名李兰，伶仃孤苦。幸得继母吴氏抚养，李调元最终阅贤书、成进士。

附：罗恭人系诰封中宪大夫、顺天府北路同知石亭李君元配也。父兆鳌，世为罗望族，石亭父英华君以罗本耋龄交，又衡宇相望，稔知恭人贤淑，遂委禽焉。时李君为德阳诸生，以贫乏多馆于外，后又改设为罗江县，为邑令上元王嘉会明府所器。延至署教其子，而亲授以科举文，故数载不归。恭人事舅姑，辄以一身兼子妇职，凡井臼操作，无不备极辛勤，至今人称其孝，并无闲言，辛时享年二十八。姊妹二人，母居长，二姨为国子生冉子建之妻，即举人冉玉嘉之祖母也。辛时长君调元方六岁，止有一妹，甫三岁，乳名兰，伶仃孤苦，毫无知识。呜呼！可哀也已。后二十岁，长君始举己卯贤书，癸未成进士，改庶吉士，授吏部主事，升员外郎，兼翰林院编修，提督广东学政，乃得封赠焚黄焉。阅二年，为直隶通永道，相晤于京，乃求铭于余。有子如是，恭人可谓不死矣。[1]

【清】变卖家财，以护前室子——李化楠继室吴氏

吴氏，李化楠继室，清代四川戏曲理论家、诗人李调元继母。李化楠原娶罗氏，生子李调元，女儿兰，李调元六岁时，罗氏卒，李调元兄妹伶仃孤苦，毫无办法。乾隆七年（1742），李化楠继娶吴氏，李调元八岁。由此，吴氏上奉舅姑，下抚幼子。乾隆十二年（1747），吴氏生李生子，乳名龙、虎，但她也未因此偏爱龙、虎，而是一视同仁。前室子李调元正是在这时首出《幼学草》诗稿；调元乡试落第后，吴氏与婆婆赵氏、调元、谭元去浙江求学致仕，后调元中进士。[2]李氏"一门三进士，兄弟三翰林。"这离不开吴氏的参与付出。贤母出孝子，后李调元为官一方，也十分挂念这位母亲，《狱中除夕寄墨庄（李鼎元）》云："君恩未报遗诸子，老母难归托病妻。"李调元遭权臣陷害，遣戍伊犁，继母吴氏多方央求，直隶总督袁守侗也呈情力保，请以金赎罪。最终吴氏变卖家财缴纳

[1]〔清〕李调元撰，《罗江县志·罗恭人墓志铭》，中华书局，1985年版，第89页。

[2] 李化楠，子三人，长子李调元，癸未进士，由内阁中书补国子监录学、翰林院庶吉士、吏部文选司主事，告老醒园，办戏班，课训诸弟；藏书十万册，成川西藏书第一楼。次子谭元，国学生，次声元，为化梗后。孙二，朝础、朝（石秦），女二人，孙女三。

二万赎金，免去了一代才子李调元的伊犁流放之难，李调元终得以还乡。

【清】咏怀写意，高歌林下——郭名锦妻孙佑纯

孙佑纯，号小云，乾嘉年间钱塘人，廪生郭延元的母亲。随父宦蜀，寄籍成都。嫁给了陕西石泉县郭名锦（字蜀江），蜀江以诸生游幕，刘玉坡任蜀藩司时，因爱郭名锦之才，倍加培养，后刘玉坡调浙江任巡抚，郭名锦及其妻孙佑纯随往，因"白莲教"起义，为避兵乱，郭名锦夫妇辗转回蜀，定居成都。虽然生活清苦，备历艰辛，但夫妇共力维持，唱和不间断，每至一地咏怀写意，高歌林下。夫妇均与文士墨客往来，佑纯又与成都各女史交往，极宴谈之乐。郭、孙均有著作传世。《凤章吟》一卷，《听雨楼随笔》《成都县志》《历代妇女著作考》有著录。[1]

【清】画意诗情，栖凤将雏——张问陶继室林颀

林颀，字韵征，号佩环，有"四川才女"之称。林颀为乾隆年间直隶大兴县人，四川布政使林西厓之女，母亲姜氏。林颀生长于蜀中，幼承父训，勤学工诗，善画。乾隆五十二年（1787）嫁给著名诗人张问陶作继室（林颀父为成都知府时，张问陶赘居成都府署），夫妇多默契之语，诗画唱酬，伉俪情深。乾隆五十八年（1793），问陶抵北京，担任翰林院散馆授检讨，林颀则居家抚育幼女。林颀多才多艺，常与张问陶及姊妹酬唱吟和，因此使得蜀地出现了诗坛罕见的"三兄弟（张问安、张问陶、张问莱）、三妯娌（陈慧殊、林颀、杨古雪）诗人"之家。《得内子病中札》是张问陶所作的七言律诗。诗中既有夫妻生活的谐和融乐，也有妻子独自抚养女儿，栖凤将雏，任劳任怨，憔悴可怜的描写，字里行间充满对妻子的相思以及诗人收到妻子书信后的担忧与负疚之情。林颀到京师与丈夫团聚后，生活融融，夫妇间相互爱慕、尊重，譬如林颀所作《外子为予写照得其神似以诗谢之》，便描述了张问陶为夫人"写照"画像、林颀以诗相谢的赞夫、爱夫、敬夫深情。也正因为有张问陶、林颀及其他兄弟妯娌的和谐共处、才华香薰，张氏家族自此以后，"折桂如林，风雅满门"，成为蜀中引人瞩目的文学世家。[2]

[1] 李朝正、李义清著，《巴蜀历代名媛著作考要》，巴蜀书社，1997年版，第96页。
[2] 李朝正、李义清著，《巴蜀历代名媛著作考要》，巴蜀书社，1997年版，第109页。

附：张问陶《得内子病中札》云："同检红梅玉镜前，如何小别便经年？飞鸿呼偶音常苦，栖凤将雏瘦可怜。梦远枕偏云叶髻，寄愁买贵雁头笺。开缄泪浣销魂句，药饵香浓手自煎。"[1]

林颀《外子为予写照得其神似以诗谢之》："爱君笔底有烟霞，自拔金钗付酒家。修到人间才子妇，不辞清瘦似梅花。"[2]

张问陶《林恭人诗集·序》云：冬日无事，手为内子写照，内子戏题一绝，吾依韵和之云。"妻梅许我癖烟霞，仿佛孤山处士家。画意诗情两清绝，夜窗同梦笔生花。"[3]

【清】煮茶伴读，相夫教子——张諴妻顾慈

顾慈，字昭德，清乾隆江苏金匮人，四川按察使顾光旭次女，是平湖举人张諴（号熙和）的妻子，举人张湘任之母。因其父任职，不远万里迢迢来川，曾久滞于成都，写下不少诗文，为巴蜀诸女史推尊。顾光旭曾有"万事莫如为善乐，百花争比读书香"的对联，与人为善，助人为乐，由此便可窥顾慈自幼所接受的家庭教育与"善""书"相关。顾慈七岁学习《毛诗》《女诫》，长而工诗，以内言逾阃为非。后嫁张諴，相夫教子，煮茶伴读。顾慈之慈爱教养也恩及诸侄。如张诚、曹氏之女张凤所作《哭三伯父》云："余幼而失怙恃兮，赖诸父兮训朝夕。"[4] 这里的"诸父"是指张诰、张諴、张论三人。张凤自幼失去双亲，与弟仪盛受到伯父、伯母们无微不至的关怀，他们从小与众兄妹同读共习，故张凤虽然丧亲，但也得到很好的教养，是当时有名的才女，"是能读《尚书》《毛诗》《小戴礼》及《离骚》《列女传》，六朝小赋。"[5] 顾慈有《韵松搂诗集》一卷，其弟顾葆之为其序，其子张湘任撰行述，《国朝闺秀诗钞》《晚晴簃诗汇》《历代妇女著作考》有著录。张諴与顾慈孙，张湘任子金镛（1805—1860），为道光二十一年（1841）进士。

附：张氏则源于南宋张浚。"张氏代代遵循祖训，诗礼传家，《张氏家乘》中有张氏历代彝训，如：世路崎岖，惟有为善；读书敦品，励志差足。《四勿

[1] 李朝正、李义清著，《巴蜀历代名媛著作考要·得内子病中札》，巴蜀书社，1997年版，第109页。
[2] 李朝正、李义清著，《巴蜀历代名媛著作考要·外子为予写照得其神似以诗谢之》，巴蜀书社，1997年版，第109页。
[3] 李朝正、李义清著，《巴蜀历代名媛著作考要·林恭人诗集·序》，巴蜀书社，1997年版，第109页。
[4] 张凤《读画楼诗稿·哭三伯父》，道光十四年（1834年）家刊本。
[5] 高兰曾《家传》，张凤《读画楼诗稿》卷首，道光十四年（1834年）家刊本。

箴》云：无益之言勿听，无益之事勿为，无益之文勿观，无益之友勿亲。《四德铭》云：忠则顺天，孝则生福，勤则业进，俭则心逸。《张氏家乘》云：其始祖为南宋张浚，字德远，号紫岩。进士出身，为抗金名帅之一，累官至丞相（枢密使），封魏国公。其纨裤子弟栻，浚之长子，字敬夫，号南轩，是宋代著名理学家之一，与朱熹、吕祖谦齐名，目为东南三贤，可窥知其祖为名相硕儒，萃于一门，显赫于时。至六世祖溥，字德夫，官淮阳节度使判官，宋末元初时举家迁居我邑之芦川（今新仓镇），为平湖之始祖（后在我邑发展成三支：独山支、蒹葭围支、湖田支）。至十一世祖迪，字静庵。时我邑境内的张氏人口日繁，静庵年十八时，迫于生计，入赘在黄姑蒹葭围赵氏。当时的蒹葭围，四周皆水，中间有荒凉贫瘠的荡田，人烟稀少，曾流传有'落雨似海洋，天好如盐潮'的民谚。蒹葭围亦称周圩或周家圩，实于周姓无关。"[1]（当地只有赵、马二姓居之。因赵氏赏识张静庵的人品与才华，静庵遂为蒹葭围支创始人。）

顾慈《云栈纪行》云："青莲昔歌《蜀难道》，读之已觉心神寒。今来云栈试登陟，抚膺那不增长叹。我行正值仲夏节，白日不见云盘盘。猿猴一声叫何处？一车两马趋云端。陡然马逸不可止，过涧涉岭疾于矢。殆哉岌岌车中人，呼吸之间判生死。忽惊车如桶底脱，此身已在路旁立。出险移时魂尚惊，家人问讯争来集。人言此是煎茶坪，寒潭万丈山崚嶒。倘令一坠那得起，过客往往伤厥生。吁磋乎！蜀道之难有如此，畏途巉崖从此始。"[2]

【清】不因贫且拙，焉能成劲节——卢宏宇妻周氏

周氏，清嘉庆初射洪县人，幼年即聪颖，善针织，巧慧过人，工吟咏，适本邑卢宏宇，年二十八岁时，夫宏宇没世，丧葬毕，家境窘困异常，邻人劝其改嫁，周氏严辞，指竹吟诗一首，以表守节之志不可逆转，众人见其志坚不可动摇，提婚之事乃止。养亲教子，苦节五十余年。垫江进士、翰林院编修、锦江书院院长李惺曾采撷懿行，专为周氏八十作寿序。周氏有诗《竹》云："夭桃笑竹贫，秾李笑竹拙。不因贫且拙，焉能成劲节。"[3]

[1] 平湖县地名委员会编，《平湖县地名志》，浙江省平湖县地名委员会整理本，1985年版，第228页。

[2] 李朝正、李义清著，《巴蜀历代名媛著作考要·云栈纪行》，巴蜀书社，1997年版，第110页。

[3] 李朝正、李义清著，《巴蜀历代名媛著作考要》，巴蜀书社，1997年版，第122页。

【清】淹贯史籍，纺绩课子——杨世焘母高浣花

高浣花，字瀚雪，清嘉道间华阳县人，多才多艺，为江南拔贡生杨廷贤继室。杨廷贤染疾，高氏多方疗救，曾割股疗夫，终无所救，杨廷贤陨命，高氏早寡，二十八岁孀居。高浣花依赖纺绩课子，期以成人。《诗缘正编》云："瀚雪，二十八岁孀居，尝割肉疗夫，纺绩课子，好读书，淹贯史籍，著有《读史评札》《周易述解》《杜韩诗选注》，善古文，工词，能画。"[1]后家乡发生一场大瘟疫，唯独高浣花家无恙，邻人传语说："勿犯节妇家。"杨廷贤在世时，高浣花即有《倦绣吟》，又好精研史学和品评诗人，另著有《史评》和《诗选》《鹃血余草》，浣花之子杨世焘搜集遗篇而成。原有诗800余首，自嫌以才为累，付诸火而焚之，家人发现灭火而得残。[2]

附：瀚雪现今《吟草传》，雄浑清挺岂谬暴。（自注：瀚雪高孺人，聋山母也，所著《倦绣吟》甚伙，自冠先生没后，遂焚稿。聋山诗集，并后偶作，著为《鹃血余草》）其余《易解史评》与选注，居然学不愧名宿。吁嗟乎，忠孝节义才子闺秀一门备。（自注：觉新公，聋山三伯父也，以同知职御难死，入昭忠祠。三伯母遇贼以身卫姑得免，守节建坊。）几人世家能翘企，惟是懒窝之名宜早更。（自注：聋山有"懒窝"歌。）翱翔青云倾刻事，公子勉旃继前志。……杨聋山即杨世焘，乃杨古雪五弟继昂之子、出使琉球国副使杨瑞亭之孙也。家住南江县长池乡园山。嘉庆五年，参赞德侯楞泰，生擒白莲教元帅赖掌柜、总兵鲜于青于此。绘图以进，清仁宗睿皇帝御笔，将园山改作元山。元山旧名园山，以形名也。杨世焘三伯父继晓武勇强动，因抗击白莲义军，战死沙场也。[3]

【清】操管赋诗，教子成名——崔荆南母耿静如

耿静如，清道光年间华阳县人。道光进士、翰林院庶吉士崔荆南之母。静如年轻丧夫，家庭贫穷，抚养孤子，教子成名。《国朝全蜀诗钞》云："字未详，华阳人，崔荆南之母，青年抚孤，教子成名。"[4]崔荆南不喜仕宦，擅长音律，入词林，以唱昆曲、弹词、吹笛为绝技，誉满京城。不求奔竞，于仕宦不顾，且适且

[1] 李朝正、李义清著，《巴蜀历代名媛著作考要》，巴蜀书社，1997年版，第131页。

[2] 李朝正、李义清著，《巴蜀历代名媛著作考要》，巴蜀书社，1997年版，第131页。

[3] 张复旦著，《龙山诗集·杨聋山明经以御赐墨见惠，乃备述事实，遂成长歌纪之》，1996年张明清整理本。蒲守易《南江杨瑞亭出使琉球国》有录。

[4] 成都市地方志编纂委员会、四川大学历史地理研究所整理，《成都旧志》16册，成都时代出版社，2007年版，第632页。

乐，且歌且舞了却一生。静如女士喜为诗，晚年生活怡如优雅，操管赋诗，《暇娱集》《国朝耆献类征》《华阳县志》《国朝全蜀诗钞》《历代妇女著作考》有著录。[1]

附：《国朝全蜀诗钞》云："字未详，华阳人，崔荆南之母，青年抚孤，教子成名。"[2]

【清】晓大义，娴吟咏，慈而严——刘式沂妻陈氏

刘式沂妻陈氏，清嘉庆、道光年间金堂人。嫁给了贵州省麻哈州、德阳人刘式沂，晓大义，娴吟咏，结婚不数载，刘式沂病故。家贫，事舅姑，能得其欢心，教子慈而严，其子多所成就，有《兰馨室诗草》一卷，《德阳县志》有著录。

附：陈氏有《悼亡诗》："蜀北黔南路，分飞各一天。亲恩犹未报，何处赴重泉？"《寄次子达珍》："泪洒寒江夜，西风万里行。只缘儿辈累，无奈学偷生。"《七夕寄怀诸妹》："去年今日蜀川秋，此夕西秦拜女牛。遥忆宫中诸姊妹，凉霄谁共上针楼？"[3]

【清】昼习女工夜工书史，教子成才——郑方得妻谢梦贞

谢梦贞，清道光间射洪县人，谢芳亭女。少颖悟，喜读书，曾侍兄课读，初不识字，随兄认字，记忆超群，其兄诧异，不以常女对待，有谢道蕴之目，将成天下闺阁之隽秀。其兄便授以《列女传》、经、史等书，过目成诵，通晓大意，昼习女红，夜工书史，年十六时许配给郑方得，婚后孝翁姑备至，与夫相敬如宾，恪守妇道，克尽妇职，有子二人，均遵父母遗教成才。[4]

【清】积善荷天禄，明者慎所为——伍肇龄妻孙慎仪

孙慎仪，清咸丰、同治年间浙江绍兴府山阴县人。孙氏是山阴名门望族，后嫁给邛州进士、翰林院编修、顺天乡试同考官、尊经书院院长伍肇龄。婚后夫妇生活情笃，相处甚欢，于北京、成都、邛崃居家，夫唱妇随。伍肇龄喜诗善文，著有《石室诗钞》《尊经书院二集》《直隶绵州志》等书，孙慎仪多有校阅之功。

---

[1] 李朝正、李义清著，《巴蜀历代名媛著作考要》，巴蜀书社，1997 年版，第 149 页。

[2] 成都市地方志编纂委员会、四川大学历史地理研究所整理，《成都旧志》16 册，成都时代出版社，2007 年版，第 632 页。

[3] 李朝正、李义清著，《巴蜀历代名媛著作考要》，巴蜀书社，1997 年版，第 152 页。

[4] 李朝正、李义清著，《巴蜀历代名媛著作考要》，巴蜀书社，1997 年版，第 160 页。

《焦尾集》中收录孙慎仪诗计 80 首，由伍肇龄编辑付梓传世。《诗缘正编》《樵说》《邛崃县志》《大邑县志》有著录。

附：孙慎仪《诉怀训子》云："我年近五十，修心方此时，……训儿并两女，性地不可欺。积善荷天禄，明者慎所为。"[1]

【清】男儿功名，女职井臼——郑曜廷妻金素兰

金素兰，道光间江苏南京人，因父宦于蜀，正值西宁事变，远窜荒野，一家流落，依人为生。奉母命报答主人，侍候安汉郑曜廷，郑母知兰贤而有才，非常喜欢她，想将她娶为子妻，对她赏赐非常丰厚，金素兰十分感激。郑曜廷岁贡赴太学，请金素兰归伺候郑母。金素兰从成都起身返回乐山，在成都北门外三十里二江沱待舟旅次，又得韦宜人（韦可卿）一路照顾、提携，彼此唱和。金素兰虽遭遇家变，但得到郑曜廷之关爱以及郑母的体恤，由此童稚之心复苏，颇有拈笔挥毫之乐，时常作文述其所怀，以"江沱"二字分韵题壁若干首，且前有序，述及生平之事尤详。

附：金素兰《离别》："昨夜侍郎眠，今朝各分手。郎从京华去，妾欲归田亩。男儿重功名，女职惟井臼。喜得贤夫人，待妾若宾友。相爱再相逢，朝朝乐棋酒。艳衾入兰房，镜听犹得偶。两地别离情，三人一样有。今夜郎何处？知妾宿此否？"[2]

【清】和而有礼，照护施教——陈国器继室岳照

岳照（1816—1865），字东屿，清道光、咸丰间成都县人，岳钟祺曾孙女，岳飞后裔。后嫁资阳县举人、山东招远知县陈国器，为继室。陈国器后调泰安任知县，以政绩著称，谒选北上，岳照随夫前往，偕至京师，历游陕西、河南、河北、山东，多登临写韵，夫妻闺房唱和，琴瑟相好，著有诗三卷传世。岳照至孝，陈国器父母亡殁后，岳照随夫守制。岳照重视子女的教育。陈国器前室留下五子一女，岳照视之如亲子，给予多方照护、施教，居家厚道和顺。晚年多疾，前室子陈煦割股以疗岳照，使岳照得以康复，其事十年后岳照才知道，所以曾经特意写了《征孝篇》以记其事："昔室遗五子，敬事无后先。更有第五儿，丱角慕子骞。十四依膝下，精诚至性专。承欢与侍疾，日日意缠绵。三载患痰喘，委

---

[1] 李朝正、李义清著，《巴蜀历代名媛著作考要》，巴蜀书社，1997 年版，第 163 页。
[2] 李朝正、李义清著，《巴蜀历代名媛著作考要》，巴蜀书社，1997 年版，第 165 页。

顿床缛眠。医药弗凑效，垂危命欲捐。儿年届十七，向夜祷苍天。执刀割左臂，救母惶可怜。……"[1]岳照个性磊落，但身体羸弱，陈国器历官巨邑，家政全赖岳照经理，对下和而有礼，内外无不感泣。

【清】详慎精审，设闺塾教习弟子——李廷玉妻刁佩琼

刁佩琼，字湘兰，清咸丰、同治年间郫县人。郫县处士刁祭高之女。幼聪慧，性刚烈，喜读书。时舅姑年迈，佩琼百般劝慰。年及笄，适本县儒生李廷玉，结婚不到三年夫病故，刁氏年方十九。夫弟稚弱，家贫，生活维艰，设闺塾教习女弟子。庄重不苟言笑，不服华彩，不与宴会，曾言曰："先儒饿死事小，失节事大。"人钦慕之。每日行事，必记录在薄，且详慎精审。道员刘霞仙、拔贡颜子静曾聘刁佩琼为家庭教师，教授妾、女。刁氏喜诗文，常歌咏，有诗集留世。[2]

【清】一心惟望儿成立——曾子健妻王麟书

王麟书（1851—1877），字昭如，清华阳县人，王增祺妹。王麟书性纯孝，识大义，彬彬有礼，记忆力特强，凡文字一过目辄不忘。同治十二年（1873）嫁金堂曾子健（字汝材），后随夫宦寓京邸，1875年去南昌，道经鄱阳湖，舟覆，幸免于死。曾子健由贵州天全县知县调北京任事，1877年王麟书殁于北京，遗下两幼子。王麟书平生喜为诗，文亦雅洁深致，极有个性。正如詹云门《题先大夫长女麟书事迹四绝句》中云："一心惟望儿成立，花诰荣封到夜台。"王麟书的诗，具有才人之诗、学人之诗的特点。　这在晚清的四川女界中，是不多见的。[3]

【清】抚养幼子，担全家生计——萧楑妻陈氏

陈氏（1838—1882），清金堂县人，萧楑妻，萧天纬之母。萧楑早卒，陈氏守节事亲，克尽孝道，既抚养幼子，又负担全家生计。光绪八年（1882）因生母病放，陈氏奔丧，哀痛过甚，病死母家，年四十四岁。陈氏工吟咏，好为诗。其子萧天纬因军功赐蓝翎五品衔。有《陈氏诗集》（未刊行），《金堂县志》有著录。[4]

---

[1] 李朝正、李义清著，《巴蜀历代名媛著作考要》，巴蜀书社，1997年版，第173页。
[2] 李朝正、李义清著，《巴蜀历代名媛著作考要》，巴蜀书社，1997年版，第183页。
[3] 李朝正、李义清著，《巴蜀历代名媛著作考要》，巴蜀书社，1997年版，第191-192页。
[4] 李朝正、李义清著，《巴蜀历代名媛著作考要》，巴蜀书社，1997年版，第201页。

【清】乐善好施，倾力教子——景豫妻倪淑仪

倪淑仪，字蕙兰，清光绪间郫县人，享年 98 岁。同知倪存谦的长女，崇宁县处士景豫之妻，台湾知府景澄清之祖母。倪淑仪嫁给景豫后，夫妇伉俪甚笃，但年仅二十八岁，景豫殁，接着又丧一子。遗子又未成年，倪氏矢志冰霜，倾力教子，其子从名翰林王莲洲游，不幸又以苦攻得疾而卒。遗下二孙，均在襁褓，严加训诲，得以成名，孙景时旸官至贵州安顺府知府。倪淑仪乐善好施，博通经史，常与子媳顾氏切磋诗艺，多有唱和诗文。其《蕙兰阁遗草》（一名《兰蕙集》）为倪淑仪与景豫唱和之诗，其诗凄婉，读之潸然泪下，集中亦有生平持家节俭、乐于为善的诗篇。《诗缘正编》《崇庆县志》《郫县志》有著录。

附：倪淑仪《咏昭君》："美人永诀汉王城，马上琵琶手上声。可惜曹瞒生太晚，不逢元帝作公卿。"《哭同怀兄倪云谷》："曾记当年总角时，相依不忍暂相离。提携每惜辞亲老，啼笑能先弱妹知。既往生前今已矣，他生团聚可如斯。九原若见长眠母，代我黄泉寄一辞。"[1]

【清】手执书卷，与诸儿女讲诵不辍——赵廷璜妻郑淑昭

郑淑昭（1826—1877），字班班，遵义人，久居成都等地，享年 52 岁。郑淑昭是著名经学寂郑珍之女，四川新宁知县赵廷璜之妻，育有三子一女。郑淑昭在成都、新宁、大宁等地生活了十余年，诗作也大部分作于此地。郑淑昭明达孝谨，自幼喜欢读书吟诗，嗜读六经、四子书，间亦学吟咏。年二十三岁嫁赵廷璜，赵曾任成都知县，郑淑昭在成都留滞三年，后随夫去了大宁。赵廷璜《亡室郑宜人墓志》云："宜人性孝谨，嗜读六经、四子书，间亦学吟咏。"[2]"遣仆逆来署，而不肯自暇也，入境，见山多田少，妇女率以种山牧猪为事，欲为别兴利，适署后旧多桑，春间率女媳仆妇，养蚕数十筐，缫丝若干两，以为邑人倡。暇则手执一卷，或抄或读，与诸儿女讲诵不辍。"[3]郑淑昭课子学业，谆谆教诲，后代相继成材。黎庶昌《赵宜人墓表》云："宜人之教诸子也，经多口授，或据灶觚，或携之菜畛，或置春臼之旁，必使随音缓读，背诵如流，乃止，课严而有恩，诸子学问之基，皆由此起。"[4]郑淑昭长子赵怡，光绪十五年（1889）举人，官四川

---

[1] 李朝正、李义清著，《巴蜀历代名媛著作考要》，巴蜀书社，1997 年版，第 212 页。
[2] 岑玲编著，《赵氏闺媛诗注评·亡室郑宜人墓志》附录一，浙江大学出版社，2011 年。
[3] 岑玲编著，《赵氏闺媛诗注评·亡室郑宜人墓志》附录一，浙江大学出版社，2011 年。
[4] 岑玲编著，《赵氏闺媛诗注评·亡室郑宜人墓志》附录一，浙江大学出版社，2011 年。

新津县，夫人是德才兼备的郑纨；郑淑昭次子赵懿，光绪二年（1876）举人，官四川名山县，著有《延江生诗集》，夫人是遵义才女华璇；三子赵恒，光绪十九年（1893）举人，官四川盐大使，有文行。赵氏一族子孙繁衍，号为望族。有《树萱背遗诗》一卷，由长子赵怡刊印。[1]《续遵义府志》云："淑昭濡染家学，妇德母仪一世楷模，诗词亦绰有大家风范。"[2]

　　附：宜人郑氏，家于遵义东乡乐安里，考征君讳珍，当代名经师也。姚黎孺人，盛于德教，以道光丙戌二月初十日生。宜人少赵子一岁，年廿三来归。事赵子三十载，生子三女一，光绪丁丑夏六月十二日，卒于大宁县任所。赵子以职羁留，将命两儿扶柩归葬，乃泣请曰："母墓不可无志，昔东坡先生尚志魏城君墓，近代朱竹垞、施愚山诸老宿，并为内子表传，唯大人切书数语，以文墓碣。"赵子太息曰："尔母事行，汝曹有述矣，为泉壤千秋计，余固不能不有以撮举其生平，备陵谷迁变。"宜人性孝谨，嗜读六经、四子书，间亦学吟咏。自归我，值奇穷，频年饥驱，客诸侯间，每除夕一归省，过上元，即又囊笔负砚出。尔时白发倚杖，破涕为笑，以送游子。若非宜人能身我身，心我心，并肩子职，其能远游负米乎？迨两亲相继见背，诸孩渐长，我求官锦城，远隔养教，中间唯叠闻报慰，大儿怡入学，且食饩，递次子懿获举于乡，若非宜人代我教为之师，其可免惰游废业乎。至平日内助伴读，辄规我以室欲警惕惩忿忩，为养生进德之地，非有真操守，其能若是警惕忩中乎？需次十年，无力图聚，去秋始权撰大宁，遣仆逆来署，而不肯自暇也，入境，见山多田少，妇女率以种山牧猪为事，欲为别兴利，适署后旧多桑，春间率女媳仆妇，养蚕数十筐，缫丝若干两，以为邑人倡。暇则手执一卷，或抄或读，与诸儿女讲诵不辍。呜呼，孰谓其年竟终此乎！入夏，旧病复作，自五月坐卧不出室，知难愈，语及婚嫁未毕，泪涔涔不自已。暴下四十余日，遂不起矣，岂非命耶？恭逢逾格覃恩，署事人员，亦得照衔蒙封典，宜人适此加荣焉。拟卜兆于留青山先大夫墓侧，亦宜人素志也。其他言行，两儿撰述以存，因书其切于我身者，砌石纳诸圹，宜人讳淑昭，字班班。岁丁丑八月，廷璜手志。[3]

　　四川新宁知县赵君二山廷璜之妻，赠宜人郑氏，以光绪三年六月十二日，终于官所，年五十有二，归葬遵义留青阡先冢侧，二山既自为铭矣。而其子怡懿恒

[1] 李朝正、李义清著，《巴蜀历代名媛著作考要》，巴蜀书社，1997年版，第217页。
[2] 岑玲编著，《赵氏闺媛诗注评·续遵义府志·川新宁县赵廷璜妻郑氏》附录四，浙江大学出版社，2011年版。
[3] 岑玲编著，《赵氏闺媛诗注评·亡室郑宜人墓志》附录一，浙江大学出版社，2011年版。

思母教不忘，复以墓道之文请，于是黎庶昌表于其墓曰："宜人为大儒郑征君珍女，生而渊静慧敏，喜读书，数从问古先列女事，又慕班大家之为人也，故征君名之曰淑昭，而字以班班，爱悦逾于他女。"重相攸，乡人诵言赵氏子二山贤，可婿，征君曰然，遂适赵。方是时，吾乡士大夫家风气淳古，二山尊人芷庭君与兄芝园同居，芝园性刚耿，举家严惮，独宜人能推二山之志，以事舅者事伯舅，大得欢心。及事舅姑，凡舅姑所爱，无弗爱竭其爱，而宗族三□之和可知也。舅姑所敬，无不敬致其敬，而婚丧宾祭之肃可知也。相夫子以正顺，率群从以礼，内外俱无间言。咸丰四年，杨龙喜乱作，地方多故，二山率尝去家谋食，宜人处艰窘中，缩米节薪，以育诸子。姑病喘尤甚，调护万方，承唾仰搔，终宵倚侍，无一息苟宁，见者以为绝妇道之难能矣。芝园君遗一孙，归自贼掠，宜人抚如己子，已而病没，哭之恸，率诸子告于佑，命异时生子者后之。子三，怡光绪己丑举人，懿丙子举人，名山县知县，恒癸巳举人，女一，蕙。宜人之教诸子也，经多口授，或据灶觚，或携之菜畛，或置舂臼之旁，必使随音缓读，背诵如流，乃止，课严而有恩，诸子学问之基，皆由此起。晚颇为诗，然不存，没后怡辑录余篇，为树萱背遗诗一卷，树萱背者，宜人自署室也。余与宜人同里闬，其母又庶昌从姊也，故得闻其内行，余之所叙于阡者，如此。自余所未言，诸子能文，不能遗也。黎庶昌表。[1]

郑淑昭《入居慕青草堂寄外主成都》："……左邻夫子墙，苍圣宫左区。雍雍礼乐地，实近圣人居。孟母毕迁者，恐不于此如。俎豆化诸儿，讵曰非美图。百金乃得手，入居真吾庐，西头读书室，东头疏笋厨，前头翠墙下，手种桑三株。既以添清阴，复为蚕之储。百具且料理，吾意得纾余。作诗报阅道，琴鹤归来乎？"[2]

《送二子乡试》："别路晚风侵户凉，含情独步意丝长。却同雁子衔芦去，可许双襟蕙桂香。"[3]

【清】携眷来花市，随姑到草堂——刘璜妻子陈昭容

陈昭容，清光绪间灌县人。陈氏幼性极为敏慧，能诗，后来嫁国学生刘璜为妻，夫妻倡和无间。陈氏为人颇义气，刘璜的妹妹出嫁时，按家规，嫁奁将由刘璜

---

[1] 岑玲编著，《赵氏闺媛诗注评·赵宜人墓表》附录，浙江大学出版社，2011年版。

[2] 李朝正、李义清著，《巴蜀历代名媛著作考要》，巴蜀书社，1997年版，第217页。

[3] 李朝正、李义清著，《巴蜀历代名媛著作考要》，巴蜀书社，1997年版，第217页。

兄弟俩分担，而刘璜弟家境不好，陈昭容屡劝刘璜不要计较，尽力资助。待到妹妹出阁，陈氏偕公婆赴成都，览成都名胜，随即为诗，曾留下"携眷来花市，随姑到草堂"[1]的记游名句，陈氏风雅纯笃，于此可见。陈氏为诗较多，辑有诗集行世，《萃松阁集》多为记行及与刘璜的唱和诗。《灌县志》《历代妇女著作考》有著录。

【清】安贫抚孤，左氏三迁——曾咏妻左锡嘉

左锡嘉（1830—1896），华阳进士曾咏的妻子，享年 67 岁。左锡嘉幼年失母，天性至孝，奉教婉婉，有左家孝女之称，父亲、继母也都喜欢她。左锡嘉既有家学渊源，个人又很勤奋，不仅工绣谱，喜读书书法，有时间更及画左缋，与姐姐左锡蕙、左锡璇并称"左家三才女"。她的书画能自成一家，为清代蜀中大家。嫁华阳太守曾咏后，对曾咏的为学、做人之道（如"为学之要，训诂明，义理顺；为人之要，律己严，责人宽"）甚为推崇。曾咏早卒，遗下子女共九人，家贫，左氏为了更好地孝养舅姑、教育子女成才，含辛茹苦，王闿运云："（左锡嘉）安贫抚孤，以画自给，教子女皆成立，有才行。"[2]曾经"三迁"居住之地，归故里、移城南、宅浣花溪，安贫抚孤，以画自给。她教子有方，左氏四子五女，均立志成才。长子曾光煦，为光绪举人，荫知县，官山西定襄；次子曾光岷，为戊子顺天举人，己丑连捷进士、官刑部贵州司主事。其女曾懿也是一位才女，不仅通经史、善诗词，而且工书画，习医理。其女曾彦幼承母训，读书引篆，弹丝翦彩，五言作品精妙绝伦，"倾城名士，艳重一时。"[3]幼女曾鸾芷也精通翰墨，能诗能文，能书能画。由此，曾氏子孙繁衍，人文渊薮，成为蜀中望门。左锡嘉诗文极富，著作甚多，一生劳疾，卒于山西定襄县官署。

附：王闿运《序》云："咸丰中，闻蜀有贤太守妻，安贫抚孤，以画自给，教子女皆成立，有才行。"[4]

---

[1] 李朝正、李义清著，《巴蜀历代名媛著作考要》，巴蜀书社，1997 年版，第 230 页。

[2] 成都市地方志编纂委员会、四川大学历史地理研究所整理，《成都旧志·序》第 16 册，成都时代出版社，2007 年版，第 633 页。

[3] 成都市地方志编纂委员会、四川大学历史地理研究所整理，《成都旧志·民国华阳县志（卷 19）·列女传》第 15 册，成都时代出版社，2007 年版，第 480 页。

[4] 成都市地方志编纂委员会、四川大学历史地理研究所整理，《成都旧志·民国华阳县志（卷 19）·列女传》第 15 册，成都时代出版社，2007 年版，第 480 页。

【清】食贫守苦，毁妆力纫，树一家门风——刘彭焕妻杨氏

刘沅（字止唐）祖辈刘汉裔（刘汉鼎的兄弟）有两个儿子，长子叫刘彭谟，次子叫刘彭焕。刘彭谟有两子刘璿、刘祥，但刘彭谟早逝，夫人改嫁。刘彭焕的妻子杨氏有两个女儿，刘彭焕去世时女儿也年纪尚小。当时，刘汉裔夫妇健在，于是杨氏就像对待自己的孩子一样，全力抚养刘彭谟的两个儿子，一直到四个子女长大成人、结婚生子。据《刘氏族谱》记载，杨氏食贫守苦，上奉舅姑得其欢心，下抚子孙秩然有法，而贫苦艰难亦万状矣。当时刘氏家族的经济条件并不好，杨氏夫人一生兢兢业业，忍饥挨饿，全力奉献[1]，感动了整个家族。不幸的是，刘璿、刘祥不久又相继去世，刘璿的儿子刘文举又由杨氏抚养成人，刘文举长大结婚后不久也去世了，文举的妻子陈氏"以纺织为生"抚养孩子，在家里朝不保夕、十分困窘的情况下，杨氏"毁妆力纫，以供俯仰。寒不得衣，饥不得食，率以为常，而翁姑废饔飧"。她与刘璿妻杨氏、文举妻陈氏"一门之中三节妇，形影相依""敬老恤孤""善良勤勉，克服困难，坚韧不拔，济困扶危"[2]，影响着刘氏一门的子子孙孙。刘沅《三节妇传》云："穷极厄至，五六十年而不懈，难矣哉！杨氏之先，非有读书明道之素，闻大义于父兄也。当彭宪（刘彭谟）卒时，妻且弃其子而去，而去何责于弟内？父母亦无以为生，何望于婆妇？而杨氏竭力以养舅姑。奇矣！迄于再世无缘！媳杨氏、孙媳陈氏，以节继之，岂非所感者深与？以氏之贤而数十年不得一饱。"[3]上养老、下恤孤，节衣缩食，毁妆力纫。她们吃苦耐劳的意志、无私奉献的精神，不容置疑的性情修养，实在不是一般的女子能做到。正是以杨氏婆媳三代为榜样，自此以后，"刘氏家族的媳妇们个个都是既有修养又非常能干的女中豪杰。他们对刘沅的开宗立派、刘咸炘的成名成家，具有不容忽视的重大作用"[4]。

【清】同德同志，抚爱甚至——刘汉鼎继室李氏

刘汉鼎的妻子欧氏，第二房继室李氏，又有第三房继室李氏。据《刘氏家

---

[1] 中国人民政治协商会议 四川省双流县委员会文史资料研究会编，《双流县文史资料选辑》（第三辑），1984 年内部发行，第 12 页。

[2] 中国人民政治协商会议 四川省双流县委员会文史资料研究会编，《双流县文史资料选辑》（第三辑），1984 年内部发行，第 13 页。

[3] 刘止唐撰，《双流县文史资料选辑·三节妇传》（第三辑），1984 年内部发行，第 13 页。

[4] 中国人民政治协商会议 四川省双流县委员会文史资料研究会编，《双流县文史资料选辑》（第三辑），1984 年内部发行，第 14 页。

谱·欧李孺人合葬墓志铭》记载："惟二宜人与君谟（刘汉鼎）同德同志。"刘汝钦是第二房继室李氏生。但是由于当时医疗条件太差，刘汝钦三岁丧母，刘汉鼎又娶第三房妻子，也称李氏，刘汝钦就是在这位李氏的精心抚养下成长起来的。《刘氏家谱》云："李宜人抚爱甚至，公（刘汝钦）亦孝敬逾常。"[1]

【清】勤慎宜家，贤明训后——刘沅母向氏

向氏（1739—1810），刘汝钦之妻，享年 72 岁，双流县甘泉里（今属双流区九江街道）人。向氏出身书香门第，他的父亲是一位"明经宿儒"，向氏兄弟众多，她排行老幺。向氏自幼聪明颖异，据说她的兄长们挑灯夜读，她从旁边经过，就能背诵别人读过的书。对复杂的问题，她也有自己的见解。向氏为人矜重，"温恭敏达"，不苟言笑，父母都很喜欢她；及长，孝悌长幼，勤俭耐苦；嫁到刘家后，侍奉两代老人，任劳任怨，与长辈感情深厚，当时，刘汉鼎妻子正在生病，长期卧床不起，向氏亲奉侍养，洗衣做饭、喂饭乃至溲溺，十余年不懈。《刘氏家谱》云："祖偿抚背谕之曰：'我劳矣，劳汝太甚！恨无以付汝，他日夫妇安荣，寿如我，而康强倍我！'言毕，泪下不止。卒年九十一终。翁继殁。事姑欲笃。尝患寒疾，几殆。宜人谨持药饵，哀其身代卒者六年。"

向氏还十分关心刘汝钦的弟弟妹妹，"就学衣履，寒暄绸浣殷勤"都由向氏承包。同父异母的弟弟受人诱惑致使家庭不和，向氏便向他"申说大义，不惮频繁。"最终感动了弟弟。对待邻里宗族、乞丐路人，向氏也非常仁慈，"未尝不拳拳体恤"。对儿子刘濖（字芳皋）、刘沅（字止唐）的教育培养，也是竭尽全力。"宜人督之以正，稍长延师训读。敬五（刘汝钦）既好士，庭无虚日。而隆礼师傅，饮馔必延。宜人纤悉躬亲，寒暑不倦。""儿子循循恪谨，皆秉母教。"[2] 其丈夫刘汝钦殁后，向氏教育子女更是"严于父师"。刘濖、刘沅均求学在外，向夫人在家纺绩度日，终至劳困遘疾，于嘉庆十五年（1810）卒。嘉庆四年（1799）四月初八日敕命之宝云："尔向氏乃翰林院庶吉士加一级刘濖之母，勤慎宜家，贤明训后。相夫以顺，含内美于珩璜；鞠子有成，树良材于桢干。兹以覃恩赠尔为孺人。"[3]《一代宗师刘止唐》记刘沅的哥哥刘濖"一生著作繁富，

[1] 中国人民政治协商会议 四川省双流县委员会文史资料研究会编，《双流县文史资料选辑》（第三辑），1984 年内部发行，第 14 页。

[2] 中国人民政治协商会议 四川省双流县委员会文史资料研究会编，《双流县文史资料选辑》（第三辑），1984 年内部发行，第 15 页。

[3] 彭雄，《四份圣旨的故事》，华西都市报，2017 年 06 月 24 日。

尤精于律诗"[1]，但大多散佚，刘沅十八岁入县学，二十一岁选拔明经（拔贡），次年父殁，"由于家境清寒，一切供需缴用，全赖母亲向氏纺线维持。当上贡生之后，无心仕进。则在家乡云栖里的朝阳庵小庙里当名塾师，束修用来孝敬母亲，或者补贴家缴"[2]。《刘沅年谱简编》记载，清乾隆三十八年癸巳（1773），刘沅六岁，"先生方毁齿，其母即督之以正，稍长延师训读。""先生母督以文行，严于父师。""先生拔贡生，家贫母劳，困遭疾，素无材艺，以训蒙为生。"清嘉庆十二年丁卯（1807），刘沅四十岁，"先生奉母命迁居成都淳化街，开始修建槐轩，逐年增修，清翰林伍肇龄书'儒林刘止唐先生第'。"又云："（向氏）少颖异，五岁时，闻父兄读《周易》，惊问：'此何书也，其词何不类他书？'为言大概，喜曰：'如此不读他书，此书岂可不读乎？'及长，并通诗书。闻人伊吾即能默记，矜重不苟言笑，蔼蔼温温，同室皆敬爱之，父常病噎，医者皆束手，宜人进旨食尽一器，咸叹异焉。先生自京归时，晤野云老人，告沅心易之学，母悦曰：'吾幼嗜此书而弗通其义，今云叟此言，实天地之至理，人道之当然，曷可浅尝置之？'宜人常多病，至是慨然曰：'吾幸不辱先夫命，今长男供职，次男留养，吾亦将颐养，亦寿吾神明耳。'由是恒静坐，命次子为读《易》，辄有所得，颜益腴，体益健。"[3]

　　附：先生笃学好问，尤喜翻书，日由书斋抱书数十册入"内楼"（先生读书楼名），翻阅已，复送书斋，出入往返，日常数次，时仅九龄，勤已如是，族人戏谓之"老秀才"，太夫人亦笑比为陶公之运甓而忧其杂乱无成。……先生母氏曰王、曰谢，先生为母谢出，……配绵阳吴氏，早先生卒，继配华阳万氏，生三子，恒艺（伯古），恒甄（器仲），恒墐（叔固），先生殁时皆幼小，恒艺未周三岁，赖祖母及母抚养，今皆成立。[4]

　　母向氏，生于清乾隆四年（1739），双流县甘泉里（今属双流区九江街道）人，向夫人聪明颖异，为人矜重，不苟言笑；及长，孝悌长幼，勤俭耐苦，持家有道，为贤妻良母典范。夫汝钦殁后，刘濖刘沅均求学在外，夫人在家纺绩度

[1] 中国人民政治协商会议 四川省双流县委员会文史资料研究会编，《双流县文史资料选辑》（第三辑），1984 年内部发行，第 19 页。

[2] 中国人民政治协商会议 四川省双流县委员会文史资料研究会编，《双流县文史资料选辑》（第三辑），1984 年内部发行，第 19 页。

[3] 蜀太极生编，《刘沅年谱简编（稿本）》，白云深处人家网，2017 年 10 月 21 日，http://www.homeinmists.com/LiuYuanLife.htm。

[4] 中国人民政治协商会议 四川省双流县委员会文史资料研究会编，《双流县文史资料选辑·刘咸炘先生传略》（第三辑），1984 年内部发行，第 1-2 页。

日终至劳困遘疾，于嘉庆十五年（1810）卒。……刘沅的哥哥刘濖"一生著作繁富，尤精于律诗"，但大多散佚，刘沅18岁入县学，21岁选拔明经（拔贡），次年父殁，"由于家境清寒，一切供需缴用，全赖母亲向氏纺线维持。当上贡生之后，无心仕进。则在家乡云栖里的朝阳庵小庙里当名塾师，束修用来孝敬母亲，或者补贴家缴。"[1]

　　清乾隆三十八年癸巳（1773），六岁。先生方毁齿，其母即督之以正，稍长延师训读。先生父刘汝钦卒，汝钦，字敬五，号金华子。生于乾隆七年（1742），清乾隆二十六年（1761）与向氏成亲，享年四十八岁，精易学，洞彻性理。谓河出图、洛出书，圣人则天，实天启圣人以明道化，不仅在数术也。伏羲主乾南坤北，文王主离南坎北，即先天后天所由分。且《连山》首艮，《归藏》首坤，艮止坤藏之义，即《大学》止至善，《中庸》致中和之学。文王之缉熙敬止，成王之基命宥密，胥不外此。撰《太上删正玉皇尊经》注，三卷；《太上删定玉皇宝忏》注，一卷。先生母督以文行，严于父师。先生拔贡生，家贫母劳，困遘疾，素无材艺，以训蒙为生。清嘉庆十二年丁卯（1807），四十岁。先生奉母命迁居成都淳化街，开始修建槐轩，逐年增修，清翰林伍肇龄书"儒林刘止唐先生第"。中夏二十二日先生母向宜人卒，向氏生于清乾隆四年（1739），双流县甘泉里（今属双流区九江街道）人。清乾隆二十六年（1761）与刘汝钦成亲，享年七十二岁。宜人少颖异，五岁时，闻父兄读《周易》，惊问："此何书也，其词何不类他书？"为言大概，喜曰："如此不读他书，此书岂可不读乎？"及长，并通诗书。闻人伊吾即能默记，矜重不苟言笑，蔼蔼温温，同室皆敬爱之，父常病噎，医者皆束手，宜人进旨食尽一器，咸叹异焉。先生自京归时，晤野云老人，告沅心易之学，母悦曰："吾幼嗜此书而弗通其义，今云叟此言，实天地之至理，人道之当然，曷可浅尝置之？"宜人常多病，至是慨然曰："吾幸不辱先夫命，今长男供职，次男留养，吾亦将颐养，亦寿吾神明耳。"由是恒静坐，命次子为读《易》，辄有所得，颜益腴，体益健。先生暮春下浣序《大洞仙经》。三月二十六日，兄刘濖，字芳皋，一字雨庄，卒，其兄生于乾隆三十一年（1766）二月，享年七十二岁。嘉庆元年（1796）进士，入词馆，己未改授工部屯田司主事，迁河南司、陕西司主政钦差，后出守粤西直隶郁林州知州。幼颖悟，读书多不喜全诵，惟记其要语。为人高旷耽诗酒，而略于簿书琐务，惟日以

---

[1] 中国人民政治协商会议　四川省双流县委员会文史资料研究会编，《双流县文史资料选辑》（第三辑），1984年内部发行，第19页。

读书为事，或良友盘桓，分韵刻烛，竟夕忘疲，每咏辄为人所传诵，甚且窃取之，故诗稿多散失。为人不拘小节，性刚直，往往为时俗所非。所撰遗诗后收入《塤篪集》卷一至卷四。纪昀为其墓志铭曰："天佐明德，祥鸾奋翼，忠孝克家，与世无既，郁郁佳城，卜以千亿，于昭报施善人，其永视此铭碣！"三月十三日先生四子刘桂文，字月生，一字云坳出生，袁氏所出。[1]

【清】妻善理家政，先生无内顾之忧——刘沅妻彭氏、陈氏、袁氏

双流刘沅（字止唐）娶妻彭氏，箧室陈氏、继配袁氏。彭氏一子；陈氏二子；袁氏（刘桂文之母）六子；这三位夫人"俱贤淑，善理家政，故先生无内顾之忧，钻研训诲，至老不倦"[2]。刘沅子嗣中，有的官居京华，有的为翰林或部员，有的恬居梓里，有的中举或成为乡贤，"乐静守成，潜心治学，属文属史，咸以大器期之"[3]。

附：天理良心，人之所以为人。宽仁厚德，覆载所以长久。昧良悖理，不得为人。褊心小量，安能合天。得天理以为人，天地故为父母。父母才有我身，父母故同天地。欺堂上父母易，欺头上父母难。一念欺天，即为不孝，一念欺亲，得罪于天。修道以谕亲，尊父母如天地也，尽性而参赞，事天地如父母也。孝在修德，德在修心。移孝可以作忠，只为不欺不肆。静存始能动察，必须毋怠毋荒。犯了邪淫，便是禽兽，喜欢势利，定成鄙夫。保养作善，即守身诚身之义，知非改过，为希贤希圣之门。人生如梦，修善修福方长。大道难逢，父教师教为本。自心抱愧，说甚夫纲父纲。作事不真，怎样为臣为子。治天下无多术，养教周全。学圣贤有何难，恕道便好。勤职业，修心术，何患饥寒，贪财色，乱人伦，必戕身命。弟兄以仁让为主，正家以夫妇为先。饱暖平安，是为清福，温良恭俭，到处春风。读书要读好书，凡事必宗孔孟，作人要作好人，时刻敬畏神天。善为儿孙，积财不如积德。多行巧诈，害己安能害人。先代格言甚多，在乎身体，圣人事业何在，必先正心。私欲去而聪明始开，致知故先格物，念头好而是非分明，实践乃为诚意。养心养气，小效亦可延年，成己成人，功夫全在大

---

[1] 蜀太极生编，《刘沅年谱简编（稿本）》，白云深处人家网，2017 年 10 月 21 日，http://www.homeinmists.com/LiuYuanLife.htm。

[2] 刘芬《清处士刘止唐先生墓志铭》，余觉中选编《圣学梯航》，中国文联出版社，2018 年版，第 22 页。

[3] 中国人民政治协商会议 四川省双流县委员会文史资料研究会编，《双流县文史资料选辑·一代宗师刘止唐》（第三辑），1984 年内部发行，第 26 页。

学。道须深造，功在返求。在上不正其趋，人才从何而出。伦常本于心性，故曰一以贯之。学业骛于浮华，所以万事堕矣。戒之勉之，庶乎不替祖训。[1]

【清】备娴四德，兼嫒六行——刘桂文妻黎氏

黎氏，阆中名族，刘沅第四子刘桂文妻，刘桂文，字云坳，光绪十五年（1889）进士，中试第六名。居京期间，被拥为川籍京官领袖，清正廉明。黎氏耄年养德，"备娴四德，兼嫒六行。"[2]刘桂文有子咸荥，"生而颖悟，天机洋溢"；"两弟咸焌（字仲韬）、咸燡（字晦愚），先后登贤书，举茂才。"[3]其中刘咸焌，字仲韬，刘沅三代孙，过继于七叔母何氏，在母亲黎氏的督促下，发奋读书，入塾伏案，每至深夜。后随父亲刘桂文到广西，仍夜以继日复习功课。光绪十二年（1886），刘咸焌随母黎氏回成都，就读六叔的馆中，继续学业，二十九年中举人。后创办"明善书塾""尚友书塾""崇德书塾"[4]。

附：黎氏，阆中名族，耄年养德，夫人备娴四德，兼嫒六行。[5]

光绪二十三年（1897），刘桂文由刑部主事调赴广西梧州知府，仲韬先生随行到广西侍奉。同年九月，仲韬先生本打算进京参加考试，不料刘桂文猝然死于任所。刘仲韬料理父亲的丧事，在清理遗物时，仲韬先生发现焌笥（藏物的竹器）中有二千两现银，他大概知道这应是父亲来广西上任半年收缴的税银，便立即推迟了回家的时间，只身前往省城桂林，打算将这二千两现银缴给藩库。[6]"当时，很多人都劝仲韬先生：'反正你父亲都死了，这二千两税银不全部上缴也没人知道，何必如此认真？'然而仲韬先生严词拒绝了，他说：'为官要落个严正清廉，父亲来广西不到数月便去世了，我怎么能为了这二千两银子的小利，而玷污了他为官清廉的原志？'规劝的朋友听他这么说，都羞愧难当。仲韬先生的作

[1] 陈岳，赵宇，谭平编，《国学经典成都读本·豫诚堂家训》，四川少年儿童出版社，2016年版，第1-19页。

[2] 刘雨茂，荣远大著，《成都出土历代墓铭券文图录综释·刘靓修墓志铭》，文物出版社，2012年版，第1143页。

[3] 〔清—民〕林思进，《双流刘君豫波家传》，风土什志，1949年第6期。

[4] 中国人民政治协商会议 四川省双流县委员会文史资料研究会编，《双流县文史资料选辑·刘仲韬先生事略》（第三辑），1984年内部发行，第36-37页。

[5] 刘雨茂，荣远大著，《成都出土历代墓铭券文图录综释·刘靓修墓志铭》，文物出版社，2012年版，第1143页。

[6] 中国人民政治协商会议 四川省双流县委员会文史资料研究会编，《双流县文史资料选辑·刘仲韬先生事略》（第三辑），1984年内部发行，第36-37页。

为正是顺应了家训中'善为儿孙积财，莫如积德'和'在上不正其趋，人才从何而出'的教诲。"[1]

【清】道义以课子，搏节以处己——张祥和妻刘靓修

刘靓修（1864？—1917），享年54岁。刘沅之十四女孙，父讳桂文，母黎氏。刘氏二十五岁嫁于张祥和。张氏，本简州华阳巨姓。刘氏"孝养服勤，翼翼小心，先意承志"[2]，张祥和性恻隐，能近取譬，有时施济，一散千金，刘氏"实左右之，至脱簪珥、鬻田亩，弗吝也"[3]。对待孀居的长辈，"将顺如母"[4]，"以子承嗣，训以大义。此皆贤士大夫之所难能"。颜楷撰《刘靓修墓志铭》云："至若诚敬以祀祖，道义以课子，搏节以处己，宽仁以驭下，三郏六姻，群钦异德，《易》曰：'富家，大吉，正位乎内。'其斯之谓与？"[5]刘氏至孝养亲，婆婆病逝后，更是"独立操持，不敢告劳，居恒鸡鸣，枥纵、奉席、佐饭，精五饭，羃酒浆，部勒婢仆整齐，奥灶法度，周章严若朝典，吉嘉宾丧之礼，睦姻任恤之事，薄算田谷、供给蒸尝、织纴组紃，敦牟厄匜，米盐凌杂，早作夜思，垂三十载。"[6]刘氏本来丰顺劫密，"然自治家以来，甫及十念而发落顶"[7]。可见其付出劳累，何况还要养育四男二女。刘氏四子镜蓉、镜海、镜澄、镜明，长女女婿颜楷。颜楷，书法名家，华阳人，光绪三十年（1904）进士，曾受清廷指派留学日本，研习法学，参与过辛亥保路运动。

附：夫人靓修，双流儒林刘子止唐之十四女孙也。刘子当仁宣之际，讲学槐轩，为儒道宗，从者数千人，教泽至今不辍。著书奏入《四库》，名行详之国

---

[1] 中国人民政治协商会议 四川省双流县委员会文史资料研究会编，《双流县文史资料选辑·刘仲韬先生事略》（第三辑），1984年内部发行，第36-37页。

[2] 刘雨茂，荣远大著，《成都出土历代墓铭券文图录综释·刘靓修墓志铭》，文物出版社，2012年版，第1143页。

[3] 刘雨茂，荣远大著，《成都出土历代墓铭券文图录综释·刘靓修墓志铭》，文物出版社，2012年版，第1143页。

[4] 刘雨茂，荣远大著，《成都出土历代墓铭券文图录综释·刘靓修墓志铭》，文物出版社，2012年版，第1143页。

[5] 刘雨茂，荣远大著，《成都出土历代墓铭券文图录综释·刘靓修墓志铭》，文物出版社，2012年版，第1143页。

[6] 刘雨茂，荣远大著，《成都出土历代墓铭券文图录综释·刘靓修墓志铭》，文物出版社，2012年版，第1143页。

[7] 刘雨茂，荣远大著，《成都出土历代墓铭券文图录综释·刘靓修墓志铭》，文物出版社，2012年版，第1143页。

史，父讳桂文，官编修监察御史，广西梧州府，立朝不阿，其道弥光。母黎氏，阆中名族，耄年养德，夫人备娴四德，兼嫩六行。年二十五，执笄于张，即外舅立先公祥和之元室也。夫族本简州华阳巨姓。……妇孝养服勤，翼翼小心，先意承志，舅姑有疾，泣祷身代，……夫性恻隐，能近取譬，有时施济，一散千金，夫人实左右之。至脱簪珥、鬻田亩，弗吝也。从姒媚居，将顺如母，以子承嗣，训以大义。此皆贤士大夫之所难能。至若诚敬以祀祖，道义以课子，撙节以处己，宽仁以驭下，三郎六姻，群钦异德，《易》曰："'富家，大吉，正位乎内。'其斯之谓与？"……夫人入门数年，姑病弃，养舅，年且衰，夫鲜兄弟，独立操持，不敢告劳，居恒鸡鸣，枻纵、奉席、佐饭，精五饭，暴酒浆，部勒婢仆整齐，奥灶法度，周章严若朝典，吉嘉宾丧之礼，睦姻任恤之事，薄算田谷、供给蒸尝、织纴组纫，敦年厄匦，米盐凌杂，早作夜思，垂三十载，夫人神貌，丰颀劼密，善虑。然自治家以来，甫及十念而发落顶，童兼四男二女，鞠养过劬。[1]

【清】先意承事，柔嘉维则——刘咸荣贤妇凌夫人

凌孺人，生卒年不详，是刘沅孙子刘咸荣（1857—1949）的继室。刘咸荣是民国成都五老七贤之一，育有二子，名恒堉、恒阶，均为前室之子，孙男女十二人，刘咸荣前室早卒，家中无人料理，继娶凌氏。凌氏自嫁入刘氏，至孝柔惠，"先意承事，柔嘉维则"[2]；刘咸荣病后卧床，凌氏"食寝溲溺，扶掖调护，朝夕不怠者三年"[3]，这实在是可歌可叹、值得一书的。

附：静娱楼者，君继室黄宜人，工绘能诗，与君偕隐；举凡一花一叶，一虫一鸟，春晴秋雨，夕月晨曦，鹣鲽唱酬，流连吟赏，殆不知楼外之有尘氛矣。而君此诗，宛如宋元人佳格，至今犹在吾目中也。其他遗著，尚有《静娱楼诗文存》《楹联汇刊》《劝善全集》及杂著若干，则皆予未尝见者。……君二子，恒堉、恒阶，元室袁宜人出；服官有守，皆前君卒。孙男女十二人。君既两失偶，暮齿踽踽，傅相无人，而凌孺人来侍巾栉，先意承事，柔嘉维则；及君痹卧，食寝溲溺，扶掖调护，朝夕不怠者三年，是亦可书也。[4]

---

[1] 刘雨茂，荣远大著，《成都出土历代墓铭券文图录综释·刘靓修墓志铭》，文物出版社，2012年版，第1143页。

[2]〔清—民〕林思进，《双流刘君豫波家传》，风土什志，1949年第6期。

[3]〔清—民〕林思进，《双流刘君豫波家传》，风土什志，1949年第6期。

[4]〔清—民〕林思进，《双流刘君豫波家传》，风土什志，1949年第6期。

【清】素不以财乏而吝施减礼——刘根文夫人王氏

刘根文夫人王氏，出身于四川井研名门望族。后来刘根文又娶了一房侧室谢氏，生刘咸炘。

王氏对刘咸炘情深似海，据《先妣行述》云："刘咸炘自断奶以后就与王氏同睡一床，由于他体弱多病需要悉心照顾，所以直到十五岁，刘咸炘才分床别宿。"十五岁以前，刘咸炘曾经有两次大病，为了照顾刘咸炘，王氏"不寐者数月，垢污满身，涕泪常出，爱护之笃，非文字所能详"。另外，王氏自幼有严格的家教，嫁刘根文，置身于大家族之间，王氏也从来不说三道四，"治家严肃，昧爽即兴，诸妇随之入厨。晚休于内庭，犹各有操作"。王氏对自己的亲生女儿也管教得非常严厉，说："女子不可姑息，姑息则难为人妇也。"但是对刘咸炘的妻子王氏"极宽仁，曲体其情，有训诫，无呵斥。"刘咸炘的妻子自从嫁到刘家，"朝夕省定"，一点不敢嬉笑放诞；但临终时却最难舍婆婆，说："他无所恋，惟舍妈不得。"刘咸炘的第二任妻子，王氏也是常常训诫："为吾家妇，当守祖训，修身心，勤内职，不应以享福自期。"[1]

刘根文去世后，刘家一度困窘。王氏就卖掉嫁妆"斥嫁妆以资用，仅乃得济。"刘咸炘外祖母接济的财物，王氏都"储之不肯用""以无衣故，每不与人庆宴。平居非有事不鲜衣。非饿不饤饾。八十以后，犹不肯多制新样之衣，频设珍贵之食。不孝受室后，室中始有煤油灯、自鸣钟。常告不孝曰：'尔祖母以家计劳终。吾今服用胜祖母已多，心常不安，况加此乎？'"[2]节俭之德，既是自我克制，修身养性，也是尊重他人财产、权利，不走向骄奢淫逸的一个重要前提，正是这样的生活方式，刘咸炘自幼养成专心学习、不追求声色犬马的习惯。

穷与礼之间，王氏作为主母，也为刘咸炘树立了榜样。尽管生活节俭，但是在为人处世、待人接物方面，王氏无不中礼。刘根文的各种善举，财务都由王氏负责，"先考（刘根文）倡导善举甚多，集资前后至巨万，皆先妣司之。以事别为囊而暗记之。囊大小常十数，……常笑曰：推禄命者谓吾当握巨金，此其是矣。"[3]王氏遵守刘根文的规矩，礼尚往来、体恤之事，"素不以财乏而吝施减

[1] 中国人民政治协商会议 四川省双流县委员会文史资料研究会编，《双流县文史资料选辑·刘咸炘先生传略》（第三辑），1984 年内部发行，第 16 页。

[2] 中国人民政治协商会议 四川省双流县委员会文史资料研究会编，《双流县文史资料选辑·刘咸炘先生传略》（第三辑），1984 年内部发行，第 17 页。

[3] 中国人民政治协商会议 四川省双流县委员会文史资料研究会编，《双流县文史资料选辑·刘咸炘先生传略》（第三辑），1984 年内部发行，第 17 页。

礼"。王氏为人极为慈悲，从来不嫌贫爱富。王氏对刘咸炘说："尔以吾一味俭啬耶？当用仍须用。"[1]

　　附：刘咸炘《先妣行述》云："先考在时，门人之妇女来者，虽贫窭，先必礼接，无慢无厌。先考殁后，先妣病坐，门人等常入室省视，必与殷勤问答，询其生事，于疾苦忧累尤详。至去年，病不能言，客至犹作声呼茶。晚岁心益慈柔，与不孝生母及不孝夫妇述旧事，训戒不数言，辄凄哽。闻人不幸事虽报纸所载，素不知名者，亦必为之累叹，半日不忘。"[2]

【清】母性刚直，惟好读书——刘梖文侧室谢氏

　　刘咸炘生母谢氏，出身刘氏门人，亦是书香门第，性格刚直，有一定文化素养，刘梖文去世后，谢氏协助王氏，支撑门户，抚养幼子。刘咸炘曾言："吾生母则刚直，故吾性怯于抗争，惟恐忤人，有过于徇情之失，而又时卞急暴气，乃至事亲不能柔声。惟好读书，多默坐，故此病少见而急性内抑，乃形成阴郁，颇似俄罗斯人之具矛盾性。其不同者，柔多于刚耳。"[3]刘咸炘认为自己的性格是遗传了生母谢氏的性格。

【清】课督诸子，有过失则施之以夏楚——刘必帅妻曾季昭

　　新都刘必帅妻曾季昭，曾咏、左锡嘉之女，其母擅长绘画，工于文字，"海内以才女目之者也。"[4]受到母亲的濡染，曾氏也兼通文艺，尤其精于绘画，"酷肖其母。"[5]其丈夫早卒，留有三子。曾氏上孝养公婆，下教养子女，"课督诸子，有过失则命侄作诰，施之以夏楚"[6]。有一年粮价飞涨，民生困苦，曾氏认为，"人饥而己饱，已为失平，若更不惜物力，天必弃之矣"[7]。于是她就挑选好的粮食供

[1] 中国人民政治协商会议 四川省双流县委员会文史资料研究会编，《双流县文史资料选辑·刘咸炘先生传略》（第三辑），1984年内部发行，第17页。

[2] 中国人民政治协商会议 四川省双流县委员会文史资料研究会编，《双流县文史资料选辑·刘咸炘先生传略》（第三辑），1984年内部发行，第16页。

[3] 徐中玉、郭豫适主编，《中国文论的古与今·〈刘咸炘诗文集〉点校本·序》，华东师范大学出版社，2011年版，第475页。

[4] 《新都县志（五）·人物下·节妇传》第五编，民国十八年（1929年）印本，第46页。

[5] 《新都县志（五）·人物下·节妇传》第五编，民国十八年（1929年）印本，第46页。

[6] 《新都县志（五）·人物下·节妇传》第五编，民国十八年（1929年）印本，第46页。

[7] 《新都县志（五）·人物下·节妇传》第五编，民国十八年（1929年）印本，第46页。

给堂上。后来"恒以耕读勤俭训子"[1]，孜孜不懈，四十年如一日。

【清】相夫教子，麟祉振振——左锡嘉长女曾懿

曾懿（1852—1927），字伯渊，号郎秋，华阳人，蜀中著作至富的女诗人、女医学家，享年 76 岁，曾懿是江西吉安府知府曾咏、诗人左锡嘉长女，嫁江苏袁氏，湖南提法使袁学昌（字幼安）为妻。曾懿自幼天资聪颖，淑婉纯和，又受母亲良好家教，通经史、善诗词、工书画、习医理。凡家中所藏书，无不窥览，记忆特好，过目成诵。时家境窘困，伺母之余，为母分忧，教诸妹诸弟以诗书。由于兄弟妹妹较多，父又早亡，生活维艰，母以书画自给，曾懿为母供笔磨墨，所以也学会了山水绘画、书法篆隶，而且常常以丹青运于女红，曾懿绣的山水、花卉、翎毛无不酷肖，精细入微。后嫁江南名士袁学昌，学昌才学出众，博综淹贯，且尤嗜金石，曾懿婚后，与丈夫协力同心，风雅随和，遍游闽皖赣。曾懿家学渊源，流传有绪，根柢厚而阅历深，成为袁学昌的好助手、贤夫人。曾懿一生拥有多部著作，为清代四川闺秀中第一。其弟妹及子女均有著作传世，为蜀中文宦之家。曾懿善于母教，养育六子，皆为晚清民国的名士。《古欢室诗词集序》云："（曾懿）相夫教子，麟祉振振。诸甥儒雅、博学、多能，科第联绵，相继蔚起。或作宰名区，或蜚声翰苑。[2]"现"新华门"匾额即为其子袁励准亲笔手书。

【清】善举之事，竭力殚精——曾光煦妻谢述

谢述，字韫芳，清光绪间三台县人。父亲谢泰春，同治朝副贡生，官夹江县训导，后任南溪县教渝。谢述幼侍父任所，喜欢读书，闻学辄悟，善吟咏，性至孝。父母病重时，曾屡次割股和药以医双亲，双亲相继去世，兄弟在原籍读书，谢述独自殡祭。年二十岁，谢述嫁左锡嘉之子、华阳举人山西定襄知县曾光煦。谢述以事姑极孝而闻名。晚年，谢述吃长斋，崇奉佛教，曾为婆婆乞寿。谢述一生谨身俭用，但对善举之事，皆能竭力殚精，多所资助，年四十余卒于山西。有《玉辉馆诗稿》一卷，由谢述所作，曾光煦搜集整理编次而成。《潼川府志》《三台县志》有著录。[3]

---

[1]《新都县志（五）·人物下·节妇传》第五编，民国十八年（1929 年）印本，第 47 页。

[2]〔清〕曾光煦，《虞共室遗集·古欢室诗词集·序》，光绪十七年辛卯刊本，第 1 页。

[3] 李朝正、李义清著，《巴蜀历代名媛著作考要》，巴蜀书社 1997 年版，第 252 页。

附：谢述《寄赠秀娟》："昔别尚未远，方期常致词。今我何朔往？念子久离居。两心不可见，窬寐空猜疑。莫因意不达，恩情日以乖。身离有后会，情乖终弃违。愿子忆前言，莫忘欢爱时。"[1]《即景》："开轩依绿野，风色满前川。柳卧江头月，莲摇水底天。离情常脉脉，别意总绵绵。芳草王孙路，青青又一年。"[2]

【清】伏生老去传经卷，愿作来生立雪人——张祥龄妻曾彦

曾彦（1857—1890），成都华阳人，左锡嘉次女。曾咏早丧，曾彦幼年失父，由母亲左氏抚育。曾彦天资聪慧，读书引篆，弹丝剪彩，无不精妙，是当时出名的才女，有诗《桐凤馆集》，王闿运作序。王闿运门墙极盛，但他独嘉美彦"篇篇学古，无复俗华靡，而风骨益洁。"[3]曾彦嫁才子张祥龄，曾彦《虔共室遗集》就是曾彦殁后张祥龄所刻。清末著名学者俞樾也曾赞誉曾彦文笔出众，擅长书法，云："华阳曾季硕女士所著《虔共室遗集》，则尤异焉。质而不野，丽而有则，不求纤密之巧，自有宏肃之美；昔人称嵇志清峻，阮旨遥深，其兼之乎！余尝见其手书草稿，字体娟好而仍含朴茂之意，兼工篆隶，尤喜丹青，女子中多才多艺如斯人者，见亦罕矣。"[4]曾彦曾在罗兵备应旒衡湖别墅前书写："江山丽文藻，日月垂景光。"《民国华阳县志》赞其字曰："敛豪纵锋，平入险出，颇饶峻挺，致不疑出清闺弱腕也。手迹流传，至今宝重之。"[5]可见，俞樾盛赞曾彦之才"见亦罕矣"[6]并非过誉。只可惜曾彦早卒。曾彦有四子五女，子辈中，两人为知县，女儿均嫁给知县、道员等。曾彦撰有《妇礼通考》（未能完成），云："伏生老去传经卷，愿作来生立雪人。"廖平撰有《清诰封朝议大夫张君曾恭人墓志铭》。

附：华阳曾季硕女士所著《虔共室遗集》，则尤异焉。质而不野，丽而有则，不求纤密之巧，自有宏肃之美；昔人称嵇志清峻，阮旨遥深，其兼之乎！余

---

[1] 李朝正、李义清著，《巴蜀历代名媛著作考要》，巴蜀书社1997年版，第252页。

[2] 李朝正、李义清著，《巴蜀历代名媛著作考要》，巴蜀书社1997年版，第252页。

[3] 成都市地方志编纂委员会、四川大学历史地理研究所整理，《成都旧志·民国华阳县志（卷19）·列女传》第15册，成都时代出版社，2007年版，第480页。

[4] 〔清〕曾彦撰，《虔共室遗集·〈虔共室遗集〉序》，光绪十七年（1891）辛卯刊本，第1页。

[5] 成都市地方志编纂委员会、四川大学历史地理研究所整理，《成都旧志·民国华阳县志（卷19）·列女传》第15册，成都时代出版社，2007年版，第480页。

[6] 成都市地方志编纂委员会、四川大学历史地理研究所整理，《成都旧志·民国华阳县志（卷19）·列女传》第15册，成都时代出版社，2007年版，第480页。

尝见其手书草稿，字体娟好而仍含朴茂之意，兼工篆隶，尤喜丹青，女子中多才多艺如斯人者，见亦罕矣。[1]

篇篇学古，无复俗华靡，而风骨益洁。……敛豪纵锋，平入险出，颇饶峻挺，致不疑出清闺弱腕也。手迹流传，至今宝重之。[2]

【清】必摘木叶手书四子章句训之——何生美妻顾氏

何生美的妻子顾氏，享年 85 岁。何生美早卒，顾氏生有一子何世振，尚在襁褓之中。当时，世道正乱，顾氏带着儿子在岩穴之间流亡。但即便如此，顾氏仍不忘教育儿子，没有书纸笔墨，她"必摘木叶，手书四子章句训之。"[3]儿子最终学有所成。

附：何生美妻，夫亡，有子世振在襁褓中，值寇难，虽窜岩穴中，必摘木叶，手书四子章句训之。世振，邑庠生。寿八十有五。[4]

【清】家有余赀，欲兴义举——陈继舜母张氏

张氏是陈继舜的母亲，年三十守节，抚养孤子成人。养子不易，但不泯其慈善之心，"家有余赀，欲兴义举"[5]，因尚未去做便去世了。儿子继舜深知母亲的意愿，所以购置了数亩田地作为义冢，便于安葬贫穷孤苦的人，又修建桥梁，便利乡里："置义冢数亩，以葬孤贫，创修孔道桥梁，乡人名为节孝桥。又创修孝源桥，所费约千金。"[6]有其贤母则有其孝子，有贤子则又有贤孙，继舜的儿子陈普与陈晢，又继承父志，"创修继述桥，所餐费亦数百金，远近皆称为义士云"[7]。

---

[1] 〔清〕曾彦，《虔共室遗集·〈虔共室遗集〉序》，光绪十七年（1891）辛卯刊本，第1页。

[2] 成都市地方志编纂委员会、四川大学历史地理研究所整理，《成都旧志·民国华阳县志（卷19）·列女传》第15册，成都时代出版社，2007年版，第480页。

[3] 成都市地方志编纂委员会、四川大学历史地理研究所整理，《成都旧志》第11册，成都时代出版社，2007年版，第352页。

[4] 成都市地方志编纂委员会、四川大学历史地理研究所整理，《成都旧志》第11册，成都时代出版社，2007年版，第352页。

[5] 成都市地方志编纂委员会、四川大学历史地理研究所整理，《成都旧志》第10册，成都时代出版社，2007年版，第114页。

[6] 成都市地方志编纂委员会、四川大学历史地理研究所整理，《成都旧志》第10册，成都时代出版社，2007年版，第114页。

[7] 成都市地方志编纂委员会、四川大学历史地理研究所整理，《成都旧志》第10册，成都时代出版社，2007年版，第114页。

附：陈继舜，少孤。母张氏，年三十守节，抚孤成立。家有余赀，欲兴义举，未成而殁。继舜体母志，置义冢数亩，以葬孤贫，创修孔道桥梁，乡人名为节孝桥。又创修孝源桥，所费约千金。继舜之子普与晢，又继父志，创修继述桥，所餐费亦数百金，远近皆称为义士云。[1]

【清】令子俟于得金处还金——刘汉伦妻郑氏

郑氏，刘汉伦之妻，刘振之母，享年 60 岁。刘汉伦死后，郑氏剪发誓志，决心事姑教子。郑氏教子有所取有所不取。有一次，儿子刘振在路上捡到别人遗失的金子，拿回家交给母亲郑氏，郑氏让儿子"俟于得金处还之"[2]。以此教导儿子，不取他人之财，更要为他人着想。

附：刘郑氏，刘汉伦妻。夫故，剪发誓志，事姑教子。子振路拾遗金，献郑，郑令俟于得金处还之。守节三十九年，寿六十余。[3]

【清】延师训课，抚二子成立——王勋妻叶氏

叶氏，王勋妻。叶氏早年守寡，二子俱幼，叶氏"延师训课"；丈夫有妾俞氏，年仅二十，叶氏同情她年少无子，想遣送她另嫁，俞氏说："愿共抚二子成立。"[4] 由此，叶氏与俞氏相依靠抚养教训二子。长子渐长，有所学，以岁贡司铎渠县，次子也得以成立。叶氏与俞氏俱得以安享晚年。

附：王叶氏，王勋妻。夫故，遗二子俱幼，延师训课，长子日章，以岁贡司铎渠县，次亦成立。妾俞氏，甫二十，叶怜其少无子，欲遣之，俞曰："妇人之道，从一而终，妾愿共抚二子成立。"后俱享大年。[5]

[1] 成都市地方志编纂委员会、四川大学历史地理研究所整理，《成都旧志》第 10 册，成都时代出版社，2007 年版，第 114 页。

[2] 成都市地方志编纂委员会、四川大学历史地理研究所整理，《成都旧志》第 11 册，成都时代出版社，2007 年版，第 354 页。

[3] 成都市地方志编纂委员会、四川大学历史地理研究所整理，《成都旧志》第 11 册，成都时代出版社，2007 年版，第 354 页。

[4] 成都市地方志编纂委员会、四川大学历史地理研究所整理，《成都旧志》第 11 册，成都时代出版社，2007 年版，第 355 页。

[5] 成都市地方志编纂委员会、四川大学历史地理研究所整理，《成都旧志》第 11 册，成都时代出版社，2007 年版，第 355 页。

【清】孝以事姑,严以教子——文浩妻刘氏

刘氏,文浩之妻。早年守寡,矢志守节,"孝以事姑,严以教子"[1]。

【清】日勤女红以供子读——祝东旸妻张氏

张氏,庠生祝东旸妻。祝东旸殁,遗下二子,家中贫苦,张氏"日勤女红,以供子读"[2]。

【清】日事纺绩,以为子从学资——贺应举妻袁氏

袁氏,贺应举之妻,享年 97 岁。年二十四岁,贺应举殁,家中贫苦,袁氏"日事纺绩,以为子从学资"[3]。子云龙深知母之志,勤学好问,年十五即经州县考试录取为生员,就读于学宫。

附:贺袁氏,贺应举妻。年二十四岁,夫故,家贫,氏日事纺绩以为子云龙从学资。子能体母志,勤学好问,年十五即游泮。寿九十有七。[4]

【清】事姑勤纺绩,质子赎回又抚孙——高万春妻周氏

周氏,高万春妻。丈夫早殁,遗有二子,婆婆已年六十余岁,周氏"事姑抚子,日勤纺绩"[5]。婆婆卒,家贫无以营葬,周氏只好以长子文端作为抵押换些钱。安葬婆婆之后,周氏辛苦劳作,最终赎回儿子,并为子娶陈氏。可惜子不久亡故,也遗留下两子,周氏又抚养孙子,儿媳陈氏立志守节,奉姑抚子。人称一门双节。

附:高周氏,高万春妻,夫故,遗二子,姑年六十余,氏事姑抚子,日勤纺绩。姑卒,无以营葬,以长子文端为质于人葬姑,后赎子归,娶陈氏。文端亦故,遗二子,陈氏立志守节,奉姑抚子,历三十二年,人称一门双节。[6]

---

[1] 成都市地方志编纂委员会、四川大学历史地理研究所整理,《成都旧志》第 11 册,成都时代出版社,2007 年版,第 355 页。

[2] 成都市地方志编纂委员会、四川大学历史地理研究所整理,《成都旧志》第 11 册,成都时代出版社,2007 年版,第 355 页。

[3] 成都市地方志编纂委员会、四川大学历史地理研究所整理,《成都旧志》第 11 册,成都时代出版社,2007 年版,第 355 页。

[4] 成都市地方志编纂委员会、四川大学历史地理研究所整理,《成都旧志》第 11 册,成都时代出版社,2007 年版,第 355 页。

[5] 成都市地方志编纂委员会、四川大学历史地理研究所整理,《成都旧志》第 11 册,成都时代出版社,2007 年版,第 355 页。

[6] 成都市地方志编纂委员会、四川大学历史地理研究所整理,《成都旧志》第 11 册,成都时代出版社,2007 年版,第 355 页。

【清】亲旧之贫者有求必应——马开泰妻江氏

江氏，马开泰之妻。开泰殁，江氏有一子一女，子夭，江氏抚养女儿成人，坚志守节数十年，江氏家不甚丰，但是"亲旧之贫者有求必应"，曾"施棺木百副，族党翕然称之"[1]。

附：马江氏，马开泰妻。夫故，抚一子一女，子夭，坚志守节数十年，家不甚丰，亲旧之贫者有求必应，施棺木百副，族党翕然称之。[2]

【清】奉亲教子，孝义并至——李彦妻黄氏

黄氏，李彦之妻。黄氏精通经史，工于书数，是一位才女，享年 73 岁。丈夫李彦早亡，当时儿子廷茂尚未满月。为了家中老小，黄氏矢志守节，奉亲教子，孝义并至[3]。后来，子廷茂娶邹氏，邹氏年仅二十四，廷茂也亡故了，留下不满周岁的儿子李林，这时候李家家中贫苦，黄氏年岁已大，邹氏亦克尽孝，人称一门双节。"两世孤孀，备历艰苦"[4]，但功夫终不负孤孀，黄氏孙子李林二子阳春、宜春，皆列胶庠。

附：（黄氏）通经史，工书数。年二十五，夫故，子廷茂未匝月，氏矢志守节，奉亲教子，孝义并至。[5]

李黄氏，李彦妻。通经史，工书数。夫故，子廷茂未匝月，矢志守节，奉亲教子。寿七十有三。廷茂娶妻邹氏，年二十四，廷茂故，遗子林未匝岁，家贫姑老，亦克尽孝。两世孤孀，备历艰苦。林有二子阳春、宜春，皆列胶庠。人称一门双节。[6]

---

[1] 成都市地方志编纂委员会、四川大学历史地理研究所整理，《成都旧志》第 11 册，成都时代出版社，2007 年版，第 356 页。

[2] 成都市地方志编纂委员会、四川大学历史地理研究所整理，《成都旧志》第 11 册，成都时代出版社，2007 年版，第 356 页。

[3] 成都市地方志编纂委员会、四川大学历史地理研究所整理，《成都旧志》第 10 册，成都时代出版社，2007 年版，第 147 页。

[4] 成都市地方志编纂委员会、四川大学历史地理研究所整理，《成都旧志》第 11 册，成都时代出版社，2007 年版，第 359 页。

[5] 成都市地方志编纂委员会、四川大学历史地理研究所整理，《成都旧志》第 10 册，成都时代出版社，2007 年版，第 147 页。

[6] 成都市地方志编纂委员会、四川大学历史地理研究所整理，《成都旧志》第 11 册，成都时代出版社，2007 年版，第 359 页。

【清】事翁姑、抚子女、让夫弟——添锡妻巴噜氏

甲兵添锡之妻巴噜氏，正黄旗满洲佐领下人，享年79岁。嘉庆元年（1796），添锡阵亡。巴噜氏不惧艰难，带着儿子法什沙春前往战地为丈夫收骨，寻到丈夫的一枚扳指、一只战踭带回安葬。巴噜氏支撑门户，家中贫苦，巴噜氏上事公爹婆婆，下抚育子女，靠的就是自己的勤劳针黹，"皆藉针黹"[1]。儿子法什沙春所得恤饷，巴噜氏均让给了丈夫的弟弟锡福，弟弟锡福也因故得官，官至兖州镇游击。

附：甲兵添锡妻巴噜氏，正黄旗满洲佐领下人。嘉庆元年，添锡从征教匪，阵亡于达州东乡县。氏率子法什沙春往收其骨，仅得其扳指一枚、战踭一只归葬。家贫，氏事翁姑，抚子女，皆藉针黹，至其子所得恤饷，让舆夫弟锡福，锡福以故得官至兖州镇游击。氏守节五十年。寿七十有九，卒于其子防御任内。[2]

【清】老母孤儿，惟藉十指供给——吉勒通阿妻何齐克氏

云骑尉吉勒通阿妻何齐克氏，镶红旗一甲满洲佐领下人，领催赫清阿之女，享年75岁。嘉庆十四年（1809），云骑尉吉勒通阿卒，当时何齐克氏年仅二十九岁。何齐克氏贞节性成，冰霜自矢，决定孝敬老母、抚养孤儿。家中没有其他依靠，何齐克氏"惟藉十指供给"[3]，由此守节四十七年。

附：云骑尉吉勒通阿妻何齐克氏，镶红旗一甲满洲佐领下人，领催赫清阿之女。嘉庆十四年，夫故，氏年二十九岁，贞节性成，冰霜自矢，老母孤儿，惟藉十指供给。守节四十七年，寿七十有五。[4]

【清】刀尺之声与书声相间——吴时中妻李氏

李氏，邑庠生吴时中妻，非常勤劳，同时也支持丈夫、儿子苦读，"相夫、子夜读，刀尺之声与书声相间。"[5]

---

[1] 成都市地方志编纂委员会、四川大学历史地理研究所整理，《成都旧志》第11册，成都时代出版社，2007年版，第363页。

[2] 成都市地方志编纂委员会、四川大学历史地理研究所整理，《成都旧志》第11册，成都时代出版社，2007年版，第363页。

[3] 成都市地方志编纂委员会、四川大学历史地理研究所整理，《成都旧志》第11册，成都时代出版社，2007年版，第364页。

[4] 成都市地方志编纂委员会、四川大学历史地理研究所整理，《成都旧志》第11册，成都时代出版社，2007年版，第364页。

[5] 成都市地方志编纂委员会、四川大学历史地理研究所整理，《成都旧志》第10册，成都时代出版社，2007年版，第147页。

【清】内书字口授，外不吝修脯——邓文彬妻陈氏

陈氏，邓文彬妻，山东定陶知县陈达经、陕西朝邑知县陈达维的妹妹。邓文彬因读书过于劳累，得沉痼之疾。医生束手，陈氏祝天，割股疗之，后来真的痊愈了。后来，邓文彬瞥见其子身上留下的疤痕，盘问得紧了，陈氏才告诉丈夫实情。后来邓文彬病殁，遗有长子昭，次子培、煜，陈氏矢志守节育子，儿子在家，陈氏曾"以寸木书字口授"，儿子到外面向老师学习，陈氏"不吝修脯"[1]。子不负母望，邓昭游泮，邓煜入太学。

附：邓陈氏，邓文彬妻。其兄陈达经山东定陶知县、达维陕西朝邑知县。文彬读书过瘁，得沉痼疾。医束手，氏祝天，割股疗之，旋愈。后瞥见瘢痕，研诘，始以实告。及文彬病殁，氏矢志守节。遗子长昭，次培、煜，尝以寸木书字口授，出就外傅，不吝修脯。昭游泮，煜入太学。守节三十七年。[2]

【清】汝不发愤，负我苦心——马国泰妻冯氏

冯氏，马国泰妻，生子正品。马国泰早殁，冯氏孝亲养子。子病家贫，调理医药，皆冯氏针黹所出。公爹婆婆殁后，冯氏更是独自教养子孙。冯氏曾经教子曰："汝不发愤，负我苦心矣。"[3] 马正品最终学有所成，援例登仕版。

附：马冯氏，马国泰妻。生子正品。夫殁，子病家贫，调理医药，皆氏针黹所出。翁姑殁，……尝教子曰：汝不发愤，负我苦心矣。正品成成，援例登仕版。守节三十一年。[4]

【清】前妻遗子，爱如己出——杨钟林继室蒋氏

蒋氏，杨钟林继室。杨钟林前妻遗有一子，蒋氏"爱如己出"。[5] 杨钟林

---

[1] 成都市地方志编纂委员会、四川大学历史地理研究所整理，《成都旧志》第11册，成都时代出版社，2007年版，第366页。

[2] 成都市地方志编纂委员会、四川大学历史地理研究所整理，《成都旧志》第11册，成都时代出版社，2007年版，第366页。

[3] 成都市地方志编纂委员会、四川大学历史地理研究所整理，《成都旧志》第11册，成都时代出版社，2007年版，第366页。

[4] 成都市地方志编纂委员会、四川大学历史地理研究所整理，《成都旧志》第11册，成都时代出版社，2007年版，第366页。

[5] 成都市地方志编纂委员会、四川大学历史地理研究所整理，《成都旧志》第11册，成都时代出版社，2007年版，第366页。

殁后，蒋氏誓不欲生，但因公爹婆婆年老无人照看，蒋氏代夫至孝，最终抚子成立。

附：杨蒋氏，杨钟林继室。前妻遗一子，爱如己出。夫殁，氏誓不欲生，因翁姑年老，宜代夫职，遂延残喘，抚子成立。[1]

【清】氏之彝训，耕读为本——傅廷举妻傅张氏

张氏，灌县张奉隆女，傅廷举妻，享年92岁。傅廷举早殁，遗下一子且多病，张氏抚养弱子，又抚养夫弟一子为嗣。婆婆年迈，张氏曲意承欢，非常孝顺，所以婆婆高寿，享年95岁。张氏"性严重，持家有法，教子孙耕读为本"。张氏教育之法，对子孙颇有影响，据《成都旧志》记载，其曾孙傅世逵选授夹江教谕，"培植士林，率由氏之彝训。"[2]

附：傅张氏，灌县张奉隆女，傅廷举妻。夫殁，遗一子，多病，又抚夫弟一子为嗣。孀姑衰迈，曲意承欢，享年九十有五。氏性严重，持家有法，教子孙耕读为本。其曾孙世逵选授夹江教谕，培植士林，率由氏之彝训。守节六十五年，寿九十有二。[3]

【清】恂恂守礼，咸遵氏教——朱亮妻宋氏

宋氏，朱亮妻，享年93岁。丈夫早殁，留下弱子，家无恒产，宋氏"以女工操作为养赡计"。儿子又卒，留下弱孙，宋氏抚孙，又见曾孙。贤母自有贤子孙，朱家子孙"恂恂守礼，咸遵氏教"[4]。宋氏守节67年。

附：朱宋氏，朱亮妻。夫殁，无恒产，以女工操作为养赡计。子卒，抚孙，又见曾孙矣。恂恂守礼，咸遵氏教。守节六十七年。寿九十有三。[5]

---

[1] 成都市地方志编纂委员会、四川大学历史地理研究所整理，《成都旧志》第11册，成都时代出版社，2007年版，第366页。

[2] 成都市地方志编纂委员会、四川大学历史地理研究所整理，《成都旧志》第11册，成都时代出版社，2007年版，第366页。

[3] 成都市地方志编纂委员会、四川大学历史地理研究所整理，《成都旧志》第11册，成都时代出版社，2007年版，第366页。

[4] 成都市地方志编纂委员会、四川大学历史地理研究所整理，《成都旧志》第11册，成都时代出版社，2007年版，第367页。

[5] 成都市地方志编纂委员会、四川大学历史地理研究所整理，《成都旧志》第11册，成都时代出版社，2007年版，第367页。

【清】口授四子言及葩经——鲍椿妻邓氏

邓氏，举人邓伦孙女，鲍椿妻，生子文澜。丈夫早殁，其家贫困，邓氏找不到维生的方法，掩扉以求自缢，幸有邻妇发现将她解救。其父邓书升担心女儿还会寻机自戕，就把女儿接回娘家，委曲开导，邓氏一直闷闷不乐。但毕竟母子连心，养亲教子，最终还是成为邓氏的生机。儿子能说话的时候，邓氏便开始口授儿子四书、《诗经》之类，"子能言，口授四子言及葩经"[1]。不久，儿子经州县考试录取为生员就读于学宫，后来孙子辈也都学问显扬。邓氏守节四十余年，高寿八十有余。

附：鲍邓氏，举人邓伦孙女，鲍椿妻。生子文澜。夫殁，家贫甚，环顾无生理，掩扉自缢，邻妇觉而解救之。其父书升恐氏旦晚自戕，接至家，委曲开导，氏终戚戚。子能言，口授四子言及葩经，子旋游泮，孙辈皆显扬。守节四十余年，寿八十余。[2]

【清】勤俭读书为本，饮助贫者不吝——雍大龄妻傅氏

傅氏，贡生雍大龄妻。大龄先殁，傅氏"教子孙惟以勤俭读书为本"。傅氏善心仁厚，资助亲邻，从不吝啬，"乡里有贫者，氏饮助不吝，待戚族颇厚"[3]。有时候，遇到收成不好的年岁，她还会让儿子"发米以济团众"[4]。咸丰六年（1856），曾捐助军饷六万五千缗。傅氏四子"秉成，候选州同；秉渊，贡生；秉鉴，五品衔，仅先选用布理问；秉澧，同知衔，候选知县"。孙十四人。五世同堂，九十九岁尚康强。她的儿媳朱氏，是雍秉成之妻，至孝，十八岁嫁给秉成，事傅氏能先意承志；秉成死后，朱氏事傅氏更加谨慎小心。傅氏饮食起居，即便是众媳环侍，"非朱氏奉养弗乐也"[5]。朱氏高寿，年近七旬，仍然"趋事氏左右

[1] 成都市地方志编纂委员会、四川大学历史地理研究所整理，《成都旧志》第11册，成都时代出版社，2007年版，第367页。

[2] 成都市地方志编纂委员会、四川大学历史地理研究所整理，《成都旧志》第11册，成都时代出版社，2007年版，第367页。

[3] 成都市地方志编纂委员会、四川大学历史地理研究所整理，《成都旧志》第11册，成都时代出版社，2007年版，第348页。

[4] 成都市地方志编纂委员会、四川大学历史地理研究所整理，《成都旧志》第11册，成都时代出版社，2007年版，第348页。

[5] 成都市地方志编纂委员会、四川大学历史地理研究所整理，《成都旧志》第11册，成都时代出版社，2007年版，第348页。

如恐不及，乡里称为仅见云"[1]。

附：雍傅氏，贡生雍大龄妻。大龄先殁，氏教子孙，惟以勤俭读书为本。乡里有贫者，氏饮助不吝，待戚族颇厚。遇岁饥，命子发米以济困众。咸丰六年，捐助军饷六万五千缗。奏闻，大龄移赠奉政大夫，封氏宜人。子四：秉成，候选州同，秉渊，贡生；秉鉴，五品衔，仅先选用布理问。秉澧，同知衔，候选知县。孙十四人……五世同堂，现年九十有九，尚康强。其媳朱氏，秉成妻，年十八适秉成，事氏能先意承志。及秉成没，朱氏事氏尤谨。氏饮食起居，虽众媳环侍，非朱氏奉养弗乐也。朱氏亦年七旬，趋事氏左右如恐不及，乡里称为仅见云。[2]

【清】事姑以孝，课之游庠——宋泷妻杨氏

杨氏，监生宋泷妻。宋泷的父亲任松潘总镇，居官俭约，家仍寒素。宋泷早殁，杨氏没有子嗣，但决心守节侍奉公婆，她终身綦缟，事姑以孝闻。继侄廷榘为子嗣，训导有方，"课之游庠"。[3]

附：宋杨氏，监生宋泷妻。翁任松潘总镇，居官俭约，家仍寒素。夫殁，终身綦缟，事姑以孝闻。继侄廷榘，课之游庠。[4]

【清】教以义方，口授《毛诗》——洪嘉允妻李氏

李氏，洪嘉允妻，婚后两年，洪嘉允殁，遗子锡绥，尚幼。李氏"上事重闱，务在养志，教子必以义方，口授《毛诗》，为讲解焉"[5]。儿子锡绥后来乡试考中举人。

附：洪李氏，适洪嘉允，二年即称未亡人，遗子锡绥，尚幼。氏上事重闱，务在养志，教子必以义方，口授《毛诗》，为讲解焉，后登贤书。[6]

---

[1] 成都市地方志编纂委员会、四川大学历史地理研究所整理，《成都旧志》第11册，成都时代出版社，2007年版，第348页。

[2] 成都市地方志编纂委员会、四川大学历史地理研究所整理，《成都旧志》第11册，成都时代出版社，2007年版，第348页。

[3] 成都市地方志编纂委员会、四川大学历史地理研究所整理，《成都旧志》第11册，成都时代出版社，2007年版，第367页。

[4] 成都市地方志编纂委员会、四川大学历史地理研究所整理，《成都旧志》第11册，成都时代出版社，2007年版，第367页。

[5] 成都市地方志编纂委员会、四川大学历史地理研究所整理，《成都旧志》第11册，成都时代出版社，2007年版，第367页。

[6] 成都市地方志编纂委员会、四川大学历史地理研究所整理，《成都旧志》第11册，成都时代出版社，2007年版，第367页。

【清】典簪珥慎追远，女红度活为子孙——杨世伦妻冯氏

冯氏，杨世伦妻。生有一子一女。世伦贸易于渝，病殁，冯氏不愿丈夫灵柩在外，典质簪珥，偕子春熙扶柩回省。这时杨家家中十分贫苦，冯氏只能靠女红生活、教子。在冯氏的辛苦养育下，杨家子女孙辈皆长成，孙杨遇霖官至守备，孙杨镜"食饩黉宫"，可谓不负冯氏五十三年之守。[1]

附：杨冯氏，杨世伦妻。生一子一女。世伦贸易于渝，病殁，氏典质簪珥，偕子春熙扶柩回省。家贫，藉女红度活。其孙遇霖仕守备，孙镜蓉食饩（xì）黉（hóng）宫。守节五十三年。[2]

【清】熟读女箴鉴史，侄女辈之师——朱育华妻徐氏

徐氏，朱育华妻，享年80岁。朱育华早卒，徐氏抚侄朱一鸿为嗣，孝事公婆。公婆之丧葬，徐氏尽礼尽孝。徐氏自幼熟读《女箴》《女诫》《鉴史》诸书。晚年归依母家，家中侄女辈都向她学习《女箴》《女诫》《鉴史》这些书。[3]

附：朱徐氏，朱育华妻。夫卒，抚侄一鸿为嗣，孝事翁姑，丧葬尽礼。氏幼熟《女箴》《女诫》《鉴史》诸书。晚依母家，侄女辈咸师之。守节五十二年，寿八十。[4]

【清】孝亲不倦，教子尊师——秦日珍妻田氏

田氏，庠生秦日珍妻。秦早殁，田氏孝养婆婆，并抚侄震和为嗣。婆婆病，田氏"日侍榻旁，检点医药，往往一夜三四起，经旬累月不稍倦"[5]。对待子女，田氏教子，重在尊师，在其教导下，子嗣得以"游庠食饩"。

附：秦田氏，庠生秦日珍妻。夫殁，抚侄震和为嗣。姑病，日侍榻旁，检点医药，往往一夜三四起，经旬累月不稍倦。教子尊师，得以游庠食饩。[6]

[1] 成都市地方志编纂委员会、四川大学历史地理研究所整理，《成都旧志》第11册，成都时代出版社，2007年版，第367页。

[2] 成都市地方志编纂委员会、四川大学历史地理研究所整理，《成都旧志》第11册，成都时代出版社，2007年版，第367页。

[3] 成都市地方志编纂委员会、四川大学历史地理研究所整理，《成都旧志》第11册，成都时代出版社，2007年版，第367页。

[4] 成都市地方志编纂委员会、四川大学历史地理研究所整理，《成都旧志》第11册，成都时代出版社，2007年版，第367页。

[5]《成都市地方志编纂委员会、四川大学历史地理研究所整理，《成都旧志》第11册，成都时代出版社，2007年版，第368页。

[6]《成都市地方志编纂委员会、四川大学历史地理研究所整理，《成都旧志》第11册，成都时代出版社，2007年版，第368页。

【清】篝灯课子，贞心苦志——潘兴科妻李氏

李氏，潘兴科妻。潘兴科殁后，其家甚贫，李氏不畏家贫，守节三十年，孝亲抚子。当时祖母与公爹婆婆都健在，李氏"奉侍重帏，操持井臼，不敢稍自暇逸"，同时教养子女，"每夜篝灯课子，贞心苦志，白首不渝。"[1]

附：潘李氏，潘兴科妻。夫殁后，家甚贫，祖姑暨翁姑俱在，奉侍重帏，操持井臼，不敢稍自暇逸，每夜篝灯课子，贞心苦志，白首不渝。守节三十年。[2]

【清】遇人有患难，必使子佽助——安士俊妻朱氏

朱氏，候选县丞安士俊妻。安士俊病笃，朱氏曾割股和药以进，但最终未能挽回不幸，安士俊早卒，当时朱氏年二十二。朱氏矢志守节，事孀姑杨氏至孝。婆婆殁后，朱氏主持丧葬尽礼，并为姑请旌。朱氏性尤慈惠，"遇人有患难，必使子佽助"[3]。朱氏有子三：长子焕文，湖北天门县典史；次子焕明，监生；三子焕光。有四个孙子。朱氏寿六十有余，敕封孺人。

附：安朱氏，候选县丞安士俊妻。夫病笃，割股和药以进。夫殁，氏年二十二岁，矢志守节，事孀姑杨氏孝。姑殁，丧葬尽礼，并为姑请旌。性尤慈惠，遇人有患难，必使子佽助。有子三：长焕文，湖北天门县典史，次焕明，监生，三焕光。孙四。寿六十余，敕封孺人。[4]

【清】延师训迪，勖以成人——叶宗峦妻徐氏

徐氏，徐希尧之女，叶宗峦之妻。叶宗峦早亡，遗腹生女，徐氏抚长房次子为嗣，但嗣子夭折，徐氏又抚四房次子祖葱为嗣，徐氏重视子女的教育，"延师训迪，勖以成人"[5]。公爹婆婆殁后，徐氏"哀毁骨立，人咸称孝"。守节三十八

---

[1] 成都市地方志编纂委员会、四川大学历史地理研究所整理，《成都旧志》第 11 册，成都时代出版社，2007 年版，第 368 页。

[2]《成都市地方志编纂委员会、四川大学历史地理研究所整理，《成都旧志》第 11 册，成都时代出版社，2007 年版，第 368 页。

[3] 成都市地方志编纂委员会、四川大学历史地理研究所整理，《成都旧志》第 11 册，成都时代出版社，2007 年版，第 369 页。

[4] 成都市地方志编纂委员会、四川大学历史地理研究所整理，《成都旧志》第 11 册，成都时代出版社，2007 年版，第 369 页。

[5] 成都市地方志编纂委员会、四川大学历史地理研究所整理，《成都旧志》第 11 册，成都时代出版社，2007 年版，第 369 页。

年，寿六十余。

附：叶徐氏，徐希尧女，叶宗峦妻。夫故，遗腹生女，抚长房次子为嗣。未几，殇，又抚四房次子祖葱，延师训迪，勖以成人。翁姑殁，哀毁骨立，人咸称孝。苦节三十八年，寿六十余。[1]

【清】羹汤亲调，送子入太学——叶正昆妻范氏

范氏，范廷瑶女，叶正昆妻，生子凤仪。叶正昆早卒，叶家人丁少，没有伯叔，范氏守节近四十年，养亲教子。公爹婆婆病十余年，药饵羹汤无不是范氏亲自调制，公爹婆婆殁后，范氏主持丧葬尽礼。子凤仪入太学。[2]

附：叶范氏，范廷瑶女，叶正昆妻。生子凤仪。夫故，无伯叔，翁姑病十余年，药饵羹汤皆氏亲调，殁后丧葬尽礼。凤仪入太学。守节三十九年。[3]

【清】命子朝夕随侍姑以承欢——戴春魁妻叶氏

叶氏，叶正先女，戴春魁妻。戴春魁早亡，留下二子皆幼，公公婆婆健在。婆婆性刚烈，叶氏小心服侍公婆二十余年，从没有发生什么不高兴的事，叶氏常命两子"朝夕随侍以承欢"。[4]

附：戴叶氏，叶正先女，戴春魁妻。夫故，二子皆幼，翁姑俱存。姑性刚烈，氏小心服侍二十余年无所忤，常命二子朝夕随侍以承欢。守节三十三年。[5]

【清】教诲诸侄，日课孙曾以诗书——徐逢瑞妻王氏

王氏，王兴谟女，徐逢瑞妻，享年85岁。王氏年蒨而嫠，守节五十八年。王氏抚养徐逢瑞胞兄之子为嗣。王氏通文翰，诸侄辈咸资教诲，晚年垂暮，"犹

---

[1] 成都市地方志编纂委员会、四川大学历史地理研究所整理，《成都旧志》第11册，成都时代出版社，2007年版，第369页。

[2] 成都市地方志编纂委员会、四川大学历史地理研究所整理，《成都旧志》第11册，成都时代出版社，2007年版，第369页。

[3] 成都市地方志编纂委员会、四川大学历史地理研究所整理，《成都旧志》第11册，成都时代出版社，2007年版，第369页。

[4] 成都市地方志编纂委员会、四川大学历史地理研究所整理，《成都旧志》第11册，成都时代出版社，2007年版，第369页。

[5] 成都市地方志编纂委员会、四川大学历史地理研究所整理，《成都旧志》第11册，成都时代出版社，2007年版，第369页。

日课孙曾以诗书"[1]，子孙中有经考试取入府、州、县学为生员的。

附：徐王氏，王兴谟女，徐逢瑞妻。年蒨而嫠，抚夫胞兄子为嗣。氏通文翰，诸侄辈咸资教诲，年垂暮，犹日课孙曾以诗书，有入庠者。守节五十八年，寿八十有五。[2]

【清】儿子成立，率由母训——盛世熙妻刘氏

刘氏，刘有容女，盛世熙妻。年十七守寡，有一子，尚在襁褓之中，公爹婆婆俱在，刘氏养亲训子，"奉侍维谨"，《成都旧志》记载："子成立，率由母训。"[3]

附：盛刘氏，刘有容女，盛世熙妻。年十七即称未亡人，遗一子，未离襁褓，舅姑俱在，奉侍维谨，子成立，率由母训。守节三十三年。[4]

【清】教子使各务本业——喻德彰妻王氏

王氏，王忠美的女儿，喻德彰之妻。生有二子。家计淡泊。喻德彰殁后，家中更加困窘，"薄粥几不能具。"王氏养子，朝夕勤劳，不以艰辛改意："教子使各务本业。"[5]

附：喻王氏，王忠美女，喻德彰妻。生子二。家计淡泊，夫卒，益窘，薄粥几不能具。氏朝夕勤劳，不以艰辛改意。教子使各务本业。[6]

【清】事亲以孝，教子有方——杨慎思妻王氏

王氏，王星明女，杨慎思妻。年二十二守寡，遗子嘉福、嘉元。王氏矢志不

---

[1] 成都市地方志编纂委员会、四川大学历史地理研究所整理，《成都旧志》第 11 册，成都时代出版社，2007 年版，第 370 页。

[2] 成都市地方志编纂委员会、四川大学历史地理研究所整理，《成都旧志》第 11 册，成都时代出版社，2007 年版，第 370 页。

[3] 成都市地方志编纂委员会、四川大学历史地理研究所整理，《成都旧志》第 11 册，成都时代出版社，2007 年版，第 370 页。

[4] 成都市地方志编纂委员会、四川大学历史地理研究所整理，《成都旧志》第 11 册，成都时代出版社，2007 年版，第 370 页。

[5] 成都市地方志编纂委员会、四川大学历史地理研究所整理，《成都旧志》第 11 册，成都时代出版社，2007 年版，第 370 页。

[6] 成都市地方志编纂委员会、四川大学历史地理研究所整理，《成都旧志》第 11 册，成都时代出版社，2007 年版，第 370 页。

渝，养亲教子为志，"事亲以孝，教子有方，乡里贤之。"[1]

　　附：杨王氏，王星明女，杨慎思妻。年二十二，夫故，遗子嘉福、嘉元，矢志不渝，事亲以孝，教子有方，乡里贤之。[2]

【清】教子以耕以读——张信妻伍氏

　　伍氏，张信妻，享年82岁。结婚未久，丈夫即离世，由此守节六十年。张信遗有二子，伍氏尽心鞠育。伍氏侍奉公公婆婆，"甘旨不缺"，伍氏训子，"教子以耕以读。"[3]

　　附：张伍氏，张信妻。结缡未久，即称未亡人。遗子二，尽心鞠育。事翁姑，甘旨不缺，教子以耕以读。守节六十年，寿八十有二。[4]

【清】奉养周至，教三子皆有成——王寿妻刘氏

　　刘氏，刘永昌女，王寿妻。刘氏本性慈惠，持身有度。王寿殁后，遗有三子。刘氏孝亲养子。其家不甚丰裕，但是刘氏养翁姑奉养周至，"教三子，皆有成。"[5] 长子仕诚，"援例从九"。

　　附：王刘氏，刘永昌女，王寿妻。性慈惠，持身有度。夫殁，遗三子。家不甚丰，氏事翁姑，奉养周至，教三子，皆有成，长仕诚，援例从九。[6]

【清】善待亲族，遇贫苦辄恤之——蒲万雄妻王氏

　　王氏，蒲万雄妻。蒲万雄早亡，遗下一子声远，王氏尽心鞠育，并孝敬侍奉

[1] 成都市地方志编纂委员会、四川大学历史地理研究所整理，《成都旧志》第11册，成都时代出版社，2007年版，第370页。

[2] 成都市地方志编纂委员会、四川大学历史地理研究所整理，《成都旧志》第11册，成都时代出版社，2007年版，第370页。

[3] 成都市地方志编纂委员会、四川大学历史地理研究所整理，《成都旧志》第11册，成都时代出版社，2007年版，第370页。

[4] 成都市地方志编纂委员会、四川大学历史地理研究所整理，《成都旧志》第11册，成都时代出版社，2007年版，第370页。

[5] 成都市地方志编纂委员会、四川大学历史地理研究所整理，《成都旧志》第11册，成都时代出版社，2007年版，第370页。

[6] 成都市地方志编纂委员会、四川大学历史地理研究所整理，《成都旧志》第11册，成都时代出版社，2007年版，第370页。

公爹婆婆，"孝养无违"；同时，王氏"善待亲族，遇贫苦辄恤之。"[1]

　　附：蒲王氏，蒲万雄妻。夫故，有子声远，尽心鞠育，事翁姑，孝养无违，善待亲族，遇贫苦辄恤之。[2]

【清】约束最严，有贤母风——李友文妻黄氏

　　黄氏，李友文妻。李友文殁，遗子春暄。婆婆同情儿媳年幼，令她再嫁，但黄氏不从，决心守节，孝亲养子。黄氏侍奉婆婆谨慎小心，教育子女，有贤母之风。《成都旧志》记载："（黄氏）子稍长，出就外傅，约束最严，有贤母风。"[3]

　　附：李黄氏，李友文妻。夫殁，遗子春暄。姑怜其幼，令他适，氏不从，事姑愈谨。子稍长，出就外傅，约束最严，有贤母风。守节三十五年。[4]

【清】妇职自当如是，表何为耶——张庆鸿妻赖氏

　　赖氏，张庆鸿妻，享年 75 岁。庆鸿早亡，公爹婆婆健在，赖氏针黹奉养至孝，孀居守礼近五十年，教子有方。有人想为她请旌表，赖氏曰："妇职自当如是，表何为耶？"[5]

　　附：张赖氏，张庆鸿妻。夫故，翁姑在堂，赖氏针黹奉养，孀居守礼，教子有方。或欲上其事以请，氏曰：妇职自当如是，表何为耶？守节四十七年，寿七十有五。[6]

【清】课子大兴，严如师保——武得士妻傅氏

　　傅氏，武得士妻。年十六即寡居，当时，公爹婆婆健在，傅氏克尽孝养，持

---

[1] 成都市地方志编纂委员会、四川大学历史地理研究所整理，《成都旧志》第 11 册，成都时代出版社，2007 年版，第 372 页。

[2] 成都市地方志编纂委员会、四川大学历史地理研究所整理，《成都旧志》第 11 册，成都时代出版社，2007 年版，第 372 页。

[3] 成都市地方志编纂委员会、四川大学历史地理研究所整理，《成都旧志》第 11 册，成都时代出版社，2007 年版，第 372-273 页。

[4] 成都市地方志编纂委员会、四川大学历史地理研究所整理，《成都旧志》第 11 册，成都时代出版社，2007 年版，第 372-273 页。

[5] 成都市地方志编纂委员会、四川大学历史地理研究所整理，《成都旧志》第 11 册，成都时代出版社，2007 年版，第 373 页。

[6] 成都市地方志编纂委员会、四川大学历史地理研究所整理，《成都旧志》第 11 册，成都时代出版社，2007 年版，第 373 页。

身以礼，同时"课子大兴，严如师保。"[1] 含辛茹苦三十八年。

附：武傅氏，武得士妻。年十六而寡，翁姑咸在，克尽孝养，持身以礼，课子大兴，严如师保。茹苦三十八年。[2]

【清】放弃家产，至孝继姑——王廷相妻安氏

安氏，从九品王儒宁长子廷相妻。廷相继母李氏容不下廷相夫妻。后来，继母李氏生子，安氏把自己的儿子放到一边去照顾这个小叔叔。王廷相死后，李氏对安氏更加暴虐。公爹王儒宁殁，继母李氏恐安氏的儿子均分其家产，用计将他们母子逐出家庭，安氏带着儿子另外开火支灶。继母死后，没有殓具，安氏典当钗饰，这才给她备了具棺，殓葬如礼。安氏有孙女，嫁崇宁举人李辛。[3]

附：王安氏，从九王儒宁长子廷相妻。舆夫恒不容于继姑李。李生子，氏置己子乳之。夫死，李遇之益虐。翁卒，李恐氏子均分其产，以计逐之，氏率子另爨。继姑殁，无殓具，氏典钗饰始具棺，殓葬如礼。有孙女适李辛，崇宁举人。[4]

【清】以小学、《孝经》诸书课子——郑维纯妻陈氏

陈氏，郑维纯妻。刚刚生下儿子泽溥，郑维纯便亡故了，时陈氏年十九。陈氏柏舟自矢，"以小学、孝经诸书课泽溥"[5]。

附：郑陈氏，郑维纯妻。甫生子泽溥，夫故，氏年十九，柏舟自矢，以小学、孝经诸书课泽溥。[6]

---

[1] 成都市地方志编纂委员会、四川大学历史地理研究所整理，《成都旧志》第11册，成都时代出版社，2007年版，第374页。

[2] 成都市地方志编纂委员会、四川大学历史地理研究所整理，《成都旧志》第11册，成都时代出版社，2007年版，第374页。

[3] 成都市地方志编纂委员会、四川大学历史地理研究所整理，《成都旧志》第11册，成都时代出版社，2007年版，第374页。

[4] 成都市地方志编纂委员会、四川大学历史地理研究所整理，《成都旧志》第11册，成都时代出版社，2007年版，第374页。

[5] 成都市地方志编纂委员会、四川大学历史地理研究所整理，《成都旧志》第11册，成都时代出版社，2007年版，第374页。

[6] 成都市地方志编纂委员会、四川大学历史地理研究所整理，《成都旧志》第11册，成都时代出版社，2007年版，第374页。

【清】纺绩度日，课子成立——沈德隆妻朱氏

朱氏，沈德隆妻，享年 67 岁。朱氏生性端庄简朴，早寡。家中贫苦，其子年幼，朱氏不以为意，守节教子，"纺绩度日，课子成立"[1]，亲族都认为她是一位贤母。

附：沈朱氏，沈德隆妻。庄俭性成，情蒨一娄。家贫子幼，不以为意，纺绩度日，课子成立，族戚贤之。寿六十有七。[2]

【清】勤于操作，课读维严——田世辅妻宋氏

宋氏，监生田世辅妻，享年 80 岁。田世辅早殁，宋氏年二十，其子杰尚在襁褓，宋氏励志冰霜，抚养幼子。宋氏勤于操作，待子稍长，她督促儿子学习，要求儿子完成父亲遗愿，"课读维严"，她说："尔父志也，善体之，尔为肖子，我为节妇。"[3] 后来，田杰由温江廪生领嘉庆丁卯乡荐，大挑一等，任浙江邵州府太平县知县。

附：田宋氏，监生田世辅妻。二十而寡，子杰甫三月，氏励冰霜，勤操作，子长，课读维严，尝曰：尔父志也，善体之，尔为肖子，我为节妇。后杰由温江廪生领嘉庆丁卯乡荐，大挑一等，任浙江邵州府太平县知县。寿八十。[4]

【清】以班《箴》、宋《诫》为女训——萧基珍妻万氏

万氏，萧基珍妻。萧基珍殁，遗下一女。万氏自励清操，"以班《箴》、宋《诫》为女训"。女长成，嫁婿家以孝闻，"盖氏之善教有素也"[5]。

附：萧万氏，萧基珍妻。夫殁，无子，遗一女。自励清操，以班《箴》、宋

---

[1] 成都市地方志编纂委员会、四川大学历史地理研究所整理，《成都旧志》第 11 册，成都时代出版社，2007 年版，第 375 页。

[2] 成都市地方志编纂委员会、四川大学历史地理研究所整理，《成都旧志》第 11 册，成都时代出版社，2007 年版，第 375 页。

[3] 成都市地方志编纂委员会、四川大学历史地理研究所整理，《成都旧志》第 11 册，成都时代出版社，2007 年版，第 376 页。

[4] 成都市地方志编纂委员会、四川大学历史地理研究所整理，《成都旧志》第 11 册，成都时代出版社，2007 年版，第 375-376 页。

[5] 成都市地方志编纂委员会、四川大学历史地理研究所整理，《成都旧志》第 11 册，成都时代出版社，2007 年版，第 376 页。

《诫》为女训。女后归婿家，以孝闻，盖氏之善教有素也。[1]

【清】教养兼至，殷勤训迪——何文藻妻张氏

张氏，何文藻妻，享年 72 岁。何家家计萧条，而且云南、四川社会不安定，张氏"立志抚子，教养兼至"，后来，儿子获游胶庠。不幸儿子病殁，遗下一孙何冲汉，张氏"复殷勤训迪，亦复食饩。"[2]

附：何张氏，何文藻妻。家计萧条，兼以滇氛不靖，氏立志抚子，教养兼至，获游胶庠。子病殁，遗一孙冲汉，氏复殷勤训迪，亦复食饩。寿七十有二。[3]

【清】不辞艰苦，供师修脯——董怀妻罗氏

罗氏，董怀妻，董怀殁，其子正宗刚刚三岁，家计淡泊，罗氏勤于女红，抚育幼子。等到入塾，儿子正宗喜欢读书，罗氏"不辞艰苦，供师修脯"[4]，尊师重教，其子正宗"获游庠食饩"。

附：董罗氏，董怀妻，夫卒，子正宗甫三岁，家甚贫，氏勤女红鞠育之，及正宗入塾喜读，氏不辞艰苦，供师修脯，遂获游庠食饩。[5]

【清】励志抚教，生平多隐德——李裴妻杨氏

杨氏，李裴妻，享年 98 岁。杨氏有四子，李裴卒，杨氏励志抚养、教育幼子。后来，长子兴高，列邑庠。后来，又得八孙，十一曾孙，二玄孙，五世同堂。杨氏生平"多隐德"，有一次与丈夫一起省亲，误堕水中，杨氏被冲了十余里远，有幸被救，后五世同堂，高寿至九十有八。[6]

[1] 成都市地方志编纂委员会、四川大学历史地理研究所整理，《成都旧志》第 11 册，成都时代出版社，2007 年版，第 376 页。

[2] 成都市地方志编纂委员会、四川大学历史地理研究所整理，《成都旧志》第 11 册，成都时代出版社，2007 年版，第 376 页。

[3] 成都市地方志编纂委员会、四川大学历史地理研究所整理，《成都旧志》第 11 册，成都时代出版社，2007 年版，第 376 页。

[4] 成都市地方志编纂委员会、四川大学历史地理研究所整理，《成都旧志》第 11 册，成都时代出版社，2007 年版，第 376 页。

[5] 成都市地方志编纂委员会、四川大学历史地理研究所整理，《成都旧志》第 11 册，成都时代出版社，2007 年版，第 376 页。

[6] 成都市地方志编纂委员会、四川大学历史地理研究所整理，《成都旧志》第 11 册，成都时代出版社，2007 年版，第 382 页。

附：李杨氏，李裴妻，有四子，励志抚教，长兴高，列邑庠。得孙八，曾孙十一，玄孙二，五世同堂。氏生平多隐德，尝省亲归，与夫误堕水，氏被冲十余里，被救起，犹生。寿至九十有八。[1]

【清】临终训子，忠孝传家——汤万年妻易氏

易氏，处士易开吉女，汤万年妻。易氏自幼知书，是个才女。其丈夫汤万年以行伍至都司。汤万年病中，易氏曾割股疗救。后来汤万年任署懋（mào）功副将，途次沙坝时病故。此地距家千里，其子联升年仅十岁，易氏携子扶榇（chèn）还葬，与子结庐守墓。易氏"孝事翁姑，教子成立，积劳成疾"，临终训子："冰霜守节完吾事，忠孝传家望尔曹。"[2]。她的儿子官至建昌中营守备。

附：汤易氏，处士易开吉女，汤万年妻。幼知书，万年以行伍至都司，疾，氏割股愈之。旋署懋功副将，途次沙坝病故，距家千里，子联升仅十岁，氏携子扶榇还葬，与子庐墓。孝事翁姑，教子成立，积劳成疾，临终训子曰："冰霜守节完吾事，忠孝传家望尔曹。"子官建昌中营守备。[3]

【清】励志苦守，教子不废儒业——陈萱德妻赵氏

赵氏，廪生陈萱德妻，育有二子秀涓、秀潾。陈萱德殁，其家贫苦，赵氏励志苦守，"教子不废儒业"[4]，守节三十八年。

附：陈赵氏，廪生陈萱德妻。举子秀涓、秀潾。夫殁，家贫，励志苦守，教子不废儒业。持节三十八年。[5]

---

[1] 成都市地方志编纂委员会、四川大学历史地理研究所整理，《成都旧志》第 11 册，成都时代出版社，2007 年版，第 382 页。

[2] 成都市地方志编纂委员会、四川大学历史地理研究所整理，《成都旧志》第 11 册，成都时代出版社，2007 年版，第 383 页。

[3] 成都市地方志编纂委员会、四川大学历史地理研究所整理，《成都旧志》第 11 册，成都时代出版社，2007 年版，第 383 页。

[4] 成都市地方志编纂委员会、四川大学历史地理研究所整理，《成都旧志》第 11 册，成都时代出版社，2007 年版，第 382 页。

[5] 成都市地方志编纂委员会、四川大学历史地理研究所整理，《成都旧志》第 11 册，成都时代出版社，2007 年版，第 382 页。

【清】孝亲甘旨必亲奉，教子勤习诗书——钟瑛相妻吴氏

吴氏，钟瑛相妻，享年 92 岁。瑛相殁，吴氏"以养亲抚子为己任"。吴氏为妇至孝，家中虽富饶丰裕，但对公婆所食"甘旨必亲奉"。吴氏重视子教，她教子树芹、树坤、树琪、树功"勤习诗书"[1]，列于胶庠。

附：钟吴氏，钟瑛相妻。夫殁，以养亲抚子为己任，家虽饶裕，堂上甘旨必亲奉。教子树芹、树坤、树琪、树功勤习诗书，半列胶庠。寿九十有二。[2]

【清】教子力勤耕读，不吝族邻——傅尚义妻王氏

王氏，傅尚义妻。尚义殁，王氏矢志守节，善事公爹婆婆。后来婆婆失明，王氏侍奉婆婆更加谨慎小心，由此过了十八年，婆婆心里没有一件不惬意的事。王氏教子鹏翔、鹏翯，"力勤耕读"，而且善待他人，"族邻有贫困者，推解不吝"[3]。

附：傅王氏，傅尚义妻。夫殁，矢志守节，善事舅姑。舅卒，姑失明，事之愈谨，历十八载，姑无一不惬意事。教子鹏翔、鹏翯，力勤耕读，族邻有贫困者，推解不吝。[4]

【清】立心不二，篝灯教子——钟高振妻曾氏

曾氏，钟高振妻。曾氏十岁便成为童养媳，十六岁与钟高振完婚，有子松山。曾氏至孝而重于礼，公爹婆婆去世，她助高振丧葬尽礼。高振卒，曾氏立心不再嫁，从此"篝灯教子"[5]，备受辛苦，后来以劳瘁终。

附：钟曾氏，钟高振妻。十岁，童养夫家，阅六载乃婚。翁姑卒，佐高振丧

---

[1] 成都市地方志编纂委员会、四川大学历史地理研究所整理，《成都旧志》第 11 册，成都时代出版社，2007 年版，第 384 页。

[2] 成都市地方志编纂委员会、四川大学历史地理研究所整理，《成都旧志》第 11 册，成都时代出版社，2007 年版，第 384 页。

[3] 成都市地方志编纂委员会、四川大学历史地理研究所整理，《成都旧志》第 11 册，成都时代出版社，2007 年版，第 384 页。

[4] 成都市地方志编纂委员会、四川大学历史地理研究所整理，《成都旧志》第 11 册，成都时代出版社，2007 年版，第 384 页。

[5] 成都市地方志编纂委员会、四川大学历史地理研究所整理，《成都旧志》第 11 册，成都时代出版社，2007 年版，第 386 页。

葬尽礼，生子松山。夫殁，立心不二，篝灯教子，以劳瘁终。[1]

【清】三女三侄，鞠养训诲——谢承恩妻李氏

李氏，知州李元勋女，谢承恩妻，育有三女。谢承恩卒，李氏抚养侄子谢廷栋为嗣，"上奉翁姑，下育幼子。"谢承恩的弟弟、弟妇相继亡殁，遗下二子无所依靠，李氏"鞠养训诲，皆克成立。"[2]

附：谢李氏，知州李元勋女，归谢承恩，育三女而夫故，抚侄廷栋为嗣。上奉翁姑，下育幼子。夫弟、弟妇相继殁，遗二子无所依，氏鞠养训诲，皆克成立。[3]

【清】课子以读，恒以纺绩伴之——黎道修妻薛氏

薛氏，黎道修妻，生子载隆。黎道修殁，薛氏矢忠不再嫁，侍奉公爹婆婆。婆婆病，奉养更为谨慎。公爹婆婆殁，薛氏窆葬尽礼。另外，薛氏课子读书，教子有道，"恒以纺绩伴之"[4]。

附：黎薛氏，黎道修妻。生子载隆。夫殁，氏矢忠不二，曲事翁姑。姑病，奉养尤谨。厥后相接殁，窆葬尽礼。氏课子读，恒以纺绩伴之。[5]

【清】至孝养亲，纺绩助读——曾国斌妻邓氏

邓氏，曾国斌妻。国斌殁，遗下儿子潮角，这时幼子还不到八岁，而公爹婆婆都已经衰老。邓氏自励厥志，"不以贫故缺甘旨"，公爹婆婆得以终养天年。公爹婆婆死后，邓氏茕茕无依，回到娘家，"以纺绩助子读书"[6]。

[1] 成都市地方志编纂委员会、四川大学历史地理研究所整理，《成都旧志》第11册，成都时代出版社，2007年版，第386页。
[2] 成都市地方志编纂委员会、四川大学历史地理研究所整理，《成都旧志》第11册，成都时代出版社，2007年版，第386页。
[3] 成都市地方志编纂委员会、四川大学历史地理研究所整理，《成都旧志》第11册，成都时代出版社，2007年版，第386页。
[4] 成都市地方志编纂委员会、四川大学历史地理研究所整理，《成都旧志》第11册，成都时代出版社，2007年版，第388页。
[5] 成都市地方志编纂委员会、四川大学历史地理研究所整理，《成都旧志》第11册，成都时代出版社，2007年版，第388页。
[6] 成都市地方志编纂委员会、四川大学历史地理研究所整理，《成都旧志》第11册，成都时代出版社，2007年版，第388页。

附：曾邓氏，曾国斌妻。夫殁，遗子潮角，犹未总角，翁姑衰老，氏自励厥志，不以贫故缺甘旨，终养。后茕茕无依，归母家，以纺绩助子读书。[1]

【清】教诲其子，惟以耕读——王明妻盛氏

盛氏，王明妻。王明殁，遗下子道远。盛氏孝事公爹婆婆十余年，"至窆祀，孝敬不衰"；教诲其子"惟以耕读"。[2]

附：王盛氏，王明妻。夫殁，有子道远。氏事舅姑十余载，至窆祀，孝敬不衰。诲其子惟以耕读。[3]

【清】教侄如子，不事姑息——黎裔隆妻廖氏

廖氏，黎裔隆妻。黎裔隆殁，廖氏守节养亲。廖氏事翁姑以孝闻，教子光玉，不可苟且求安。黎裔隆弟妇蔡氏新寡，廖氏便请她搬过来与自己同住，妯娌关系很好，寝处数十年无间。廖氏"教侄如子，子侄均得成所立"[4]。

附：黎廖氏，黎裔隆妻。夫殁，守节，事翁姑以孝闻，教子光玉，不事姑息。弟妇蔡新寡，携与同室，寝处数十年无间，教侄如子，均得成立。[5]

【清】训子与侄，均得有成——黎赐隆妻蔡氏

蔡氏，黎赐隆妻。黎赐隆殁时，蔡氏年仅十八岁。蔡氏抚侄光穆为嗣，与嫂廖氏同励冰操，同居一室，和睦相处，侍奉公爹婆婆克尽天年，教养子侄，"均得有成"[6]。

附：黎蔡氏，黎赐隆妻。夫殁时，年甫十八，抚侄光穆为嗣，事翁姑至孝，

[1] 成都市地方志编纂委员会、四川大学历史地理研究所整理，《成都旧志》第11册，成都时代出版社，2007年版，第388页。

[2] 成都市地方志编纂委员会、四川大学历史地理研究所整理，《成都旧志》第11册，成都时代出版社，2007年版，第388页。

[3] 成都市地方志编纂委员会、四川大学历史地理研究所整理，《成都旧志》第11册，成都时代出版社，2007年版，第388页。

[4] 成都市地方志编纂委员会、四川大学历史地理研究所整理，《成都旧志》第11册，成都时代出版社，2007年版，第388页。

[5] 成都市地方志编纂委员会、四川大学历史地理研究所整理，《成都旧志》第11册，成都时代出版社，2007年版，第388页。

[6] 成都市地方志编纂委员会、四川大学历史地理研究所整理，《成都旧志》第11册，成都时代出版社，2007年版，第388页。

皆克尽天年，与其寡嫂同励冰操，训子与侄，均得有成。[1]

【清】美食以养姑，与子惟餐粗粝——曾儒学妻周氏

周氏，曾儒学妻。生有二子，即长生、永生。曾儒学亡故，家中贫苦，婆婆已经衰老，周氏砥志自奋，勤于纺绩，并通诗书，"或为人女师，凡有所得，必市美食以养姑，而己与子惟餐粗粝。"[2]

附：曾周氏，曾儒学妻。育子长生、永生。夫故，家贫，衰姑在堂，砥志自奋，勤于纺绩，并通诗书，或为人女师，凡有所得，必市美食以养姑，而己与子惟餐粗粝。[3]

【清】终养二老，教子半读半耕——刘明宗妻张氏

张氏，刘明宗妻。张氏亡故时，公爹婆婆已经衰老，四子尚年幼无知。张氏毅然决定养亲教子，既终养二老，又不令子女辍学，由于家境苦难，便"教子半读半耕"[4]，家计才稍稍宽裕。

附：刘张氏，刘明宗妻。夫故，翁姑衰老，四子稚而无知，氏毅然自守，终养二老，教子半读半耕，家计稍裕。历节三十三年。[5]

【清】诚事姑，和处家，济里党——刘志泰妻蓝氏

蓝氏，郫邑武庠蓝永清女，刘志泰妻，享年七十余岁。蓝家向来宽裕，家族亦繁盛众多。蓝永清殁后，蓝氏养亲教子，"诚以事姑，和以处家，遇岁歉，出粟济里党"[6]。蓝氏有子肇兴、继兴，"次子义叙从九衔"。

---

[1] 成都市地方志编纂委员会、四川大学历史地理研究所整理，《成都旧志》第11册，成都时代出版社，2007年版，第388页。

[2] 成都市地方志编纂委员会、四川大学历史地理研究所整理，《成都旧志》第11册，成都时代出版社，2007年版，第388页。

[3] 成都市地方志编纂委员会、四川大学历史地理研究所整理，《成都旧志》第11册，成都时代出版社，2007年版，第388页。

[4] 成都市地方志编纂委员会、四川大学历史地理研究所整理，《成都旧志》第11册，成都时代出版社，2007年版，第389页。

[5] 成都市地方志编纂委员会、四川大学历史地理研究所整理，《成都旧志》第11册，成都时代出版社，2007年版，第389页。

[6] 成都市地方志编纂委员会、四川大学历史地理研究所整理，《成都旧志》第11册，成都时代出版社，2007年版，第389页。

附：刘蓝氏，郫邑武庠蓝永清女，适刘志泰，生子肇兴、继兴，家素封，族亦蕃衍。夫殁，诚以事姑，和以处家，遇岁歉，出粟济里党。次子义叙从九衔。守节四十五年。寿七十余。[1]

【清】守节凛冰霜，鸣官求抚子——秦国政妻王氏

王氏，秦国政妻。自幼慧，八岁失去依靠，国政父聘其为养媳。结婚仅数日，国政之父母相继亡殁。国政早殁，子尚在孩提，家中仅有数亩贫瘠的田地，恶邻又暗中侵占。王氏有两个婆婆，向来比较强悍，屡次逼王氏再嫁。有一天，婆婆偕客以肩舆来，互相耳语，王氏知道有变，假装到厨房煎茶，"急取儿以绳坠墙外"，王氏随着翻出墙，背着儿子疾行，问道到县衙，向县宰安公洪德泣诉。县宰拘拿并重责了两个婆婆，还给王氏发了印照，"谓二姑与邻若怙恶不悛，执此鸣官可也"[2]。又给孺子赐名文元，手书"节凛冰霜"四字匾于王氏之门，以嘉其节。后来，儿子文元长成而立，娶妻生子，王氏有四孙，长孙大正，入武庠；次孙万春，乾隆己酉（1765）科武举。曾孙家珍，亦领武解；余入文武庠者多。王氏年登耄耋，无疾而终。

附：秦王氏，秦国政妻。幼慧，八岁失所依，国政父聘为养媳。合卺数日，翁姑相继殁。子甫三岁，国政亡，仅余瘠土数亩，恶邻又阴侵之。氏有二姑，素强悍，屡逼以嫁。一日，姑偕客以肩舆来，互相耳语，氏知有变，诡入厨煎茶，急取儿以绳坠墙外，氏随踰出，负儿疾行，问道诣县，泣诉县宰安公洪德。宰拘二姑，重责，给氏印照，谓二姑与邻若怙恶不悛，执此鸣官可也。又锡孺子名文元，手书"节凛冰霜"四字匾于门，以嘉其节。文元成立，完娶，有四孙，长大正，入武庠；次万春，乾隆己酉科武举。曾孙家珍，亦领武解，余入文武庠者多。氏年登耄耋，无疾而终。[3]

[1] 成都市地方志编纂委员会、四川大学历史地理研究所整理，《成都旧志》第11册，成都时代出版社，2007年版，第389页。

[2] 成都市地方志编纂委员会、四川大学历史地理研究所整理，《成都旧志》第11册，成都时代出版社，2007年版，第391页。

[3] 成都市地方志编纂委员会、四川大学历史地理研究所整理，《成都旧志》第11册，成都时代出版社，2007年版，第391页。

【清】抚养前室之子，爱之如己出——范维义继室范氏

新都范维义继室，抚养前室之子，"爱之如己出"。维义喜曰："今而后吾不以家为恤矣。"[1]

【清】督课其子，纺绩以助膏火——赖文炳妻冯氏

冯氏，新都冯道通之女，赖文炳之妻。冯道通学识渊博，是一位很有修养的学者；文炳也是廪生，两家都以儒学为业。冯氏耳濡目染，亦爱好诗书，常为夫伴读，以"勤学问曰志远大时相劝勉。"[2]文炳早亡，冯氏有一子，督课其子，纺绩以助膏火。子秉承母教，学业日进，"亦有声于时矣"[3]。

【清】不事奢华，而厚于待师——诸炯妻王氏

王氏，诸炯之妻，享年92岁。诸炯好文学，为上舍生。诸炯殁，王氏持节，抚孤训子，希望他们完成其父遗志。王氏平时生活简朴，但对儿子的教师却给予厚待，"不事奢华，而厚于待师"[4]。她的第三个儿子诸维堂，早岁入庠食廪饩，王氏曰："此汝父心也，益勉之。"[5]长子维汉，次子维烈，亦承担家事，孝顺母亲。

附：诸王氏，诸炯之妻。炯好文学，为上舍生，炯卒，氏持节抚孤，不事奢华，而厚于待师。三子维堂，早岁入庠食廪饩，氏曰：此汝父心也。益勉之。长维汉，次维烈，亦克家，寿九十有二。[6]

【清】严于色笑，爱惜物力——彭大洳妻王氏

王氏，彭大洳妻，享年寿七十有余。彭大洳殁，遗下一子洪映。王氏矢志守

---

[1]《新都县志（五）·人物下·节妇传》第五编，民国十八年（1929年）印本，第35页。

[2]《新都县志（五）·人物下·节妇传》第五编，民国十八年（1929年）印本，第39页。

[3]《新都县志（五）·人物下·节妇传》第五编，民国十八年（1929年）印本，第40页。

[4] 成都市地方志编纂委员会、四川大学历史地理研究所整理，《成都旧志》第11册，成都时代出版社，2007年版，第391页。

[5] 成都市地方志编纂委员会、四川大学历史地理研究所整理，《成都旧志》第11册，成都时代出版社，2007年版，第391页。

[6] 成都市地方志编纂委员会、四川大学历史地理研究所整理，《成都旧志》第11册，成都时代出版社，2007年版，第391页。

节，孝慈兼备。王氏"事姑孝，育子慈"[1]。后来王氏又得三孙，二曾孙。王氏犹严色笑，生平爱惜物力，绝不暴殄。

附：彭王氏，彭大洧妻。有子洪映。夫殁，矢志守节，事姑孝，育子慈，得孙三，曾孙二。氏犹严色笑，生平爱惜物力，绝不暴殄。守节五十余年，寿七十余。[2]

【清】妯娌和睦，爱侄逾己出——张极明妻舒氏

舒氏，舒扶九女，张极明妻，陕西候补知县张拱端次媳。舒氏生有二子一女。张极明殁，舒氏誓志守节。婆婆病中，舒氏与嫂氏尽心调护。嫂殁，遗下幼小的子女，舒氏爱逾己出。[3]

附：张舒氏，舒扶九女，张极明妻，陕西候补知县张拱端次媳也。生子二、女一。夫殁，誓志守节。姑病，同嫂氏尽心调护。嫂卒，遗子女皆幼，爱逾己出。[4]

【清】量材而授以业——戴棹魁妻叶氏

叶氏，戴棹魁妻，生子成亨、成铣。戴棹魁殁，叶氏至孝，奉养公婆，终获天年。叶氏育子成立，"量材而授以业。"[5]

附：戴叶氏，戴棹魁妻。生子成亨、成铣。夫殁，翁姑赖其奉养，获终天年。子成立，量材而授以业。坚操三十三年。[6]

---

[1] 成都市地方志编纂委员会、四川大学历史地理研究所整理，《成都旧志》第 11 册，成都时代出版社，2007 年版，第 391 页。

[2] 成都市地方志编纂委员会、四川大学历史地理研究所整理，《成都旧志》第 11 册，成都时代出版社，2007 年版，第 391 页。

[3] 成都市地方志编纂委员会、四川大学历史地理研究所整理，《成都旧志》第 11 册，成都时代出版社，2007 年版，第 392 页。

[4] 成都市地方志编纂委员会、四川大学历史地理研究所整理，《成都旧志》第 11 册，成都时代出版社，2007 年版，第 392 页。

[5] 成都市地方志编纂委员会、四川大学历史地理研究所整理，《成都旧志》第 11 册，成都时代出版社，2007 年版，第 392 页。

[6] 成都市地方志编纂委员会、四川大学历史地理研究所整理，《成都旧志》第 11 册，成都时代出版社，2007 年版，第 392 页。

【清】事母维谨，训子维严，不稍宽待——刘枢妻任氏

任氏，刘枢妻。任氏十八岁时，刘枢即殁，刘枢母黄氏，也是曾经两次割股疗救其亲疾的贤母，任氏对她甚为孝顺，"事之维谨"。刘家中落，任氏极力摒挡，不使婆婆萦念挂心。任氏"训子严，不稍宽待"[1]。婆婆殁时，任氏忙于经营丧葬，积劳成疾。

附：刘任氏，刘枢妻。年十八，夫殁，其姑黄，即两次割疗亲疾者，氏事之维谨。会家中落，极力摒挡，不使姑萦念。训子严，不稍宽待。姑殁，趣经营丧葬，积劳成疾。[2]

【清】得一读书子为婿——杨秀春妻刘氏

刘氏，陕西人，杨秀春妻，自幼随父经营商贸迁居于蜀。生女刚七月，丈夫秀春病重，弥留之际，说："半世飘零，仅此一脉。我死，去留由汝，但当寄女外家，长成得一读书子为婿，无憾矣。"[3] 刘氏泣血以守自誓不再改嫁。母熊氏，寡而无依，也一起迎至家中孝养，并为其抚养一个孙男承桃。女儿及笄，以其父亲之愿，嫁训导胡先炜。

附：杨刘氏，陕西人，幼随父贸迁于蜀，适杨秀春。生一女七月，秀春病，弥留待，语氏曰：半世飘零，仅此一脉。我死，去留由汝，但当寄女外家，长成得一读书子为婿，无憾矣。氏泣血以守自誓，母氏熊，寡而无依，迎至家养焉，为抚一孙承桃，女及笄，适训导胡先炜，守节三十年。[4]

【清】教二子，督课甚严——黄德超妻陈氏

陈氏，黄德超妻，生有二子由辛、由庚。黄德超殁，其家甚贫，饘粥时常不

---

[1] 成都市地方志编纂委员会、四川大学历史地理研究所整理，《成都旧志》第11册，成都时代出版社，2007年版，第392页。

[2] 成都市地方志编纂委员会、四川大学历史地理研究所整理，《成都旧志》第11册，成都时代出版社，2007年版，第392页。

[3] 成都市地方志编纂委员会、四川大学历史地理研究所整理，《成都旧志》第11册，成都时代出版社，2007年版，第393页。

[4] 成都市地方志编纂委员会、四川大学历史地理研究所整理，《成都旧志》第11册，成都时代出版社，2007年版，第393页。

继，陈氏不以此为凄苦，益励贞操，并教训二子，督课甚严，后皆有所成。[1]

附：黄陈氏，黄德超妻。生子由辛、由庚。夫故，家甚贫，饘粥常不继，不以为戚，益励贞操。教二子，督课甚严，今皆已成。[2]

【清】教子最严，少长即使就外傅——马耀妻温氏

温氏，马耀妻，都司温仁女。马耀殁，温氏矢志守节。温氏"教子最严，少长即使就外傅"[3]，后长子廷相以劳绩保盐提举衔，次子廷贵侵尽先外委。

附：马温氏，马耀妻，都司温仁女。夫故，矢志守节，教子最严，少长即使就外傅，今长子廷相以劳绩保盐提举衔，次子廷贵侵尽先外委。计苦志三十五年。[4]

【清】严而有法，家范凛然——马国恩妻马氏

马氏，马国恩妻。马国恩殁，其子尚幼，马氏贞操不二，"教诸子严而有法，门庭整肃，家范凛然。"[5]马国恩、马氏母家都是武人，其子成立，马氏也都让他们披甲从戎，以继夫武。

附：马氏，马国恩妻。其母家亦武人。夫殁，子甚幼，氏贞操不二，教诸子严而有法，门庭整肃，家范凛然。子成立，均使披甲从戎，以继夫武。[6]

【清】情性醇和，持身严正——韩国桢妻徐氏

徐氏，徐文林长女，韩国桢妻，享年78岁。徐氏年二十守寡，有两子尚在

---

[1] 成都市地方志编纂委员会、四川大学历史地理研究所整理，《成都旧志》第 11 册，成都时代出版社，2007 年版，第 393 页。

[2] 成都市地方志编纂委员会、四川大学历史地理研究所整理，《成都旧志》第 11 册，成都时代出版社，2007 年版，第 393 页。

[3] 成都市地方志编纂委员会、四川大学历史地理研究所整理，《成都旧志》第 11 册，成都时代出版社，2007 年版，第 394 页。

[4] 成都市地方志编纂委员会、四川大学历史地理研究所整理，《成都旧志》第 11 册，成都时代出版社，2007 年版，第 394 页。

[5] 成都市地方志编纂委员会、四川大学历史地理研究所整理，《成都旧志》第 11 册，成都时代出版社，2007 年版，第 394 页。

[6] 成都市地方志编纂委员会、四川大学历史地理研究所整理，《成都旧志》第 11 册，成都时代出版社，2007 年版，第 394 页。

褓褓，徐氏矢志守节，备历艰苦。徐氏"性醇和，持身严正，里人咸钦佩之。"[1]

附：韩徐氏，徐文林长女，韩国桢妻。二十而寡，遗二子在褓褓，矢志守节，备历艰苦。氏性醇和，持身严正，里人咸钦佩之。寿七十有八。[2]

【清】口授四子书，课读甚严——王言纶妻黄氏

黄氏，王言纶妻，享年77岁。黄氏十六岁嫁王言纶，生有一子。言纶殁，黄氏年仅十八岁，黄氏恐绝丈夫宗绪，忍死抚孤。儿子稍长，"口授四子书，课读甚严"[3]，子得游庠。

附：王黄氏，氏十六，适王言纶，生一子。言纶卒，氏年仅十八，恐绝夫宗绪，忍死抚孤。稍长，口授四子书，课读甚严，子得游庠。寿七十有七。[4]

【清】教以义方，俱遵氏礼法——苏成基妻曾氏

曾氏，曾国栋女，廪生苏成基妻。苏成基殁，曾氏矢志守节，"事亲甘旨必洁，教子以义方"[5]，后来得孙数人，也俱遵曾氏礼法。

附：苏曾氏，曾国栋女，廪生苏成基妻。夫卒，矢志守节，事亲甘旨必洁，教子以义方，得孙数人，俱遵氏礼法。[6]

【清】教子成人，家法严——齐垣妻张氏

张氏，张祖良女，齐垣妻。齐垣殁，儿子中孚才数岁，张氏苦节自励，教子成人，其家法甚严，没有特殊的缘故就不出门，亲族罕见其面。[7]

[1] 成都市地方志编纂委员会、四川大学历史地理研究所整理，《成都旧志》第11册，成都时代出版社，2007年版，第396页。

[2] 成都市地方志编纂委员会、四川大学历史地理研究所整理，《成都旧志》第11册，成都时代出版社，2007年版，第396页。

[3] 成都市地方志编纂委员会、四川大学历史地理研究所整理，《成都旧志》第11册，成都时代出版社，2007年版，第396页。

[4] 成都市地方志编纂委员会、四川大学历史地理研究所整理，《成都旧志》第11册，成都时代出版社，2007年版，第396页。

[5] 成都市地方志编纂委员会、四川大学历史地理研究所整理，《成都旧志》第11册，成都时代出版社，2007年版，第397页。

[6] 成都市地方志编纂委员会、四川大学历史地理研究所整理，《成都旧志》第11册，成都时代出版社，2007年版，第397页。

[7] 成都市地方志编纂委员会、四川大学历史地理研究所整理，《成都旧志》第11册，成都时代出版社，2007年版，第397页。

附：齐张氏，张祖良女，齐垣妻。夫殁，子中孚甫数岁，氏苦节自励，教子成人，家法严，非有故不出门，亲族罕睹其面。[1]

【清】教子素严，小故必加捶楚——廖朝卿妻秦氏

秦氏，秦应举次女，双流大安桥廖朝卿妻。生有一子，旬岁时，廖朝卿殁，"氏舅姑年老，夫弟某冠而未娶，家素贫，无立锥之地，翁叔俱为人佣。"[2] 由于家计困难，常缺食少饭，吃饭的人又多，所以翁叔都希望她改嫁，但秦氏不愿意，泣曰："舅姑俱在，妇将何适？且妇虽不孝，然纺绩足以奉养。况妇人之道，从一而终，倘再适，纵死者不见责，如此呱呱者何？"[3] 誓死守节。过了一些时日，家中更加困窘，公爹又商量着跟秦氏分家，秦氏毫无怨色，生活虽苦，但依然孝亲养子不怠。"惟勤女红，经纪家政，面有菜色，或绝粒辄至二三日，衣弗蔽身，值严冬肌冻生粟，拥牛衣坐达旦，怡然安之。"[4] 秦氏"教子素严，虽小故必加捶楚。"[5] 子寿龙浑朴勤俭，能体母志，如此经历三十余年，家境渐好转，居中人产，"秦氏颇得以娱老焉"[6]。

附：秦应举第二女，适双流大安桥廖朝卿。生子一，甫周岁，廖朝卿卒，氏舅姑年老，夫弟某冠而未娶，家素贫，无立锥之地，翁叔俱为人佣。……欲夺妇志……氏泣曰："舅姑俱在，妇将何适？且妇虽不孝，然纺绩足以奉养。况妇人之道，从一而终，倘再适，纵死者不见责，如此呱呱者何？"遂誓死守节。居久之，家益窘，翁叔谋析箸居氏，氏亦无怨色。孝养如初。惟勤女红，经纪家政，面有菜色，或绝粒辄至二三日，衣弗蔽身，值严冬肌冻生粟，拥牛衣坐达旦，怡然安之。教子素严，虽小故必加捶楚，饮冰如蘖，如是者历三十余年。……子寿

[1] 成都市地方志编纂委员会、四川大学历史地理研究所整理，《成都旧志》第 11 册，成都时代出版社，2007 年版，第 397 页。

[2] 成都市地方志编纂委员会、四川大学历史地理研究所整理，《成都旧志》第 14 册，成都时代出版社，2007 年版，第 510 页。

[3] 成都市地方志编纂委员会、四川大学历史地理研究所整理，《成都旧志》第 14 册，成都时代出版社，2007 年版，第 510 页。

[4] 成都市地方志编纂委员会、四川大学历史地理研究所整理，《成都旧志》第 14 册，成都时代出版社，2007 年版，第 510 页。

[5] 成都市地方志编纂委员会、四川大学历史地理研究所整理，《成都旧志》第 14 册，成都时代出版社，2007 年版，第 510 页。

[6] 成都市地方志编纂委员会、四川大学历史地理研究所整理，《成都旧志》第 14 册，成都时代出版社，2007 年版，第 510 页。

龙浑朴勤俭，能体母志，今其家居中人产，氏颇得以娱老焉。[1]

【清】仁慈宽恕，敬高年，周贫乏——哈喇马利妻王氏

王氏，旗籍哈喇马利妻。王氏事翁姑至孝，其婆婆性严急，王氏善于承欢。婆婆病重垂危，问卜不吉，王氏恸号，情深义重。婆婆殁，王氏哭泣几不欲生。王氏"仁慈宽恕，敬高年，周贫乏，教七子俱成伟器"[2]。长子关宝尤表异。

附：王氏，旗籍哈喇马利妻。逮事翁姑，姑性严急，氏善承欢。姑病垂危，问卜不吉，即恸号。姑亡，哭泣几不欲生三日，……氏仁慈宽恕，敬高年，周贫乏，教七子俱成伟器。长子关宝尤表异。[3]

【清】今有虫吟草、再刻兰音阁——陈友琴母何芷卿

何芷卿，金堂人，湖南便水司巡检陈子询妻。陈子询殁，女儿陈友琴方十五岁，何芷卿三十三岁卒，[4]有《虫吟草》一卷，与女儿陈友琴《兰音阁诗抄》合刻行世。陈友琴，字雅南，自号白莲生，性纯孝，颖慧过人。道光壬辰年（1832）随父宦楚，住湖南沅江县署，及笄之年，归中江少尹胡序东，数岁不孕，屡催胡序东纳妾以承宗桃，胡不允，后无病而卒。死前，曾预作挽诗十章，其情凄婉，诗中有"生前空兆白莲花"之句，感人至极。其妹顺琴、其弟尔禄均能诗文。[5]

【清】母子相伴一盏油灯，纺线念书——骆成骧母

骆成骧母，早年守寡，育子艰辛。后来，某带着儿子居资中县，改嫁穷苦秀才骆文廷。当时，骆文廷开馆授徒，但仍然难以养家，为补贴家用，成骧母某辛勤纺织，这一时期，骆家生活虽然困难，但是骆成骧的继父骆文廷和母某都不甘心让骆成骧一辈子过贫苦的生活，他们坚持让其走读书致仕的道路，以光耀门楣，所以骆文廷和成骧母某时常督促他学习圣贤之书。骆成骧自幼懂事，也立志

[1] 成都市地方志编纂委员会、四川大学历史地理研究所整理，《成都旧志》第 14 册，成都时代出版社，2007 年版，第 510 页。

[2] 成都市地方志编纂委员会、四川大学历史地理研究所整理，《成都旧志》第 12 册，成都时代出版社，2007 年版，第 414 页。

[3] 成都市地方志编纂委员会、四川大学历史地理研究所整理，《成都旧志》第 12 册，成都时代出版社，2007 年版，第 414 页。

[4] 李朝正、李义清著，《巴蜀历代名媛著作考要》，巴蜀书社，1997 年版，第 130 页。

[5] 李朝正、李义清著，《巴蜀历代名媛著作考要》，巴蜀书社，1997 年版，第 145 页。

苦学，从不懈怠。家中没有灯油和笔墨纸砚，骆成骧就白天在灰坝练字，晚上和母亲在同一盏油灯下，母亲纺线，成骧念书，母子相伴辗转多年。骆成骧九岁的时候，一家迁居成都，骆成骧也得到机会进入锦江书院读书。1895 年，骆成骧高中"状元"，成为清代四川唯一的状元郎。[1]

【清】恨我不为男，背亲来事姑——阎鏊妻杨淑贞（待考）

杨淑贞，字端一，清嘉道年间金堂县人，广西洱州知府杨正辅之女，安徽六安县诸生阎鏊妻。杨淑贞喜诗，随父宦广西期间，遇山林、海河，则吟咏不绝；杨淑贞寄兴遣怀，多忧怨、离情之作。杨淑贞至孝，但与父母常年分离，她写诗云："一旦远分离，千里阻程途。荒城鱼雁杳，生我却如无。"[2]"恨我不为男，背亲来事姑。十五年瞬耳，亲容今何如。亲容日益衰，亲年日加诸。亲容与亲年，追思忽嗟吁。感此物争鸣，诚哉不如乌。三复《蓼莪》诗，叹息欲废书。"[3]

附：杨淑贞《闻鸦喧忆亲述怀》："一乌树头集，群乌共喧呼。老者似爱怜，雏者如持扶。老雏同依依，孝哉至性俱。物情尚如此，嗟我何其殊。忆我将字日，亲悲泪欲枯。一旦远分离，千里阻程途。荒城鱼雁杳，生我却如无。恨我不为男，背亲来事姑。十五年瞬耳，亲容今何如。亲容日益衰，亲年日加诸。亲容与亲年，追思忽嗟吁。感此物争鸣，诚哉不如乌。三复《蓼莪》诗，叹息欲废书。"[4]

杨淑贞《病起东井桐汪大姊》："翠冷黄添逐病容，修眉怯扫黛螺封。簟痕轻拭流波腻，幔影闲垂曲槛重。五夜烧镫挑豆蔻，三秋览镜减芙蓉。披衣小展裁桐叶，撩乱吟情四壁蛩。纱窗月透影朦胧，丹桂香飘曲院风。满耳蛩声秋唧唧，玉阶寒露冷梧桐。轻寒款款逼窗纱，日影穿帘燕子斜。底事小园春未减，一枝晴放碧桃花。"[5]

【清末】家有藏书数万卷——曾家贤妻沈仪顺

沈仪顺，字舜征，清光绪年间新繁人，新繁进士、湖南湘潭知县沈锡周之女。沈家有藏书数万卷，有清一代，蜀中藏书之富，除李调元外，无与伦比。沈

---

[1] 骆成骧清廉自守，爱国爱乡，钟情教育，堪称一代社会良知；但骆成骧颇受成都普通百姓敬重的缘由，最重要的或许是他为官多年，却是"家无恒产，厨灶屡空"，人称"布衣状元"。

[2] 李朝正、李义清著，《巴蜀历代名媛著作要考》，巴蜀书社，1997 年版，第 136 页。

[3] 李朝正、李义清著，《巴蜀历代名媛著作要考》，巴蜀书社，1997 年版，第 136 页。

[4] 李朝正、李义清著，《巴蜀历代名媛著作要考》，巴蜀书社，1997 年版，第 136 页。

[5] 〔清〕汪启淑辑，《撷芳集》卷 10，清乾隆间刊本，第 12 页。

仪顺好学精思，诗文至情，适金堂县曾家贤，早寡，抚养幼子，谆谆教诲，含辛茹苦，诗中常记有其艰辛之事。有《沈女士遗集》《新繁县志》有著录。[1]

【清末】守拙安贫到白头——吕清和妻李湘竹

李湘竹，清光绪年间新繁人，嫁同县吕清和（字晴）为妻，早寡。李湘竹勤奋为诗，并育有三子，长子吕燮枢（字锡书），由军功官同知，后任贵州罗斛知州；次子吕正璋，有诗名；三子吕藻枢，历官江苏夏阳司巡检，亦有诗名。《新繁县志》有著录。[2]

附：李湘竹《送大儿锡书之眉州》："琴剑书囊检点明，桃花流水一帆轻。"[3]《七夕》："老年不乞天生巧，守拙安贫到白头。"[4]

【清末】琢磨其道德，勉强其学问——吴夫人曾兰

曾兰（1875—1917），字仲殊，成都人，一作华阳县人，享年 43 岁。举人曾恒夫的第四女，蜀中名士曾阖君的姐姐。曾兰自幼喜史书，《史记》《汉书》《南史》《资治通鉴》均一一读过，尤嗜二十四史中《隐逸传》，旁涉《老子》《庄子》《列子》之文。又喜书法，初学篆书，师合州戴光、专习李阳冰、成都邓镕之书法，进而兼习秦篆唐隶，后从孙星衍、洪亮吉诸人之体。在书法上造诣甚深，上揖李阳冰，突破前贤，时人以曾季硕第二目之。年十五嫁四川新繁著名经学家、四川大学教授吴虞。曾兰性聪颖，好学，为文谨严，倡导女权[5]，撰有《女权平议》《女界报缘起》等，皆流传海内。有一子阿迁，惜早逝，吴虞五女，均富才华。在曾兰的支持下，吴家女儿迈出家门就读教会学校。长女吴桓，在民国初年便由四川赴北京学习。但吴虞重子嗣，要求买妾，不得已，"香祖（即曾兰）与李姑娘开脸"，但 1917 年，曾兰早卒于成都，从此对女儿的教育也被迫中断了。据吴虞回忆，曾兰为吴虞写作、备课寻找参考书，只要短时内找不到，吴虞就会生气，对其责骂，曾兰殁后，吴虞痛失恩爱。曾兰有《定生慧室遗稿》两卷，是曾兰殁后吴虞编定并刊行于世。《宝凤阁随笔》《益州书画录续编》《新繁诗略》

[1] 李朝正、李义清著，《巴蜀历代名媛著作考要》，巴蜀书社，1997 年版，第 245 页。
[2] 李朝正、李义清著，《巴蜀历代名媛著作考要》，巴蜀书社，1997 年版，第 253 页。
[3] 李朝正、李义清著，《巴蜀历代名媛著作考要》，巴蜀书社，1997 年版，第 253 页。
[4] 李朝正、李义清著，《巴蜀历代名媛著作考要》，巴蜀书社，1997 年版，第 253 页。
[5] 吴虞著，《吴虞文录·女权平议》（附录一），黄山书社，2008 年版。

《新繁县志》《四川省图书馆古籍图书目录》等有著录。[1]

　　附：曾兰《女权平议》："吾女子当琢磨其道德，勉强其学问，增进其能力，以冀终得享有其权之一日；同男子奋斗于国家主义之中，追踪于今日英德之妇女，而固非与现在不顾国家之政客议员较量其得失于一朝也。呜呼！良妻贤母，固为妇女天职之一端，而生今之世界，则殊非以良贤母为究竟。"[2]

【清末】广涉家藏，侍父教弟训子——余钟祥妻王蓉

　　王蓉，字文贞，清光绪年间温江县人。文学家王侃之女。王蓉自幼颖悟，好学好问，善理家事，协助母亲料理家务及全家人的衣食。言动有则，为王侃所爱重，加意熏陶和指教，姻于诗词。王蓉年十九嫁云南开化余钟祥，懿孝恭顺，深得余家喜爱。余家家贫，王蓉则典当、便卖首饰相资助，余钟祥四次去京师会试，便送王蓉回温江母家居住。王蓉每借此之机，都会广泛涉猎家藏经史子集诸书，略晓大义；平日以经授弟王志、王绍德、王肇元，三个弟弟均能诗能文，乡人极称誉之。后来王侃闭门著书，王蓉则朝夕侍其父身旁。王蓉因过度辛劳又体弱多病，年仅三十便卒于母家，遗下两子。其父王侃为之撰《墓志铭》。[3]

　　附：《秋夜》："昨夜桂花香，阶前望月光。槐堂秋思远，旅雁未还乡。"《山行》："路绕深林俯石矶，避人白鹭掠波飞。乡心不畏征途远，昨夜先从梦时归。"[4]

【清末】喜书能诗，相夫教子——王增祺母曾淑品

　　曾淑品，字芳型，清嘉道年间成都县人，诗人王增棋之母，江西知县华阳举人王少山继室。曾父为乾隆举人，书师法董其昌，其兄亦善书，生平喜作文，喜书能诗，书体近欧阳询。王少山系贫士，但豪于文，以塾师授徒获菲薄收入维持生计，余以仰院课为活，每课写讲稿数卷，还要拟制律诗数首，其间多为曾淑品代作。由于长期积劳成疾，身体羸弱，适王少山七载，一病而卒，享年31岁。曾淑品殁世后，其先父题其遗照，王增祺搜辑遗诗得20余首，与先母遗书合刊《吟仙馆剩余小草》（一名《吟仙馆剩草》）问世。《诗缘正编》《华阳县志》《蜀诗

[1] 李朝正、李义清著，《巴蜀历代名媛著作考要》，巴蜀书社，1997年版，第254-255页。

[2] 吴虞著，《吴虞文录·女权平议》（附录一），黄山书社，2008年版。

[3] 李朝正、李义清著，《巴蜀历代名媛著作考要》，巴蜀书社，1997年版，第255-256页。

[4] 李朝正、李义清著，《巴蜀历代名媛著作考要》，巴蜀书社，1997年版，第255-256页。

续钞》《益州书画录》《历代妇女著作考》有著录。[1]

【清—民】氏亦知书，教督綦严——林思进母邓氏

邓氏，林毓麟妻，林思进母。林毓麟博涉群书、旁通金石、善于书画、尤工于诗，有《澹秋集》行世；夫人邓氏亦知书，善于教子。林思进自幼承父教母训，又受前辈贲园居士严雁峰、经学大师廖平等的指导，谈诗问学，受益匪浅。林思进14岁时，父亲逝世，母邓氏教督甚严。在邓氏的督导下，林思进更加勤奋攻读，学业日进，并走向精进爱国之途。1903年，林思进在四川乡试举人，之后又游学日本宏文师范，深交胡雨岚等人，并与诸友彼此切磋学行，畅谈救国救时。1907年，林思进回国任职，结社会友，议论时政，激扬风气。因清政府颓败，侍母南归，开办成都府中学堂（今石室中学），任监督。林思进（1873—1953），初字山瘿，更作山腴，晚年自号"清寂翁"，一署青城室主，先世自福建长汀迁蜀，成都市人。

【清—民】种菜织布，助子攻读——赵熙母王氏

王氏，赵熙之母。赵熙生于荣县，出生时其父晓楼已年过四十，把从先人手中分得的数间土墙瓦屋作为塾馆（培根书屋），以教书为业；由于家中经济困窘，饥寒度日，母亲王氏以种蔬菜、织土布来补贴家用。1884年，赵熙府考中秀才，承父亲之意设乡塾教书。三年后，为扩广见闻，赵熙欲谋外出深造，家贫无资，母王氏卖了仅有的一只空心银铆为其作路费。

【近现代】爱一切人，不管贫富——巴金母陈淑芬

现当代成都著名作家巴金的母亲姓陈，叫陈淑芬，性格善良、宽厚。巴金幼年的识字教育、道德教育、文学前教育，"通过母亲、教师等同时灌输到巴金幼小的心灵里。"包括"母亲给他们抄在小本子上的《白香山词谱》"。巴金在后来回忆时也是记忆犹新。在仁爱对待他人的思想上，对巴金的性格影响最大，而且又最使巴金怀念的，也是他的母亲。巴金说他"最初的回忆抄就是从母亲开始的"，在《我的几位先生》中，巴金称母亲是他的"第一个先生"，说："在我幼小的时候，她是我的世界的中心。她使我知道爱与被爱的幸福。她常用温和的口

---

[1] 李朝正、李义清著，《巴蜀历代名媛著作考要》，巴蜀书社，1997年版，第141页。

气，对我解释种种事情。她教我爱一切人，不管他们贫或富。她教我帮助那些在困苦中需要扶持的人。"巴金又说："因为受到了爱，认识了爱，才知道把爱分给别人，才想对自己以外的人做一些事情。把我和这个社会联起来的也正是这个爱字，这是我的全性格的根抵。"童年的巴金，怀有爱一切人的思想正是从他母亲习得的。所以《巴金的生平与创作》言及于此，不无感慨地说："这个大家庭充满了倾轧和仇恨，但巴金的童年却是在温柔、和平的气氛中度过的，很大程度上是因为有一个慈爱的母亲。"[1]

附：巴金在四、五岁的时候，跟随母亲到父亲做官的广元去，在那里住了两年，那是他最幸福的两年。家里专门给他们请了私塾教师，给他发蒙，读《三字经》《百家姓》《千字文》。老师姓刘，是一个温和的中年人，从不打骂学生，要求也不严。巴金每天只认几十个字，读几页多，一早便放了学，有充裕的时间去从事孩子们的活动；拾桑葚、养鸡、听仆人杨嫂讲故事，朗读母亲给他们抄在小本子上的《白香山词谱》。识字的教育、道德的教育、文学前教育，通过母亲、教师、仆人同时灌输到巴金幼小的心灵里。一次巴金的三哥打了丫头，受到母亲的责备说："丫头同老妈子都是跟我们一样的人，即使犯了过错，你也应该好好地对她们说，为什么就打就骂了。"这自然不过是仁慈的主人对下人的一点同情心，但也说明她性格善良、宽厚；同时也和她的处境分不开的。这个大家庭充满了倾轧和仇恨，但巴金的童年却是在温柔、和平的气氛中度过的，很大程度上是因为有一个慈爱的母亲。[2]

【近现代】孀居育子，不改其乐——冷融妻黄稚荃

蜀中才女黄稚荃，四川江安县人，冷融继室，宿儒才子黄荃斋之女，母樊氏，亦知诗书。黄稚荃幼承庭训，才华出众。钻研经史子集无所不窥，浩瀚唐诗宋词无所不览，学问极深；其史学和诗、书、画俱佳，号称"四绝"。冷融被害后，黄稚荃孀居抚育诸子，生活艰难，但不失其乐；据记载，"1961 年除夕，家中水米皆无，母子向隅，陋室无烟"[3]。就是此时，黄稚荃仍然胸怀坦荡地抚慰儿子说："人只要不被眼前困难压倒，就会有前途。'人不堪其忧，回也不改其乐。'

[1] 谭兴国著，《巴金的生平和创作》，四川人民出版社，1983 年版，第 16 页。
[2] 谭兴国著，《巴金的生平和创作》，四川人民出版社，1983 年版，第 2-3 页。
[3] 黄稚荃著，林孔翼注，《杜邻诗存注·黄怀昭后记》，四川人民出版社，1995 年版。

就是这个道理。"[1] 据刘龙天《追念黄稚荃先生》云："我母亲经常对我打骂，她（黄稚荃）很不赞成这种教育方式，常提出批评意见。"[2] 由此可见黄稚荃教育子女的特点。孀居后的黄稚荃一边执教，一边抚育诸子，一边仍念书、练字不辍，数十年潜心研究书法、学问。她的品格、才学、艺术都得到世人推崇，也对诸子以及她的学生产生积极的影响。其子怀昭考入北京农业大学。

【近现代】聪明仁慈，待人厚道——汤德润之妻，艾芜高祖母

艾芜（即汤道耕）（1904—1992）的出身，据艾芜自己所述，是一个"节俭到近于吝啬"的家庭。即便如此，艾芜的高祖母也并不觉得清苦。但是，他们家雇来种田的伙计都受不了这个吝啬的主人，经常在背地里发出怨言，有的都想毁约不干了。艾芜的高祖母却是一个善良的女子，他看到伙计干着那么累的活，还吃不好饭，心里十分过意不去，于是，她就趁着丈夫去赶场的时候，偷偷地把屋梁上储放的腊肉取下，洗好煮好请那些伙计们吃，并嘱咐他们不要声张，连剩下的骨头也抛得远远的，以免被高祖父看到。艾芜在《我的幼年时代》中说："我的高祖母，是被乡里人看作聪明而又仁慈的女性。把她待人厚道的行为，像当成极有兴趣的故事一样，在大家的嘴上传去传来。我觉得有了这段腊肉的故事，我们这个由节俭而近于吝啬，由刻苦而近于严酷的家族，才仿佛有道仁慈而又温暖的光辉，长远地照耀在子孙的心里。"[3]

【近现代】精怪故事的诱惑，报恩传奇的润泽——艾芜祖母梁氏

梁氏，即艾芜的祖母。艾芜故居在新都清流镇，三合院建筑，四周有"道耕轩""爱吾亭"、农田、雕塑、泉眼等，艾芜的幼年就在这一片土地上度过，主要由祖母梁氏、母亲刘氏将其带大，有时艾芜也会跟着祖父学习。出身于书香家族的梁氏与刘氏虽然文化程度有限，但毕竟受到过文化的熏陶，她们都能凭口传记忆讲一些精怪故事、报恩传奇，所以艾芜的童年虽苦，但并不缺少对想象力的锻炼。艾芜十岁时，在祖母娘家读《论语》《孟子》《诗经》《周易》《春秋》；"（梁氏母家）读书人较多，她（梁氏）的大哥和侄儿都中过秀才，他的兄弟中过

[1] 黄稚荃著，林孔翼注，《杜邻诗存注·黄怀昭后记》，四川人民出版社，1995年版。

[2] 中国人民政治协商会议 四川省委员会 文史资料委员会编，《四川文史资料选辑·追忆黄稚荃先生》第45辑，四川人民出版社，1998年版，第278页。

[3] 艾芜著，《艾芜全集》，四川文艺出版社，2014年版，第9页。

举人，她自己已认得很多字，能够背诵白居易的《长恨歌》，能讲很多优美动人的民间故事，可以说，她是艾芜的第一位老师。她所讲的那些故事，使幼年的艾芜对文学产生了感情，对辽阔的世界产生了憧憬。"[1]

后来，艾芜成为现代小说家，出版作品集 50 余种，代表作短篇小说集《南行记》，就是描写边疆风情和下层社会生活的真实图景；充满异域情调和传奇色彩，笔调清新自然，朴实明快。

艾芜祖母的故事数不胜数，尤其是"魏小儿西天问活佛"更在幼年艾芜的心里烙下了抹不去的印迹，艾芜在他的作品《我的幼年时代》中曾回忆说："我在寂寞而又枯燥的幼年时代，仿佛点缀起了奇异美妙的花朵，给心灵以润泽，给生活以彩饰。尤其魏小儿的行为，帮助别人竟忘记自己，使人发生不少的爱慕。他小小的年纪，竟能孤独的西行，常常把我幼稚的想象，带得很远很远。"[2] 祖母的故事，给了艾芜对远方美妙的幻景，这也使他在不久的将来真的走了很远很远。在艾芜故居"艾芜纪念馆"的第一章文字说明中，也记载了这样一段话，说："在清流场的十二年间，祖辈辛勤创业的家史和祖母奇妙的'龙门阵'，使得饱读家庭藏书的艾芜深受感染。其后近十年，艾芜大量阅读五四时期新文化书刊，开始接受马克思主义和共产主义思想，再加上两代耕读的传统和勤劳俭朴的家风，使艾芜自幼发奋好学、热爱劳动等品质得到升华。幼年艾芜听到的祖母讲的'帮助别人竟忘记自己'的魏小儿孤独西行的生动故事，在二十岁出头的青年艾芜这里产生了极大的作用，他根据自己家境情况，决定摆脱家庭束缚离开故乡，通过半工半读寻找个人乃至祖国的出路。"[3]

【近现代】德在如愚、道在痴——刘咸炘继室万氏

万氏，华阳人，刘咸炘同学万宜荪的妹妹，1923 年，为刘咸炘继室。万氏为人善良，温柔且刚直，颇有刘咸炘前室吴氏之性格。刘咸炘有诗云："痴汉迂生本性成，由来最怕斗心兵。亦知坦白今希见，所幸遭逢多有情。颇恐新人不如故，欲知第性视其兄。阿哥称汝柔而直，我信他诚信汝诚。"[4] 刘咸炘与前室感情至深，起初担心和万氏合不来，但见到万氏一番交流，"会语见肝膈，慰心非绮纨"，他

[1] 艾芜著，《艾芜选集·艾芜年谱简编》，人民文学出版社，2004 年版，第 265 页。
[2] 艾芜著，《艾芜全集》，四川文艺出版社，2014 年版，第 32 页。
[3] 参见艾芜故居"艾芜纪念馆"展陈介绍第一章"南行源故乡清流"文稿。
[4] 刘咸炘著，《推十书》，上海科学技术文献出版社，2008 年版，第 655-656 页。

认为"新妇坦易，颇似故人"[1]，这位继娶的万氏与他也是颇为契合的，曾题万氏照片："莫嫌滞蠢失真姿，德在如愚道在痴。专气致柔端可学，心同赤子貌婴儿。"[2]万氏有三子，相夫教子。刘咸炘英年早逝，万氏母教抚孤育子，尤其是长子伯谷，在传承刘沅之学及鉴泉之学方面尤为致力。

【近现代】温恭勤俭，事无巨细——贺麟养祖母周氏

贺麟的养祖母周氏，丈夫早卒，22岁守寡，周氏无子，守节不愿改嫁，抚养贺麟的父亲贺明真为嗣。周氏生平温恭勤俭，为人善良孝顺。詹绪河在介绍贺麟少年时代时曾提及周氏对其的影响，周氏黎明即起，饮食起居，悉有恒度，事无巨细，必躬亲之，几十年如一日。周氏照顾年迈的婆婆以孝闻；抚养幼子女，直至教养他们成家立业。而且，贺麟家族家教甚严，重视"耕读传家"，重视教育，对贺明真及其子贺麟的思想发展有很大影响。清光绪时，奉旨旌表节孝；养子贺明真为金堂学董，贺家以书香门第远近知名。

【近现代】惜钱休教子，护短莫投师——郭沫若母杜邀贞

杜邀贞（1857—1932），出身乐山名宿，州官门第，"杜氏一门忠烈，节概皭然。"[3]杜氏擅长针织纺绩，常常做活换钱侍奉母亲，"人有'针神'之誉。"[4]由于郭沫若的外祖父杜琢璋任职贵州黄平期间遇苗民"造反"，全家自杀殉节，杜邀贞幸有奶妈搭救，得以逃回四川，十五岁下嫁到郭家。杜邀贞为人聪慧、开明、俭朴，洗衣浆裳、饮食教诲，从来不惮辛劳。杜氏"好公义，识大体，不藏四私财"[5]。而且孝顺公婆，妯娌之间相处和谐，教子有方。有时候妯娌之间偶然出现

---

[1] 刘咸炘著，《推十书》，上海科学技术文献出版社，2008年版，第655-656页。故人吴氏（1878-1903），名承，字仲顺，出身于绵州巨室。吴氏族中父兄大多是刘桢文的门人，1917年，吴承嫁给刘咸炘。吴承有柔顺之德，刘咸炘所著《亡妻事述》有云："俗盛行麻雀戏，几无人不好。吾妻自来吾家，以吾不喜，遂绝不为。偶过姻家，一强为之，归则与告而自咎也。"又"兼有豁如之质""吾性好偶倪坦率少城府，不喜势利，不计锱铢，不宿小怨，深恶妇人算豆猜嫌、咕唧微语，以为妇人十九不免。然吾妻乃与吾同。"吴承出言率直，不知计虑，有一定的文化素养，"知书粗能点句，笔札每欲加""其最可取，与吾契，令吾思之不能忘者，则偶倪坦率也"。刘咸炘曾题自己夫妇并坐影像"呆痴图"，曰："阿痴者右坐之女，阿呆者左坐之男。自号何取？众以为然。呆者狂狷，痴者专静，非曰能之，愿学焉。兄弟欤？朋友欤？久要不忘平生之言。"

[2] 刘咸炘著，《推十书》，上海科学技术文献出版社，2008年版，第655-656页。

[3] 郭开文，《先妣杜宜人事略》，郭沫若学刊，1987年02期，第118页。

[4] 郭开文，《先妣杜宜人事略》，郭沫若学刊，1987年02期，第118页。

[5] 郭开文，《先妣杜宜人事略》，郭沫若学刊，1987年02期，第119页。

问题，杜氏总能"劝解立释然，决不匿怨较短长"[1]。尽管杜氏自幼经历万苦，可是单凭耳濡目染便能默记和暗诵许多唐宋诗词。在长辈中，对郭沫若影响最大的就是他的母亲。他在幼年就听着母亲给他念诗，尽管似懂非懂，但也是对他最早的诗境幼教。[2]"沫若四岁便开始跟母亲口头吟诵古诗和瑶谚。古诗和谣谚中那些美好的形象激发了小小儿郎的丰富想象，诱导这位儿郎对文学、对自然、对人生的热爱。"[3] 郭开文曾言，母亲常常叮嘱他们不能废弃读书，"先姊篝灯夜话，时述先德资淬砺，督不孝等以诗书，课诸女弟以女红，弦诵声与刀尺声相和也"[4]。杜氏一生品行高洁，无不良嗜好，持家有方。子女与她说起国事，她总是会"尚廉洁，甘淡泊；毋冒进，毋苟得，致失本来面目，以贻先人羞"[5]。为了让子女得到良好的教育"郭母不仅支持沫若的两位兄长到成都修习新学、买新书，还支持他们留学东洋"[6]。

母亲对他们的教育，绝不稍假辞色。有一次，他因为顽劣在学校里被老师责罚，挨了打，"头角块磊如骈珠"，回家便向母亲哭诉，杜邀贞虽然心疼，但她绝不护短，她说："惜钱休教子，护短莫投师。"爱惜钱财就别想教好孩子，偏袒孩子就不要找老师，这句话来自《增广贤文》，是杜邀贞教育子女的原则之一。所以郭开文言："不孝等稍有寸进，师之教，亦母之训也。"[7] 祁和晖先生在《郭沫若业绩背后四位东方女性的奉献》中曾谈到："22 岁前的郭沫若一直有这位慈母的教养关爱，郭沫若优良的情商、智商、优良的启蒙教育、优良的人生志向、优良的体魄健康，结得益于这位慈母的恩泽。"[8]

【近现代】严格治家，擅长管理——沙汀母郑氏

郑氏出身于书香门第，生母去世很早，父亲续弦没几年也谢世了。继母萧氏无生育，善于操持家务，但是心胸狭窄，郑氏和兄弟在继母的严酷管束下长大，受了不少罪。郑氏婚后主持家庭，境遇渐有好转，有了凄苦童年打底，郑氏待人善良。"这个外祖母锻炼了你的母、舅，苛刻的环境给他们姐弟注入巨大的韧

---

[1] 郭开文，《先姊杜宜人事略》，郭沫若学刊，1987 年 02 期，第 119 页。
[2] 龚济民、方仁念著，《郭沫若传》，北京十月文艺出版社，1988 年版，第 4 页。
[3] 祁和晖，《郭沫若业绩背后四位东方女性的奉献》，郭沫若学刊，2002 年第 04 期，第 32 页。
[4] 郭开文，《先姊杜宜人事略》，郭沫若学刊，1987 年 02 期，第 119 页。
[5] 郭开文，《先姊杜宜人事略》，郭沫若学刊，1987 年 02 期，第 119 页。
[6] 祁和晖，《郭沫若业绩背后四位东方女性的奉献》，郭沫若学刊，2002 年第 04 期，第 33 页。
[7] 郭开文，《先姊杜宜人事略》，郭沫若学刊，1987 年 02 期，第 119 页。
[8] 祁和晖，《郭沫若业绩背后四位东方女性的奉献》，郭沫若学刊，2002 年第 04 期，第 31 页。

性和在社会上独立闯荡的才干。"[1] 沙汀五六岁时，父亲病逝，母亲守寡，家境败落，郑氏把全部的精力投入家业的重整中，郑氏自幼形成的男子气魄，也有了施展机会；郑氏虽识字不多，但擅长管理，事事要强。郑氏治家很严格，又崇信佛教，吃斋念佛，待人和气，人缘也很好；郑氏工钱公道，饭食又好，当地的打工人都喜欢到"杨大老爷娘子"家干活；郑氏极有主见，做事干脆，尽管是女流，但在全镇也建立起一定的威信，"袍哥"中人都称她为"杨大姐"。

郑氏一心想让两个儿子续书香门第的香火，不顾家庭财力的困难，也要聘请塾师到家里教书，郑氏很喜爱沙汀，长期受到宠爱的沙汀不好好读书经常旷课逃学，某天，他又赖床不起，郑氏生气的"掀开被盖，伸手便打，但才打了几下，自己却哭了。母亲哭着诉说不幸，诉说丈夫的死，寡母孤子的无依靠和他的不争气。一个平时极为硬气的母亲的哭泣，给他（沙汀）幼小的心灵留下极深的印象。沙汀可怜起她来，也恨自己，他真正开始用功读书，便是从这以后的事儿了"[2]。

【近现代】安排发蒙，慈育幼子——李劼人母杨氏

杨氏，华阳人，李传芳妻，出身大家闺秀[3]。李劼人童年家境一般，父亲李传芳终年为家计奔忙，杨氏负责孝养寡居在家的李劼人曾祖母周氏、祖母彭氏，安排幼子李劼人的拜师发蒙，稍后又送儿子上私塾等。据《旧帐》记载："犹记余三岁时（大约尚未满三岁），一日，母亲率余到外家大堂屋，在祖宗前点大烛对，请幺外公为余发蒙，照例磕头后，幺外公以红单页写三字经四句，就茶几上教三次曰：幼而学，壮而行，上致君，下泽民。并笑曰：好好上进，莫要学我当一辈子老童生。"[4] 李劼人五岁时，随母亲、祖母和曾祖母迁居外家华阳磨子桥街杨家大院，住外公家后院，由十三舅父杨赞贤授教一年，而后在杨家大院内读私塾[5]。李劼人九岁时，右腿致残，终身不能行走。李劼人十五岁时，李传芳辞世，留下一家四代孤寡，在三代女性长辈慈育与外家的教养下，李劼人最终成为现代具有世界影响的文学大师之一。

[1] 吴福辉著，《沙汀传》，北京十月文艺出版社，1990年版，第10-11页。

[2] 吴福辉著，《沙汀传》，北京十月文艺出版社，1990年版，第14页。

[3] 王嘉陵、郭志强著，《李劼人图传》，天地出版社，2005年版，第11-14页。

[4] 王嘉陵、郭志强著，《李劼人图传》，天地出版社，2005年版，第11页。

[5] 王嘉陵、郭志强著，《李劼人图传》，天地出版社，2005年版，第11页。

【近现代】汝必欲与中华文教共存亡——唐君毅母陈大任

唐君毅母陈大任，成都人，字卓仙，是一位卓尔不群的蜀中奇女、才女，陈氏相夫教子，有"民国孟母"之称。唐君毅读小学时家居成都，陈大任的父亲陈勉之是蜀中名士，先后任教于成都淑行女子师范及宜宾女师。陈大任嫁给唐迪风后，处夫妇之道以"道义相期""情为夫妇，而义兼师友"[1]。为子女营造了温纯敦厚、勤劳孝友和严格要求、砥砺志节的家庭氛围，养育了君毅先生及其弟妹。《思复堂遗诗·序》称："达到了儒家夫妇理论的最高境界。"[2]

陈氏早寡，终身守志抚幼，撑持家庭，诗教育子，见证了五个子女的成长，堪称贤母楷模。《思复堂遗诗·序》中言："她的意志、品行，更加关系到子孙的成长。"[3]欧阳竟先生赞扬陈氏"直接孟母之贤，岂陶母、欧母之所能毗。"[4]熊十力为其写挽联："仁寿过古稀，好学好思宗往圣；懿德齐邹母，教儿教女导来英。"[5]唐君毅在《思复堂遗诗》"编后记"中说："吾母一生劳瘁，奔波道途，其事虽只为一家，吾亦日久渐忘，然其情之所及，志之所存，则不限一家。母亲慈祥凯悌之怀，即事之闲情佳趣，及山川风物之思，家国世道之感，德音如闻，慈晖宛在。"[6]"吾稍知学问，初皆由吾父母之教。顾吾为学，偏尚知解。及今念己垂老，方渐知诗礼乐之教，为教之至极。"[7]

在对子女的教育上，陈氏十分关心子女的德行塑造。《思复堂遗诗》中多处提及"成德""遁世无闷，道无加损"等问题；在贤母教育下，唐君毅与妹弟诸人均有贤德，立身无愧，几十年来天各一方而骨肉之情一体无间。据记载，有一次唐君毅与母亲生离泣别，称世乱方亟，"唯以发扬中华文教为旨归"。母亲答

[1] 唐君毅撰，《思复堂遗诗·1973年台湾影印本编后记》，陈卓仙著，秦燕春笺注，上海古籍出版社，2018年版，第305页。

[2] 郭齐勇撰，《思复堂遗诗·序》，陈卓仙著，秦燕春笺注，《思复堂遗诗》，上海古籍出版社，2018年版，第4页。

[3] 郭齐勇撰，《思复堂遗诗·序》，陈卓仙著，秦燕春笺注，《思复堂遗诗》，上海古籍出版社，2018年版，第4页。

[4] 郭齐勇撰，《思复堂遗诗·序》，陈卓仙著，秦燕春笺注，《思复堂遗诗》，上海古籍出版社，2018年版，第4页。

[5] 郭齐勇撰，《思复堂遗诗·序》，陈卓仙著，秦燕春笺注，《思复堂遗诗》，上海古籍出版社，2018年版，第4页。

[6] 唐君毅撰，《思复堂遗诗·1973年台湾影印本编后记》，陈卓仙著，秦燕春笺注，上海古籍出版社，2018年版，第306页。

[7] 唐君毅撰，《思复堂遗诗·1973年台湾影印本编后记》，陈卓仙著，秦燕春笺注，上海古籍出版社，2018年版，第306页。

曰："汝必欲与中华文教共存亡，则亦任汝之所之矣。"[1] 如此母仪孺慕之情，发乎天然而植根民族命运，岂不令人钦佩？唐君毅在 1973 年台湾影印本《思复堂遗诗》"编后记"中说："吾与诸妹弟及其子女，虽塞北天南，各处一方，而骨肉之情，一体无间，皆先母之遗教也。"[2]

【近现代】琴瑟和鸣，懿范千秋——唐君毅夫人谢廷光

谢廷光（1916—2000），唐君毅夫人，字方回。谢廷光善抚古琴，善作国画，善于书法，是现代社会一位具有中国传统特色的"德才兼备"的女性。唐君毅与谢廷光之间的爱情曾被称为"哲学式爱情之典范"，唐谢二人"诗文酬唱，书信往还，哲思与情思交织，理智与诗意并发，琴瑟和鸣，相濡以沫，道义相期"，被称佳话。谢廷光待人宽厚温和，善于体谅他人，具有真儒者情怀。蔡仁厚曾云："唐夫人是唐先生的真实知己。她对唐先生的学问性情，欣钦感佩；对唐先生的生活照顾，更一贯地体贴入微；而唐先生的全集，也是在唐夫人的关切指点之下，由门弟子分工合作而编印出版……唐夫人才性明慧而不以才显，学养深雅而不以学鸣。"[3] 在对子女的教育上，谢廷光也与婆婆一样重视德行。对女儿唐安仁的创作，谢廷光也非常珍视，女儿与丈夫论诗，她总会静静地聆听，有一次，她把女儿自幼写的诗词用一个月的时间抄下来送给女儿作为纪念，名《仙荪集》。

【近现代】慈母心怀，遇事镇静——贺麟妻刘自芳

刘自芳，贺麟妻，曾在金堂生活，后又随贺麟迁至成都、北京等地。刘氏勤劳善良、慈母心性，积极公益。料理女儿贺美英、侄儿贺争的生活与学习是她的重要工作，对待子女的学习，刘氏与贺麟一样，主张自由，从来不强迫子女，而是希望他们根据自己的兴趣爱好自觉努力，所以子女的学习更加自觉。生活中，刘氏喜欢种花草、蔬菜，业余的时候便在自家房前屋后开垦。作为一个女性，刘氏遇事镇静。

1948 年，刘氏带着侄儿贺争及女儿贺美英随贺麟回北平，卡车突发事故，

[1] 唐君毅著，《唐君毅全集·总序》，九州出版社，2016 年版，第 20 页。

[2] 陈卓仙著，秦燕春笺注，《思复堂遗诗·1973 年台湾影印本编后记》，上海古籍出版社，2018 年版，第 306 页。

[3] 汪丽华，《谢廷光的德行与唐君毅的性情教育——唐君毅生命人格与思想的生命教育意义研究》，西南民族大学学报，2009 年第 03 期，第 223 页。

女儿在《纪念我的父亲贺麟教授》中说："有几个坐在车斗里的人被抛出了车外，许多人受伤，一个工程师的头被摔破，露出了脑浆，还有一个把脚摔转了180度。当时大家都吓坏了，这时我母亲（刘自芳）相当镇静，她把床单撕成条，把从云南带的白药拿出来，撒在伤员的伤口处并包扎起来。"也就是在这一年，贺争因受到革命思想的影响，离家去了解放区。贺争比贺麟的女儿大十岁，是"从小跟着我们家（贺麟家）长大"的，刘氏对贺争关怀备至，得知侄儿要参加革命，她尽管支持，但也难免心中无限牵挂，暗暗垂泪，"怕他路上被国民党兵抓住，又怕他在那边受苦"[1]。刘氏的心地善良，慈母心怀，由此可见一斑。刘氏也热心公益，在北大期间，对居民委员会的工作很上心，她曾经与冯友兰的夫人任载坤、何其芳夫人牟决鸣等组织居委会，办装订社、缝纫社等为他人服务不辞辛苦。

【近现代】简朴生活，慷慨助学——贺麟继室黄人道

黄人道（1916—2016），贺麟继室，生活简朴，为人和善、重于情感。据说，贺麟和黄人道的日常生活非常简朴，但对待学子却很慷慨。1985年贺麟、黄人道回金堂探亲向金堂淮口中学捐赠奖学金；但走进贺麟家，除了满屋子的书，却没有一件名贵家具；身上穿的、柜子里放的也都是棉布、化纤的普通衣服，而且见不到什么首饰。据说，他们家中一把用丝膜带缠着的破竹椅，实在太破了，几次被保姆丢出去，但每次黄先生（黄人道）还是又捡回来，舍不得丢掉。家里沙发的靠背、扶手等处都是补丁，已经用过几十年了，女儿贺美英给他们买一套新的，结果贺麟把新沙发送人了。贺麟去世后，黄人道也继续使用旧沙发，一直用到去世，都没有调换。对待丈夫的物品，黄人道也是精心爱护，多年来一直将贺麟的物品精心收藏保存，"其中包括许多具有珍贵学术价值和文物价值的手稿、书籍、图片、器物、家具等"[2]。黄人道去世后，"除少量物品（书籍、手稿等）交由中国社科院等单位研究、出版外，其余物品经整理后将全部运回贺麟的故乡成都金堂县五凤镇，捐赠给成都贺麟故居纪念馆"[3]。

---

[1] 江丕栋、陈莹等《中老胡同32号：老北大宿舍纪事：纪念我的父亲贺麟教授》，北京大学出版社，2011年版，第65-72页。

[2] 王嘉，《贺麟先生物品捐赠仪式今日举行》，成都日报，2016-09-06。

[3] 王嘉，《贺麟先生物品捐赠仪式今日举行》，成都日报，2016-09-06。

【近现代】慈祥严格，忠诚不渝——李硕勋夫人赵君陶

赵君陶（1903—1985），原名赵世萱，重庆龙潭镇人。与丈夫李硕勋是一对革命夫妻。李硕勋英年就义，赵君陶带着才三岁的李鹏和遗腹女从上海回到成都。为了抚养李鹏兄妹，赵君陶含辛茹苦，饱经磨难。

李鹏在《纪念我的母亲赵君陶》一文中说："首先，她是党的忠诚战士；其次，她又是一位慈祥而严格要求子女的母亲。她为了抚养我们兄妹，真可谓含辛茹苦，饱经磨难。父亲牺牲以后，她带着才三岁的我和遗腹妹妹从上海回到成都。在那白色恐怖的年代，她既要随时防止特务的迫害，又要携儿带女自谋生计。我幼年时代是在成都二舅赵世双家度过的。我们的经济条件并不宽裕，有时还相当困难，但我的母亲仍把我送到当时最好的成都实验小学读书，使我受到良好的启蒙教育。受环境所迫，母亲经常更换执教的地方和学校。我的童年与母亲时而在一起，时而分离，不断承受母子分离的痛苦，但我也因此得到锻炼。从小学四年级起就在学校住读，自幼养成独立生活、应付各种环境的能力。"赵君陶重视儿女的学业，也重视儿女的人生观的培养。"1941年，在我13岁的时候，她就毅然决定把我送到革命圣地延安去学习，使我受到党的教育，像父母一样，成为一名共产党员。"她力主儿子去苏联学习，不惜与儿子发生冲突，"她批评我（李鹏）目光短浅，有自满情绪"，最后终于说服儿子服从组织决定，到苏联学习水力发电。学成归来，她尽管渴望与儿子生活在一起，但她得知组织上分配儿子到东北基层工作以便受到更多的磨炼，她就放弃了自己的愿望，毅然送儿子走上了新的征途。李鹏为此感慨地说："在东北基层的锻炼，对我的成长是多么重要，我要感谢她的智慧和远大的眼光。"对待儿媳，赵君陶也非常疼爱，李鹏曾说："朱琳自幼丧母，失去了母爱，是她的婆婆赵君陶给了她第二次真正的母爱。"赵君陶含饴弄孙，"在疼爱孙子孙女的同时，也对他们提出严格的要求，把她自己的品德和学识，通过言传身教留给他们。"[1]

赵君陶也把爱分给了无数孤儿，解放战争时期，她到重庆市合川县（今重庆市合川区）土主场周家祠堂创办第三保育院，任院长。对保育院收容的5—10岁难童，精心教育；这里共抚养了800多名因战争而流离失所、在死亡线上挣扎的、年岁不齐的儿童，孩子们都亲切地称她为赵妈妈。邓颖超评价她："在抗日

---

[1] 李鹏，《纪念我的母亲赵君陶》，人民网，2003年1月21日，https://www.163.com/news/article/EKPU7STJ0001875N.html。

烽火中以伟大慈母般的爱培育下一代。"李鹏在《纪念我的母亲赵君陶》中说："我的母亲是学教育的,她热爱教育事业,矢志不渝。在大革命时代,她从事妇女工作,也曾在工人夜校教过书。父亲牺牲后,她回到四川,就选择以教育为职业,既谋生计,又继续为党工作。从 1933 年至 1938 年,在短短的六年中,她换了几所学校执教。就我所能记忆起的,她先后在成都、金堂、简阳、五通桥教过书。"赵君陶的一生是平凡的一生,是革命的一生,是从事教育事业的一生。

附集

【后汉】靡常,"仲山女,适成都殷仲孙。家遭疫气死亡,惟靡常在,年十八,收葬诸丧,养遗生子立美成家。"[1]

【明】文氏,"郫县人,李孝先妻,夫殁,竭力事舅姑,抚幼子光登科第,苦节历三十余年,永乐间旌表。"[2]

【明】关氏,"成都人,汪源妻,源以从戎卒于边关。年二十,子怀甫周岁,母子相依,独处一室,或欲夺其志,关剪发以示曰:此可誓也。年八十八卒。"[3]

【明】邵氏,"成都人,适向升阳,甫期年,夫溺死,誓死守节,抚遗腹子,事舅姑,历七十六年终。"[4]

【明】杨氏,"成都籍莆田人,周绘妻,年十八守节,抚妾子成立,孀居极严,夫之昆弟子侄亦不得见,躬自纺绩,为子婚娶,年七十卒。"[5]

【明】方氏,"成都人,知县方璇女,桂瑄妻,瑄卒,无子,氏时年二十四,守节,事舅姑以孝闻,历五十余年。"[6]

【明】李氏,"成都人,庠生周选妻,选病剧,以老母幼子为托,后家益贫,

[1] 成都市地方志编纂委员会、四川大学历史地理研究所整理,《成都旧志》第 11 册,成都时代出版社,2007 年版,第 351 页。

[2] 成都市地方志编纂委员会、四川大学历史地理研究所整理,《成都旧志》第 11 册,成都时代出版社,2007 年版,第 346 页。

[3] 成都市地方志编纂委员会、四川大学历史地理研究所整理,《成都旧志》第 11 册,成都时代出版社,2007 年版,第 346 页。

[4] 成都市地方志编纂委员会、四川大学历史地理研究所整理,《成都旧志》第 11 册,成都时代出版社,2007 年版,第 346 页。

[5] 成都市地方志编纂委员会、四川大学历史地理研究所整理,《成都旧志》第 11 册,成都时代出版社,2007 年版,第 346 页。

[6] 成都市地方志编纂委员会、四川大学历史地理研究所整理,《成都旧志》第 11 册,成都时代出版社,2007 年版,第 346 页。

氏养姑抚子，不失温饱，皆女红之力也，年五十七卒。"[1]

【明】熊氏，"成都人，王鸣珂妻，事翁姑最孝，贼破城，氏被执逼污，氏曰：我名家妇，岂屈身从汝，遂大骂贼，杀之。"[2]

【明】程氏，"华阳人，廪生杨琯妻，年二十九，琯亡，奉孀姑何氏，抚两孤成立，年七十有四卒，学使以双。"[3]

【明】谢氏，"成都林景元妻，景元卒，谢年二十四，遗子森甫半岁，矢志守节，为森娶韩氏，森旋殁，遗子轼，姑媳孀居，教轼，登嘉靖甲辰进士，太史杨升庵有传。"[4]

【明】徐氏，"温江民田汝均妻。夫故，氏年二十三，服阕，诣坟哭拜，归辞舅姑，还家坚卧，水浆不入口，七日死。事闻院司，表其闾。"[5]

【明】李氏，"温江人，湖广桃源县令刘戾母，夫殁守节，教子成名，旌其坊曰：节操冰霜。"[6]

【明】杨处子，"汉州人，杨通之女，正德初为流贼所执，大骂不屈，投水亡。"

【明】李烈女，"金堂人，李胜高女，有美色，许聘邑庠生彭尚仁，鄢寇突至，随母逃难，寇骑薄之，李跃灌子潭死。"[7]

【明】杨氏，"金堂人，杨洪女，适李仕俊，甫二年值鄢寇至，负儿逃匿，至高土桥遇寇，杨负儿投水亡。"[8]

【明】彭氏，"金堂人，杜胜海妻，夫死，抚遗腹子（皓），皓成立，后任无

---

[1] 成都市地方志编纂委员会、四川大学历史地理研究所整理，《成都旧志》第11册，成都时代出版社，2007年版，第346页。

[2] 成都市地方志编纂委员会、四川大学历史地理研究所整理，《成都旧志》第11册，成都时代出版社，2007年版，第346页。

[3] 成都市地方志编纂委员会、四川大学历史地理研究所整理，《成都旧志》第11册，成都时代出版社，2007年版，第346页。

[4] 成都市地方志编纂委员会、四川大学历史地理研究所整理，《成都旧志》第11册，成都时代出版社，2007年版，第346页。

[5] 成都市地方志编纂委员会、四川大学历史地理研究所整理，《成都旧志》第11册，成都时代出版社，2007年版，第346页。

[6] 成都市地方志编纂委员会、四川大学历史地理研究所整理，《成都旧志》第11册，成都时代出版社，2007年版，第346页。

[7] 成都市地方志编纂委员会、四川大学历史地理研究所整理，《成都旧志》第11册，成都时代出版社，2007年版，第346页。

[8] 成都市地方志编纂委员会、四川大学历史地理研究所整理，《成都旧志》第11册，成都时代出版社，2007年版，第346页。

锡县丞。守节三十四年卒，事闻旌表。"

【明】杜氏，"金堂人，郭惟尚妻，翁年九十，杜调护曲至，口舐溃痈，事闻旌表。"

【明】姜氏，"汉州人，郭朝用妻，年二十八而寡，苦志四十余年，抚二子俱中嘉靖乙酉乡试，卒年七十有四。"[1]

【明】杨氏，"新都人，孙思孔妻，年十八而寡。姑怜其幼，令他适，氏不从。事姑愈谨，求孙族之亲而贤者立为嗣，备历艰辛，教子成立，当道表其门曰：'贞心苦节。'"

【明】赵氏，"新都人，杨延学继室，年二十四而寡，无子女，有强之再适者，泣曰：'吾从一终也。'前妻子璜，方在襁褓，赵矢志抚之，辛苦万状，年八十六卒，学使旌其门。"[2]

【明】李氏，"温江人，贡生任高妻，隆庆初，高除天门学训，携李及二女同赴任，后升万载县谕，舟行遇盗，掳掠长女，绝裙，投河亡，李随之，次女骂不绝口，亦投水亡，次日三尸浮出，面皆如生，有司以闻，建坊天门，置祭田祀焉，万历初御史孙请建三烈坊，学使郭青螺有记。"[3]

【明】林氏，"郫县人，武功令王正字继室，二十五岁守节，抚前妻幼子成立，冰操凛然，后奉旌表。"[4]

【明】高氏，"成都人，杨纶妻，年二十八守节，抚三月孤廉成立，孤廉殁，遗孙茂勋，仅二岁，高苦节抚养，万历初旌表有坊。"[5]

【明】刘氏，"郫县人，庠生邓承芳妻，年二十四守节，事闻，旌其门曰：'正气凌霄。'"[6]

【明】张氏，"郫县人，庠生陈三甲妻，年二十五而寡，历四十余年，卒，诏

[1] 成都市地方志编纂委员会、四川大学历史地理研究所整理，《成都旧志》第11册，成都时代出版社，2007年版，第346页。

[2]〔清〕张晋生撰，《四川通志·列女》卷11上，《四库全书》第559册，上海古籍出版社，1987年版，第346页。

[3]〔清〕张晋生撰，《四川通志·列女》卷11上，《四库全书》第559册，上海古籍出版社，1987年版，第346页。

[4]〔清〕张晋生撰，《四川通志·列女》卷11上，《四库全书》第559册，上海古籍出版社，1987年版，第446页。

[5]〔清〕张晋生撰，《四川通志·列女》卷11上，《四库全书》第559册，上海古籍出版社，1987年版，第446页。

[6]〔清〕张晋生撰，《四川通志·列女》卷11上，《四库全书》第559册，上海古籍出版社，1987年版，第446页。

旌其门。"[1]

【明】郑氏，"华阳人，诸生刘南阳妻，年十八守节，寿八十卒，以子美贵封太安人，万历间奉诏建坊旌表。"[2]

【明】王氏，"灌县人，文可刊妻，可刊死，营葬将毕，自缢以从，事闻，建贞烈坊。"[3]

【明】左氏，"新繁人，庠生赵及第妻，及第无子，为之娶妾生二子，及第卒，誓不再适，抚两孤与妾，相守二十余年卒。"[4]

【明】罗氏，"新繁人，庠生杨体乾妻，年二十守节，父母莫能夺其志，御史旌之曰：'苦节凌霜。'"[5]

【明】王氏，"新繁人，向可久妻，苦节三十余载，抚六子俱成立，直指为旌其门，并给米帛。"[6]

【清】刘氏，"监生罗云琳母，五世同堂，寿一百二岁，命其子于宅右道建二石桥，人名其桥曰：'百寿。'"[7]

【清】黄氏，"陈经妻，寿一百岁。五世同堂。长子邦谟，中壬子科举人；次子邦才，年皆七十余岁。家中七十余口，和顺友恭。"[8]

【清】柳氏，"高天禄妻，寿一百五岁。子七，长居仁，八十三岁；次居义，八十岁；三居礼，七十八岁；四居智，七十六岁；五居信，七十二岁；六居文，六十八岁；七居德，六十四岁。天禄于乾隆己丑年没，家计甚微，氏抚育七子，

[1]〔清〕张晋生撰，《四川通志·列女》卷11上，《四库全书》第559册，上海古籍出版社，1987年版，第446页。

[2]〔清〕张晋生撰，《四川通志·列女》卷11上，《四库全书》第559册，上海古籍出版社，1987年版，第446页。

[3]〔清〕张晋生撰，《四川通志·列女》卷11上，《四库全书》第559册，上海古籍出版社，1987年版，第446页。

[4]〔清〕张晋生撰，《四川通志·列女》卷11上，《四库全书》第559册，上海古籍出版社，1987年版，第346页。

[5]〔清〕张晋生撰，《四川通志·列女》卷11上，《四库全书》第559册，上海古籍出版社，1987年版，第346页。

[6]〔清〕张晋生撰，《四川通志·列女》卷11上，《四库全书》第559册，上海古籍出版社，1987年版，第346页。

[7]成都市地方志编纂委员会、四川大学历史地理研究所整理，《成都旧志》第11册，成都时代出版社，2007年版，第347页。

[8]成都市地方志编纂委员会、四川大学历史地理研究所整理，《成都旧志》第11册，成都时代出版社，2007年版，第348页。

俱皓首绕膝，孀居五十五载，举止端肃，娴于母仪，里党慕之。"[1]

【清】花氏，"成都监生花翠之女，贡生柯绍之妻。乾隆四十九年，寿一百一岁。质性仁慈，娴于母教。恩给'贞寿之门'匾额，加赏如例。"[2]

【清】杨氏，"庠生谢增辉妻，儒童谢台兰之母，职员谢勋、谢莹之祖母，……四世一堂，雍容和睦……寿一百一岁。"[3]

【清】冯氏，"马朝贵妻。孝谨淑贞，施与不吝。年九十九，犹康强。"[4]

【清】杨氏，"岳镇邦妻。年二十五，夫故，守节，端淑持躬，冰霜自励。其子超龙以忠勇著，官至湖南提督。苦志四十九载，雍正元年，诰赠一品夫人。"[5]

【清】毛氏，"胡嘉会妻。夫故，氏训子入庠食饩。"[6]

【清】梅氏，"陈大纪妻。夫故，守节。长子入伍，次子游武庠，中式壬子科武举。"[7]

【清】宋氏，"胥芳妻。……夫故，守志奉姑，姑病笃，又割股，人皆敬之，抚子成立。"[8]

【清】林氏，"李文钟妻。夫故，矢志守节，抚子成立。"[9]

【清】徐氏，"陈开甫妻。夫故，遗一子，矢志守节，历四十七年。"[10]

---

[1] 成都市地方志编纂委员会、四川大学历史地理研究所整理，《成都旧志》第11册，成都时代出版社，2007年版，第348页。

[2] 成都市地方志编纂委员会、四川大学历史地理研究所整理，《成都旧志》第11册，成都时代出版社，2007年版，第348页。

[3] 成都市地方志编纂委员会、四川大学历史地理研究所整理，《成都旧志》第11册，成都时代出版社，2007年版，第348页。

[4] 成都市地方志编纂委员会、四川大学历史地理研究所整理，《成都旧志》第11册，成都时代出版社，2007年版，第348页。

[5] 成都市方志办编纂委员会、四川大学历史地理研究所整理，《成都旧志》第11册，成都时代出版社，2007年版，第352页。

[6] 成都市方志办编纂委员会、四川大学历史地理研究所整理，《成都旧志》第11册，成都时代出版社，2007年版，第352页。

[7] 成都市方志办编纂委员会、四川大学历史地理研究所整理，《成都旧志》第11册，成都时代出版社，2007年版，第352页。

[8] 成都市方志办编纂委员会、四川大学历史地理研究所整理，《成都旧志》第11册，成都时代出版社，2007年版，第352页。

[9] 成都市方志办编纂委员会、四川大学历史地理研究所整理，《成都旧志》第11册，成都时代出版社，2007年版，第352页。

[10] 成都市方志办编纂委员会、四川大学历史地理研究所整理，《成都旧志》第11册，成都时代出版社，2007年版，第352页。

【清】杜氏，"郭应麟妻。夫故，遗二子，矢志守节。"[1]

【清】林氏，"郭之玉妻。夫故，抚子成立。"[2]

【清】刘氏，"李若秋妻。夫故，抚子成立。"[3]

【清】李氏，"海自清妻。夫故，遗孤女三。夫兄故，遗孤无依，氏皆抚之。"[4]

【清】陈氏，"赵凤仪妻。夫故，遗孤三，抚之成立。"[5]

【清】卞氏，"杨栋继室。合卺七日，夫故，抚前室二子成立，人邑庠。"[6]

【清】张氏，"王国栋妻。夫故，夫弟年仅八岁，并遗腹孤子，均抚之成立。"[7]

【清】孙氏，"庠生王志鼎妻。夫故，事孀姑。姑殁，携幼子庐于墓侧。"[8]

【清】熊氏，"强凤基妻。夫故，翁年九十，夫兄失明，遗孤尚在襁褓，抚之成立。"[9]

【清】董氏，"郭宇宗妻。夫故，立志不二，上事孀祖姑及孀姑，下抚二子。长子正濂，入武庠，次子正江，业儒。"[10]

【清】刘氏，"王兰生妻。性恬静，不喜修饰。夫故，悲痛欲绝，泪尽，继之以血。一子未离襁褓，辛勤鞠育，茹蘗三十九年。"[11]

---

[1] 成都市方志办编纂委员会、四川大学历史地理研究所整理，《成都旧志》第11册，成都时代出版社，2007年版，第352页。

[2] 成都市方志办编纂委员会、四川大学历史地理研究所整理，《成都旧志》第11册，成都时代出版社，2007年版，第352页。

[3] 成都市方志办编纂委员会、四川大学历史地理研究所整理，《成都旧志》第11册，成都时代出版社，2007年版，第352页。

[4] 成都市方志办编纂委员会、四川大学历史地理研究所整理，《成都旧志》第11册，成都时代出版社，2007年版，第352页。

[5] 成都市方志办编纂委员会、四川大学历史地理研究所整理，《成都旧志》第11册，成都时代出版社，2007年版，第353页。

[6] 成都市方志办编纂委员会、四川大学历史地理研究所整理，《成都旧志》第11册，成都时代出版社，2007年版，第353页。

[7] 成都市方志办编纂委员会、四川大学历史地理研究所整理，《成都旧志》第11册，成都时代出版社，2007年版，第353页。

[8] 成都市方志办编纂委员会、四川大学历史地理研究所整理，《成都旧志》第11册，成都时代出版社，2007年版，第353页。

[9] 成都市方志办编纂委员会、四川大学历史地理研究所整理，《成都旧志》第11册，成都时代出版社，2007年版，第353页。

[10] 成都市方志办编纂委员会、四川大学历史地理研究所整理，《成都旧志》第11册，成都时代出版社，2007年版，第354页。

[11] 成都市方志办编纂委员会、四川大学历史地理研究所整理，《成都旧志》第11册，成都时代出版社，2007年版，第354页。

【清】刘氏，"军士李元母。青年守节，终身不改。"[1]

【清】李氏，"王朝选妻。夫故，姒娌耳语，氏觉其言之为己者，因扶夫木主击颡自誓，竟抚幼子成立，苦节五十年。"[2]

【清】赵氏，"刘廷贵妻。夫故，抚子成立，苦节三十七年。"[3]

【清】刘氏，"朱文忠妻。夫故，生一子象南，抚之成名。守节四十三年。"[4]

【清】陈氏，"处士练廷剑妻。夫故，子甫三岁，事翁姑抚孤子，苦节不渝。"[5]

【清】张氏，"张华昌女，王进忠妻。夫故，抚子秉权守节。事翁姑，抚弱息，历四十八年。"[6]

【清】杨氏，"杨文恒女，张时俊妻。夫殁，事翁姑以孝闻，教子崇辉成立。守节三十年。"[7]

【清】叶氏，"江以宽妻。夫故，守节，善翁姑，抚幼子，历二十五年。"[8]

【清】张氏，"诸生高廷英妻。夫故，养葬孀姑，抚育稚子，无愧妇职。"[9]

【清】王氏，"军士酆登相妻。夫故，勤纺绩，事孀姑，不以贫苦懈志，训子成立。"[10]

[1] 成都市方志办编纂委员会、四川大学历史地理研究所整理，《成都旧志》第 11 册，成都时代出版社，2007 年版，第 354 页。

[2] 成都市方志办编纂委员会、四川大学历史地理研究所整理，《成都旧志》第 11 册，成都时代出版社，2007 年版，第 354 页。

[3] 成都市方志办编纂委员会、四川大学历史地理研究所整理，《成都旧志》第 11 册，成都时代出版社，2007 年版，第 354 页。

[4] 成都市方志办编纂委员会、四川大学历史地理研究所整理，《成都旧志》第 11 册，成都时代出版社，2007 年版，第 354 页。

[5] 成都市方志办编纂委员会、四川大学历史地理研究所整理，《成都旧志》第 11 册，成都时代出版社，2007 年版，第 354 页。

[6] 成都市方志办编纂委员会、四川大学历史地理研究所整理，《成都旧志》第 11 册，成都时代出版社，2007 年版，第 354 页。

[7] 成都市方志办编纂委员会、四川大学历史地理研究所整理，《成都旧志》第 11 册，成都时代出版社，2007 年版，第 354 页。

[8] 成都市方志办编纂委员会、四川大学历史地理研究所整理，《成都旧志》第 11 册，成都时代出版社，2007 年版，第 354 页。

[9] 成都市方志办编纂委员会、四川大学历史地理研究所整理，《成都旧志》第 11 册，成都时代出版社，2007 年版，第 354 页。

[10] 成都市方志办编纂委员会、四川大学历史地理研究所整理，《成都旧志》第 11 册，成都时代出版社，2007 年版，第 354 页。

【清】王氏，"军士汪宏烈妻。夫故，守节事孀姑至孝，育孤子成立。"[1]

【清】李氏，"陈有世妻。夫故，事舅姑克尽孝道，教二子仁、泰，俱入庠。"[2]

【清】梅氏，"军士陈大章妻。夫故守节，养姑，抚三子成立。"[3]

【清】静氏，"林启彦妻。夫故，守节，勤女红，事翁姑，抚子成立。"[4]

【清】杨氏，"陈万安妻。夫故，遗二子俱幼，值兵燹，携二子远避，艰辛万状，卒至成立。苦节五十二年，寿七十余。"[5]

【清】侯氏，"熊谟妻。谟病死，氏辛勤育子。"[6]

【清】杜氏，"张某妻。夫故，氏年二十七，家贫守节，教子成立。"[7]

【清】王氏，"监大使宋观远妻。夫故，子幼家贫，日勤纺绩。"[8]

【清】张氏，"雒文佑妻。夫故，遗二女，备历艰辛，守节六十五年。"[9]

【清】邓氏，"朱永贞妻。夫故，矢志守节，家贫，以纺绩谋生，孝事孀姑，抚子成立。"[10]

【清】马氏，"许谦荣妻。夫故，孝善翁姑，抚侄为子，茹苦三十年。"[11]

[1] 成都市方志办编纂委员会、四川大学历史地理研究所整理，《成都旧志》第 11 册，成都时代出版社，2007 年版，第 354 页。

[2] 成都市方志办编纂委员会、四川大学历史地理研究所整理，《成都旧志》第 11 册，成都时代出版社，2007 年版，第 354 页。

[3] 成都市方志办编纂委员会、四川大学历史地理研究所整理，《成都旧志》第 11 册，成都时代出版社，2007 年版，第 355 页。

[4] 成都市方志办编纂委员会、四川大学历史地理研究所整理，《成都旧志》第 11 册，成都时代出版社，2007 年版，第 355 页。

[5] 成都市方志办编纂委员会、四川大学历史地理研究所整理，《成都旧志》第 11 册，成都时代出版社，2007 年版，第 355 页。

[6] 成都市方志办编纂委员会、四川大学历史地理研究所整理，《成都旧志》第 11 册，成都时代出版社，2007 年版，第 355 页。

[7] 成都市方志办编纂委员会、四川大学历史地理研究所整理，《成都旧志》第 11 册，成都时代出版社，2007 年版，第 355 页。

[8] 成都市方志办编纂委员会、四川大学历史地理研究所整理，《成都旧志》第 11 册，成都时代出版社，2007 年版，第 355 页。

[9] 成都市方志办编纂委员会、四川大学历史地理研究所整理，《成都旧志》第 11 册，成都时代出版社，2007 年版，第 355 页。

[10] 成都市方志办编纂委员会、四川大学历史地理研究所整理，《成都旧志》第 11 册，成都时代出版社，2007 年版，第 355 页。

[11] 成都市方志办编纂委员会、四川大学历史地理研究所整理，《成都旧志》第 11 册，成都时代出版社，2007 年版，第 355 页。

【清】陈氏，"周文斌妻。夫故，子甫三岁。守节六十年，寿八十余。"[1]

【清】卞氏，"周元松妻。元松病，氏割股煎药以进。夫故，子幼，守节三十四年。"[2]

【清】陈氏，"孙世隆妻。夫故，遗周岁孤，养亲育子，孝慈兼备。"[3]

【清】周氏，"傅成身妻。夫故，抚子成立。"[4]

【清】孙氏。"张国英妻。夫故，子七岁，家贫，历节四十一年。"[5]

【清】邓氏，"进士邓克明女，吴本谦妻。夫故，子晋然甫七月，抚之入泮。"[6]

【清】李氏，"孟琼英妻。夫故，抚子成立。"[7]

【清】张氏，"曹祖卿妻。夫故，立志抚子，守节三十三年。"[8]

【清】何氏，"周佐尧妻。夫病，氏割股和药以进。夫故，子尚幼，守节，抚孤成立。"[9]

【清】洪氏，"周长发妻。夫病，氏割股和药以进。夫故，子甫一岁，抚之成立。"[10]

【清】周氏，"崔怀仁妻。夫故，子甫五岁，氏立志守节，纺绩度日，抚子成

[1] 成都市方志办编纂委员会、四川大学历史地理研究所整理，《成都旧志》第11册，成都时代出版社，2007年版，第355页。
[2] 成都市方志办编纂委员会、四川大学历史地理研究所整理，《成都旧志》第11册，成都时代出版社，2007年版，第355页。
[3] 成都市方志办编纂委员会、四川大学历史地理研究所整理，《成都旧志》第11册，成都时代出版社，2007年版，第355页。
[4] 成都市方志办编纂委员会、四川大学历史地理研究所整理，《成都旧志》第11册，成都时代出版社，2007年版，第355页。
[5] 成都市方志办编纂委员会、四川大学历史地理研究所整理，《成都旧志》第11册，成都时代出版社，2007年版，第355页。
[6] 成都市方志办编纂委员会、四川大学历史地理研究所整理，《成都旧志》第11册，成都时代出版社，2007年版，第355页。
[7] 成都市方志办编纂委员会、四川大学历史地理研究所整理，《成都旧志》第11册，成都时代出版社，2007年版，第355页。
[8] 成都市方志办编纂委员会、四川大学历史地理研究所整理，《成都旧志》第11册，成都时代出版社，2007年版，第355页。
[9] 成都市方志办编纂委员会、四川大学历史地理研究所整理，《成都旧志》第11册，成都时代出版社，2007年版，第356页。
[10] 成都市方志办编纂委员会、四川大学历史地理研究所整理，《成都旧志》第11册，成都时代出版社，2007年版，第356页。

立。"[1]

【清】沈氏,"刘世瑞妻。夫故,遗子文魁甫十月,矢志守节,又抚侄为子,养育教训,历三十余年。"[2]

【清】李氏,"徐璟妻。夫故,矢志守节,抚侄安礼承桃,日勤纺绩,上事翁姑,下训孤子成名。"[3]

【清】强氏,"戴志九妻。夫故,遗子云衢甫一月,矢志守节,上事翁姑,下抚孤子入胶庠。"[4]

【清】陈氏,"黎九龄妻。年十八,生子未弥月,夫故,矢志守节,孝事孀姑,抚子成立。寿六十余。"

【清】陈氏,"张廷甲妻。年十八,夫故,孝事翁姑,教子以义方。"[5]

【清】蓝氏,"周召南妻。夫故,遗腹生子起祥。时姑迈家贫,氏勤纺绩,事姑尽孝,抚子成立。"[6]

【清】赖氏,"陈歧山妻,守备陈超母。夫故,矢志守节,上事翁姑,下抚幼子。寿七十有二,守节四十三年。追封宜人。"[7]

【清】方氏,"监生李儒英妻,候选训导李培元之母。夫故,矢志守节,事翁姑孝,抚幼子成立,守节三十余年。"[8]

【清】黄氏,"白秀先妻。夫故,矢志不二,抚兄子玉全为嗣,能尽孝养。"[9]

[1] 成都市方志办编纂委员会、四川大学历史地理研究所整理,《成都旧志》第11册,成都时代出版社,2007年版,第356页。

[2] 成都市方志办编纂委员会、四川大学历史地理研究所整理,《成都旧志》第11册,成都时代出版社,2007年版,第358页。

[3] 成都市方志办编纂委员会、四川大学历史地理研究所整理,《成都旧志》第11册,成都时代出版社,2007年版,第358页。

[4] 成都市方志办编纂委员会、四川大学历史地理研究所整理,《成都旧志》第11册,成都时代出版社,2007年版,第358页。

[5] 成都市方志办编纂委员会、四川大学历史地理研究所整理,《成都旧志》第11册,成都时代出版社,2007年版,第358页。

[6] 成都市方志办编纂委员会、四川大学历史地理研究所整理,《成都旧志》第11册,成都时代出版社,2007年版,第359页。

[7] 成都市方志办编纂委员会、四川大学历史地理研究所整理,《成都旧志》第11册,成都时代出版社,2007年版,第359页。

[8] 成都市方志办编纂委员会、四川大学历史地理研究所整理,《成都旧志》第11册,成都时代出版社,2007年版,第359页。

[9] 成都市方志办编纂委员会、四川大学历史地理研究所整理,《成都旧志》第11册,成都时代出版社,2007年版,第359页。

【清】陈氏，"任元勋妻。年十六，夫故守节，抚子成立。"[1]

【清】杜氏，"牟之张妻。生三子。夫殁，时当兵燹，茕茕母子，风雨一庐，以女红度日。三子俱婚。"[2]

【清】谢氏，"何张妻。夫故，遣一女，家无立锥，以刺绣谋生，仰事俯育。"[3]

【清】陈氏，"易代懿妻。夫故，有子六岁，矢志守节四十三年。"[4]

【清】李氏，"梁容山妻。夫故，遗腹生女，不育，有劝他适者，氏不从，以刺绣度日，卒完其节。"[5]

【清】黄氏，"谭盛纹妻。夫故，家贫，守节抚孤。"[6]

【清】狄氏，"浙江杭州游击黄玉麟妻。夫故，子甫四岁，矢志抚孤，守节六十四年。"[7]

【清】黄氏，"苏华廷妻，绍礼之母。夫故，矢志守节，事亲教子，俱克尽逬。"[8]

【清】芮氏，"李春芳妻。夫故，遗一子一女，俱幼，翁亦年高，家甚贫。子绪长成立，授室，有一女。绪长亦卒，氏抚孙女成人，嫁之。"[9]

【清】鲁氏，"满洲人，贵州安顺营游击岳湘妻。生一子三女。乾隆三十九年，夫殁于王事，立志守节，事姑抚子，孝慈兼尽。"[10]

【清】庐张氏，"兵达朗阿妻。厢白旗蒙古佐领下人。达朗阿出师达州，阵

[1] 成都市方志办编纂委员会、四川大学历史地理研究所整理，《成都旧志》第 11 册，成都时代出版社，2007 年版，第 359 页。

[2] 成都市方志办编纂委员会、四川大学历史地理研究所整理，《成都旧志》第 11 册，成都时代出版社，2007 年版，第 359 页。

[3] 成都市方志办编纂委员会、四川大学历史地理研究所整理，《成都旧志》第 11 册，成都时代出版社，2007 年版，第 359 页。

[4] 成都市方志办编纂委员会、四川大学历史地理研究所整理，《成都旧志》第 11 册，成都时代出版社，2007 年版，第 359 页。

[5] 成都市方志办编纂委员会、四川大学历史地理研究所整理，《成都旧志》第 11 册，成都时代出版社，2007 年版，第 359 页。

[6] 成都市方志办编纂委员会、四川大学历史地理研究所整理，《成都旧志》第 11 册，成都时代出版社，2007 年版，第 359 页。

[7] 成都市方志办编纂委员会、四川大学历史地理研究所整理，《成都旧志》第 11 册，成都时代出版社，2007 年版，第 359 页。

[8] 成都市方志办编纂委员会、四川大学历史地理研究所整理，《成都旧志》第 11 册，成都时代出版社，2007 年版，第 360 页。

[9] 成都市方志办编纂委员会、四川大学历史地理研究所整理，《成都旧志》第 11 册，成都时代出版社，2007 年版，第 360 页。

[10] 成都市方志办编纂委员会、四川大学历史地理研究所整理，《成都旧志》第 11 册，成都时代出版社，2007 年版，第 361 页。

亡。氏时年二十二，矢志守节，抚孤子衍庆成立，备尝辛苦。"[1]

【清】依勒喜尔氏，"季甲兵爱昭妻。厢红旗满洲佐领下人。夫故，矢志守节，奉姑尽孝，教子有方。子搏栋，武翻译生员。"[2]

【清】瓜勒佳氏，"马甲德通妻。正蓝旗二甲满洲佐领下人，正蓝旗满洲人福寿之女。乾隆十三年，夫故，氏年二十四，立志守节，事孀姑，孝养克尽，守节四十三年，卒于其子讷尔吉善协领任内。覃恩诰封淑人。"[3]

【清】瓜尔佳氏，"甲兵爱喜妻。正白旗蒙古佐领下人，甲兵托鸾之女。爱喜……阵亡。氏年二十四，矢志冰霜，抚孤成立。"[4]

【清】傅察氏，"闲散多寿妻。正蓝旗二甲满洲佐领下人，正白旗佐领斐林布之女。道光十年，夫故，氏年七十九，立志抚孤，训诲有方，守节三十五年，卒于其子松林协领任内，覃恩诰封淑人。"[5]

【清】戴佳氏，"委甲兵佛尔果春妻。正黄旗满洲佐领下人，领催顺昌之女。道光十五年，夫故，氏年二十七，守节抚孤。"[6]

【清】何韩氏，"甲兵叶卜清额妻。厢红旗蒙古佐领下人，甲兵塔克什布之女。道光十八年，夫故，氏年十七，姑迈子幼，辛勤养育，立志弥坚。"[7]

【清】瓜尔佳氏，"步兵连喜妻。正白旗二甲满洲佐领下人，正蓝旗二甲满洲佐领伍勒喜布之女。道光二十二年，夫故，立志守节，备历勤劬，子以成立。"[8]

---

[1] 成都市方志办编纂委员会、四川大学历史地理研究所整理，《成都旧志》第 11 册，成都时代出版社，2007 年版，第 363 页。

[2] 成都市方志办编纂委员会、四川大学历史地理研究所整理，《成都旧志》第 11 册，成都时代出版社，2007 年版，第 363 页。

[3] 成都市方志办编纂委员会、四川大学历史地理研究所整理，《成都旧志》第 11 册，成都时代出版社，2007 年版，第 363 页。

[4] 成都市方志办编纂委员会、四川大学历史地理研究所整理，《成都旧志》第 11 册，成都时代出版社，2007 年版，第 363 页。

[5] 成都市方志办编纂委员会、四川大学历史地理研究所整理，《成都旧志》第 11 册，成都时代出版社，2007 年版，第 363 页。

[6] 成都市方志办编纂委员会、四川大学历史地理研究所整理，《成都旧志》第 11 册，成都时代出版社，2007 年版，第 363 页。

[7] 成都市方志办编纂委员会、四川大学历史地理研究所整理，《成都旧志》第 11 册，成都时代出版社，2007 年版，第 363 页。

[8] 成都市方志办编纂委员会、四川大学历史地理研究所整理，《成都旧志》第 11 册，成都时代出版社，2007 年版，第 365 页。

【清】苏张氏，"原厢黄正白满洲二旗协领色瑚哩妻。道光二十三年，夫故，氏年二十四，志凛冰霜，抚子成名。"[1]

【清】苏吴氏，"闲散文慧妻。道光二十三年，夫故，氏年二十八，抚子成立。"[2]

【清】关默特氏，"色成妻。正红旗蒙古佐领下人，正红旗广善之女，年十八，夫故，甘心荼苦。"[3]

【清】瓜勒佳氏，"甲兵穆腾额妻。厢白旗满洲佐领下人，甲兵喀木图之女。道光二十五年，夫故，事亲抚子，艰苦备誉。"[4]

【清】哈喇玛氏，"前锋恩普妻。厢红旗蒙古佐领下人，领催贵昌之女。道光二十五年，夫故，辛勤抚子，竟以成立。"[5]

【清】舒穆噜氏，"领催吉庆妻。正黄旗蒙古佐领下人。夫故，立志抚孤。"[6]

【清】瓜勒佳氏，"马甲能登额妻。正蓝旗满洲佐领下人，厢黄旗马甲兴升之女。道光二十八年，夫故，贞操自矢，上事翁姑，下抚幼子，孝慈备至。"[7]

【清】古特氏，"甲兵恩富妻。正白旗二甲满洲佐领下人，厢蓝旗二甲前锋斐林阿之女。道光三十年，夫故，矢志不移，教子有方。"[8]

【清】彭氏，"郭贵贤妻。生四子，夫病，昼夜服侍，目不交睫者月余，竟不起。四子高低环泣，媵姑七旬余，痛子晕眩，氏俯仰几无生理，因计养生送死皆一身责任，励志坚守，苦节五十年。"[9]

[1] 成都市方志办编纂委员会、四川大学历史地理研究所整理，《成都旧志》第11册，成都时代出版社，2007年版，第365页。
[2] 成都市方志办编纂委员会、四川大学历史地理研究所整理，《成都旧志》第11册，成都时代出版社，2007年版，第365页。
[3] 成都市方志办编纂委员会、四川大学历史地理研究所整理，《成都旧志》第11册，成都时代出版社，2007年版，第365页。
[4] 成都市方志办编纂委员会、四川大学历史地理研究所整理，《成都旧志》第11册，成都时代出版社，2007年版，第365页。
[5] 成都市方志办编纂委员会、四川大学历史地理研究所整理，《成都旧志》第11册，成都时代出版社，2007年版，第365页。
[6] 成都市方志办编纂委员会、四川大学历史地理研究所整理，《成都旧志》第11册，成都时代出版社，2007年版，第365页。
[7] 成都市方志办编纂委员会、四川大学历史地理研究所整理，《成都旧志》第11册，成都时代出版社，2007年版，第365页。
[8] 成都市方志办编纂委员会、四川大学历史地理研究所整理，《成都旧志》第11册，成都时代出版社，2007年版，第365页。
[9] 成都市方志办编纂委员会、四川大学历史地理研究所整理，《成都旧志》第11册，成都时代出版社，2007年版，第365页。

【清】章氏，"章楷女，张勋妻。生三子，正虔、正仁、正昆。夫殁，翁姑衰迈，氏以纺织供衣食，及子成立，家亦温鲍。守节四十九年。"[1]

【清】何氏，"陈廷贵妻。夫弥留，语氏以母老子少，奉眷鞠育，宜代我职。夫殁，事姑十余年，不缺甘旨，子亦成立。"[2]

【清】徐氏，"范贤芳妻。生子济川。夫殁，不易所天，坚心励志二十五年。"[3]

【清】魏氏，"魏文韬女，叶正美妻。生子宗苔。夫殁，矢志守节。子入国学；又于省垣立建宗祠，命子尽心揆度，春秋蒸尝无违礼。"[4]

【清】洪氏，"从九李旭海妻。夫殁，抚夫兄之子文钺为嗣，家綦贫，其族李志昉任中坝坝巡检，往依之。起居缜密，言笑不苟。嗣子成立，复得二孙。"[5]

【清】武氏，"武正乾长女，章成秀妻。有子大志。夫故，誓死靡他，鞠育孤子，事嫡姑竭诚致敬。大志官川北中营外委。苦节四十九年。"[6]

【清】吴氏，"叶正理妻。举止端凝。夫殁，孝事翁姑，下抚藐孤，劬劳备至。苦节三十一年。"[7]

【清】杨氏，"安余德妻。夫殁，子幼，矢志抚孤，足迹不出庭户，事嫡姑，先意承志。子卒，抚孙成立。守节三十三年。"

【清】张氏，"张成瑶女，叶正道妻。夫殁，氏矢志节，嚼指自誓。抚侄为嗣，与寡嫂骆氏同甘苦，又教孙祖东成立。守节五十六年。"[8]

[1] 成都市方志办编纂委员会、四川大学历史地理研究所整理，《成都旧志》第 11 册，成都时代出版社，2007 年版，第 365 页。

[2] 成都市方志办编纂委员会、四川大学历史地理研究所整理，《成都旧志》第 11 册，成都时代出版社，2007 年版，第 365 页。

[3] 成都市方志办编纂委员会、四川大学历史地理研究所整理，《成都旧志》第 11 册，成都时代出版社，2007 年版，第 366 页。

[4] 成都市方志办编纂委员会、四川大学历史地理研究所整理，《成都旧志》第 11 册，成都时代出版社，2007 年版，第 366 页。

[5] 成都市方志办编纂委员会、四川大学历史地理研究所整理，《成都旧志》第 11 册，成都时代出版社，2007 年版，第 366 页。

[6] 成都市方志办编纂委员会、四川大学历史地理研究所整理，《成都旧志》第 11 册，成都时代出版社，2007 年版，第 367 页。

[7] 成都市方志办编纂委员会、四川大学历史地理研究所整理，《成都旧志》第 11 册，成都时代出版社，2007 年版，第 367 页。

[8] 成都市方志办编纂委员会、四川大学历史地理研究所整理，《成都旧志》第 11 册，成都时代出版社，2007 年版，第 367 页。

【清】廖氏，"陈仕玢妻。生一子，夫故，矢志守节，奉高堂，抚幼子，翁姑相继殁，丧葬尽礼，教子成立，克绍家声，守节三十七年。"[1]

【清】刘氏，"李楷妻。逮事翁姑，家无恒产，皆常病，氏典衣裙以市药饵。夫殁，翁姑相继去世，置办棺衾，拮据万状，卒教子玉坤成立。"[2]

【清】张氏，喻廷选妻。生二子，皆幼。夫病，语氏以二子宗桃所关，善视之。夫殁，劬劳万状，艰苦备尝。"[3]

【清】张氏，"张文彬女，卢其安妻。生子，未离襁褓。夫故，誓死抚孤，执节不移，苦志三十八年。"[4]

【清】刘氏，"黄秀辅妻。生子六月，夫故，矢志守节，孝养翁姑，抚子成立，茹苦餐荼五十四年。"[5]

【清】杨氏，"薛文林妻。生一子。夫病，割股和药以进，旋愈。夫殁，孝事翁姑，教子成立。苦节三十九年。"[6]

【清】邵氏，"张汝南妻。汝南私债累累，氏恐以剥啄声致翁姑怒，典质簪珥，尽完夙负。性慈厚，乡邻告贷无难色。夫故，矢志守节，终养翁姑，均无违礼。苦节三十四年。"[7]

【清】胡氏，"胡维乾女，叶宗蕙妻。夫殁。遗一子祖绍，矢志不移。事翁姑，能得欢心，抚子成立，复抱孙。守节二十四年。寿六十余。"[8]

[1] 成都市方志办编纂委员会、四川大学历史地理研究所整理，《成都旧志》第11册，成都时代出版社，2007年版，第367页。

[2] 成都市方志办编纂委员会、四川大学历史地理研究所整理，《成都旧志》第11册，成都时代出版社，2007年版，第367页。

[3] 成都市方志办编纂委员会、四川大学历史地理研究所整理，《成都旧志》第11册，成都时代出版社，2007年版，第367页。

[4] 成都市方志办编纂委员会、四川大学历史地理研究所整理，《成都旧志》第11册，成都时代出版社，2007年版，第368页。

[5] 成都市方志办编纂委员会、四川大学历史地理研究所整理，《成都旧志》第11册，成都时代出版社，2007年版，第368页。

[6] 成都市方志办编纂委员会、四川大学历史地理研究所整理，《成都旧志》第11册，成都时代出版社，2007年版，第368页。

[7] 成都市方志办编纂委员会、四川大学历史地理研究所整理，《成都旧志》第11册，成都时代出版社，2007年版，第370页。

[8] 成都市方志办编纂委员会、四川大学历史地理研究所整理，《成都旧志》第11册，成都时代出版社，2007年版，第370页。

【清】高氏，"刘绍尧妻。生一子一女。夫殁，翁姑恸子，愈觉困顿，氏时时劝慰，仰事俯畜，皆藉氏十指之力。子文奎成立，援例选授广西融县巡检。苦节四十年。"[1]

【清】刘氏，"儒士阎文俊妻。文俊素贫，早丧，遗一子。子殁，遗一孙，媳改醮去，氏口哺乳舐，得延宗祀。"[2]

【清】包氏，"郭人杰妻。人杰殁，氏誓志不二，事舅姑甚谨，每微恙，奉侍药饵，日夜惶惶。年五十五，守节三十五年。"

【清】欧氏，"谢尔全妻。早嫠，遗孤犹在怀抱，劬劳鞠育，贫困自甘，卒延夫嗣。事舅姑，养葬尽礼，持操三十四年。"[3]

【清】厉氏，"吴廷诚妻。廷诚病剧，嘱氏奉亲教子。及卒，翁姑以其年少，欲令他适，氏即以死自誓，抚育遗孤，卒完共志。"[4]

【清】洪氏，"乙卯科举人洪銋女，顾堂基妻也。结缡百日，夫卒，氏年才十五，抚兄子承祧。上有孀祖姑，年九十矣，藉针黹奉养。越十年，祖姑殁，茕茕无告，乃携子归母家，依其兄焕章，足不履户庭者十余载。"[5]

【清】余氏，"沈廷珠妻。夫故，拮据抚孤，劬劳备至，子宗梁成立，能遵母教，家计稍裕。"[6]

【清】胡氏，"万福璪妻。生子定有尚在襁褓，夫殁，誓守《柏舟》，事翁姑以孝闻。"[7]

【清】谭氏，"颜九江妻。事姑孝。姑病，奉侍汤药，寝食俱废。夫殁，磨笄誓志，抚子廷玉成立。"[8]

---

[1] 成都市方志办编纂委员会、四川大学历史地理研究所整理，《成都旧志》第11册，成都时代出版社，2007年版，第370页。

[2] 成都市方志办编纂委员会、四川大学历史地理研究所整理，《成都旧志》第11册，成都时代出版社，2007年版，第370页。

[3] 成都市方志办编纂委员会、四川大学历史地理研究所整理，《成都旧志》第11册，成都时代出版社，2007年版，第370页。

[4] 成都市方志办编纂委员会、四川大学历史地理研究所整理，《成都旧志》第11册，成都时代出版社，2007年版，第370页。

[5] 成都市方志办编纂委员会、四川大学历史地理研究所整理，《成都旧志》第11册，成都时代出版社，2007年版，第370页。

[6] 成都市方志办编纂委员会、四川大学历史地理研究所整理，《成都旧志》第11册，成都时代出版社，2007年版，第371页。

[7] 成都市方志办编纂委员会、四川大学历史地理研究所整理，《成都旧志》第11册，成都时代出版社，2007年版，第372页。

[8] 成都市方志办编纂委员会、四川大学历史地理研究所整理，《成都旧志》第11册，成都时代出版社，2007年版，第372页。

【清】张氏，"杨永祀妻。夫故，遗子锡辉仅弥月，矢志抚孤，事翁姑克尽孝养。"[1]

【清】陶氏，"年十五，为蓝正明妻。奉晨昏，洁甘旨，翁姑称其贤。夫殁，恸绝数次。因有遗孤福寿，不得不为禋祀计。"[2]

【清】张氏，"年十七，为冯华忠妻。生子德芳。夫病，知不起，谓氏曰：'我死，汝何如？'氏曰：'果不祥，养亲教子，吾分也。'华忠泣谢之。夫故，艰难历试，卒践其言。"[3]

【清】林氏，"张国澍妻。夫殁，翁姑已老，克尽孝养。抚遗孤泰临，教养兼备。"[4]

【清】邹氏，"刘其信妻，生子志厚。夫故，贞操自矢，备历艰辛，抚子成立。"[5]

【清】李氏，"吴世管妻。夫故，家贫，翁姑俱在，日勤针黹为奉养资，抚子锡成立。"[6]

【清】钟氏，"年十七，为胡拔泗妻。生子维贤。夫故，孝事翁姑，备极勤劳。"[7]

【清】曾氏，"郑其华妻。生子守成。夫故，矢志守节。家贫，以纺绩奉养翁姑，劳瘁备至。"[8]

【清】王氏，"年十七，为叶培瑞妻。夫故，矢志抚孤，翁姑赖其孝养得终天年。"[9]

---

[1] 成都市方志办编纂委员会、四川大学历史地理研究所整理，《成都旧志》第11册，成都时代出版社，2007年版，第372页。

[2] 成都市方志办编纂委员会、四川大学历史地理研究所整理，《成都旧志》第11册，成都时代出版社，2007年版，第372页。

[3] 成都市方志办编纂委员会、四川大学历史地理研究所整理，《成都旧志》第11册，成都时代出版社，2007年版，第372页。

[4] 成都市方志办编纂委员会、四川大学历史地理研究所整理，《成都旧志》第11册，成都时代出版社，2007年版，第372页。

[5] 成都市方志办编纂委员会、四川大学历史地理研究所整理，《成都旧志》第11册，成都时代出版社，2007年版，第372页。

[6] 成都市方志办编纂委员会、四川大学历史地理研究所整理，《成都旧志》第11册，成都时代出版社，2007年版，第372页。

[7] 成都市方志办编纂委员会、四川大学历史地理研究所整理，《成都旧志》第11册，成都时代出版社，2007年版，第372页。

[8] 成都市方志办编纂委员会、四川大学历史地理研究所整理，《成都旧志》第11册，成都时代出版社，2007年版，第372页。

[9] 成都市方志办编纂委员会、四川大学历史地理研究所整理，《成都旧志》第11册，成都时代出版社，2007年版，第372页。

【清】毛氏，"傅廷孝妻。夫故，家贫，翁姑衰迈，子永辰才两岁，氏矢志不嫁，以仰事俯畜为己任。"[1]

【清】徐氏，"敖应贵妻。夫故，时年十九，翁姑虑其年少，氏泣曰：'所以不即死者，因有子在，若存二心，神殛之。'坚执劲节，事亲抚子。"[2]

【清】朱氏，"刘智强妻。智强病革，泣语氏曰：'我有老母未终养，奈何？'氏曰：'养亲，吾分也。'夫故，事姑抚子，守节三十二年。"[3]

【清】谢氏，"张国扬妻。生子泰选。夫故，欲从死，因亲老子幼，仰事俯畜，皆己责任。丧后摒挡家务，堂上甘旨不缺。"[4]

【清】王氏，"孙耀妻。夫故，矢节抚孤，劳瘁已极。姑病，侍床褥，昕夕不离，人咸以孝称之。"[5]

【清】冯氏，"罗巨迁妻。夫故，遗子元洪，家计淡泊，氏以纺绩度日，孝事舅姑，终身不怠，抚子成立，又得见孙。"[6]

【清】熊氏，"张铭妻。夫故，家贫，日夜理丝枲，孤影茕茕，苦节自誓。事翁姑，能得其欢心。"[7]

【清】徐氏，"郑文麟妻。夫故，遗腹生子大鸾，誓守不嫁，躬操井臼，艰苦备尝。翁姑相继殁，丧葬尽礼。"[8]

【清】陈氏，"刘焕章妻。夫故，家计维艰，翁姑俱在，以纺织佐饔飧，暗积余赀，置备棺衾。二老殁，得以含殓如礼。"[9]

[1] 成都市方志办编纂委员会、四川大学历史地理研究所整理，《成都旧志》第11册，成都时代出版社，2007年版，第372页。

[2] 成都市方志办编纂委员会、四川大学历史地理研究所整理，《成都旧志》第11册，成都时代出版社，2007年版，第372页。

[3] 成都市方志办编纂委员会、四川大学历史地理研究所整理，《成都旧志》第11册，成都时代出版社，2007年版，第373页。

[4] 成都市方志办编纂委员会、四川大学历史地理研究所整理，《成都旧志》第11册，成都时代出版社，2007年版，第373页。

[5] 成都市方志办编纂委员会、四川大学历史地理研究所整理，《成都旧志》第11册，成都时代出版社，2007年版，第373页。

[6] 成都市方志办编纂委员会、四川大学历史地理研究所整理，《成都旧志》第11册，成都时代出版社，2007年版，第373页。

[7] 成都市方志办编纂委员会、四川大学历史地理研究所整理，《成都旧志》第11册，成都时代出版社，2007年版，第373页。

[8] 成都市方志办编纂委员会、四川大学历史地理研究所整理，《成都旧志》第11册，成都时代出版社，2007年版，第373页。

[9] 成都市方志办编纂委员会、四川大学历史地理研究所整理，《成都旧志》第11册，成都时代出版社，2007年版，第373页。

【清】朱氏，"年十八，适刘汉忠。育子祖芳，甫二龄。汉忠婴重疾，早夜祷天，愿以身代。夫故，执节自誓，奉翁姑以孝闻。"[1]

【清】邱氏，"年十五归郑俭。俭亡，氏年二十，遗子裕桂，甫一龄，氏苦节自励，不茹荤酒，每值俭忌日，涕不止，如是终身。"[2]

【清】钟氏，"陈启仁妻。夫故，家计贫乏，翁姑均老迈，矢志抚孤，佣针黹，以奉甘旨，仰事俯畜，妇职无亏。"[3]

【清】赵氏，"年十六，为郭立成妻。年余，立成殁，氏欲从死，终日泣不言。翁姑劝之切，始勉持丧事竭力奉亲，待人谦和有礼。"[4]

【清】黄氏，"冯团鹏妻。家故不丰。夫殁，后益窘，衰姑尚存，以纺绩奉晨昏，鞠育遗孤思周成立。"[5]

【清】李氏，"张锐妻。归未一载，夫故，遗腹生子沆敬，恐堕宗桃，尽心鞠育，力谋堂上甘旨，操持家政，胥得其宜。励志三十二年。"[6]

【清】殷氏，"刘元智妻。夫故，矢志冰霜，备历艰苦，舅姑殁，丧葬循礼。"[7]

【清】杨氏，"武庠武长龄之妻。年二十一，夫故，无子，抚侄九锡为嗣，矢志守节，仰事俯育。"[8]

【清】温氏，"冯兴俊妻。于归年余，兴俊病，弥留之际，对氏泣，问亦不言。氏矢曰：'我不负君。'及卒，坚贞自励，抚子须贤成立。"[9]

[1] 成都市方志办编纂委员会、四川大学历史地理研究所整理，《成都旧志》第11册，成都时代出版社，2007年版，第373页。

[2] 成都市方志办编纂委员会、四川大学历史地理研究所整理，《成都旧志》第11册，成都时代出版社，2007年版，第374页。

[3] 成都市方志办编纂委员会、四川大学历史地理研究所整理，《成都旧志》第11册，成都时代出版社，2007年版，第374页。

[4] 成都市方志办编纂委员会、四川大学历史地理研究所整理，《成都旧志》第11册，成都时代出版社，2007年版，第374页。

[5] 成都市方志办编纂委员会、四川大学历史地理研究所整理，《成都旧志》第11册，成都时代出版社，2007年版，第374页。

[6] 成都市方志办编纂委员会、四川大学历史地理研究所整理，《成都旧志》第11册，成都时代出版社，2007年版，第374页。

[7] 成都市方志办编纂委员会、四川大学历史地理研究所整理，《成都旧志》第11册，成都时代出版社，2007年版，第374页。

[8] 成都市方志办编纂委员会、四川大学历史地理研究所整理，《成都旧志》第11册，成都时代出版社，2007年版，第374页。

[9] 成都市方志办编纂委员会、四川大学历史地理研究所整理，《成都旧志》第11册，成都时代出版社，2007年版，第374页。

【清】秦氏，"刘肇焘妻。夫故，誓守不嫁，遗孤天福，以教以养，茹苦含辛，执节不渝。励冰操四十一年，寿六十有七。"[1]

【清】杨氏，"曹正乾妻，生子次良。夫故，翁姑怜其少寡，氏以死自誓，持己谨严，居常凛凛，戚党嘉其志之坚，复悯其行之苦。"[2]

【清】刘氏，"监生陈汉宗继室。汉宗因官铸累债，郁郁卒。氏抚前氏子女并己二子一女，苦节操持，克恢前业。"[3]

【清】毛氏，"监生傅应鹏妾。正室无出，氏生子义迁，甫周族，应鹏卒。家鲜婢仆，井臼炊爨，氏皆任之。子入成均。有孙五人，长泰宇，现由蒲江教谕改选广东番禺县丞。"[4]

【清】樊氏，"胡元太妻。元太习父业，开设药肆，好施，氏内助之。生子四，尽殇，仅存二女。夫故，有侄意图遗业，逼氏改节，氏不为动。后家渐窘，纺绩自给，岁时哭元太墓，历十九年不渝初志。"[5]

【清】刘氏，"年十五归喻其昌，为箎室，生子士浩，而喻殁。颇为冢室见逼，氏曲事之，竟以女红抚子自立，家渐小康。"[6]

【清】白氏，"年十四，归樊尚明，生一女。夫故，家计维艰，邻媪劝其改适，白氏曰：'孤雁不偶，可以人而不如鸟乎？'抚女成立适人，寻卒。"[7]

【清】师氏，"姚映椿妻。夫故，遗子炳甫甫弥月，氏恸不欲生，特以襁褓乳孤，不可委人，仍以志抚之，卒完其节。"[8]

[1] 成都市方志办编纂委员会、四川大学历史地理研究所整理，《成都旧志》第 11 册，成都时代出版社，2007 年版，第 374 页。
[2] 成都市方志办编纂委员会、四川大学历史地理研究所整理，《成都旧志》第 11 册，成都时代出版社，2007 年版，第 374 页。
[3] 成都市方志办编纂委员会、四川大学历史地理研究所整理，《成都旧志》第 11 册，成都时代出版社，2007 年版，第 374 页。
[4] 成都市方志办编纂委员会、四川大学历史地理研究所整理，《成都旧志》第 11 册，成都时代出版社，2007 年版，第 374 页。
[5] 成都市方志办编纂委员会、四川大学历史地理研究所整理，《成都旧志》第 11 册，成都时代出版社，2007 年版，第 374 页。
[6] 成都市方志办编纂委员会、四川大学历史地理研究所整理，《成都旧志》第 11 册，成都时代出版社，2007 年版，第 374 页。
[7] 成都市方志办编纂委员会、四川大学历史地理研究所整理，《成都旧志》第 11 册，成都时代出版社，2007 年版，第 374 页。
[8] 成都市方志办编纂委员会、四川大学历史地理研究所整理，《成都旧志》第 11 册，成都时代出版社，2007 年版，第 374 页。

【清】姚氏，“徐定宗妻。性谨饬。夫故，遗子煟，氏励节自守，亲故罕见其面。”[1]

【清】姚氏，“刘拱山妻。夫病不能言，指子杰泣不已，氏呼天誓以靡他。家素不丰，丧葬毕，愈窘，氏以十指勤劳抚孤。”[2]

【清】田氏，“王正典妻。夫殁，时子铎甫离襁褓，氏抚孤矢节，自青年迄白首无纤毫玷。”[3]

【清】董氏，“陈上笏妻。夫殁时，遗一子联洪，尚幼，氏矢志抚孤，训以义方，长为授室，复得孙二。”[4]

【清】徐氏，“王洪选妻。有子自安、自元。夫卒，氏抚二子，教育成立。寿七十余。”[5]

【清】温氏，“年十八，适叶敏洁，越二载而嫠，誓志靡它。抚侄愿先承祧，训以义方，代子经理家政五十余年。”[6]

【清】叶氏，“曾樟秀妻。夫病笃，有子宗喜，嘱妇抚育，氏泣应之。殁后，苦守严训，至于成立。”[7]

【清】叶氏，“周菽荣妻，有子必富、必贵。夫故，矢志抚育，严训成立。”[8]

【清】李氏，“方继彰妻。生一子。夫故，纺绩教子。”[9]

【清】罗氏，“曾国瑞妻。生子朝富、朝贵而孀，矢志靡它，教二子俱成。”[10]

---

[1] 成都市方志办编纂委员会、四川大学历史地理研究所整理，《成都旧志》第 11 册，成都时代出版社，2007 年版，第 375 页。

[2] 成都市方志办编纂委员会、四川大学历史地理研究所整理，《成都旧志》第 11 册，成都时代出版社，2007 年版，第 375 页。

[3] 成都市方志办编纂委员会、四川大学历史地理研究所整理，《成都旧志》第 11 册，成都时代出版社，2007 年版，第 375 页。

[4] 成都市方志办编纂委员会、四川大学历史地理研究所整理，《成都旧志》第 11 册，成都时代出版社，2007 年版，第 377 页。

[5] 成都市方志办编纂委员会、四川大学历史地理研究所整理，《成都旧志》第 11 册，成都时代出版社，2007 年版，第 379 页。

[6] 成都市方志办编纂委员会、四川大学历史地理研究所整理，《成都旧志》第 11 册，成都时代出版社，2007 年版，第 379 页。

[7] 成都市方志办编纂委员会、四川大学历史地理研究所整理，《成都旧志》第 11 册，成都时代出版社，2007 年版，第 379 页。

[8] 成都市方志办编纂委员会、四川大学历史地理研究所整理，《成都旧志》第 11 册，成都时代出版社，2007 年版，第 379 页。

[9] 成都市方志办编纂委员会、四川大学历史地理研究所整理，《成都旧志》第 11 册，成都时代出版社，2007 年版，第 379 页。

[10] 成都市方志办编纂委员会、四川大学历史地理研究所整理，《成都旧志》第 11 册，成都时代出版社，2007 年版，第 379 页。

【清】张氏，"钟廷寅妻。夫殁，遗子映乾、映江，训以义方，胥得成立。"[1]

【清】傅氏，"原任马边厅同知喻日泗副室。生子中翊、中调。喻殁，寄寓成都。冢妇嘱其另适，氏截发自誓，守义不移，冢妇年衰病剧，氏侍左右，汤药皆手自煎调。及卒，殓葬尽礼，抚子成立。寿八十余。"[2]

【清】张氏，"陈泰傅妻。育二子祥盛、祥琳。夫故，家无余积，氏以节自励，勤操作，甘麄粝，抚子成立。"[3]

【清】李氏，"温江监生李通圣女，周立琼妻。家素贫，夫故，矢志守节。子希善娶媳得孙，子妇双亡，又抚孤孙。孙出外无耗，居婿家，勤苦自励，夫弟所遗子女转仰给焉。以苦节终。"[4]

【清】汤氏，"刘伸妻。夫故，勤苦操作，抚子成立。子夭，遗幼孙，含痛慰媳，勉以励志。"[5]

【清】傅氏，"陈启惠妻，生子廷谕。夫故，家贫，翁姑俱在，赖氏针黹奉养，操心劳虑，励节弥坚。"[6]

【清】江氏，"进士江岷女，监生罗绍经妻。绍经善书，殁后遗子锦。氏矢志抚教，令其勤习儒业。"[7]

【清】别氏，"别致祥女，文生熊祚镛妻。幼知书。祚镛父湖南举人，任垫江县知县，出差西藏，祚镛随侍，父子俱病，回省相继卒。氏年二十一，无子。"[8]

---

[1] 成都市方志办编纂委员会、四川大学历史地理研究所整理，《成都旧志》第11册，成都时代出版社，2007年版，第381页。

[2] 成都市方志办编纂委员会、四川大学历史地理研究所整理，《成都旧志》第11册，成都时代出版社，2007年版，第381页。

[3] 成都市方志办编纂委员会、四川大学历史地理研究所整理，《成都旧志》第11册，成都时代出版社，2007年版，第382页。

[4] 成都市方志办编纂委员会、四川大学历史地理研究所整理，《成都旧志》第11册，成都时代出版社，2007年版，第382页。

[5] 成都市方志办编纂委员会、四川大学历史地理研究所整理，《成都旧志》第11册，成都时代出版社，2007年版，第382页。

[6] 成都市方志办编纂委员会、四川大学历史地理研究所整理，《成都旧志》第11册，成都时代出版社，2007年版，第382页。

[7] 成都市方志办编纂委员会、四川大学历史地理研究所整理，《成都旧志》第11册，成都时代出版社，2007年版，第382页。

[8] 成都市方志办编纂委员会、四川大学历史地理研究所整理，《成都旧志》第11册，成都时代出版社，2007年版，第382页。

【清】叶氏，"李茂兰妻，邑庠生叶归善女。孀时年二十，抚遗子元良。夫兄某强分其产，氏贫困，不二志，教子成立，卒以节终。"[1]

【清】蒋氏，"张俊相副室，生子德伸。夫故，嫡无所出，氏事之尤加礼。堂上有衰姑，扶侍甚谨，姑若忘其子早卒者。德伸成立，有孙鸿宾。"[2]

【清】侯氏，"侯甸女，曾福盛妻。年十二，童善夫家，舅姑喜其恂谨。合卺后，生子廷文。夫殁，遗腹生子廷武，矢志守节。姑卒，奉耄舅尤卷。苦节三十七年。"[3]

【清】余氏，"余文龙女。年十七归马天成，三载而孀，励志自守，无子，家甚贫，亲支寥落，抚继无人，乃归母家。后兄嫂俱亡，葬其母，教其侄思万、思智成立。"[4]

【清】李氏，"周桐华妻。年二十而寡，矢志守节，只一女，抚侄承桃，孀姑患瘫，曲谨奉事，严训二子，自勤纺绩，至耄不衰。寿九十有一。"[5]

【清】李氏，"周楠华继室。夫殁，抚三子一女守节，事翁姑，曲尽妇道。姑病瘫痪，氏偕妯娌扶持沐栉十二载不稍衰。寿八十有四。"[6]

【清】李氏，"周椿华继室。翁秀龙，邑贡生，性严切，氏事之能曲体其志。有子世馨。夫殁，矢志守节，教子及侄辈有恩有法，皆成立。寿七十有五。"[7]

【清】邓氏，"周糖华妻。夫殁，矢志守节，事翁姑以孝闻，抚子女成立。"[8]

【清】戴氏，"周梧华妻。夫卒，苦节自守，事舅姑，善承意旨。抚侄世桢、文光，教养兼尽，文光，邑庠生。"[9]

[1] 成都市方志办编纂委员会、四川大学历史地理研究所整理，《成都旧志》第11册，成都时代出版社，2007年版，第383页。
[2] 成都市方志办编纂委员会、四川大学历史地理研究所整理，《成都旧志》第11册，成都时代出版社，2007年版，第383页。
[3] 成都市方志办编纂委员会、四川大学历史地理研究所整理，《成都旧志》第11册，成都时代出版社，2007年版，第383页。
[4] 成都市方志办编纂委员会、四川大学历史地理研究所整理，《成都旧志》第11册，成都时代出版社，2007年版，第383页。
[5] 成都市方志办编纂委员会、四川大学历史地理研究所整理，《成都旧志》第11册，成都时代出版社，2007年版，第383页。
[6] 成都市方志办编纂委员会、四川大学历史地理研究所整理，《成都旧志》第11册，成都时代出版社，2007年版，第383页。
[7] 成都市方志办编纂委员会、四川大学历史地理研究所整理，《成都旧志》第11册，成都时代出版社，2007年版，第383页。
[8] 成都市方志办编纂委员会、四川大学历史地理研究所整理，《成都旧志》第11册，成都时代出版社，2007年版，第383页。
[9] 成都市方志办编纂委员会、四川大学历史地理研究所整理，《成都旧志》第11册，成都时代出版社，2007年版，第384页。

【清】殷氏，"周樟华妻。年二十，夫殁，抚侄世选为嗣。有孙宗俊，而世选忽夭，氏勉少嫠，守大义，教宗俊诗书。"[1]

【清】赖氏，"周松华妻。夫故，立节事翁姑，抚子成立，阅四十五年。"[2]

【清】罗氏，"何彩光妻。夫故，遗三子海鳌、海珍、海龙。氏矢志靡它，事病姑汤药，洗除必躬必亲。"[3]

【清】杜氏，"从九杜泰龙女，归黄文荣。事姑能承意旨。夫卒，矢志守节。未几，姑卒，氏悼然一嫠，因借庇母家，女红自赡。年四十卒。"[4]

【清】米氏，"张才延妻。婚三载而夫殁，家贫，子定朝又幼，劳苦拮据，以所得供老幼。子成立，复见三孙。"[5]

【清】袁氏，"钟秀贤妻。家素寒，夫殁，抚孤子，事翁姑，孝慈备至。"[6]

【清】傅氏，"谢君全妻。夫故，氏自誓曰：'励冰霜以守志，奉菽水以事亲，务耕读以教子，吾事毕，吾夫之愿亦足。'昼夜勤劳，备极艰辛。"[7]

【清】黄氏，"邓鹏举继室。鹏举故，氏年二十，无出，抚前室所遗五龄子云从，奉养二老，得其欢心。翁殁，姑病缠绵，氏左右扶持，阅三年未曾解衣寝，子云从游胶庠。"[8]

【清】李氏，"周蕙华妻。夫故，有衰亲，遗子调元、进元，女一，俱幼，饔飧几不继，氏哀毁虽甚，绝不以介意，奉养翁姑，训子成立。"[9]

【清】杨氏，"张正赞妻。夫殁，翁姑尚存，遗一幼子天恩，氏年仅二十，毅

[1] 成都市方志办编纂委员会、四川大学历史地理研究所整理，《成都旧志》第 11 册，成都时代出版社，2007 年版，第 384 页。
[2] 成都市方志办编纂委员会、四川大学历史地理研究所整理，《成都旧志》第 11 册，成都时代出版社，2007 年版，第 384 页。
[3] 成都市方志办编纂委员会、四川大学历史地理研究所整理，《成都旧志》第 11 册，成都时代出版社，2007 年版，第 384 页。
[4] 成都市方志办编纂委员会、四川大学历史地理研究所整理，《成都旧志》第 11 册，成都时代出版社，2007 年版，第 384 页。
[5] 成都市方志办编纂委员会、四川大学历史地理研究所整理，《成都旧志》第 11 册，成都时代出版社，2007 年版，第 384 页。
[6] 成都市方志办编纂委员会、四川大学历史地理研究所整理，《成都旧志》第 11 册，成都时代出版社，2007 年版，第 384 页。
[7] 成都市方志办编纂委员会、四川大学历史地理研究所整理，《成都旧志》第 11 册，成都时代出版社，2007 年版，第 384 页。
[8] 成都市方志办编纂委员会、四川大学历史地理研究所整理，《成都旧志》第 11 册，成都时代出版社，2007 年版，第 385 页。
[9] 成都市方志办编纂委员会、四川大学历史地理研究所整理，《成都旧志》第 11 册，成都时代出版社，2007 年版，第 385 页。

然以节自矢，上事翁姑，下抚孤儿，孝养备至。"[1]

　　【清】李氏，"庠生吴天爵子吴鉴妻。生子汉章，女一，鉴往重庆省叔，殁于江。氏年仅二十，矢志奉姑抚子，家虽贫，偕子女茹蔬馔而饲鸡豚以佐姑餐。子婚后，贸易远出无耗，益窘，氏率媳日夜织纴为生计，迨子从滇归，而氏老矣。"[2]

　　【清】黄氏，"文生许时辉妻。有子三，女一。夫故，氏志坚从一，善事翁姑，抚子成立。"[3]

　　【清】江氏，"萧锭宗妻。夫殁，遗子清韶、清表，氏矢志抚之。事翁姑能承意旨。及卒，窆祀尽礼。教二子成立。"[4]

　　【清】任氏，"李琼妻。夫故时家徒壁立。氏念孀姑无人侍养，立志守节，曲尽孝道，饮膳全赀女红。姑殁，葬之称礼。"[5]

　　【清】曾氏，"杨纪甲妻。夫故，矢志靡它，舅姑老，操家政不惮勤劳，厚待夫弟，教子文龙、文福成立。"[6]

　　【清】杨氏，"叶初著妻，夫故，遗子高宪。翁姑悯其苦节，氏矢志靡它，事亲养子，备极辛劳，励志数十年。寿七十有二。"[7]

　　【清】王氏，"彭文瑾妻。事舅姑以孝闻。夫故，遗子成玉。矢志抚孤。"[8]

　　【清】李氏，"张登榜妻。生子公铭。夫卒，氏以舅姑故不敢殉，乃抚子养亲而存夫祀。"[9]

---

[1] 成都市方志办编纂委员会、四川大学历史地理研究所整理，《成都旧志》第11册，成都时代出版社，2007年版，第385页。
[2] 成都市方志办编纂委员会、四川大学历史地理研究所整理，《成都旧志》第11册，成都时代出版社，2007年版，第385页。
[3] 成都市方志办编纂委员会、四川大学历史地理研究所整理，《成都旧志》第11册，成都时代出版社，2007年版，第385页。
[4] 成都市方志办编纂委员会、四川大学历史地理研究所整理，《成都旧志》第11册，成都时代出版社，2007年版，第385页。
[5] 成都市方志办编纂委员会、四川大学历史地理研究所整理，《成都旧志》第11册，成都时代出版社，2007年版，第385页。
[6] 成都市方志办编纂委员会、四川大学历史地理研究所整理，《成都旧志》第11册，成都时代出版社，2007年版，第385页。
[7] 成都市方志办编纂委员会、四川大学历史地理研究所整理，《成都旧志》第11册，成都时代出版社，2007年版，第385页。
[8] 成都市方志办编纂委员会、四川大学历史地理研究所整理，《成都旧志》第11册，成都时代出版社，2007年版，第385页。
[9] 成都市方志办编纂委员会、四川大学历史地理研究所整理，《成都旧志》第11册，成都时代出版社，2007年版，第385页。

【清】黄氏，"廖成岱妻。夫殁，抚侄裕道为嗣，操持家政，姑喜其能，教子成立。"[1]

【清】张氏，"太学生张延龄之女，归蓝荣贤，生子钦典、钦贵、钦发而嫠，氏矢志奉事翁姑，抚育诸子皆成立。"[2]

【清】陈氏，"邓文进妻。生子元甫未弥月，夫殁，泣誓守志，奉养舅姑，抚子成立。"[3]

【清】申氏，"监生索克敏妻。夫殁时遗一子文煊尚稚，矢志抚子，奉养衰姑，二十余年如一日。"[4]

【清】张氏，"李长桂妻。生子有福，尚幼。夫故，氏矢志坚贞，勤纺绩以养姑抚子。"[5]

【清】吴氏，"邱德聪妻。年二十而寡，事继姑以孝，训孤子以义，大节凛然。"[6]

【清】冯氏，"周文贤妻。生子良善。夫卒，事舅得其欢心，教子若严父，夫祀得以不坠。"[7]

【清】郭氏，"曾国举妻。夫殁，清操自矢，事亲尽孝，教子朝溥、朝春以义方。"[8]

【清】杨氏，"李高义妻。夫殁，氏誓以死守，上有祖姑，勤女红以为朝夕费，逮祖姑卒，氏丧葬如礼。子明亮，婚未几天，遗孙悠久。氏慰媳，以抚孤为重，孙得成立。"[9]

[1] 成都市方志办编纂委员会、四川大学历史地理研究所整理，《成都旧志》第11册，成都时代出版社，2007年版，第385页。

[2] 成都市方志办编纂委员会、四川大学历史地理研究所整理，《成都旧志》第11册，成都时代出版社，2007年版，第386页。

[3] 成都市方志办编纂委员会、四川大学历史地理研究所整理，《成都旧志》第11册，成都时代出版社，2007年版，第385页。

[4] 成都市方志办编纂委员会、四川大学历史地理研究所整理，《成都旧志》第11册，成都时代出版社，2007年版，第385页。

[5] 成都市方志办编纂委员会、四川大学历史地理研究所整理，《成都旧志》第11册，成都时代出版社，2007年版，第386页。

[6] 成都市方志办编纂委员会、四川大学历史地理研究所整理，《成都旧志》第11册，成都时代出版社，2007年版，第387页。

[7] 成都市方志办编纂委员会、四川大学历史地理研究所整理，《成都旧志》第11册，成都时代出版社，2007年版，第387页。

[8] 成都市方志办编纂委员会、四川大学历史地理研究所整理，《成都旧志》第11册，成都时代出版社，2007年版，第388页。

[9] 成都市方志办编纂委员会、四川大学历史地理研究所整理，《成都旧志》第11册，成都时代出版社，2007年版，第388页。

【清】邓氏，"钟宗贤妻。夫殁，遗子奎达，矢志守节，嘱事翁姑，罔有违意。子长，娶妇张氏，子夭，有孙应昭，晓张以义，勉其同励清操。"[1]

【清】罗氏，"钟联达妻。夫殁，上有祖翁并舅姑，仅遗岁余子应刚，矢志操持，仰事两代，俱得欢心，日夜勤劳，教子成立。"[2]

【清】王氏，"朱滋熏妻。夫殁，遗子棠尚稚，矢志守节，事亲至孝，教子成立。"[3]

【清】程氏，"陈余庆妻。夫故，事舅姑倍谨，抚子德寿、德长，不事溺爱，均得成立。"[4]

【清】孙氏，"张正扬妻，夫殁，遗子云汉、云鹤，翁姑并存，笃志孝养，抚孤有成。"[5]

【清】梁氏，"喻士浩妻。上有孀姑刘，素著清操，氏事之弥谨。夫卒，有子振焜，女一，甘心立节，事姑曲体意旨。姑病，汤药亲调，昼夜不离。及殁，殓葬如礼。子业儒，女择配邑庠钟儒。寿七十余。"[6]

【清】邓氏，"刘朝选妻。夫殁，遗三子应元、应森、应品，俱幼，舅姑亦老，家无余财，勤纺绩以供甘旨。教训三子成立。"[7]

【清】强氏，"戴仕久妻。生子致祥，夫殁，家计辛苦，事姑不缺甘旨，善视夫弟，教子以严，克全其节。"[8]

【清】曹氏，"周明远妻。事姑孔最孝谨，生子继庶。夫故，氏年甫十八，以家计窘迫，日夜纺绩，遂病目。逮姑殁，子成立，为娶妇孙氏。继庶病手不仁，

[1] 成都市方志办编纂委员会、四川大学历史地理研究所整理，《成都旧志》第11册，成都时代出版社，2007年版，第388页。

[2] 成都市方志办编纂委员会、四川大学历史地理研究所整理，《成都旧志》第11册，成都时代出版社，2007年版，第388页。

[3] 成都市方志办编纂委员会、四川大学历史地理研究所整理，《成都旧志》第11册，成都时代出版社，2007年版，第389页。

[4] 成都市方志办编纂委员会、四川大学历史地理研究所整理，《成都旧志》第11册，成都时代出版社，2007年版，第389页。

[5] 成都市方志办编纂委员会、四川大学历史地理研究所整理，《成都旧志》第11册，成都时代出版社，2007年版，第389页。

[6] 成都市方志办编纂委员会、四川大学历史地理研究所整理，《成都旧志》第11册，成都时代出版社，2007年版，第389页。

[7] 成都市方志办编纂委员会、四川大学历史地理研究所整理，《成都旧志》第11册，成都时代出版社，2007年版，第389页。

[8] 成都市方志办编纂委员会、四川大学历史地理研究所整理，《成都旧志》第11册，成都时代出版社，2007年版，第389页。

觅生无路，欲鬻妇以养母，妇泣曰：'吾愿乞食养亲，绝不为他人妇。'邻里义之，而又悯氏之苦节致瞽也，捐资助给，母子病皆获愈。"[1]

【清】张氏，"李庆衍妻。夫殁，痛欲殉，因念姑犹在堂，子培陈方幼，乃延残喘，励志坚守，训子严以济慈，养衰姑尽礼。"[2]

【清】韩氏，"周扬华继室。生子文灿。夫故，时氏年仅二十，孀姑患风瘫，前室遗子女俱幼，矢志奉姑，扶持栉沐，七载不倦。姑卒，丧葬尽礼。子女长，为婚嫁，督子文灿勤学，得入邑庠。"[3]

【清】王氏，"把总何汝林妻。夫故，遗子文琼。矢节自守，事舅姑维谨，教子有义方。"[4]

【清】王氏，"邱琼妻。夫故，痛不欲生，因有翁姑在堂，子怀孟尚幼，未敢殉，以节自励，教子成立。"[5]

【清】傅氏，"傅世维女，彭启妻。年十四归启，六年而嫡，子兴生甫数月。翁以缝纫糊口。恐氏不耐荼苦，氏矢志守节，日操女红补不足，以劳成疾，卒。"[6]

【清】吴氏，"周文斌妻。夫故，抚幼子志新，矢志靡它，事翁姑以孝闻，教子读书，后入邑庠。持节三十八年。"

【清】喻氏，"喻廷显女，王昌玺妻。年二十四，夫卒，矢志不嫁，养亲抚子，以孝慈闻。"[7]

【清】邹氏，"曹燮斋妻。性严重。夫殁，年仅十八，清操凛凛，见有再醮者，虽亲故不与往还，教子严。计苦节六十一年。"[8]

[1] 成都市方志办编纂委员会、四川大学历史地理研究所整理，《成都旧志》第 11 册，成都时代出版社，2007 年版，第 390 页。

[2] 成都市方志办编纂委员会、四川大学历史地理研究所整理，《成都旧志》第 11 册，成都时代出版社，2007 年版，第 390 页。

[3] 成都市方志办编纂委员会、四川大学历史地理研究所整理，《成都旧志》第 11 册，成都时代出版社，2007 年版，第 390 页。

[4] 成都市方志办编纂委员会、四川大学历史地理研究所整理，《成都旧志》第 11 册，成都时代出版社，2007 年版，第 391 页。

[5] 成都市方志办编纂委员会、四川大学历史地理研究所整理，《成都旧志》第 11 册，成都时代出版社，2007 年版，第 391 页。

[6] 成都市方志办编纂委员会、四川大学历史地理研究所整理，《成都旧志》第 11 册，成都时代出版社，2007 年版，第 391 页。

[7] 成都市方志办编纂委员会、四川大学历史地理研究所整理，《成都旧志》第 11 册，成都时代出版社，2007 年版，第 392 页。

[8] 成都市方志办编纂委员会、四川大学历史地理研究所整理，《成都旧志》第 11 册，成都时代出版社，2007 年版，第 393 页。

【清】刘氏，"贺文清妻。自渝来省，寓城西偏。文清贾宁远，病卒，遗子女皆幼，家计斗储，氏矢志不嫁，以女红自养，抚子女成立。"[1]

【清】林氏，"把总胥宣妻，守备林永清女。数年，夫故，氏以共姜自勖，足不履户庭，虽至戚罕见其面，持家有礼法。"[2]

【清】罗氏，"罗查女，守备马大雄妻。大雄以征台湾积劳病殁，遗三子皆稚。家贫，翁姑老，仰事俯育，备历艰辛。后子怀书以岁贡注选训导，次怀伯、三怀泗皆学成。孙曾亦多仕者。"[3]

【清】沈氏，"何富荣妻。有殊色。夫故，以瀚衣为育子女计。有豪族欲聘为妾，指天誓日，凛不可犯，里邻闻其言，愈加敬重。"[4]

【清】刘氏，"张本全妻。夫殁，遗二子，俱幼。家无隔宿粮，不以饥寒易心，辛勤俭约，抚子成立，家亦渐兴。"[5]

【清】索氏，"索希礼女，王兰芳妻。性纯静，不苟言笑。年十九，夫卒，氏不欲生，慰者曰：'若即死，二子将焉托？'乃强起，治丧具，鞠育遗孤，足不履外户四十余年。"[6]

【清】王氏，"杨全埜妻。夫故，贫无立锥，寡妇孤兄，凄怆万状，每遇盛冬，则各披单衣一袭，氏勤苦力作，励节弥坚。"[7]

【清】李氏，"魏本阳妻。生二子学敦、学诚。夫殁，矢志守节。家贫，以女工自给，教子成立。"[8]

[1] 成都市方志办编纂委员会、四川大学历史地理研究所整理，《成都旧志》第 11 册，成都时代出版社，2007 年版，第 393 页。

[2] 成都市方志办编纂委员会、四川大学历史地理研究所整理，《成都旧志》第 11 册，成都时代出版社，2007 年版，第 394 页。

[3] 成都市方志办编纂委员会、四川大学历史地理研究所整理，《成都旧志》第 11 册，成都时代出版社，2007 年版，第 394 页。

[4] 成都市方志办编纂委员会、四川大学历史地理研究所整理，《成都旧志》第 11 册，成都时代出版社，2007 年版，第 396 页。

[5] 成都市方志办编纂委员会、四川大学历史地理研究所整理，《成都旧志》第 11 册，成都时代出版社，2007 年版，第 396 页。

[6] 成都市方志办编纂委员会、四川大学历史地理研究所整理，《成都旧志》第 11 册，成都时代出版社，2007 年版，第 396 页。

[7] 成都市方志办编纂委员会、四川大学历史地理研究所整理，《成都旧志》第 11 册，成都时代出版社，2007 年版，第 396 页。

[8] 成都市方志办编纂委员会、四川大学历史地理研究所整理，《成都旧志》第 11 册，成都时代出版社，2007 年版，第 396 页。

【清】陈氏，"训导陈大镛女。适洪寿芝，未几寡，贞操自持，艰苦不避，抚子养亲，无毫发遗憾。"[1]

【清】常氏，"高树年继室。年十九，夫故，氏无出，抚前室子世仰，不事姑息，人有阴语其为后母者，任劳任怨，抚之成立。"[2]

【清】罗氏，"庠生曹琠继室。夫卒，抚前室子兴仁成进士，官至贵州大定府知府。守节三十三年。"[3]

【清】李氏，"聂万太妻。生子嘉寿、嘉春，夫殁，矢志冰霜，勤操作以训子。"[4]

———————————

[1] 成都市方志办编纂委员会、四川大学历史地理研究所整理，《成都旧志》第 11 册，成都时代出版社，2007 年版，第 396 页。

[2] 成都市方志办编纂委员会、四川大学历史地理研究所整理，《成都旧志》第 11 册，成都时代出版社，2007 年版，第 396 页。

[3] 成都市方志办编纂委员会、四川大学历史地理研究所整理，《成都旧志》第 11 册，成都时代出版社，2007 年版，第 397 页。

[4] 成都市方志办编纂委员会、四川大学历史地理研究所整理，《成都旧志》第 11 册，成都时代出版社，2007 年版，第 397 页。

第三部分
成都贤母懿行文化元素与教育价值研究

　　自古而今，贤母懿行对子女教育的影响与社会教育价值一直都是值得我们深思和研究的课题。作为家庭教育的重要部分，贤母懿行对家庭教育、社会教育以及民风民俗教化都有重大影响。成都贤母懿行资料收集到 400 余位成都贤母懿行故事，这些贤母的出身和生活背景或许不同，生活经历与价值理念也可能各有差异，文化修养及其对文化的认知程度也有高低之别，在家庭中的地位、对母教的自觉意识、目标理想、具体操作方式也各不相同，但她们也有一些共性：尊礼至孝、和睦亲族、友善邻里、博爱善良，有才有识、胸怀坦荡。她们责任心很强，且有德行才干，她们自身品格、才学的自觉修养及其对家庭文化和家风塑造的力行、传承与自觉担当常被后嗣或众人称颂；她们的嘉言懿行成为后来贤女孝妇相仿相效的标杆；在家族内部，贤母懿行的身体力行、言传身教，也成为一个家庭、家族对后嗣进行德行传输和文化教育的有效方式。

第一章
天府文化滋养下
贤母文化元素的传承与发展

成都平原是古蜀文明的重要发祥地，被誉为"天府之国"，依托其独一无二的水利、平和温润的气候、丰富齐备的物产、立体多彩的环境、流播均衡的三教、吐故纳新的丝绸之路、天南海北的移民、从未更改的城名等，优越的自然条件、深厚的历史积淀、独特的文化底蕴，形成了自由、开放、整体、超前[1]的优秀文化基因，最终孕育了具有创新创造、优雅时尚、乐观包容、友善公益等丰富文化内涵的天府文化精神。

文化浸润，环境育人。文化魅力四射的天府成都也滋养了一代代具有博爱宽容、自强不息、优雅时尚、乐观包容、德才兼备、卓尔不群的成都贤母；如果说，成都人用自己的智慧和努力创造了璀璨的天府文化，那么天府文化滋养下的贤母精神，则阐释着天府文化的传承与发展，浸润着一代又一代的成都人、成都精神。

第一节　创新创造的文化智慧
滋养着成都女性自强不息的创造

很早以前，成都先民以其高度智慧，在成都平原创造了天府般富强文明的生活环境，为国家经济繁荣、文化昌盛、社会进步做出了许多贡献。

先秦时期，成都拥有世界最早的蚕桑养殖、丝绸生产技术和工艺，老官山汉墓出土的织机则是世界纺织史上最早的斜织机。大禹治理水患，首开疏导之法，以鳖灵治水、决玉垒山而疏通水患，李冰又把趋利避害做到极致，建造了恩泽后

---

[1] 谭平等编著，《天府文化与成都的现代化追求》，巴蜀书社，2018年版，第4-49页。

人、历史悠久的古代水利工程杰作——都江堰水利工程。具有"汉代孔子"之称的扬雄写下了世界上第一部方言题材专著《方言》，王褒《僮约》留下了全世界最早的有关饮茶、买茶和种茶的记录。另外，这里诞生了世界上最早的纸币"交子"，在经济、金融领域也是当之无愧的"世界之最"……这些都是成都人民自古以来创新创造、坚韧不拔、追求富强、文明生活、自强不息的光辉写照。

在这种积极创造环境中生活的成都女性，也具有"非常之女"的创造性，令世人为之赞叹。譬如创立婚姻、繁衍华夏，发明养蚕、福祉万民，开创南歌，等等。据记载，华胥曾带领国民历经危难，四方迁徙，寻找乐土。其间，她生下了伏羲、女娲，又有孙少典，重孙炎帝、黄帝等。华胥及其子孙最终为我们开辟了中华民族繁衍发展的伟大历史。

华胥"履巨人迹"而生下伏羲以及伏羲、女娲婚姻故事的广泛流传，更暗示了华夏大地子女只知其母不知其父的原始群婚状态的结束。女娲开世造物，抟土造人，补天救世，是被公认的名副其实的华夏创世神和始母神。伏羲俯仰天地而画卦，解释天地万物的演化规律和人伦秩序，楚帛书更将其视为创世之神。

4500 年前的新石器时代，中国大地上生活着很多部落和民族：渭水流域的炎帝部落、黄河流域的黄帝部落、云贵高原的百越、青藏高原的狄人与羌人，而在四川岷江上游，也有一个叫作"蜀山氏"的部落，蜀山氏的旁边有西陵国，这也是成都平原上的一个古蜀部落。黄帝元妃嫘祖就是西陵国之女。传说嫘祖母仪天下，因发明养蚕、教民养蚕，福祉万民，被奉为"天蚕圣母"。她义方教子，大爱无私；一方面，她随儿子昌意来到蛮荒的蜀地，以身垂范，教养昌意，并指导蜀民养蚕、缫丝、制衣，使蜀地的服饰文明焕然一新。又有昌濮、涂山氏。昌意取蜀山氏女昌濮为妻，生下高阳，高阳德才兼备，即帝颛顼。颛顼有一个儿子叫鲧，鲧又生大禹。大禹治水首开疏导之法，而大禹疏导治水的成功，离不开他的妻涂山氏舍小家为大家的贤妇奉献精神。据说，大禹在巴蜀包括涪江、岷江等川江流域治水，其足迹非常广泛，任重而道远，涂山氏生夏启时，大禹三过家门而不入，涂山氏并未因此而怪罪大禹，而是贞德自持，抚教幼子，贤淑治家，礼尚达义，德泽宇内 [1]，是天下贤妻、贤母的榜样，至今为人赞颂。

涂山氏也是一位具有才华的女子，大禹治水在外，涂山氏曾有南音"候人兮猗"歌，这首歌是我国文学史上第一首南歌，涂山氏也因此被誉为我国第一位

---

[1] 涂思贤，《重修中华涂氏大成宗谱涂山朴公传略》，天下涂氏网，http://tushi.lezhi99.net/article/833.html，2009 年 06 月 08 日。

女诗人。涂山氏的儿子夏启在母亲的教育影响下，承续先志，赞叙其业，育养品族，成为重德修贤之君，继大禹之道，以礼乐治天下，顺利实现了我国禅让制与世袭制的交替，并创制了《九歌》《九辩》等千古之乐。

华胥、嫘祖、女娲、昌濮、涂山氏……这些神话般的存在，开启了成都扑朔迷离的远古历史。尽管这些故事遥远而朦胧，但却不能阻碍我们对天府远古女性创造、奉献、大爱精神的积极认同和由衷地赞叹，她们的故事在天府大地上千古流传，滋养了无数人，无数天府女性执着于追求、自强不息、创新创造。

第二节　优雅时尚的文化特质
滋养了成都女性的梦想与追求

巴蜀文明的甘洌浸溉、天府文化的醴泉滋润，成都自古就是中国哲学、文学、艺术发展的高地，是无数本土思想家、文学家、艺术家、寓居之客、谪居之士、旅居达人流连忘返的精神家园。从气势磅礴的汉代大赋对"赇货山积、纤丽星繁""都人士女、袨服靓妆，贾贸墫鬵、舛错纵横"（左思《蜀都赋》）的描绘，到对音乐之都"喧然名都会，吹箫间笙簧"（杜甫《成都府》）充满活力的描写；从成都非关中地区可比的赞歌"九天开出一成都，万户千门入画图"（李白《上皇西巡南京歌十首·其二》），到雍容华美的花间词创作"暖日闲窗映碧纱，小池春水浸晴霞"（欧阳迥《定风波》）；从富丽典雅的西蜀绘画"诸黄画花，妙在赋色"（沈括《梦溪笔谈》），到迷恋成都自称"前生定蜀人"（陆游《梦蜀》）的一生追忆，……两千多年来，这些出生于成都，寓居于成都，任职于成都，散游于成都的辞宗赋圣、诗仙画客、文人雅士、官员学子，不仅诗化了成都的生活内容与消闲方式，更强调了天府文化对优雅个性的不懈追求。

被称为"辞宗""赋圣"的司马相如是我国汉赋的奠基人，他创作的《子虚赋》《上林赋》《大人赋》《凤求凰》，辞藻富丽、结构宏大、实为赋才天纵，旷世无匹。扬雄的大赋也曾影响了当时的创作时尚，他参考《周易》《论语》著成的《太玄》《法言》也代表着当时中国经学的最高水准。

唐代伟大诗人李白对繁华成都充满热爱，曾一口气写下组诗《上皇西巡南京歌》十首，一曲《蜀道难》从蚕丛开国到五丁开山，天马行空、驰骋想象；所以有"白蜀人，自为蜀咏耳"（胡震亨《李诗通》）"奇之又奇，自骚人以还，鲜有此体调"（殷璠《河岳英灵集》）等赞誉。杜甫为躲避"安史之乱"，曾弃官迁往成都浣花溪畔居住，并在寓居成都的四年时间里，创作了大量描绘成都风物人情的诗歌，其传世的约 1500 首诗歌中有 240 余首是在这期间完成的。

宋代陆游受到投降派的压制，被调往成都担任闲职，他迷恋成都雅致的山水，喜爱成都休闲的生活，甚至很乐意以成都人自居，他称四川为"吾蜀"，自称"前生定蜀人"。在蜀期间，他一半的时间都在成都度过。

明朝"三大才子"之一的杨慎，学识渊博，才名煊赫，涉猎文、词、赋、散曲、杂剧、弹词，其诗词更是独立于当时风气之外，《临江仙·滚滚长江东逝水》是他的代表作。其他，诸如在成都隐居卖卜的严遵、讲学平盗贼的张霸，还有理学大家魏了翁、融通三家的刘沅……这些贤哲，都为成都地域文化的发展付出了精力和努力，也为成都人自由洒脱的个性、乐观包容的心态、友善平等的情怀、自由从容的格调赋予了更为丰富的内涵。

就是在这样一座被创新与创造精神浸润，被文学灵感与热情感染，被优雅与时尚追求涵养，在自由与思想沉醉中迸发激情，在游赏与流连中焕发生机的天府都市中，成都女性才华也受到推崇与认可。一些士人对女性作家作品文集的主动收集与刊刻，也为成都女性"优雅时尚"的文学追求提供了更强大的力量支撑与深远的影响。

优秀的天府文化滋养着一群群充满智慧、酷爱自由、富于创造的成都女性，优雅时尚、独立自由的蜀都文化大环境孕育出了无数颇有才华的蜀女，她们绰约而来，独立而不凡。

卓文君，四川临邛（今成都市邛崃市）人，出身临邛首富的卓氏是当时巴蜀第一美女，"眉色远望如山，脸际常若芙蓉"[1]，且自幼受到传统文化的熏陶和艺术教育，成为我国古代四大才女之一，其《白头吟》曾引领了一时的创作时尚，徐师《乐府明辨》曾云："（《白头吟》）其格韵不凡，托意婉切，殊可讽咏。后世多有拟作，方其简古，未有能过之者。"[2] 文君私奔、文君当垆、文君相夫、文君作《白头吟》以自绝等故事，无不是天府文化滋养下的女性意识、女性魅力、女性权利、女性智慧的特殊呈现。首先，对待情感，她"愿得一心人，白头不相

---

[1] 〔汉〕刘歆撰，〔晋〕葛洪辑《西京杂记》卷 2，《四库全书》第 1035 册，上海古籍出版社，1987 年版，第 8 页。

[2] 〔元〕刘履编，《风雅翼·白头吟》卷 10，《四库全书》第 1370 册，上海古籍出版社，1987 年版，第 178 页。

离"[1]，所以能超越世俗婚姻观与司马相如私奔到成都。其次，在处理家庭、社会事务时，文君表现出独立的才能，所以"文君当垆"以及后来文君长期留乡襄助卓王孙经营产业都并非突发其想，而是她自幼受到参与经营的锻炼和思想意识的影响。司马相如能在赋文学创作上开创一个新时代，卓文君作为贤妻，其才华与能力对其事业发展起到积极的促进作用。

薛涛（约 768—832），随父入蜀并终老于成都，才华与卓文君比肩，与李冶、鱼玄机、刘采春并称"唐朝四大女诗人"，与当时入蜀的许多著名诗人（如白居易、张籍、王建、刘禹锡、元稹等）都有来往唱和。徐用吾曾评价她的《送友人》："情景亦自秾艳，却无脂粉气，虽不能律以初、盛门径，然亦妓中翘楚也。"[2] 韦皋任节度使时还拟奏授薛涛以秘书省校书郎这一个只有男性才可以承担的官衔，因此人们也送给薛涛"女校书"的美誉。薛涛精通音律，善于辩慧，工于诗赋，擅长书法，宋代米芾等评其书："笔力峻激，其行书妙处，颇得王羲之法。"[3] 薛涛寓居于浣花溪畔时，曾精心创制了一种精美小巧便于书写的红笺。"越管宣毫始称情，红笺纸上撒花琼。"[4] 这里的"红笺"就是这种特制的纸张了。后人因为喜爱也加以仿制，一时形成时尚，称其为"薛涛笺"。"薛涛笺"的出现，令很多文人诗家赞叹不已。

黄峨（1498—1569），四川遂宁人，22 岁嫁给新都状元杨慎，世称黄夫人、黄安人。黄峨自幼聪明好学，少年已能写诗度曲，她"将散曲题材扩大至闺阁，以女性视角书写散曲，成为闺阁群体创作散曲的开创者。"[5] 黄峨是当时首屈一指的才女，居"蜀中四大才女"之首。她博通经史，能诗擅书，擅制词曲，徐渭称颂她与杨慎"著述甲士林""才艺冠女班"[6]。杨慎对黄峨的才学也是叹赏至极，称夫人："女洙泗，闺邹鲁，故毛语。"[7] 王骥德在《曲律》中还将黄峨与李清照等女词人相比，称誉她是南词发展的代表性人物。

[1]〔明〕周复俊编，《全蜀艺文志·白头吟》卷 22，《四库全书》第 1381 册，上海古籍出版社，1987 年版，第 230 页。

[2]〔明〕周珽编纂，《唐诗选脉会通评林》，六十卷通行影印本。

[3]〔宋〕轶名著，顾逸点校，《宣和书谱·妇人薛涛》卷 10，上海书画出版社，1984 年版，第 83 页。

[4]〔清〕彭定求等修编，《御定全唐诗·笔离手》卷 803，《四库全书》第 1430 册，上海古籍出版社，1987 年版，第 735 页。

[5] 张文妍，《明代奇女黄峨散曲研究》，广播电视大学学报（哲学社会科学版），2017 年 06 月 28 日。

[6] 陈廷乐，《明代女诗人黄峨·杨升庵先生夫人乐府序》，文史知识，1989 年第 9 期，第 72 页。

[7] 陈廷乐，《明代女诗人黄峨·杨升庵先生夫人乐府序》，文史知识，1989 年第 9 期，第 72 页。

左锡嘉（1831—1894），华阳太守曾咏之妻，来到成都。左锡嘉家学渊源，本人又很勤奋，工绣谱，喜读书、善书法，书画自成一家，为清代蜀中大家。曾咏赴安庆军，积劳成疾而死，左锡嘉三迁其居，孝养公婆、教养子女，其女曾彦、曾懿均为才女、贤母。左锡嘉母女三人，才华横溢，赢得了世人的赞誉与尊重，所作文集作品被子女、丈夫或友人整理刊刻，引领了一时风雅。

第三节　乐观包容的文化精神
赋予成都女性充分的权益与自信

成都，自古以来就是一个崇尚自由、富于想象、包容大度，充满幸福感的天府乐土。金沙太阳神鸟金箔，其图案由逆向飞行的四只神鸟，围绕太阳展翅相接，代表先民对太阳的崇拜，对自由的向往；巴蛇吞象"三岁而出其骨"的隐喻则象征着蜀地的人们具有恢宏的想象力；东汉击鼓说唱俑，俑人形象生动，嘴部张开，笑容可见，仿佛正表演到精彩之处，令人为之动容。这种充满自由、乐观、包容精神的历史创造也涵养着成都远古先民、后世居民、移民、官吏、骚客。

一、中华"孝"文化传承，赋予成都女性承担母教奉献华夏的权利与动力

具有乐观包容特质的成都，自古便得到"孝"文化中尊父敬母传统的滋养，女性作为"母亲"在家庭中享有"教令"的权利、责任与义务。在汉代提倡孝道之时，施行"以孝治国"的理政观念，推崇炎黄道家之学，给予母性无限的崇敬与赞美。这一时期，"崇母""孝母"，已不仅仅是一种积淀深厚的民族情结，一家一族的内庭之事，更是一种以孝治国的内容，被提到了国事、崇道的高度。这种推行"孝道"治国，尊奉"母亲"的理念，随着汉朝对蜀地治理的加强，包括"文翁化蜀"等教化活动推行，也持续影响着成都地方文化的崇母习尚以及母教的发展。

汉代蜀都郡守文翁至蜀，积极办学，以文化蜀，不仅供奉孔子像，也引导蜀人认同儒家的孝道、仁爱思想，对蜀地社会风气以及"尊母""崇母"习尚起到积极的教化与发扬。对"母权"的肯定与保护，也维护了"母亲"在家庭中的相夫教子、自主权利、甚至可以说是"权威"地位，也推进了女性作为"母亲"这

一家庭角色积极承担的养育、教导、监管子女以及其他家庭成员言语行为的义务自觉。汉代成都著名的一门"三异"——文氏、杨氏、叔纪，无不因至孝、教子有方而闻名，而她们的婆媳关系也无不在"至孝""尊母""训子"等主动义务履行与责任担承中得到维护。据《蜀中广记》记载，叔纪的祖婆是季姜梓潼文氏，少读诗礼、贤淑之至。文氏不仅能做到至孝舅姑，而且善教子女，尤其是对子女"孝顺""谦让"等德行的言传身教，影响很大，其儿媳杨进、孙媳叔纪等，也"皆有贤训，号之三异。"[1]所以王家一族"内门纪化，动行推让"[2]，形成了一门良好家风。又譬如蜀汉时期，也推行仁义孝道。据《三国志·诸葛亮传》记载，诸葛夫人黄氏就曾遗教诸葛瞻以"忠孝"传家，诸葛瞻遵从诸葛亮"诫子"遗训以及母亲存"忠孝"之志，后来在邓艾进攻绵竹的时候，誓不投降而为国尽忠，完成了对国家尽忠、对父母至孝的承诺。干宝曾评价说："瞻虽智不足以扶危，勇不足以拒敌，而能外不负国，内不改父之志，忠孝存焉。"[3]这种对"孝"文化的尊崇，唐宋以后的文献记载就更为丰富，可以说"孝"文化的传承，已经浸润着天府成都的角角落落。奉亲至孝、朝夕不懈、承欢膝下、以礼营葬等等，一例例德孝典范，一个个动人故事，一册册志书专辑，最终竖立起成都孝文化的座座丰碑，成为后世无数贤女孝妇相仿相效的道德标杆，同时也在中华"孝"文化的传承和发展中，持续推动着成都女性修养自身、承担母教、奉献华夏的主动性与积极性的提高。

二、 文翁化蜀，出入闺合，男女一视同仁，推进了成都女性参与文化教育的自觉、能力发展与社会认同

"文翁石室"在蜀地开创了崇尚教育、学术的传统，并对中原文化的广泛认同、积极吸纳和融汇发展。此后，"以和为贵""仁义礼智信"等儒学思想在蜀地广为传播，蜀中子弟乐于读书、仰慕文雅，蜀地入学、京师求学的也日益增多，"学徒鳞萃，蜀学比于齐鲁。"[4]更重要的是，文翁之教化对男女一视同仁。如《史记·循吏传·文翁传》记载："每出行县，亦从学馆诸生明经饬行者与俱，使传

---

[1] 〔明〕曹学佺撰，《蜀中广记·人物记第四》卷44，《四库全书》第591册，上海古籍出版社，1987年版，第594页。

[2] 〔明〕曹学佺撰，《蜀中广记·人物记第四》卷44，《四库全书》第591册，上海古籍出版社，1987年版，第594页。

[3] 〔晋〕陈寿著，《三国志·蜀书五·诸葛亮传》卷35，崇文书局，2009年版，第420页。

[4] 〔晋〕常璩撰，《华阳国志·蜀志》卷3，《四库全书》第463册，上海古籍出版社，1987年版，第157页。

教令，出入闺合（阁）。县邑吏民见而荣之。"[1] 唐颜师古注解"闺合"为女性之室，文翁的男女就学的举措得到了成都人的支持，所以说"县邑吏民"并未有什么异言发出。换言之，天府女性至少从汉代开始就拥有了学习的权利，这对"蜀地多才女"有着积极的影响。宋、元以后，在文学创作中也常常出现蜀中女性满腹文章的情况，由此肯定蜀地女子从师上学的风俗，如金元杂剧《春桃记》、明代徐渭杂剧《女状元辞凰得凤》中对蜀地女性黄崇嘏故事的改编与传播，其影响至今不衰；《二刻拍案惊奇》中闻蜚娥习武进学读书的故事也极具蜀地特色："如此数年，果然学得满腹文章，博通经史。这也是蜀中做惯的事。遇着提学到来，他就报了名，改为胜杰，说是胜过豪杰男人之意。"[2] 由此，"可见蜀女多才，自古为然。至今两川风俗，女子自小从师上学，与男人一般读书，还有考试进庠做青衿弟子。若在别处，岂非大段怪事？"[3] 既然女子读书已经是"蜀中做惯的事"，女子讲学也没什么奇怪，如阎路妻杨氏辅助阎路"以章句、字画训诲诸女及里中内外亲表之甥侄"[4]，"既知书达理，道不若寻常妇人。"[5] 丈夫也乐于公开夸赞夫人的才智，如许益之赞誉妻子刘氏说："予之所以将放而复敛者谓何？虑其闻于予之捆中也。"[6] 就是这位刘氏，在许益之死后，曾凭借一身才华训诲教书"以给朝夕""合聚闾巷，亲族良家儿女之稚齿者，授训诲教书字逾十年"[7]。所居左右亲邻，很尊重刘氏，并不会因为她是一位女性而产生异样的抵触心理。

三、道家守雌之性，赋予成都女性更多自由与自信

先秦、两汉时期，蜀地已流传着许多道家学说，如《汉书·艺文志》"道家类"曾录有蜀人著《臣君子》等作品。汉代严遵、扬雄、赵宾、何武、谯玄等人

---

[1]〔明〕曹学佺撰，《蜀中广记·西汉》卷 47，《四库全书》第 591 册，上海古籍出版社，1987 年版，第 655 页。

[2]〔明〕凌濛初主编，《二刻拍案惊奇·同窗友认假作真 女秀才移花接术》卷 17，世界书局，1978 年版，第 279 页。

[3]〔明〕凌濛初主编，《二刻拍案惊奇·同窗友认假作真 女秀才移花接术》卷 17，世界书局，1978 年版，第 278 页。

[4]〔宋〕文同撰，《丹渊集·华阳县君杨氏墓志铭》卷 40，《四库全书》第 1096 册，上海古籍出版社，1987 年版，第 800 页。

[5]〔宋〕文同撰，《丹渊集·华阳县君杨氏墓志铭》卷 40，《四库全书》第 1096 册，上海古籍出版社，1987 年版，第 800 页。

[6]〔宋〕文同撰，《丹渊集·华阳县君杨氏墓志铭》卷 40，《四库全书》第 1096 册，上海古籍出版社，1987 年版，第 796 页。

[7]〔宋〕文同撰，《丹渊集·华阳县君杨氏墓志铭》卷 40，《四库全书》第 1096 册，上海古籍出版社，1987 年版，第 796 页。

的道家学说也是根基深厚，在国内颇有影响。如严遵，上知天文、识星象，下通地理玄学、善占卜，是我国传说中洞悉天机的象征性人物，也是文翁化蜀以来蜀地第一位特行独立的道家隐士，后人为纪念他，曾把他当年在成都卜卦时居所所在的街道命名为"君平街"。道教创始人张陵（也具有蜀人身份）曾经以鹤鸣山为中心建五斗米道，这不仅实现了其弘扬祖业、兴利除害、建万世之功的远大抱负，也最终使中华道教在成都大地上得以传播，这对宗教在成都乃至全国的发展，对成都人的价值观和生活方式以及成都城市个性化的形成等都有着极大的影响。

道家文化与道教精神，具有贵弱守雌之性，其尊重女性，肯定女性，强调"天下之至柔，驰骋天下之至坚"[1]。对成都尊重女性、发现女性智慧、提升女性意识、发挥女子才德、提高女性地位具有特殊的意义。道教教义也主张阴阳平衡、男女平等，肯定女性的地位和贡献，认为男女在先天本质上并没有差别，无高低贵贱之分。譬如，男女都有"头、目、面、耳、肢体"，阴阳也不能独生："有阳无阴，不能独生，治亦绝灭；有阴无阳，亦不能独生，治亦绝灭。"[2]夫妇结合"同心""并立"是天地大统，"女之就夫家，乃当相与并立同心治生，乃共传天地统，到死尚复骨肉同处，当相与并立，而因得衣食之"[3]。

道家思想对女性的肯定与赞誉对女性社会地位、女性社会参与和责任意识的发展起到一定的促进作用。在这种尊重女性的文化氛围影响下，蜀地人们对女性社会地位的看法、女性才华能力的认识、女性个性价值的发展所具有的观念等也必然受其影响。

四、佛教本怀，影响着天府女子的懿行品质

在成都这座以开放、包容著称的城市里，佛教与儒、道并行不悖，这不仅为历代官民构建了圆融丰满、进退有据的精神家园，也涵养着成都人慈善、平等的人文与宗教情怀。据史料记载，南北朝时期，佛教作为独立的宗教在成都发展起来，许多中原高僧避乱入蜀，使成都的佛学水平、佛教寺院、僧人以及民间信众的数量得到提升或增长。唐代，佛教义学中心在成都形成，众多中原僧人到成都问学，其中以玄奘最为著名。明清时期，佛教的济世化俗持续影响成都的无数信

---

[1] 戴维著，《帛书老子校释》，岳麓书社，1998年版，第13页。

[2] 王明编，《太平经合校》，中华书局，1960年版，第44页。

[3] 王明编，《太平经合校》，中华书局，1960年版，第35页。

众，佛教寺院梵音环绕、暮鼓晨钟渗透到成都人的生活中。佛教文化中的示教利喜，重视施舍（能施、所施、求施）对众生的教化，也对佛教的慈善公益有很大的影响。成都的公益、慈善、教化事业，常常有佛教机构、高僧、信众的参与并发挥重要作用，连佛教徒的活动场所，包括寺、庙、庵、宫、观等，也常常成为涵养天府文化内涵的载体。成都境内遗存有很多著名的宗教建筑，如宝光寺、石经寺、文殊院、昭觉寺、大慈寺等，这不仅是一种宗教性的象征符号，同时也蕴含着天府文化乐观包容、友善公益的核心精神。

儒、释、道三教在蜀地的均衡流播，以及后来五教融合，丰富了天府文化"乐观包容"的内涵，促进了天府文化的辉煌发展，也为女性赋予了更为深厚的慈爱利他、乐观包容、友善公益的懿行品质。在成都的历史上，有很多受到佛教思想影响，济贫振穷、热心于公益的女性，如新都杨玫夫人熊氏，救人急难、热心慈善；勾龙巍夫人黄氏，家道艰难，但乐于助人，推食救急；刘昱夫人张氏乐于施予，凡丐乞、僧道、桥梁、寺观，邻里婚丧，皆量力相助；王就夫人朱氏教子行善事，不拒贫。

五、移民文化尊重、包容女性的客观环境，赋予成都女性责任与担当

充满自由、乐观、包容、友善精神的成都人用自己的智慧创造、丰富着天府文化，也将处于"天府之国"核心区域的成都打造成令人无限向往的西南胜地，吸引着无数外来的移民。曾经无数移民携家带口迁徙并定居于此，为成都的繁华付出艰辛。秦惠文王时，"移秦民万家入蜀"，秦灭六国后，"辄徙其豪侠于蜀"，数万关中移民为成都注入了新的血液，这其中就包括卓氏家族。宋元时期蒙军对川用兵及元末农民起义，使蜀地人口再次大减，外省大量移民奉旨入川，再次为成都的恢复发展齐心协力。明末清初，成都遭受了有史以来最为严重的毁城惨祸[1]，官民庐舍，劫火一空，随后的十五六年间达到千里荒凉、人烟灭绝、虎狼出没的地步，成了一座荒城、空城。为这一片土地生机的恢复，史上再一次出现入川大移民。

一代代移民以及随之而来的各种原生文化不仅增添了天府文化的活力，且

---

[1] 张献忠"屠城"的争议由来已久，清廷和当时的一些文人曾指控张献忠在四川进行过多次大屠杀。但也有学者认为，类似指控有很大的嫌疑是因为政治因素而非客观事实。不过，无论毁城惨祸的制造者是谁，至1668年，战乱、灾荒、瘟疫横行下的成都，全城百姓已所剩无几，其他州县的原有人口也只剩下十之一二。

最终的融合创新丰富了天府之国创新创造、优雅时尚、乐观包容、友善公益的文化内涵。与此同时，在成都数次移民大潮中，女性移民也成为一股帮助成都政治、经济、社会恢复发展的不可忽视的力量。移民家庭结构的特殊性、移民创造的艰苦性、移民生活的开拓性、繁育人口的迫切性以及"男女无别"的土著习俗等，无不赋予移民成都的女性更多的尊重与包容。移民时期的成都女性往往具有更多的机会通过正式或非正式的方式去实现自身才能的施展、自主性的劳动参与等，相对于中原居民，入蜀女性移民的社会地位、家庭地位、社会认同、社会参与程度也相对较高。《史记》记载，秦朝巴寡妇清经营家业，秦始皇曾下诏为她筑"女怀清台"，云："巴寡妇清，其先得丹穴，而擅其利数世，家亦不訾。清，寡妇也，能守其业，用财自卫，人不敢犯。秦始皇以为贞妇而客之，为筑女怀清台。"[1]汉代卓文君也具有极强的独立才能和智慧，"文君当垆"最终获得父亲对自己婚恋选择的认可。移民生活，不仅赋予了女性重要的社会家庭地位的认可度，为女性赢得了更多的尊重、权利与机会，也使女性的乐观包容的积极心态、优雅时尚的精神追求、友善公益的懿行品质以及敢于承担责任的担当意识得到苏醒。

第四节　友善公益文化环境
滋养了成都女性对贤母懿行品质的认同

友善是和谐社会构建中不可或缺的道德基础。成都人素来秉性善良、宽厚大度，具有伟大的奉献与利他精神。这种文化精神的形成，得益于具有公益精神的圣母传说和历代成都女性对贤母懿行品质的传承与发展、成都平原治水公益事业的百代传承与弘扬、传统文化中重德精神的宽容友善、宗教文化中的利他本怀、慈善事业的发展等，同时，这种文化精神，在其形成之初以及形成过程中，也反过来影响着成都官民对公益事业的积极认同，对传统文化重德精神的自觉接受，对贤母懿行品质和友善公益观念的主动发展。

一、具有公益精神的圣母传说滋养着成都贤母的大爱传统

成都贤母对各种仪礼的遵循、崇尚和坚守，不仅具有广泛的塑造、传承、发扬优良家风的效应，也影响到这些贤母对他人的尊重，对亲族乡邻上下人等的尊

---

[1]〔汉〕班固撰，《史记·货殖列传》卷129，中华书局，1959年版，第3260页。

重、包容、友善、博爱情怀，并最终体现在她们对下一代的善德教育的成效中。贤母敬礼，自谦而敬人，不论富贵与贫贱；贤母爱亲，自爱而爱人，不论亲疏与老幼；"爱亲者，不敢恶于人；敬亲者，不敢慢于人。"[1]贤母之心，往往心存敬畏、心怀自律、充满博爱，所以面对公婆，她们是至孝的贤妇、孝妇，面对丈夫，他们又是贤妻、良友；对于亲族，这些贤母是贤亲眷族；对于乡邻，这些贤母更是善人；而且这一"善"意，从家庭中的母亲身体力行品格取向出发，水到渠成，终将由血缘亲情之爱广推为天下之爱。

传说嫘祖为黄帝元妃，母仪天下，其子昌意被分封到蛮荒的蜀地，嫘祖则以身垂范，一同入蜀，教导蜀民养蚕、缫丝、制衣。蜀中贤母义方教子而大爱无疆，有文史记载以来，嫘祖可谓开其端。可以说，嫘祖不仅是黄帝以德立身、以身垂范、福祉万民的炎黄文化的积极创造者与传承者，也影响着中华民族——所有黄帝后裔的言行与品德，对后世母教的躬桑懿行有极大的影响。西蜀大禹妻涂山氏，也为后嗣建构了一种舍小家为大家的贤妇利他精神，涂山氏生子启的时候，大禹治水三过家门而不入，为的是一项伟大的公益事业——抗洪，涂山氏"独明教训而致其化"，她贞德自持，支持丈夫的事业，在家抚教幼子，礼尚达义，德泽宇内，贤淑治家。她的儿子启，承先志，赞叙其业，育养品族，最终成为一个重德修贤的人。

二、成都平原治水精神影响无数贤母的公益利他追求

古蜀依水而生，因水而发，但也常常因水而困，所以治蜀必先治水。在成都平原的发展史中，大禹治水首开疏导之法，展示我们的先祖面对灾患时公而忘私、不惧危难、自强不息、艰苦奋斗等精神。又有鳖灵决玉垒山治水，是成都历史上又一次运用疏导之法成功治水的辉煌案例，千百年来一直得到蜀地百姓的赞颂。此外，李冰综合民众之智慧与力量修建都江堰水利工程，其后的两千多年里，都江堰水利工程的维护与保养又成为成都历代官员、百姓的自觉职责，由此形成了颇为完备的都江堰岁修、大修、特修和抢修机制。严格的岁修制度、开水大典祭祀等活动，成了成都官民自觉参与的最早也最长远的一项公益事业，也影响和激励着一代代的蜀地官民治水理水、关心民生、励精图治、公益爱民。例如，汉代文翁是第一个扩大都江堰灌区的官员。汉初，蜀郡虽因都江堰水利工程

---

[1]〔元〕董鼎撰，《孝经大义》，《四库全书》第182册，上海古籍出版社，1987年版，第115页。

成为"天府之国",但发源于龙门山的湔江仍常常泛滥成灾,文翁便效李冰疏导治水之法治理湔江水患,最终繁县涝灾旱情得以控制,蜀郡也出现了"世平道治、民物阜康"的局面。

在这种大公益文化氛围下,也出现了很多自觉参与到公益事业,或者通过支持丈夫、儿女清白为官、利益百姓实现公益追求的贤妻良母,她们在相夫教子中呈现出高超的智慧,如诸葛丞相黄夫人,位居丞相夫人之时,她亲操杵臼,兼顾农桑,据说当时黄夫人带领家人种植的八百株桑和养蚕培育的蚕种都是经过黄氏选育的改良品种,而且织布机也经过了黄氏的改良,由原来两梳改为四梳。黄氏还将这种选种后的育苗和改良后的织布机无私推广,"蜀锦"因此美甲天下,诸葛亮曾骄傲地说"决敌之资,唯仰锦耳。"[1] 又如范仲黼母,时常鼓励丈夫审查案例时不要介意长久地辛苦,以免百姓长久蒙冤。因为有王氏这样的贤内助,所以范滩为官一向清白,治理百姓也以公允著称。又有杨玫妻熊氏素有善德,闾里穷乏,有求辄应,赈济穷困,代代相传,其眼界胸怀非常人可比。据说,在这种利他思想的影响下,新都杨氏最后形成了一个为乡民做善事的族规:"凡入朝为官,衣锦还乡者,每次回乡必捐资为乡民做一件益事"。

三、中华传统文化的重德精神是成都贤母教子的重要原则

自古以来,我国的教育者就很重视对受教者的道德思想教育,《易》曰:"君子以厚德载物",孔子强调"仁",孟子强调"义",荀子强调"化性起伪"等,皆是如此。"德教"是中国传统文化中的一个重要组成部分。

《蜀王本纪》云:"时玉山出水,若尧之洪水。望帝不能治水,使鳖灵决玉山,民得陆处。鳖灵治水去后,望帝与其妻通。帝自以薄德不如鳖灵,委国授鳖灵而去,如尧之禅舜。"[2] 文翁兴学、德教化蜀,不仅改变了蜀地的蛮夷之风,儒家"仁义礼智信"思想也促进了蜀地的大爱、诚信、责任、正义、宽容等品质的形成。司马相如赞誉汉王朝"德茂存乎六世"[3]"夫拯民于沉溺,奉至尊之休德,反衰世之陵迟,继周氏之绝业,斯乃天子之急务也。"[4] 扬雄赞其始祖"昔我

[1]〔明〕陈耀文撰,《天中记·锦》卷49,《四库全书》第967册,上海古籍出版社,1987年版,第391页。
[2]〔宋〕李昉等撰,《太平御览·妖异部四》卷888,《四库全书》第901册,上海古籍出版社,1987年版,第20页。
[3] 费振刚等辑校,《全汉赋·难蜀父老》,北京大学出版社,1993年版,第106页。
[4] 费振刚等辑校,《全汉赋·难蜀父老》,北京大学出版社,1993年版,第106页。

乃祖，宣其明德，克佐帝尧，誓为典则。"[1] 王褒有"咸洁身修德，吐情素而披心腹，各悉精锐，以贡忠诚。"[2] 再看三国文化，刘备为人谦和宽厚、礼贤下士、以德服人，故能知民意得民心，素以仁德著称。刘备在诸侯混战中辗转奔波，最后以偏安西蜀，赢得一方天下，不能不说与德被百姓有关，毕竟在蜀汉时期，蜀地百姓过上了安定的生活，蜀地农、牧产业和工商业都获得了长足的发展，成都还成为当时全国织锦业的中心。在刘备的身边，有"义薄云天"的关羽和"鞠躬尽瘁"的诸葛亮。他们身上都体现着三国文化的精粹，也体现着华夏精神对智慧、德行、责任、忠诚与勇敢的追求。这位曾经德行天下的蜀汉皇帝与他的丞相、兄弟们至今被人们祭祀不忘，而武侯祠作为诸葛亮、刘备及蜀汉英雄纪念地，也成为我国唯一的一座君臣合祀的祠庙。

　　成都古代贤母，不仅注重自身德性的修养，还重视子女的德行教育；历代贤人达士赞誉贤母之辞，也往往倾向于赞誉贤母的德行高尚与清德无私等。譬如，朱熹《安人王氏墓表》云："夫人一践其庭，礼容肃穆，纤悉中度，虽在房闼，礼敬自将，燕私之言，无一不可道于外者。"[3] 王氏教育子女，"汝家世以清德直道为门阀"[4]"汝曹问学宜知所本，仕不患不达，患无以称耳。"[5] 王氏"事亲知色养之义"，督促夫君"尽职不苟、退则耽书""岁入之余，悉储以听，一毫不自私，"[6] 令兄嫂为之惊叹，而且"喜与士友谈《易》，时诵家人正家之道，以勉我相敬如宾。"[7] 此外张家宇文氏时常教训诸子："吾朝夕兢兢履地如履冰，惟恐一言之失，一事之差，盖其德诚足以配公焉。"[8] 高尚的德性，美好的德行，都不是天生的，后天的教育引导很重要。有贤母则有贤子孙，在历代成都贤母懿行品质的影响下，成都的家庭文化教育也充溢着对高尚道德与美好品行声誉的追求。

---

[1] 费振刚等辑校，《全汉赋·逐贫赋》，北京大学出版社，1993 年版，第 211 页
[2] 〔南朝梁〕萧统编、〔唐〕李善注，《文选·四子讲德论》卷 51，中华书局，1977 年版，第 715 页。
[3] 成都市方志办编纂委员会、四川大学历史地理研究所整理，《民国华阳县志·列女传·安人王氏墓表》卷 19，《成都旧志》第 15 册，成都时代出版社，2007 年版，第 480 页。
[4] 成都市方志办编纂委员会、四川大学历史地理研究所整理，《民国华阳县志·列女传·安人王氏墓表》卷 19，《成都旧志》第 15 册，成都时代出版社，2007 年版，第 480 页。
[5] 成都市方志办编纂委员会、四川大学历史地理研究所整理，《民国华阳县志·列女传·安人王氏墓表》卷 19，《成都旧志》第 15 册，成都时代出版社，2007 年版，第 480 页。
[6] 成都市方志办编纂委员会、四川大学历史地理研究所整理，《民国华阳县志·列女传》卷 19，《成都旧志》第 15 册，第 478 页。
[7] 成都市方志办编纂委员会四川大学历史地理研究所整理，《成都旧志·赠银青光禄大夫宇文公墓志铭》第 15 册，成都时代出版社，2007 年版，第 298-299 页。
[8] 〔宋〕朱熹撰，《晦庵集·少师保信军节度使魏国公致仕赠太保张公行状》卷 95，《四库全书》第 1146 册，上海古籍出版社，1987 年版，第 220 页。

四、移民文化、宗教文化及其他慈善事业的影响

移民文化富有的包容与友善，宗教文化显现的利他本怀，慈善公益传统及其他慈善事业的发展延续，不仅彰显着成都的友善公益品格，也进一步影响着贤母懿行对友善公益观念的接受、传承与发展。

在古代，成都人常对外来栖居、谪居、游学的人友善相待。如鳖灵，传说他本是荆（今湖北省）人，死后尸体沿江逆流而上，到成都后得以复活，而且他在复活后，还得到蜀王杜宇的召见，此时的蜀地正值洪水泛滥，杜宇并未因其来自异国而排斥鳖灵，杜宇知晓鳖灵识水性、有治水经验，便任以为相，让鳖灵率领古蜀百姓治水，鳖灵治水成功，不仅杜宇禅让，百姓也对其感恩戴德。又如，杜甫为躲避"安史之乱"而栖居成都，经好友严武帮助，在万里桥西修建了草堂，并供给禄米帮其渡过难关，杜甫曾以"但逢新人民"[1]之歌赞扬成都人民的善良与热情，以"忽在天一方"赞叹对富庶繁华的"天府之国"的喜爱。如今草堂已更名为"杜甫草堂博物馆"，是成都文化圣地之一，足见成都人对这位远道而来的诗圣的接纳与崇敬。再如，南宋诗人陆游，在遭受投降派大臣的压制被调往成都任职时，内心万分苦闷，但繁花似锦的成都和成都人的热情友善很快安抚了陆游受挫的心灵。陆游迷恋成都的山水，喜爱成都的生活，而且很乐意以"成都人"自居，他称四川为"吾蜀"，自称"前生定蜀人"。

在近代，成都人的热情友善也一样令人刻骨铭心。德国地理学家李希霍芬游历中国时曾来到成都，得到成都人的热情帮助，他发现这里的"人们很有礼貌""接触到的人总是极好、极善良的。"李希霍芬说，这里的居民是一个"品质更好，更高尚的人群"[2]。2008 年，震惊全球的"5·12"汶川大地震，再次将成都人的友善、大爱精神展现出来。面对灾难，成都人积极行动，慷慨解囊，无私奉献，与灾区人民休戚相关、患难与共，涌现了众多可歌可泣的大仁大爱故事。

成都就是这样一座始终不乏人间大爱，温暖的让人充满幸福感的城市。在这种充满关爱、温暖的文化氛围内成长起来的或从他乡融入这一环境的贤母，更容易成为成都新一批贤母之教的传承者。她们有的啬于身而轻施与；有的拾金不昧，不取不义之财；有的胸襟宽广，热心公益，对善举之事，皆能殚精竭力，凡

---

[1] 〔唐〕杜甫撰、〔清〕仇兆鳌详注，《杜诗详注·成都府》卷 9，上海古籍出版社，1992 年版，第 287 页。

[2] 〔德〕费迪南德·冯·李希霍芬著，《李希霍芬中国旅行日记》，商务印书馆，2016 年版，第 646、650、654、660-661 页。

丐乞、僧道、寺观多所资助，家有余赀便修桥铺路；有的发余粟济贫乏，出粟济里党，分粮食于饥民，简地救荒，活以万数；有的开仓施赈，不待报即行；有的借贷相资，施药相救，守望相助，赴人之急，如救水火；懿行缕缕，不可殚言。

第二章
贤母懿行的现代教育价值调研及分析

王东华在《发现母亲》一书中提出优识、优体、优恋、优婚、优孕到优娩、优养、优育、优教、优境的母婴规划工程，他说："孩子不是某个人的，孩子将要成为社会的公民，孩子是全社会的财富，因此全社会都应该关心孩子，关心母亲。"[1] 同样，为更有益于提升公民的智力、情感、性格与道德品质，安徽大学原副校长韦穗曾建议将"母亲教育"[2]列入基本国策，建议人大组织法学、教育学、社会学家共同起草《母亲教育法》。"[3] 韦穗的建议在当时引发了全社会的广泛关注和讨论，提高母亲素质的教育工程也此起彼伏。遗憾的是，这些工程、培训理念与教育内容，对我国丰富的传统母教资源的重视、借鉴和利用尚未充分体现，当代学界对传统母教资源的汇编与研究也相当滞后，对母教资源社会利用价值的发掘同中国当代社会文化精神发展的实际需求也十分不符。

据笔者统计，目前，学界对母教的社会价值的关注，倾向于以家族为视角研究母教传统与分析母教特征，对能体现地域性优秀文化传统的贤母资料整理、研究及其当代宣传和普及价值尚没有给予积极关注。母教资源社会利用价值的发掘与社会文化精神的实际需求不符，限制了优秀历史文化（包括贤母懿行文化资料）的普及与传承。结合核心价值观的涵养与成都母教现状调研发现，全国各地（包括成都市）在优秀地域文化资源发掘整理以及利用等方面普遍存在不足；系统梳理、挖掘各地丰富的历史文化资源（包括贤母家训、贤母懿行文化资源），整理和研究、发掘、利用地方历史文化资源（包括贤母家训、贤母懿行文化资源等）与历史文化传承、创新与发展之间存在的互生关系，以此促进地域优秀历史

---

[1] 马加力，《"适者生存"定律》，新湘评论，2010 年 06 期，第 53 页。

[2] 母亲教育：培养母亲具有道德、诚信、爱国、爱民等中华民族的优良传统美德并通过其言传身教、潜移默化给予下一代青少年，提高中华民族的国民素质。（梅兰，《关于倡导"建设母亲教育系统工程"的建议》，民革网，2008 年北京全国母亲教育事业年会上发布。）

[3] 李谱春，《委员呼吁：把母亲教育列入基本国策》，北京娱乐信报，2004 年 03 月 10 日。

文化的整理和普及，是一项亟待进行也很有价值的工作。

第一节　母教与家国大计

"母教"一词，在我国的文献典册中出现甚早。《易》的注解中有"其羽可用为仪，吉，不可乱也"，虞翻曰："坤为乱，上来正坤。六爻得位，成既济定，故不可乱也。"干宝曰："处渐高位，断渐之进，顺艮之言，谨巽之全，履坎之通，据离之耀，妇德既终，母教又明，有德而可受，有仪而可象，故曰：'其羽可以为仪，不可乱也。'"[1]《汉上易传》卷9言："左行以顺父，循父道也，巽纳辛丑，离纳己卯，兑纳丁巳，右行以向母，从母教也，三女配男，夫妇之义、天地之性、人之大伦，实告之矣。"[2]又《春秋分记·序》有："苟得就此书，庶无负大人及吾母教诲。"[3]《字说》云："婴儿生不能言，母教之言，已而能言，以言此鸟之能言，类是也。"[4]这里，"母教"盖有两方面的内涵：其一，与父道相平行，是家庭、社会赋予的为母之道；其二，母亲面向子女的养育、教导之行。此外，母教还有诸多丰富内涵，值得我们深入探讨。

母教始于"早谕教"。今可见到的较早文献有周文王的母亲太姜"以胎教子，而生文王"[5]。据说太姜怀孕之时，"目不视恶色，耳不听淫声，口不出傲言"[6]，所以生下了有"圣瑞"之相的文王。周武王的母亲也是一样，"妊成王于身，立而不跛，坐而不差，笑而不谊，独处不倨，虽怒不骂。"[7]因为周妃为人之母，先正己心，善为胎教，所以孕育了聪明而有德行的武王。当然，还不仅仅是胎教，子女出生之后的幼教，对其一生的发展与最终成就的取得也极为重要，而且一个人的品格养成、习惯塑造往往也与幼年、少年时期的养成有关。好的品格、习惯需要在一个人的青少年时期加以教养，也就是现代所言的启蒙教育要赶早之意。《颜氏家训》言："人生弱小，精神专利……固须早教，勿失机也"，即是言此幼教、早教、启蒙之教育的重要，而这种幼教、早教、家庭启蒙教育，往

---

[1]〔唐〕李鼎祚撰，《周易集解》卷11，《四库全书》第7册，上海古籍出版社，1987年版，第778页。

[2]〔宋〕朱震撰，《汉上易传·说卦传》卷9，《四库全书》第11册，上海古籍出版社，1987年版，第271页。

[3]〔宋〕程公说撰，《春秋分记·序》，《四库全书》第154册，上海古籍出版社，1987年版，序第5页。

[4]〔宋〕罗愿撰，石云孙点校，《尔雅翼》卷14，引《字说》，黄山书社，1991年版，第151页。

[5]〔汉〕司马迁撰，《史记·周本纪第四》卷4，中华书局，1959年版，第115页。

[6]〔汉〕司马迁撰，《史记·周本纪第四》卷4，中华书局，1959年版，第115页。

[7]〔汉〕贾谊撰，王心湛集解，《贾子新书集解》，上海广益书局，1936年版，第25页。

往离不开母教的参与。

母教还包含着母亲对子女的悉心抚育、教养。《诗经》云："父兮生我，母兮鞠我。抚我畜我，长我育我。顾我复我，出入腹我。欲报之德，昊天罔极。"[1]这里描述的就是对父母生养至恩。在古代，尽管父母共同承担子女教育之责，但由于古代男主外女主内的特殊环境，在家具体实施抚育教养子女义务的往往是女性。如《寄内子》云："父母同负教育子女责任，今我寄旅京华，义方之教，责在尔躬。"[2]这种非同一般的生养之德，也往往赋予母亲与受教子女之间的特殊亲子关系，也使得贤母对子女的道德教育相对于其他形式的教育有着其不可替代的优势。

积财千万，不如薄技在身。母教也包括对子女在生活、生存、发展等方面进行各种基本知识、技能的培养与传授、教育。这些基本的生活技能，包括吃饭、睡觉、穿衣、洗漱等，也包括为未来谋生而需要掌握的各种社会生存技能、谋生手段等。譬如，"十三教汝织，十四能裁衣，十五弹箜篌，十六知礼仪，十七遣汝嫁，谓言无誓违。"[3]指的就是父母对子女纺织、艺术等多种生存技能的培养与指导。

自古以来，教，有一个非常重要的目的："文"。《国语·周语》云："教，文之施也。"孔门有"四教"：文教、行教、忠教、信教。所以母教对于子女"技"的教育也包括"文"化教育、读书教育以及其他相关的教习活动，尤其是在一些重视文化熏陶的文化大家族中，母教对于家学传承的积极承担，对于传统文化的自觉利用，就更为明显。只是，囿于特殊的历史原因，我国古代大多数女性本身就失去了受教育的权利，能识文断字的不多，能承担更高层次知识教育的也有限，所以母教也往往体现在对子女的德行、礼仪教育，诸如古代被持续奉行的忠孝、友悌、节义、勤俭、清廉等价值观念，往往都会成为母教的核心内容；而面向复杂的生活境况、坎坷的人生际遇、错综的价值选择，母亲对于子女教育的内容，也会更为复杂，如帮助子女调整生存心态、生活态度、思维方式、信仰追求等，母教也必然会有涉及。

学如牛毛，成如麟角，子女的教育并非易事，也正因为此，母教还具有教训、教诲、教导、训诫等非常丰富的内涵。正如《礼记·学记》云："教也者，

---

[1]《诗经·小雅·蓼莪》，载《十三经注疏》，上海古籍出版社，1987年版，第460页。

[2] 李锋，罗友松主编，《名家书信鉴赏辞典》，上海辞书出版社，2012年版，第325页。

[3]〔宋〕郭茂倩辑，《乐府诗集·焦仲卿妻》卷73，中华书局，1979年版，第1036页。

长善而救其失者也。"这里的"教",重于引导、纠正、教诲。《家范》云:"为人母者,不患不慈,患于知爱而不知教也。"[1]《闺范·母道》:"母不取其慈,而取其教。"[2] 也取教诲、教训、教导之义。《颜氏家训》曾言:"禁童子之暴虐,则师友之诚,不如傅婢之指挥;止凡人之斗阋,则尧、舜之道不如寡妻之诲谕。"[3] 用现在的话说,就是因为母亲与子女间的特殊、亲密关系,母教也往往是一种饱含亲情的贤母教育,对子女的品格养成、习惯养成具有特殊的教育效果。对子女尤其是幼小的子女而言,母亲是自己的源,是至亲的可以信赖的人,故往往能听其教诲,服从其命令;对母亲而言,教育子女又是自己天大的事情,可谓一心一意。所以,母亲对子女的教育有很强的感染力,容易被子女接受,贤母主持下的教训、教诲也往往可以达到事半功倍的效果。

母教还有一种内涵叫作成长,也可以说在母教文化中,一代代贤母由被动的母教执行者逐渐成为一个家庭或家族家风自觉塑造者、践行者与传承者,从而将中华母教在母教实践中焕发出更加璀璨的光彩。在中华历史上,著名的孟母择邻断机以助尚学之风、陶母退鱼以成清廉之习、欧母画荻教子以成不惧逆境志学之心、岳母刺字以成精忠报国之志等,这些贤母无不是古代教育子女、塑造家风的积极承担者,而她们的积极行为也最终成为维系家族文化崛起、影响世风精神的关键。至于古代士人追求的"修身、齐家、治国、平天下",如果将"齐家"、塑造"家风""家族文化"仅仅视作父亲的职责、男子的任务,恐怕"平天下"也无法顺利实现。毕竟,在士人追求"齐家"路上,在一个家族文化、家庭门风塑造的过程中,女性与男子一样,也是主要承担者,甚至还有人曾将母教作为决定家齐与否的关键,譬如印光法师言:"不肖子女,皆其母不尽母职之所致也。"

那么,古代的这些女性承担母教的动力何在呢?在封建等级制度、政治秩序神圣化的背景下,君为臣纲、父为子纲、夫为妻纲,这种"贵阳贱阴""男尊女卑"的伦理观念,不断地赋予古代女性附属于男性的色彩。譬如《礼记·本命》中:"故谓之妇人,妇人,伏(服)于人也。"认为女子处于顺从地位,天生就是服侍人的。至于《礼记》中"妇人者,从人者也;幼从父兄,嫁从夫,夫死从子。"似乎更将女性从生到死、从为人女、为人妇到为人母的自主权都剥夺得一干二净,剩下的只有唯唯是诺、低眉顺从。这种唯唯是诺、低眉顺从又怎能建

---

[1] 夏家善编,王宗志、王微注释,《温公家范》,天津古籍出版社,2016 年版,第 52 页。

[2] 〔明〕吕坤撰,《闺范·母道》,载陈宏谋辑《五种遗规》,线装书局,2015 年版,第 122 页。

[3] 〔北齐〕颜之推撰,王利器集解,《颜氏家训集解》,上海古籍出版社,1980 年版,第 19 页。

立起"母教"的尊严、激发出女性从事"母教"的积极性呢？事实上，一个群体生存的价值与意义，不可能建立在绝对的"卑贱""顺从""独立价值缺失"基础上，即便是在"三纲五常""三从四德"控制下的古代女性，如果完全缺失"尊严""自主""地位"与"价值"，便失去了作为女性独立的生存意义，也就不用再谈及女性相夫教子的积极性了，更不能想象女性承担母教责任所具有真实的可行性，当然也无从谈及一个家庭子孙绕膝、其乐融融的和谐景象。

能在这之间协调尊卑失衡状态，赋予古代女性尊严、自主、地位、价值，促发女性积极、自觉地履行"母教"职责的动力之关键，莫过于我国古代社会对"孝"文化的传承和发展。中华之孝，曾被《孝经》誉为"德之本"。《孝经》曰："夫孝，德之本也……教之所由生也……夫孝，始于事亲，中于事君，终于立身。"[1] 也就是说，"孝"是所有德行的根本，是一切教化产生的根源；孝，始于侍奉父母，用于效力国君，最终成就的是君子自身；故"孝"是君子修身、齐家、治国、平天下的根本。"君子不出家而成教于国：孝者，所以事君也；弟者，所以事长也；慈者，所以使众也。"[2] 推而广之，"老吾老，以及人之老；幼吾幼，以及人之幼；天下可运于掌。"[3] 古传说中，舜以至孝得天下，便是典型。

"孝"是一个会意字，其内涵丰富，最为基本的是《说文》所云："善事于父母。"[4]《论语》所言的"孝"，就是要对父母"生，事之以礼；死，葬之以礼，祭之以礼。"[5] 当然，不仅要"孝"，还要"顺"，能"爱"[6]，而且能"顺于道，不逆于伦。"[7]《礼记》云："上则顺于鬼神，外则顺于君长，内则以孝于亲。如此之谓备，唯贤者能备，能备然后能祭。"[8] 若是一个人能对父母做到"顺""孝"，就具备祭的条件；孝养、礼敬、居丧、祭祀，能养、能敬、能葬，能祭的人，可以称

---

[1]〔唐〕明皇御注，陆德明音义，宋邢昺疏，《孝经注疏·开宗明义章》卷1，《四库全书》第182册，上海古籍出版社，1987年版，第39页。

[2]《礼记·大学》，载《十三经注疏》，上海古籍出版社，1997年版，第1647页。

[3]《孟子·梁惠王上》，载《十三经注疏》，上海古籍出版社，1997年版，第2670页。

[4]〔清〕段玉裁注，《说文解字注》，上海古籍出版社，1998年版，第398页。

[5]《论语·为政》，载《十三经注疏》，上海古籍出版社，1997年版，第2462页。

[6]《孟子·万章上》云："为不顺于父母，如穷人无所归。"注："顺，爱也。"（《孟子·万章上》，载《十三经注疏》，上海古籍出版社，1997年版，第2733-2734页）

[7]《左传·隐公三年》云："君义、臣行、父慈、子孝、兄爱、弟敬，所谓六顺也。"（《春秋左氏传·隐公三年》，载《十三经注疏》，上海古籍出版社1997年版，第1724页）《礼记·祭统》云："孝者，畜也。顺于道，不逆于伦是之谓畜。"（《礼记·祭统》，载《十三经注疏》，上海古籍出版社，1997年版，第1602页。

[8]《礼记·祭统》，载《十三经注疏》，上海古籍出版社，1997年版，第1602页。

为君子、成王至圣了。

　　"孝"文化的强调，也暗含着女性在社会中的两个角色内涵——"妇"与"母"在家庭伦理角色中意义的不同。"妇"，相对于"夫"，甲骨文字形，左边是"帚"，右边是"女"。《说文》言："妇，服也。"《大戴礼记·本命篇》曰："女子者，言如男子之教而长其义理者也。故谓之妇人。妇人，伏于人也。是故无专制之义，有三从之道。"[1]三从，控制的是"妇"，是女性。但从家庭伦理的角度，"母"是相对于"父"的重要家庭角色，对"母亲"的尊崇由来已久。《诗经》不仅有对母氏辛劳圣善的感怀，也有对母亲至高的祭礼颂赞："思齐大任，文王之母。思媚周姜，京室之妇。"[2]"思齐"也因此成为历代赞美母教及内助之词。可以说，当人们在提到"三从"时，针对的是"妇"，但提及"教"时，则更重于伦理角色中的"母"。

　　那么何为"母"？《尔雅》释"亲"，疏云："《广雅》云：'母，牧也。'言育养子也。又为姆。姆，媲也，媲匹于父。"[3]《说文》云："凡能生之以启后者皆曰母。从女，象怀子形。"[4]可见，母与生养、教养、身教、管教等密切相关，是要受到子女敬慕的角色。其次，母与父本夫妻一体。如《说文》云："妻，妇与己齐者也。"[5]《白虎通·嫁娶》云"妻者，齐也，与夫齐体。自天子下至庶人，其义一也。"[6]也就是说，无论是崇拜祖先、血缘崇拜，还是三纲伦常、倡导至孝，"母亲"与"父亲"一样，都居于血缘家族发展的高层而不能缺席，"父""母"夫妻一体，尊母也是尊父，是对"父为子纲"原则的奉行，而对母亲的不孝，从另一个层面反映了对父的冒犯、对"三纲"的违背。正是在这样的逻辑下，"母亲"在家庭中的相夫教子、自主权利，甚至可以说是权威地位，无论在家庭、社会，亦或是治国思想层面，都必然得到广泛的认同与重视。《孝经》中"明王之以孝理天下"，认为子女立身行道的终极目标就是为了父母："身体发肤，受之

[1] 〔清〕段玉裁注，《说文解字注》，上海古籍出版社，1998 年版，第 614 页。

[2] 《诗经·思齐》，载《十三经注疏》，上海古籍出版社，1997 年版，第 516 页。

[3] 〔晋〕郭璞注、〔宋〕邢昺疏，《尔雅注疏》卷 3 "释亲第四"疏，载鲁仁编，《中国古代工具书丛编》，天津古籍出版社，1999 年版，第 600 页。

[4] 〔清〕段玉裁注，《说文解字注》，上海古籍出版社，1998 年版，第 614 页。

[5] 〔清〕段玉裁注，《说文解字注》，上海古籍出版社，1998 年版，第 614 页。

[6] 《尔雅注疏》释亲疏引《白虎通·嫁娶》卷 9，载鲁仁编，《中国古代工具书丛编》，天津古籍出版社，1999 年版，第 602 页。

父母，不敢毁伤，孝之始也。立身行道，扬名于后世，以显父母，孝之终也。"[1]
这里强调了子女就是父母的衍生物；作为子女，爱惜身体发肤、立身行道、效力
国君、有所建树、扬名后世，目的也都在于使父母显赫荣耀。之后，更将圣人之
治理与父母之"教"联系起来，强调父母之"教"对家国之治的重要意义，《孝经》
云："故亲生之膝下，以养父母日严。圣人因严以教敬，因亲以教爱。圣人之教
不肃而成，其政不严而治，其所因者本也。"[2] 就是说，子女对父亲、母亲的亲近
与尊敬，天生而来；随着父母天长日久的教养，敬畏情感也与日俱增；圣人根据
父母教养子女的特征与方式，引导世人将对父母的敬爱之情进一步发扬光大，遂
将"教"发展成为一种面向所有人的教化。

何为"教"？在"孝"文化的强调环境下，"教"被赋以"孝"的基本内涵，
"教之所由生也。"[3]"教"字始见于甲骨文，写作"𢼄"（粹1162合28008无名组），
从攴从爻，具有手持器械而施教之意，呈现了其原本的"严厉"教育特征，左上
"爻"本义是"交""效"，综横之交、阴阳之交，"效天下之动者也。"古人效法
天地规律，用阴阳变化阐释万物交流、作用、关系，所谓一阴一阳之谓"道"。
又写作"𢼂"（甲1251合31621何组）。这一"教"字多了一个"子"，并在后来
逐渐演变为"耂""子"结合而成的"孝"。当然，"爻""孝"之差不仅仅在于后
者添加了一个"子"，更在于一种文化精神的认同——古人对"孝"文化与"教"
的实施之间的密切关系的认知与创造。所以《说文》云："教，上所施下所效也，
从攴孝。"[4]"孝"不仅是"教"声的来源，也是其"形"其"意"。甲骨文的"教"
字，通过对"孝"的形、声、意的强调，将"教"与我国"孝"文化、道的传承、
文质彬彬之教化联系在一起，使"教"成为我国"孝"文化传承与乾坤之道、文
质教化、家国治理、社会和谐发展的经典呈现。

在此基础上，"教"的影响者、实施者也不仅仅在于天地自然造化，也有"君
师"之教，当然还有"亲"之"教"，即"天、地、君、亲、师"。《荀子》言：
"天地者，生之本也；先祖者，类之本也；君师者，治之本也。无天地，恶生。

[1]〔唐〕明皇御注，陆德明音义，宋邢昺疏，《孝经注疏·开宗明义章》，《四库全书》第182册，上海
古籍出版社，1987年版，第40页。

[2]〔唐〕明皇御注，陆德明音义，宋邢昺疏，《孝经注疏·圣治章》卷5，《四库全书》第182册，上海
古籍出版社，1987年版，第95页。

[3]〔唐〕明皇御注，陆德明音义，宋邢昺疏，《孝经注疏·开宗明义章》，《四库全书》第182册，上海
古籍出版社，1987年版，第40页。

[4]〔清〕段玉裁注，《说文解字注》，上海古籍出版社，1998年版，第127页。

无先祖，恶出。无君师，恶治。三者偏亡，焉无安人。故礼，上事天，下事地，尊先祖而隆君师，是礼之三本也。"[1] 这里不仅通过"礼之三本"，将"天地""先祖""君师"视为人"生之本""类之本""治之本"，视为万民"效"法的对象，视为"教"这一活动的影响者、实施者，诠释了我国传统文化精神中亘古的敬天法地、孝亲顺长、忠君爱国、尊师重教的价值取向。在这里，《荀子》所言的先祖，也即"亲"，进入人伦者为"亲"，《说文》言："亲，至也。"注云："父母者，情之最至者也。故谓之亲。"[2] 人的至亲即是父母，父母是子女的天和地，所以"父亲""母亲"也都是表达十分敬重的称谓。自古以来，这种敬天法地、敬重"至亲"的思想，从未断流；并且在祖先信仰与"孝"文化的不断传承中，它已经越过对男尊女卑的狭隘理解，超越封建君权制的束缚，带着久远深厚的文化积淀，深埋于国人的血脉之中，并逐渐步入了人们的现代生活。

　　古代社会强调"君权""父权""夫权"，但同时也强调"孝"文化的传承，女性的地位在"君权""父权""夫权"的压制下不断地下降，到宋明时期，更是下降到最低，但是"孝"治天下的制度中，在一个崇尚血亲的传统家庭或家族中，在一种家国同构的社会模式中，"母亲"作为家庭中的重要角色，其经济、社会甚至包括政治地位，却又受到积极的肯定与重视。譬如汉代尊崇母氏，成为天下风尚，"自汉兴，母氏莫不尊宠。"[3] 作为"母亲"所享有的权利，也被赋予了"母权""家长权"的意义，赋予了"母亲"在家庭伦理角色中以"尊严""权利"与"地位"，甚至包括一个家族、家庭的重要事件的决策权、财产支配管理与处分权、婚姻权、教令权等。譬如关于儿女的婚姻嫁娶，古代向有"父母之命，媒妁之言"一说，"父母之命"强调的正是"父"与"母"在儿女婚姻嫁娶中的权利，而不仅仅是"父"。又譬如"教令"之权，包括对子女的教育、训令、监督与惩罚等。在传统的家庭、家族之中，子女要服从家"长"的权威，晚辈尊重长辈，下位者对上位者服从，即便是深受"三从四德"控制的女性，从"母亲"这一角色而言，也享有对子女的"教令"之权，尤其是在寡母抚育子女的家庭，更是如此。甚至这种教令权利还可以延伸到家庭活动之外的政治活动中，譬如汉、唐、宋、明等历代都有很多心忧天下、教育子女为官职守的母训等。这种权利，不仅影响着古代母教实施的形式与范围，而且还在律令中得到保护，譬如

---

[1]〔宋〕林之奇撰，《尚书全解》，《四库全书》第 55 册，上海古籍出版社，1987 年版，第 410 页。

[2]〔清〕段玉裁注，《说文解字注》，上海古籍出版社，1998 年版，第 409 页。

[3]〔宋〕李昉等撰，《太平御览》卷 145，中华书局，1960 年版，第 708 页。

《唐律疏议》就有对"后代违犯教令"罪的惩罚细则；作为子女，如果不能做到"孝"，就会受到各种"不孝之罪"的惩处。当然，享有权利，也包含了义务，作为"母亲"也需要承担养育、教导、监管子女以及其他家庭成员言语行为的义务，以及对外承担相应的责任，享有相应的荣耀。换言之，无论家庭内外，母与子都有着无法隔断的联系，而母教的成功与否，最终能影响到一个母亲在社会中的形象、影响、地位等。囿于古代特殊的文化背景，很多女性自身往往缺少机缘去读书、仕宦，或者说缺少功成名就的机会，而借助家庭中的"教令"权，借丈夫的地位升迁而荣耀，借儿子的成就而显贵成为众多女性的选择与实现自身理想的途径。也正因为此，历史上很多贤母、良母、严母追求的成就与理想，往往与相夫教子、盼子成才有关，教子有方也成为众多女性立足于家庭、著名于史册的最灿烂的成就与辉煌。

中国是一个非常重视母教且有丰富母教文化资源的国度。从远古时代以至明清，数千年文明历史，从嫘祖、涂山氏、周室三贤母到孔母颜氏、孟母仉氏、王孙贾母、田稷贤母、孙叔敖母、范滂母、陶侃母、欧阳通母、欧阳修母郑氏、苏母程氏、司马光母聂氏、岳母姚氏、蒋士铨母，等等，一代代贤母为我们民族培育出了无数明君贤相、圣人豪杰、学者名流，"使华夏民族的文化命脉得以相继相续。"[1] 所以有称："闺门万化之原。"[2] 也有"观一君而知国运，观一人而知其家，观一母而知子之德行。"对于个人，"贤母"之恩，铸就了平凡之人不寻常的人生；对于家庭，"贤母"之恩，惠及一家之兴、一族之旺；而对于一方区域、一个国家，贤母之教，乃是天下太平、国运的根本，被认为是"提高民族素质和开发人才资源的原始性、长久性基础"[3]。

鉴于母教的重要性，《家庭教育为天下太平之根本发隐》一书曾将国家圣贤的培育与母教相联系，提出圣贤在于母教的观点[4]，将母教视为天下人才荟萃、社会发展的重要力量，即"母教，乃是贤才蔚起、天下太平之根本。不于此讲求，治何可得乎？"[5] 将贤母品质的形成、贤母之教的影响与一个人的成长方向

[1] 王伟萍，袁益梅著，《中国传统母教文化的现代价值研究》，现代教育出版社，2015 年版，第 1 页。

[2] 陈宏谋编，《五种遗规·〈教女遗规 闺范〉序》，中国华侨出版社，2012 年版，第 1 页。

[3] 王伟萍，袁益梅著，《中国传统母教文化的现代价值研究》，现代教育出版社，2015 年版，第 1 页。

[4] 释印光著述，《印光法师文钞全集·家庭教育为天下太平之根本发隐》第 2 册，团结出版社，2013 版年，第 981 页。

[5] 释印光著述，《印光法师文钞全集·家庭教育为天下太平之根本发隐》第 2 册，团结出版社，2013 版年，第 981 页。

和家国人才的培育、建设与发展关联起来，即"教子为治国平天下之根本，而教女尤为重要也。以有贤女，方有贤妇、贤母。……故又曰，'治国平天下之权，女人家操得一大半，盖以母教为本也。'"[1]"以有贤女，方有贤妇、贤母；贤母所生（育）之儿女，皆为贤人。"[2]当然，这并不是说父教就没有责任，而是强调贤母之教在国家教育中的地位，尤其是在家庭教育中，从贤母培养、贤母之教的推行入手，教育的成效也会更加显著。

此外，有关母教著作的撰写也颇受重视。譬如，汉代曾撰有《古列女传》《女戒》等。而《古列女传·母仪》讲述的是培养贤女、贤母，其服务于家庭教育、社会的发展，云："惟若母仪，贤圣有智，行为仪表，言则中义。胎养子孙，以渐教化，既成以德，致其功业。姑母察此，不可不法。"[3]该著作还包括有《贤明传》《仁智传》《贞顺传》等篇目，也都与贤母的培养有关。可以说，贤母言行、仪表得体，以贤德懿行教养子女，咸晓事理，知世纲纪，相夫教子，以助子孙成功立业，这是很重要的事情。

具体到成都，从远古至近现代，许许多多的贤母利用"母亲"这一角色的优势，以亲身受授或依托家风、德行、才艺等资源，对子女进行教育，培养出了众多的历史文化名人、贤惠才女，以及胸怀天下的仁人志士。充分发掘成都贤母懿行方面的资料，与古代众多贤母零距离接触，对优良家风再塑造，对中华民族优良品德的传承都会产生重大影响，也对我们践行社会主义核心价值观，继承与发展成都优秀地域历史文化提供了丰富的独具特色的资源。

当代社会，母亲被赋予了更丰富的内涵：教师、公务员、公司职员、向导、法官、保护者……那么，作为母亲，女性在自己的职业生涯中应该如何处理事业与家庭的关系？母亲的言行观念将会对子女产生哪些影响？成都母亲教育的现状如何？古代贤母懿行在当代家庭教育中还有没有可供学习和借鉴的价值？在母教方面，又应该向古代的贤母学习哪些品质？为解决相关问题，本书结合积极传承与发展中华传统文化的时代需求，在对成都母教现状进行调研和分析的基础上，对具有成都个性的贤母文化资源做出具有现代价值意义的梳理与研究。

---

[1] 释印光著述，《印光法师文钞全集·家庭教育为天下太平之根本发隐》第2册，团结出版社，2013年版，第981页。

[2] 〔清〕印光《蛰园札记序》《新编全本印光法师文钞》卷11"续编"，中州古籍出版社，2010版，第781页。

[3] 〔汉〕刘向撰，《古列女传目录·母仪传》卷1，《四库全书》第448册，上海古籍出版社，1987年版，第4页。

第二节　成都母教现状的调研与分析

2018 年 7 月 25 日至 8 月 9 日，笔者曾带领数名学生，通过发放调查问卷的方式，对成都母亲自身基本情况、家庭结构的基本现状、教育理念的基本内容、家庭关系的处理效果、课内外的教养方式、对母教价值的看法等内容进行调查。该问卷由课题组自行编制，由 17 个自选题和 1 个自述题组成。为反映成都母亲在家庭中实施教育的实际情况，本次调研的对象主要为随机抽选，对象所在地包括青羊区文庙社区、高新区新园社区、金牛区营和街社区、新都区流洞社区、都江堰市马桥社区、金堂县三江社区等，共发放问卷 500 份，回收 478 份，有效问卷 460 份。总体上，调研结果显示，成都市部分社区的母亲学养素质较高，在家庭中是教养子女重任的主要承担者，并且富有强烈的教育精神，教育理念和教养方式也趋于合理化，大多具有较为独立的教育思想。但也存在一些问题，如家庭环境营造出现问题，教育价值观念出现偏差等，部分人对母教价值认识不到位，不清楚有哪些贤母懿行可资借鉴，重教养但没有能力从容工作，或者没时间、没精力履行教导职能等。主要调查结果如下：

（1）调研对象集中在 20 ～ 28 岁及 46 ～ 60 岁两个年龄段，自觉参与调研的母亲人数不多，但基本上能认真对待。

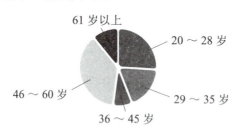

图 1　年龄段百分比

（2）调研对象的文化素质普遍较高，学历分布主要集中专科和本科两个层次，也有小部分小学、中学肄业者参与。较高的母亲素养为优良的母教提供了知识保证。

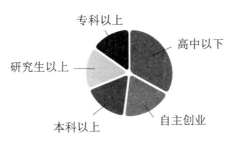

图2　学历

（3）调研对象的工作性质，主要集中在企业职工、全职女性之间，其中全职包括主动全职和被动全职两方面。这些全职母亲虽有较多时间照顾和教养子女，但在家庭教育的处理方式上存在一些困惑，需要指导解决。

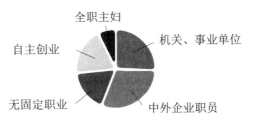

图3　工作性质

（4）家庭结构对子女的健康成长有着重要影响。本次调研对象中，双亲与子女组成的完整的核心家庭占有一半以上。在两代人组成的小核心家庭中，子女的教养任务主要由父母承担；三代同堂的大核心家庭中，子孙的教养任务则往往由长辈的协助完成甚至完全接管，长辈的协助减轻了为父母者的教子压力，也为其更好地教育下一代提供了更多的时间、精力、经济支助，但长辈的完全接管会因两代人教子观念的差异影响到教子的效果。

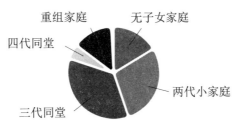

图4　家庭结构

（5）调研对象基本上能认识到传统文化对子女教育的价值，并希望在这些方面能得到指导，部分母亲已经能将传统文化自觉运用到教育子女方面，但也有部分母亲对传统文化了解不够，认为传统文化对子女教育没有实际作用。

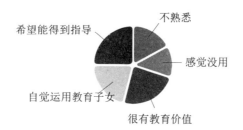

图5　看待传统文化

（6）调研对象在与长辈的关系处理上，有条件孝敬长辈、与公婆不在一起或希望不在一起的占到一半以上，但婆媳关系一般、关系糟糕的也为数不少，无条件孝敬长辈比例也不小。

1：与公婆不在一起或希望不在一起　　　2：婆媳关系糟糕
3：婆媳关系一般　　　4：有条件孝敬长辈　　　5：无条件孝敬长辈

图6　与长辈的关系

（7）调研对象在处理同辈（包括妯娌）关系上，关系一般时有往来的占多数，关系糟糕从不往来的也占一定比例。

图7　同辈（包括妯娌）关系

（8）调研对象在处理邻里关系上，能做到和睦友好、相互尊重，其中关系一般时有往来的占多数，但关系糟糕，从不往来的也占据一定的比例。

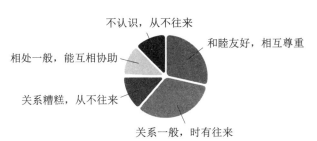

图 8　与邻里的关系

（9）调研对象在处理亲戚关系上，感情较深，相处和睦的占据较大比例，而关系糟糕，从不来往的占据较小比例。

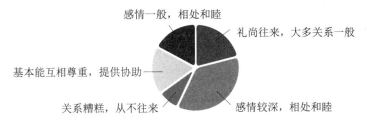

图 9　与亲戚的关系

（10）调研对象在处理与陌生人的关系上，大部分认为陌生人在需要帮助时会考虑提供援助，认为采取不予理睬的方式不妥当，同时也有一部分选择在任何情况都不予理睬。

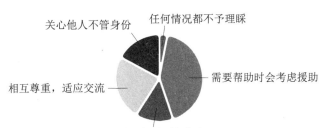

图 10　与陌生人的关系

（11）调研对象在教育子女的理念上，大部分选择宽严结合的教育理念，重点集中在教育严格的度的把握上。此外，部分调研对象对目前的学校教育的追求与培训学校的教育模式充满焦虑，不知道如何才能更好地引导子女健康成长。

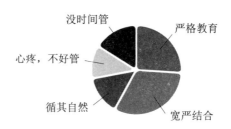

图 11　教育子女的理念

（12）调研对象对子女（包括其他关系收养的非亲生子女）如何实现一致关爱的教育问题上，如何根据子女的长幼、乖淘、亲疏等不同关系实现较好的家庭教育，在教育严格度和方式方法的把握上也存在困惑。其中，对待自己喜欢的子女有偏爱之心者占一定比例，有一部分母亲认为能做到亲疏均一的教育，但有较大比例的母亲并不接受家里有非亲生子女；也有小部分的母亲表示对此不知道自己能做到什么样。

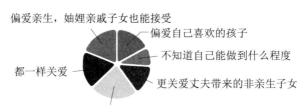

图 12　如何看待非亲生子

（13）调研对象在教养子女方式的选择尽管充满矛盾，但大部分能认识到子女教育的重要性，同时，认为教育孩子应该家校合作的占一定比例。至于如何完成课余对子女的教育，将子女送进所学文化课补习班或艺术培训班，以延长子女的教育时间已经成为无奈的选择之一，更有部分调研对象强调自己没有时间、没有能力或没有精力关注子女的学业，只能将其送入培训班或者请家庭教师代为教育，其焦虑情绪不次于教育理念的模糊。就调研结果来看，女性就业困难、工作压力大、醉心于社会经济物质与私欲的诱惑等原因致与子女分居、隔代教养、保姆教养等结果造成的中小学乃至高等教育中"母教"缺失现象也比较普遍。

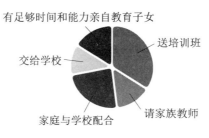

图13　课余教养关系

（14）调研对象在教养子女的效果上总体处于不理想状态，对自己的教育效果十分满意的只占较小的比例，也有部分母亲认为子女表现优秀，但与母教的实施行为无关。

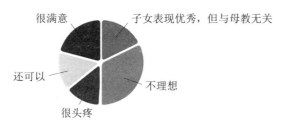

图14　母教的效果

（15）调研对象对子女大多寄予厚望。在调研过程中，大多母亲认为对子女的期待主要在健康、品性、习惯与学业等方面。但一些母亲承认自己在教育子女的过程中存在困惑，譬如，如何看待子女的学习成绩的问题。一方面，一小部分母亲支持素质教育，希望子女在学校获得健康的教育，但现代学校教育的应试、暗排名、升学压力等对学生成长的影响又不能忽略，此外，母亲的矛盾同样也会影响到子女对发展的认识，母教理念的冲突也会影响到母教初心目标的最终实现。另一方面，据调查统计，看重子女学业发展与未来工作问题的母亲占较大部分比例，而对子女健康发展的温柔保护，在责任心与担当方面考虑的较少，对传统的宽容、仁爱等品格的期许也占据较小比例，这其实也存在着一定的期待目标与实际方向的冲突与差异。

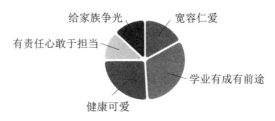

图 15　对子女的期望

（16）调研对象对母教价值的发挥与认知，主要是将希望寄托于学校，大部分的母亲认为在家教育子女超出了自己的能力范围；小部分则认为母亲作为孩子的主要照顾者、主要教育者，自己确实承担了很多教养子女的责任，在子女教育中付出很多心血，认为母亲对子女的全面发展有主要影响；另外认为自己对子女的教育无关紧要者所占比例最少。直接、快速的经济追求与具有间接性、滞后性的母教影响，使得部分女性忽略了在一个家庭中的母教价值和意义。

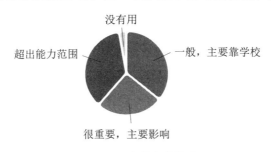

图 16　母亲教育的作用

（17）对成都古代贤母懿行的了解，大多停留在大区域贤母教子的范畴，譬如，大多数人比较了解孟母、范母、岳母、程母等事迹，但对成都古代贤母懿行的知晓度不高，自信力一般。这也从侧面说明我们对古代贤母懿行文化资源挖掘、传播普及程度不够，或者说家风家教活动主题受限，对贤母资源缺少挖掘，影响了大多数市民的主观接受。文化自信不能建立在盲目的基础上，文化传承也不能停留在仅仅认识到其重要性的层面上。如果一个地区主谈文化自信，但是对本地区的贤母文化资源却又不太了解或根本不了解，不知道这些贤母有怎样的示范价值，也不知道自己应该怎样去学习与借鉴，这不利于本地区文化自信的建设。

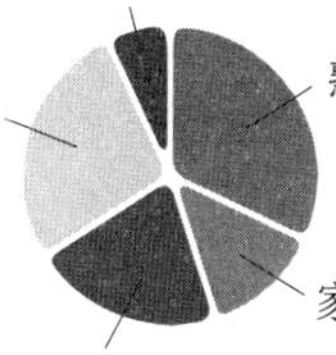

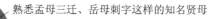

时代不同了，古代贤母的行为不适合今天

熟悉孟母三迁、岳母刺字这样的知名贤母

不知道贤母的示范价值

家庭情况不同，贤母示范越丰富越好

不了解成都有哪些贤母

图 17　成都贤母懿行的了解

在回收的有效的调查问卷中，只有 6 位调研对象对母教的意义做了一定陈述：其一，提到母亲教育与家庭经济收入的矛盾；其二，提到隔代教育与母亲教育之间的差异与全职失业的风险；其三，提到学校教育与女性工作的冲突问题，建议正常的学校教育能够适当延时；其四，提到全职婆婆与全职妈妈的取舍问题等。应该说，越来越多的母亲认识到对子女教育的重要性，但同时也表现出某种程度的困惑与无奈。

第三节　成都古代贤母的教子理念与教育方法之观察

《成都贤母懿行故事辑略》中记载了 400 余位成都贤母，她们为成都乃至全国培养了无数德行高尚的贤达，才华出众的英才，忠心卫国的战士，驰骋沙场的将军，引领风骚的诗人，造福一方的官员，等等，这些贤母所处的时代有异，社会环境有变，家庭背景不一，思想性格有别，自身素养也参差不齐，但其勤俭、多学、仁爱、谦让、至孝、守礼……可谓各有千秋，具有鲜明特征。也正因为如此，她们对子女的教育理念、教育方法、教育效果，以及自身具有的素养等也就更具有当代教育借鉴的价值。如果我们能重新抉择，薙其冗杂，掇其精华，就可以采之用来启童蒙，为家庭教育砭顽起懦。

一些贤母的教育强调"严"，认为在情感与教育行为上，对子女不仅要爱，也要有原则，爱之有度，适当惩罚。也有大量的贤母以自身的奉献精神实现了对子女之爱无差等，无论是收养的孤儿，还是抚养亲眷之子，均能爱之如一；更有贤母以身示范，重视家庭教育环境的熏渍陶染，重视自身的修养学养，至孝守礼，和睦亲邻，爱及天下，对子女的道德素养、学识及精神追求起到潜移默化的作用，这些对于当代的家庭教育具有重要的实用性和启发意义。

一、"捶楚""断织"与"慈爱"并行

成都古代贤母的母教实践，多以慈爱与严格并举，不仅如此，在子女教育方面，也往往采用慈爱与捶楚并行的方式。

双流大安桥廖朝卿妻秦氏，早年守寡，家里贫苦异常，公婆年纪较大，还有一个小叔"冠而未娶"，公公与小叔"俱为人佣"[1]。可是夫家人认为媳妇的到来使生活更艰苦，都希望她改嫁。秦氏为了照顾儿子，没有答应改嫁之事，而是与婆家人分家，以免自己连累翁叔。分家后的母子，日子更难过了。但秦氏没有埋怨，秦氏通宵达旦地做女红来贴补家用。一个寡女带着儿子度日虽然困苦，但她靠着勤劳的双手，不仅教养儿子，还不忘记继续孝敬公婆。也许是因为这样的生活环境，秦氏更加将家庭的未来寄托于儿子身上，在对儿子的教育中，秦氏非常严格，"教子素严，虽小故必加捶楚"[2]。儿子寿龙浑朴勤俭，非常能体会母亲的不容易，也理解母亲的苦心，如此经历三十余年，秦氏家境逐渐好转，居中人之产，而且儿孙很孝顺，《成都旧志》云："秦氏颇得以娱老焉。"[3]

蒋芹妻曹氏，以训子有方著称，蒋芹早卒，遗下三子。曹氏教子不仅"多方训迪"，对不认真学习的子女，就让他跪到他们父亲灵前，"以笞之"[4]。曹氏疼爱自己的子女，但她更希望子女能不负先夫之愿望，最终能够成才，所以她总是有针对性地选择一些严格的教育方法，使儿女因此心存惭愧而达到好的引导和教育效果，最终成才。贤母使子贤，在曹氏的苦情、鞭笞教育下，其子三近、三益俱登科进士，小子三畏也得授儒官。不仅如此，其子三益为官"慷慨尚气节，廉爱仁明"，为户部视榷浙中时也"额外一毫不取"，所以赢得百姓爱戴，甚至为其建"生祠"[5]，这种荣耀，并非随意能获得的。

---

[1] 成都市方志办编纂委员会、四川大学历史地理研究所整理，《成都旧志·廖节妇秦氏》第14册，成都时代出版社，2007年版，第510页。

[2] 成都市方志办编纂委员会、四川大学历史地理研究所整理，《成都旧志·廖节妇秦氏》第14册，成都时代出版社，2007年版，第510页。

[3] 成都市方志办编纂委员会、四川大学历史地理研究所整理，《成都旧志·廖节妇秦氏》第14册，成都时代出版社，2007年版，第510页。

[4] 成都市方志办编纂委员会、四川大学历史地理研究所整理，《成都旧志·天启成都府志》第7册，成都时代出版社，2007年版，第351页。

[5] 〔清〕张晋生撰，《四川通志·孝友》卷10上，《四库全书》第559册，上海古籍出版社，1987年版，第419页

邝建祥之贤母温氏，早寡，对儿子寄予厚望，教育也非常严格。有一次，儿子建祥与他人以叶子戏博，赢了百数十钱，本来很高兴地跑回家，想把钱交给母亲以补贴家用，没想到温氏诘问钱的来路后非常生气，随后严肃批评了儿子的行为，责骂建祥"若非吾子也"[1]。并当着儿子的面毁掉手中纺车。建祥见母亲生气，很是羞愧，主动承认错误，跪请自改，从此，一生不再做像这样无益于治学的事情。后来建祥从师问学，大小事也不让母亲操心，业亦有成。建祥之后，子孙亦受其影响，各有所成，读书为善士的非常多，邝氏遂成为大族。贤母温氏教育儿子善于抓住主要问题的实质，结合儿子的性格、情感特点对症下药，帮其纠正错误，对现代教育有一定的启迪意义。

许益之妻刘氏，教育子女督责策励从不懈怠。许益之死后，刘氏携子女回到成都，这时候，许家旧产已空，萧然无一椽之屋可以居住，刘氏带着子女寄人舍下，利用教学挣些资费以满足朝夕衣食之用。如此教学十余年，所居左右亲邻，都很尊重刘氏，经过刘氏居室的门口，"悉俛首遽进，不敢誼譁作高语大笑，惧闻于夫人"[2]。刘氏教育子女也以严格著称。其《墓志铭》记载，刘氏不惧清风满家，寒苦霜雪，云："督诸子学，昼夜不废，改诘捡问，使中程律一，或不及，谯励不贷"[3]。在她的严格教育之下，其子天启"尝预郡府贡书，名在高等"，大家都认为刘氏教子有方，赞扬她"徽烈懿行愈闻于人，万口一词，谓绝伦类"[4]。

此外，还有许多贤母严格督促子女学习，以严格著称。如李友文妻黄氏[5]，守节孝亲养子，教育子女，约束严格，颇具有贤母之风。武得士妻傅氏[6]，年仅十六寡居，当时，督促子女学习，严格的就像老师一样。其子女后来皆成才。刘枢妻任氏，守节教子，家道中落，任氏极力摒挡，不使婆婆萦念挂心；任氏在家

---

[1] 成都市方志办编纂委员会、四川大学历史地理研究所整理，《成都旧志》第16册，成都时代出版社，2007年版，第482页。

[2] 〔宋〕文同撰，《丹渊集·文安县君刘氏墓志铭》卷40，《四库全书》第1096册，上海古籍出版社，1987年版，第796页。

[3] 〔宋〕文同撰，《丹渊集·文安县君刘氏墓志铭》卷40，《四库全书》第1096册，上海古籍出版社，1987年版，第797页。

[4] 〔宋〕文同撰，《丹渊集·文安县君刘氏墓志铭》卷40，《四库全书》第1096册，上海古籍出版社，1987年版，第797页。

[5] 成都市方志办编纂委员会、四川大学历史地理研究所整理，《成都旧志》第11册，成都时代出版社，2007年版，第372-273页。

[6] 成都市方志办编纂委员会、四川大学历史地理研究所整理，《成都旧志》第11册，成都时代出版社，2007年版，第374页。

庭教育方面，"训子严，不稍宽待"[1]。终教子有成。黄德超妻陈氏，黄德超卒，其家甚贫，饘粥时常不继，陈氏不以此为戚苦，益励贞操，并教训二子，督课甚严，后皆有所成。[2] 马耀妻温氏，马耀卒，温氏严格要求儿子勤学苦读，"教子最严，少长即使就外傅"[3]，后来，温氏长子马廷相以劳绩保盐提举衔，温氏次子马廷贵侵尽先外委。马国恩妻马氏，马国恩卒，马氏"教诸子严而有法，门庭整肃，家范凛然。"[4] 马国恩、马氏母家都是武人，其子成立，马氏也都严格教育，让他们披甲从戎，以继夫武。谢惟时妻何氏，随居京邸，家教更严，据说她管家的时候，"门必扃鐍以时启闭，内外无敢私出入者"，谢惟时也因妻子的严格而肆力于学，最终"登进士，拜行人，擢监察御史"[5]。可以说，谢惟时官迹振冰药声，何氏"实佐成之。"[6] 王言纶妻黄氏，言纶卒，黄氏年十八岁，黄氏教子，"口授四子书，课读甚严。"[7] 子最终得游庠。林思进之母邓氏，亦知书，教督子女甚严。在邓氏的督导下，林思进勤奋攻读，学业日进，于 1903 年在四川乡试中夺举。

在严格之外附加"先人之志"的影响。田世辅妻宋氏[8] 守节养子。宋氏勤于操作，严格督促儿子学习，或者子女学习，自己也会坚持相陪，通过自己的行为、情感影响子女。要求儿子秉承父亲的遗愿，做一个孝子，最终教子有成。潘兴科妻李氏，潘兴科殁后，其家甚贫，李氏不畏家贫，孝亲抚子，教养子女，"每夜篝灯课子，贞心苦志，白首不渝。"[9] 在如何处理慈母情感与严格教育的关系

[1] 成都市方志办编纂委员会、四川大学历史地理研究所整理，《成都旧志》第 11 册，成都时代出版社，2007 年版，第 392 页。

[2] 成都市方志办编纂委员会、四川大学历史地理研究所整理，《成都旧志》第 11 册，成都时代出版社，2007 年版，第 393 页。

[3] 成都市方志办编纂委员会、四川大学历史地理研究所整理，《成都旧志》第 11 册，成都时代出版社，2007 年版，第 394 页。

[4] 成都市方志办编纂委员会、四川大学历史地理研究所整理，《成都旧志》第 11 册，成都时代出版社，2007 年版，第 394 页。

[5] 刘雨茂，荣远大编著，《成都出土历代墓铭券文图录综释·何氏墓志铭》，文物出版社，2012 年版，第 712 页。

[6] 刘雨茂，荣远大编著，《成都出土历代墓铭券文图录综释·何氏墓志铭》，文物出版社，2012 年版，第 712 页。

[7] 成都市方志办编纂委员会、四川大学历史地理研究所整理，《成都旧志》第 11 册，成都时代出版社，2007 年版，第 396 页。

[8] 成都市方志办编纂委员会、四川大学历史地理研究所整理，《成都旧志》第 11 册，成都时代出版社，2007 年版，第 375-376 页。

[9] 成都市方志办编纂委员会、四川大学历史地理研究所整理，《成都旧志》第 11 册，成都时代出版社，2007 年版，第 368 页。

上，林思进之母杜氏颇有心得。杜氏认为，"裕诸子则慈爱为先""有父焉，有师训焉，吾曷用严？然犹遇他人之善者，指以为劝，恶者，指以为诫。温温其言，循循其诱不已也"[1]。即严格和慈爱需要并行，更能使子女接受。在学业上、社会上，子女的教育有老师和父亲的严格，母亲应注重德行教育，劝子女为善诫恶，方法上注意"温温其言，循循其诱"，所以，杜氏认为的慈母之爱并非溺爱。贤母不用严格，也不是指放弃严格教子的理念，而是父亲、老师、母亲都能相互配合，一方面要严格育子，一方面也要讲究方式，这样易于子女对长辈意见的接受和奉行，促其健康成才。

严格教育，尤其是"捶楚""断织"这样的"猛药"，能在多大的程度上起到教育子女的作用呢？又能在什么时间使用呢？颜之推曾谈道："笞怒废于家，则竖子之过立见；刑罚不中，则民无所措手足。治家之宽猛，亦犹国焉。"[2] 也就是说，笞罚应该是一个具有警醒价值的，不可取消的存在。家庭要有惩罚孩子的规章，这样才能使得孩子的行为得到规范，用笞罚的方式警醒孩子不要犯错，达到教育孩子的目的；当然，在家庭内部的严格教育中，"惩罚""猛药"不可滥用，毕竟罚不是目的，而是一种惩戒的手段，是在"不得已"的情况下采用的一种方法。所以，在《成都贤母懿行故事辑略》中，我们发现，那些贤母绝非动则"捶楚""断织"，这些方法的使用，是有所规范的，且规范也不可随意制定，也就是心理学家曾告诫的那样："在制定和执行规矩的时候要保持一致。这也就是说，要始终遵循同样的规矩。"[3] 然而，当面对一些较难改变的痼疾时，轻描淡写的教育难以达到应有的效果，这就需要利用一些"突然而重大的事情""才可能被激发来显著地改变他们的看法和个性"[4]。贤母"捶楚""断织"或者"立家法"具有醍醐灌顶的作用，作为一种外在的力量，应该属于"突然而重大的事情"的类型，它默默的隐含着的正是一种内心深处的情感与渴望。贤母实施的"捶楚""断织"等严格的教育方法，其实在现今社会仍然普遍存在，至于这种教育方式是否应该舍弃，父母皆有自己的选择和观点，但无论如何，

---

[1] 刘雨茂，荣远大编著，《成都出土历代墓铭券文图录综释·张确夫人杜氏墓志》，文物出版社，2012年版，第198页。

[2] 〔北齐〕颜之推撰，王利器集解，《颜氏家训集解》，上海古籍出版社，1980年版，第54页。

[3] 〔美〕达菲，〔美〕阿特沃特著，张莹等译，《心理学改变生活》，世界图书出版公司，2006年版，第40页。

[4] 〔美〕卡伦·达菲，伊斯特伍德·阿特沃特著，张莹等译，《心理学改变生活》，世界图书出版公司，2006年版，第20页。

我们相信，建立在"慈爱"这一基础上的"严格"，是有其教育价值的，也是比较容易被子女接受的。

二、"自上而下"的垂范特征

示范，也就是做出榜样或典范，可供他人学习和效仿，起一种示范作用；或者把抽象的教育通过具体的行为、事物、事件等，做出来、摆出来、指出来使人知道，并对他人的言行举止形成积极的影响。

人自婴孩时期起，周围一切的人或事都会勾起他的好奇心，促使他们去模仿，去积极探索；他们最初模仿的对象就是给予他们依赖和安全感的父母，尤其是母亲，母亲教育子女，以身示范往往更胜言语的教导。经验也告诉我们，教育子女，一味"说教"产生的效果并不好，甚至是无用的，但母亲自身的言行举止，却能在无形中告诉子女做事的规范与准则，母亲的言行就是子女学习的榜样。母亲言行不一，子女会看在眼里、记在心里、反映到行动中。如果父母品德作风好，子女在这样的家庭环境中，会耳濡目染地受到良好的熏陶。但如果父母不约束自己的行为，不严格要求自己，对子女的教育也不能达到理想的效果，故"夫风化者，自上而行下者也，自先而行后者也"[1]。所谓"风化"，就是由上而下，由前至后，由前人影响后人的一种教育方法。在一个家庭中，子女后辈的学习，在这种"自上而下"的"风化"教育中，会呈现为一种自然的仿效，不需强制。家庭教育尤其是子女的道德教育最适用于这样的方法。

成都古代贤母以身示范的教育模式，具有我国古代"风化"教育的特征，同时这种教育方法也适用于现代幼儿教育，值得现代幼儿教育工作者以及家长积极参考和借鉴。其示范形式主要包括如下内容。

（一）步步尊礼为引导

尊礼是很多成都古代贤母承续优良家风、塑造优良家范、相夫教子的第一步。从贤母的尊礼懿行中，我们可以看到，贤母之尊礼行事，以礼自制并不能简单视为"旧传统中束缚人的思想行动的礼节和虚伪的道德"，在这些看似约束的礼仪规范之中，贤母们向子孙传播的是一种一丝不苟、礼敬人生的人生观、价值观、世界观，在某种程度上，"礼"的教育，具有一种情感、行为、品性上的约束性，也能使人在严谨的礼仪中懂得做人以及生活的道理，认识人生的责任和义

---

[1]〔北齐〕颜之推撰，王利器集解，《颜氏家训集解》，上海古籍出版社，1980 年版，第 53 页。

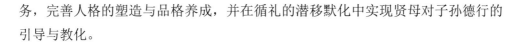

务，完善人格的塑造与品格养成，并在循礼的潜移默化中实现贤母对子孙德行的引导与教化。

（二）尊老至孝为模范

在成都历史上，恪守孝道的贤妇行为事迹不胜枚举，如纺织奉亲、朝夕不懈、承欢膝下、割股疗亲、以礼营葬，等等，无不是古代贤妇用来表达对长辈孝行的方式和形式。贤妇行孝的事迹，或通过政府表彰，或通过文字记载，或通过家族记忆、乡邻的口述等方式被记录下来，成为后来的贤女孝妇仿效的道德标杆；而对于家族内部，贤母之至孝行为，则是对子女辈进行孝道传输和教育的最好方式。

（三）和谐的夫妇关系

成都贤母主持下的家庭生活状态，几乎都有着和谐的夫妻关系，夫妻之间相互尊重、相互辅助，有错则警劝，有难则相救，有亲则孝友，有爱则偕老……不仅如此，他们互为配合，承担家庭教育之责，有时他们还会关注到为子女择偶，重视男女双方的德行操守，重视家庭生活的美满等。这些贤母懿行故事，一方面传达着礼敬先人、至孝双亲、琴瑟和鸣、训子成立的贤母之志；另一方面也向子孙昭示着一种对平凡的超越，充满无限的大爱。

（四）幼吾幼，以及人之幼

贤母慈爱的母性，往往能超越狭隘的个人血缘。如继母对前室子女的关爱与教育。翻开《成都贤母懿行故事辑略》，我们发现，她们一旦做了母亲，无论是否亲生，都能"视为己出"。这成为许多贤母的显著特征。母亲的这些"大爱"、言行对子女行为的影响很大。曾经有人这样说，伟大的母亲不一定是高学历、高职位、高收入，也不需要有丰富的科学育儿知识，而只需要有无条件"爱"的能力——爱你的家、爱你的父母、爱你的子女、爱你的亲族、爱你的邻居，爱及他人。因为有爱的滋养，孩子的生命会更加绚烂地绽放。也有人讲，作为一个母亲，想要子女具有博爱的胸怀，具备责任与担当的意识，能脱离自私狭隘的思想，成为一个精神富足的人，那就要先教会其"爱"的能力——爱自己、爱家人、爱亲人、爱朋友，爱一切需要关爱的人。对一个母亲而言，"幼吾幼，以及人之幼"到底有多么重要？《成都贤母懿行故事辑略》中的贤母早在千年前就给予了探索性的示范并提供了宝贵的经验。

（五）处事明理，家和万事兴

在家庭、家族、亲族关系的处理上，贤母们总是表现得与人为善、处事明理、友善谦让、勤俭自强的品质。在《成都贤母懿行故事辑略》中，有能很好地处理姑娌关系的贤母，她们本着循礼、至孝、博爱、谦让的不争之心行事。其一，不争财，"让"出感情；其二，能够把别人的孩子当成自己的孩子加以爱护，"帮"出情分；其三，厘清大家庭的责任和小家庭的恩义，做到无私。成都贤母面对生活之困难，矛盾冲突，亲族邻里恩怨，国家责任与义务，总是会表现出乐观勤俭的一面。在此家庭环境中成长的孩子，也往往兄友弟恭，家庭和睦。唐君毅在 1973 年台湾影印本《思复堂遗诗》编后记中说："吾与诸妹弟及其子女，虽塞北天南，各处一方，而骨肉之情，一体无间，皆先母之遗教也。"[1]

（六）与人为善，身体力行

贤母对他人的尊重，对亲族乡邻、上下人等的尊重、包容、友善、博爱的情怀，最终体现到她们对下一代的善德教育的成效中。面对公婆，她们是至孝的贤妇；面对丈夫，她们又是贤妻、良友；面对亲族，她们是贤亲、眷族；面对乡邻，她们更是善人；而且这一"善"意，从母亲身体力行的品格取向出发，水到渠成，终将由血缘亲情之爱广推为天下之爱。家是最小国，国是千万家。如果母亲都充满博爱之真情，每一个家庭都在贤母光辉的普照下上孝下慈、幸福美满、"老吾老，以及人之老；幼吾幼，以及人之幼"，代代相传，辈辈不衰。

（七）才华横溢，风雅垂范

成都古代贤母致力于才学的风气，往往让人感受到"德才相配"压抑下的一缕春风。成都古代贤母，有的擅于诗词，怀道韫之才；有的精于绘画，或高见绝识，有士大夫所不逮；有的观书史，通大义，亲简牍，学为诗，晓古今，识义理；有的精通翰墨，明悉军事，超出流辈，等等。才华横溢，德才相成的成都古代贤母，向我们展示了德才相成、贤母教子的典范。她们有的相夫教子，煮茶伴读；有的在兵荒岁月，口授经典而使子女不废学业；有的亲授诸子诗书，尤以器识为先务；有的夫唱妇随，母吟女对，一门称才；有的手执书卷，或抄或读，与诸子讲诵不掇；有的摘下木叶手书四子章句以训子。成都古代贤母中，有一百余

---

[1] 唐君毅撰，《思复堂遗诗·1973 年台湾影印本编后记》，陈卓仙著，秦燕春笺注，《思复堂遗诗》，上海古籍出版社，2018 年版，第 306 页。

位才华横溢的贤母，其才学不仅无害于其为人之妇、为人之妻、为人之母、为世之子的德行，而且也正是她们自身所具备的广博学识、非凡胆识、好学实践、崇学心智，促使她们能更好地履行孝亲、治家、相夫、教子之责。她们的子女，在贤母之德行才华的耳濡目染之下，因受到良好的教育和引导，走出来的贤子也是不计其数。

以上这些贤母教子故事，皆可称为成都古代贤母"垂范"教化的典范。她们对子女的德行才华教育，无不给我们一个重要的启示：教育子女不要空谈不着边际的理论，要亲自做出榜样，树立典范，才能收到更好的效果。

第四节　成都贤母之教的重要内容

家庭是人生的第一所学校。如何使家庭既能履行寻常家庭教育的职能，又能发挥学校教育所不具备的情感教育职能，对子女进行系统的、全面的、多层次的道德修养、文化礼仪、知识技能等方面的教育，这不仅关系到子女身心的健康成长、良好习惯的养成以及家庭家风的兴衰传承，而且也影响着我国传统文化精神的发扬，影响着国家社会的安定与发展。为了从古代贤母懿行中找到具有启示性的教育案例，我们需要深入研究《成都贤母懿行故事辑略》中贤母们的教子实践和经验。如果说零零星星的贤母资料，难以观察到成都贤母对现代家庭教育所起的示范性作用，但从总体上看，我们还是能够通过成都贤母之教多元化的教育内容，在教子治家方面，寻觅到一些认识与启发。

一、重视"孝敬"之德，"至孝"为贤母德教内容之首

孝为百行之首，"孝"的观念深深根置于中华民族的血脉之中，代代相传。无数贤母对"孝"的身体力行与对子女的教育相伴而行，应该说，在我国浓重的家庭观念中，"孝"早已成为子女辈必须遵守道德规范之一。家族内部，贤母之至孝行为，是对子女辈进行孝道传输和德行教育的得天独厚的途径。至孝主要通过以下两种形式呈现。

（一）重视孝养

孝养比较典型的就是时常所言的贤惠孝顺。大酉母史稷，据《安人史氏墓

志铭》记载，大酉母史稷姿贤喜静，不事膏沐，非常孝顺，长辈和亲族都很喜欢她。史稷逝后，她的婆婆教导大酉时，仍不时感叹史稷的贤孝，说："妇道不当如是乎？而母，师也。"[1]大酉的父亲也不时念叨："而母时起躬奉温清，敬事不怠。"[2]大酉舅舅赞史稷简朴孝悌："事重亲，拊而兄弟至忘其身之疾，岁时来宁，尚嫁时衣也。"[3]在重视贤孝简朴的家庭中成长起来的大酉，奉养继母程氏也是至孝不怠，程氏教育她救助流莩，听从母教，活以万数。蜀地大贤魏了翁撰《太令人程氏墓志铭》曾云："每见其闺门肃穆，母子怡愉，不知其有先后之间也。"[4]

（二）重视祭祀

我国传统的祖先信仰中，养老送终，尤其是守墓祭祀的"大孝"，一直受到重视。故《论语·为政》云："生，事之以礼；死，葬之以礼，祭之以礼。"[5]也就是说，长辈活着的时候，要按照礼节奉养、爱敬；长辈去世后，要按照礼节埋葬、居丧守孝；当然更重要的是还要延续血脉，不绝祭祀。故《礼记》云："礼有五经，莫重于祭。"[6]孔子曰："所重：民、食、丧、祭。"[7]除了民以食为天，人活着最重要的事就是礼敬亡人、祭祀祖先。在成都贤母的至孝观念中，这种对祭祀先祖的重视，主要体现在对蒸尝祭祀仪式的一丝不苟，逢年过节各种祭祀礼节从不马虎。有了对先人祭祀之认真，情感之"诚""敬"，也就有了一种对后嗣处理人际关系的精神约束和规范基础。通过这种方式，贤母向子孙传播了一种对先辈奉献的感恩、崇敬之心，同时也往往也传达了一种以孝友为重心的家庭伦理观念，以感恩、奉献为基础的家国责任观念，等等。

赵复妻黎氏还曾谈及如何尽孝以及尽孝的意义，由此将尽孝与督促子女进学相联系。她认为，为人子女要做到以下几点方为孝子。其一，作为人子，要有一

---

[1]〔宋〕魏了翁撰，《鹤山集·安人史氏墓志铭》卷80，《四库全书》第1173册，上海古籍出版社，1987年版，第247页。

[2]〔宋〕魏了翁撰，《鹤山集·安人史氏墓志铭》卷80，《四库全书》第1173册，上海古籍出版社，1987年版，第247页。

[3]〔宋〕魏了翁撰，《鹤山集·安人史氏墓志铭》卷80，《四库全书》第1173册，上海古籍出版社，1987年版，第247页。

[4]〔宋〕魏了翁撰，《鹤山集·太令人程氏墓志铭》卷86，《四库全书》第1173册，第318-319页。

[5]《论语·为政》，载上海古籍出版社编，《十三经注疏·论语注疏》，上海古籍出版社，1997年版，第2462、2463页。

[6]《礼记·祭统》，载上海古籍出版社编，《十三经注疏·礼记正义》，第1602页。

[7]《论语·尧曰》，载上海古籍出版社编，《十三经注疏·论语注疏》，第2535页。

定的才能与经济收入，因为孝顺长亲不能求俭，"人子之于其亲，不得，不可以为悦，无财，不可以为悦，竭力而奉其亲，而不可俭也"[1]。其二，要追求名声的显扬，"扬名以显其亲，而不可掩也"[2]。换言之，教育子女勤俭，是为了最终的富有，教育子女诗书学问，是为了最终能显亲扬名。

至孝的垂范，往往会影响到一个家庭的"孝友"环境和家风的塑造与传承，其效果远比说教影响更大。比如，历史上著名的"王氏三异"。王遵的祖婆婆文氏，曾让子女儿媳（康、稚、芝妇）孝敬杨进夫妇就像孝敬公公婆婆一样，如此一大家族非常和睦；王遵的母亲受文氏影响，也以贤孝获得称誉，一家"内门纪化，动行推让。"张叔纪是小辈，幼承庭训，受教于张氏贤母司马敬，嫁入王家之后，受到婆婆、祖婆的影响，与家中诸位贤母，相夫教子，事姑以礼，可谓王家贤妇精神的传承。王家三婆媳，"至孝"成为家风得以传承，"服姑之教，皆有贤训，号之'三异'"[3]。这种母女、婆媳之间代代相传的贤母之风，是家风塑造的重要方式。三异贤孝，正是王氏对一门家风塑造与发挥其教育影响力的最好阐释。廖朝卿妻秦氏，早寡，公婆、小叔为减少家里的开支，希望她改嫁，秦氏曰："舅姑俱在，妇将何适？且妇虽不孝，然纺绩足以奉养。"后来，公爹又商量跟秦氏分家，秦氏也一无怨色，靠着自己的双手辛苦挣钱，生活虽苦，而且仍然不忘记孝亲。如此经历三十余年，家境渐好转，而子女受到他的影响，也非常孝顺，所以老年的生活子孙绕膝，也非常好，"秦氏颇得以娱老焉"[4]。

"至孝"是贤母处理婆媳关系的重要方法。譬如，谢惟时妻何氏，性情柔静恭顺，动止以礼，嫁谢惟时的时候，公婆年事已高，何氏奉养备至，务悦其心；为了公婆的吃穿用度、滫瀡之供，她曾卖掉自己的妆奁；逢年过节，何氏总是亲躬事烹涤；公爹去世后，何氏伺候婆婆更加谨敬，而且靠着勤俭纺绩补贴家用，婆媳关系一直很好。高程炳之妻张氏，早寡，侍奉高程炳父和继母以孝谨闻。继母接连生下两个弟弟，加上其他长辈多人，高家家事越来越繁杂，张氏一直尽力操作，有时代继母照顾小弟弟，所以继母很喜欢她，弟弟、小姑等人对她也都礼

---

[1] 刘雨茂，荣远大编著，《成都出土历代墓铭券文图录综释·赵复夫人黎氏墓志铭》，文物出版社，2012年版，第186页。

[2] 刘雨茂，荣远大编著，《成都出土历代墓铭券文图录综释·赵复夫人黎氏墓志铭》，文物出版社，2012年版，第186页。

[3] 〔明〕曹学佺撰，《蜀中广记·人物记第四》卷44，《四库全书》第591册，上海古籍出版社，1987年版，第594页。

[4] 成都市方志办编纂委员会、四川大学历史地理研究所整理，《成都旧志·廖节妇秦氏》第14册，成都时代出版社，2007年版，第510页。

敬有加。张浚继室华阳宇文氏，非常孝顺，婆婆赞扬她："吾儿孝，天赐贤妇以成其心。"魏了翁祖母高氏，到魏家后，事尊章无违志。任逢之母史夫人，敬事重闱，孝顺长辈，得其欢心，家中凡是蚕绩丝枲米盐细密之事，都是亲躬劳作。黎廷赞妻晏氏，自幼在夫家长大，常常被小姑虐待，但晏氏并不计较，婚后，更是善事舅姑，相夫教子以有成，而婆媳关系也处理的更好了。傅廷举妻张氏，傅廷举早殁，婆婆年迈，张氏曲意承欢，非常孝顺，所以婆婆高寿，享年95岁。

自古有婆媳关系难处的说法，但是，纵观《成都贤母懿行故事辑略》中400余位贤母的嘉言懿行，贤儿媳无不是尊重、关心和照顾婆婆的生活起居，关注老人心理（包括精神生活是否愉悦）的典范。她们推事父母之道于舅姑。由于过多受到个人主义、自由主义的宣扬和影响，贤母至孝、奉献牺牲的精神，在某些人的眼里似乎已经过于压制女性的自由个性，但我们却不能否定在贤母至孝文化中尊长、孝亲以及母德、母爱的现实价值与和谐家庭、社会构建的意义。事实上，至今为止，现代女性敬亲、孝亲的形式是对古代贤妇敬亲、孝亲形式的传承和发扬。比如，古有贤母纺织奉亲，今是积极就业、勤奋工作以养家孝亲，其效果是一样的；此外，割股疗亲，尽管在名义上已被抛弃，但为亲人献血、捐献器官、捐献骨髓等救人的行为事实上也仍具有割股疗亲的影子。

当然，提倡贤母敬亲、孝亲，并非是在要求女性处处忍耐，事实上，纵观历代贤母所处的家庭，我们会发现，她们往往也会有一个"好"婆婆，或慈爱如母，或严格遵礼，或通情达理，或亲近儿媳，或能通治家之道、德艺双馨、品格高尚，亦足以成为儿媳效法的榜样。如王就夫人朱氏至孝，婆婆得疾多年，朱氏必胝膳尝药而后进；婆婆临终还在由衷地感谢并祝愿朱氏说："希望你将来也能有个这样的好儿媳妇。"宋京母李硕人天性严肃，蒲氏早晚伺候惟谨，李硕人每次见到她都会称赞她"吾家之贤妇"。熊氏称赞儿媳叶氏、熊氏云："吾子勤学类其父，吾妇勤家类其母。"等等。"婆媳亲，全家和。"在和谐的婆媳关系中，家庭氛围也就随之融洽，丈夫不用过多的操心家事；夫妻关系、亲子关系、兄弟姐妹关系以及祖孙关系等都会受到好的影响；所以说，有贤妇自有孝子，有孝母自有贤子孙。

二、重视学为世用，治学务成远器

"学不可以已。"那么，学习的目的干什么？是"学而优则仕"，或者"经世致用"。在"学"的目的方面，成都贤母也曾经做出自己的解释并对后嗣的治学出仕思想产生积极的影响。

新都杨氏家族，是我国历史上赫赫有名的"一门七进士，宰相状元家"。观其慈训，据《叶氏墓志铭》记载，杨春妻叶氏教诲子女的事迹颇具典型。叶氏比较重视子女的学业，每次饭后，都要让诸子背诵讲授过的书，她说："吾以隙时课汝，庶不妨本业，且使动荡扬厉，不为食困。"[1] 叶氏教诲子女非常勤苦，时常听诸子诵小学的内容，听得多，也就耳熟能详，与此同时，她也对诵读这些内容的价值有了新的思考。她认为，即便诵读小学文章已经非常熟练了，如果做不到学以致用，不能将知识用到施政的现实事务中，服务于国家大业，那这些"诵"就没有价值。所以她谆谆告诫孩子们一定要学以致用，"无徒以诵为也"[2]。并教育他们向父亲学习，利用现有的良好条件学书诵读、博观群书，学以致用，说："汝父少时欲学书，无佳纸笔，欲夜诵，无膏火，欲博观，无多藏书，今汝辈皆有之，而一一不能如汝父，何也？"[3] 在叶氏学以致用思想的引导下，叶氏的儿子为学、为官皆被后人称颂。其子杨廷和历四命，以文行著称于时；杨廷平继举乡贡；其他诸子，廷仪复显、廷宣亦治举子业，为此《杨用贞夫妇墓志铭》云："自是相业，家声为西蜀望族矣。"[4] 需要注意的是，"经世致用"是以有益于家、国、天下的实际事务为标准的，与"庸俗的实用"有着不同的思想动机。

其他如邛建祥寡母温氏，教子"不近无益之戏"[5]，为此，曾以"断织"为警。宋若水妻张氏反对丈夫参与"摄局"，在她心里一个人的大志比钱财资产更值得珍视。她说，我们现在的资产足够了，放弃志向而跟随别人谋求禄位，"得无殄素志乎？"[6] 刘恩寡妻李氏，教育子女的目标便是"务成远器"，也就是教导子女要成为有才能、能担当大事的人。为此，她很重视子女的仁爱思想教育，要求子女要体恤贫穷孤寡，仁爱待人。[7] 就是在这样一位母亲的教导下，刘家子女果然

[1] 刘雨茂，荣远大编著，《成都出土历代墓铭券文图录综释·叶氏墓志铭》，文物出版社，2012年版，第631页。

[2] 刘雨茂，荣远大编著，《成都出土历代墓铭券文图录综释·叶氏墓志铭》，文物出版社，2012年版，第631页。

[3] 刘雨茂，荣远大编著，《成都出土历代墓铭券文图录综释·叶氏墓志铭》，文物出版社，2012年版，第631页。

[4] 刘雨茂，荣远大编著，《成都出土历代墓铭券文图录综释·杨用贞夫妇墓志铭》，文物出版社，2012年版，第782页。

[5] 成都市地方志编纂委员会、四川大学历史地理研究所整理，《成都旧志·民国华阳县志》，成都时代出版社，2007年版，第482页。

[6] 〔宋〕朱熹著，《朱子全书·晦庵先生朱文公文集》，上海古籍出版社，2002年版，第43页。

[7] 刘雨茂、荣远大编著，《成都出土历代墓铭券文图录综释》，文物出版社，2012年版，第901页。

富有德才。缪开鼎寡妻葛氏，勤劳治家，颇具学识，通达诗书，善于教子。"（葛氏）教诸子诗书，悉亲授，尤以器识为先务。长子景勋成进士，官秦安令，恪遵训诫，以廉隅自饬。"[1] 这里所谓的"器识"，一方面指一个人的器量、器度、修养；另一方面指一个人对事物的认知能力，以"器识为先务"，可见葛氏在教子方面对子女德行与知见能力的重视，也正是这样的教育，最终成就了其子为官之廉洁。缪景勋，嘉庆辛酉（1801）进士，颇能诗，曾作《题詹节妇萧氏传》云："抚孤良不易。"这既是对萧氏的赞誉，也深含对自家母亲的感恩。

家长是孩子的第一任老师。教师的责任就是传道、授业、解惑。子女应该学什么，怎么学，怎样教，等等，一直是困扰诸多家长的难题。《成都贤母懿行故事辑略》中贤母教育子女学习的内容、方式、原则，无疑给了我们一种思路，学习不是什么都学，不是"挖到篮里都是菜"，学习是有选择性的。凡有利于开拓视野、拓宽思维、增长智力、促进德行等具有"正能量"的东西，均在我们的学习范围内。反之，一些毒害心灵、扭曲价值、是非不分等"负能量"的东西，均应该抛弃。家长要为子女的健康学习保驾护航，让子女学习到为建设、发展成都所需要的知识，为家乡的繁荣和富强添砖加瓦。如此，祖国的小花朵才会德智体美劳全面发展，才能在雨露的照耀下茁壮成长。

三、重视师道交游，尊师敬师，游必有择

尊师重教是中华民族的传统美德，已有数千年的历史。成都是一座历史文化名城，拥有丰富的优秀历史文化资源，自古就具有尊重知识、尊敬老师的风尚。成都历史上，因尊师而受人称赞，并被记载于册的人不计其数，尊师重教、教子有方、成绩不俗的女性，也应为当代成都人敬仰，她们在尊师重教方面践行的独具鲜明个性的方式、方法也值得我们吸收和借鉴。

周慎言，遂宁人，居家、授徒成都。周慎言殁时，其妻刘氏还非常年轻，家中贫苦，三个儿子均年幼。为了子女，刘氏立志抚孤。儿子稍长，刘氏送他们去拜师，"数日必为师一具豚脯。"刘氏长子周绍很孝顺，代母操劳家务；次子嗣周勋，入上舍；三子周翰，部增广；后孙曾列簧宫，《成都旧志》云："皆氏之遗训焉。"[2]

---

[1] 成都市地方志编纂委员会、四川大学历史地理研究所整理，《成都旧志·同治成都县志》，第 12 册，成都时代出版社，2007 年版，第 417 页。

[2] 成都市地方志编纂委员会、四川大学历史地理研究所整理，《成都旧志》第 11 册，成都时代出版社，2007 年版，第 386 页。

诸炯之妻王氏，诸炯好文学，为上舍生。诸炯卒，王氏持节，抚孤训子，希望他们完成其父的遗志。王氏平时生活简朴，但对儿子的老师却非常厚待，"不事奢华，而厚于待师。"她的第三个儿子诸维堂，早岁入庠食廪饩，王氏曰："此汝父心也，益勉之。"[1]长子维汉，次子维烈亦承担家事，孝顺母亲。

李兆盛妻韩氏，幼承庭训，能知大义；性好施济，乐于规劝。丈夫死后，抚育四子，"延师课读，供膳必躬亲之。"她说："奉师当如奉神。"儿子交游，"必令登堂拜见，以察贤否。其平时教训多古格言。性好施济，乐规劝，族戚邻里多有赖以殡殓婚嫁及成人起家者"[2]。平时还教子女古代格言警句，以激励教训子女。韩氏的儿子锡赐、锡龄皆为庠生，正是得益于贤母的教诲。

郭沫若母杜邀贞注重子女的教育，与老师相处也像家人一样，绝不稍假辞色。有一次，儿子因为顽劣在学校里被老师责罚，挨了打，"头角块磊如骈珠"，回家便向母亲哭诉，杜邀贞虽然心疼，但她绝不护短，她说："惜钱休教子，护短莫投师。"[3]

一日为师长，终身为父母，可见教师在社会和人民心中的地位是多么重要，当今的家庭教育者们，需要从古人尊师重教的美德中吸取经验，借鉴古人的观点与方法，教育子女尊重知识、看到知识所具有的非功利性与超越性，教育子女尊重人才，尤其是尊敬老师，子女只有尊敬老师，尊重其劳动成果，才能够在其传道、授业、解惑的过程中，真正受益，为将来成为社会主义事业的接班人打下良好的文化基础。

四、重视婚姻嫁娶，良配有择

婚姻自古以来就一直是被社会各类群体所重视的一件大事。婚姻的意义何在？其一，婚姻将合二姓之好，是家族兴衰的关键。故《礼记》云："昏礼者，将合二姓之好，上以事宗庙，而下以继后世。"[4]《礼记》所阐释的婚姻，首先，其目的就是子孙的延续，子孙的延续也是为了祭祀祖先，而子孙延续、家族发展的条件就是"合二姓之好"。在这一关键目的的驱使下，古代男女的婚姻便在

---

[1] 成都市地方志编纂委员会、四川大学历史地理研究所整理，《成都旧志》第 11 册，成都时代出版社，2007 年版，第 391 页。

[2] 成都市地方志编纂委员会、四川大学历史地理研究所整理，《成都旧志·同治成都府县志》第 16 册，李兆盛妻韩氏有录。

[3] 郭开文，《先妣杜宜人事略》，郭沫若学刊，1987 年 02 期，第 119 页。

[4] 上海古籍出版社编，《十三经注疏·礼记正义》，上海古籍出版社，1997 年版，第 1680 页。

"家族责任""家族期待"下延续了几千年。在一定程度上，国人的家庭责任感、使命感与担当，之所以不同于西方，便与中国这一传统的婚姻"合二姓之好"文化有很大的关系。其次，"父母之命、媒妁之言"先行。尽管有人批判这种具有约束性的婚姻扼杀了青年男女的爱情，但这一婚姻也并非一无是处，自我完善的闺训，生活务实的考虑，家庭责任的担当，以及志同道合、门当户对的考虑，也一样成就了很多古代婚姻制度下的佳偶。那么，如何看待历代贤母对女子婚姻的重视与安排呢？或者说历代贤母在子女的婚姻选择中有哪些婚姻观还值得今人思考呢？

在《成都贤母懿行故事辑略》中，我们会发现无数忠于婚约的贤母，她们或者青年丧偶，上有老人，下有幼子，但她们不惧生活的艰辛，孝亲抚子，奉献一生。也有很多贤母，深刻认识到具有保障、责任、和谐的婚姻对于个人生活与发展的意义，所以她们也常常更能从子女幸福生活的角度为子女择配。譬如，新都杨氏"太孺人熊氏以三丧归，慎为少子择妇。"[1] 熊氏认为，自己家族能否获得兴旺，关键就在于儿媳妇。她说："所以承杨氏祀者，在此。"[2] 后来，叶氏嫁给了杨春，"故孺人（即叶氏）归于公"[3]。刚嫁到杨家，杨家还很贫苦，"孺人力奉姑养，闭户织辟"[4]。叶氏为人十分贤惠、孝顺，勤劳、见识、志向非寻常女子可及。也正是有了叶氏的加入，杨氏"自是相业，家声为西蜀望族矣"[5]，"人谓公善以身教，孺人实佐之"[6]。

杨秀春妻刘氏，自幼随父经营商贸迁居于蜀。生有一女刚刚七个月，丈夫秀春病重，弥留之际，只有一个请求，说："半世飘零，仅此一脉。我死，去留由汝，但当寄女外家，长成得一读书子为婿，无憾矣。"[7] 刘氏泣血以守自誓不再

[1] 刘雨茂，荣远大编著，《成都出土历代墓铭券文图录综释·叶氏墓志铭》，文物出版社，2012 年版，第 631 页。

[2] 刘雨茂，荣远大编著，《成都出土历代墓铭券文图录综释·叶氏墓志铭》，文物出版社，2012 年版，第 631 页。

[3] 刘雨茂，荣远大编著，《成都出土历代墓铭券文图录综释·叶氏墓志铭》，文物出版社，2012 年版，第 631 页。

[4] 刘雨茂，荣远大编著，《成都出土历代墓铭券文图录综释·叶氏墓志铭》，文物出版社，2012 年版，第 631 页。

[5] 刘雨茂，荣远大编著，《成都出土历代墓铭券文图录综释·杨用贞夫妇墓志铭》，文物出版社，第 782-783 页。

[6] 刘雨茂，荣远大编著，《成都出土历代墓铭券文图录综释·叶氏墓志铭》，文物出版社，第 631 页。

[7] 成都市地方志编纂委员会、四川大学历史地理研究所整理，《成都旧志》第 11 册，成都时代出版社，2007 年版，第 393 页。

改嫁。杨秀春母熊氏，寡而无依，也一起迎至家中孝养，并为其抚养一个孙男承桃。女儿及笄，以其父亲之愿，嫁给了训导胡先炜。

苏轼为儿子择配华阳范氏。范氏，是范镇的孙女，范百嘉的次女，苏轼听闻范氏品貌兼具，就特意为儿子苏过求亲，他认为，范氏出于积善人家，是名门闺秀，而且是非常出色的贤女、才女、孝女，犹如卫瓘之女，而苏过，为人可靠，这是一桩很好的婚姻。苏过范氏婚后，果然夫唱妇随，生活和谐。但因苏轼屡次被贬，导致苏过范氏夫妇聚少离多，治家教子也皆由范氏打理。

宋构之妻李纯慧，慈而有远虑，其一就包括为子孙的婚姻大事操心。《墓志》记载，"夫人晚年治生事甚力，男女未婚媾者亟成之人，问其故曰：人生如朝露，尔幸及强健时为之使，一旦有遗恨，吾何面目见金部公于地下？"

刘起妻张氏，对待丈夫的弟弟妹妹如长亲，为其择配也是关护行为之一，"先夫人于舅姑为家妇，舅姑既没，夫之姊弟有未聘娶者，皆与之择良夫贤妇而配偶焉。不足，则又以嫁奁贷之。"[1]

作为母亲要教育子女，树立正确的金钱观、婚姻观，结婚就是要找一个双方能够有共同语言、爱好，对自己负责的人或值得自己为其负责的人，成为人生伴侣，换句话说，是夫妻双方之间相互的一种责任、关爱、信任、对彼此的一份担当。找对了人结婚，就会幸福一辈子，甚至幸福几代人。

五、重视家国情怀，能别家国之重

上至君臣，下至百姓，爱国之心，人皆有之。国君任人唯贤，是其爱国情怀的一种表现。譬如，三国时期的蜀汉政权，丞相诸葛亮曾经上书《出师表》，云："亲贤臣，远小人，此先汉所以兴隆也；亲小人，远贤臣，此后汉所以倾颓也。"[2]该篇书表言辞恳切地写出了一代忠臣诸葛亮对蜀汉的爱国之心。当然，为国家赤胆忠心的人，不但有王侯将相，贤士名人，还有普通大众，他们有的识大体、顾大局、知悉家国之重、具有远见卓识，具有强烈、清晰的家国责任意识，教导子女及家人自觉承担国家的责任与义务，为我国的政治经济文化的发展做出了积极贡献。

---

[1] 刘雨茂，荣远大编著，《成都出土历代墓铭券文图录综释·刘起夫人张氏归祔志》，文物出版社，2012年版，第210页。

[2]〔宋〕汤汉编，《妙绝古今·诸葛忠武侯出汉中疏》卷3，《四库全书》第1356册，上海古籍出版社，1987年版，第828页。

蜀后主的母亲李太后，明辨是非，识大体。据《成都旧志·列女志》记载，李氏曾经数次劝导后主任用贤能以强国兴邦。有一次，太后见领兵点将的都是些无才、无威望的人，就非常担忧后主万一大敌当前，跟前却没有能用的人，她对后主说："吾昔见庄宗跨河与梁战，及先帝在并州捍契丹，入蜀定两川，诸将非有大功，无得典兵，故士卒畏服。今王昭远出于厮养，伊审征、韩保贞皆膏粱乳臭子，素不习兵，徒以旧恩，置于人上，平时谁敢言者？仓促遇疆场有事，安能御大敌乎？"[1]李太后认为，只有"秉心忠实，多所经练"者，才能委以重任。后来，后主降宋。后主死时，太后也没有哭泣，说："汝不能死社稷，苟生以取羞。吾所以忍死者，以汝在也，吾今何用生焉？"[2]作为太后，她不满于儿子"不能死社稷，苟生以取羞"[3]，作为母亲，她陪着儿子走到最后一刻，最终在儿子离世之时，也安心不食而死。[4]

北宋章献明肃太后刘娥，益州华阳人。作为曾临朝称制的女主，刘娥十分重视对子女辈的教育。她曾下《约束文武臣僚子弟诏》，要求百官按照上报的名单，切实承担起教育和约束子弟的责任，若是有违，定将严惩不贷。刘娥无子，抚养李宸妃子为己子。作为母亲，她对仁宗的礼法管束十分严厉，饮食也有严格的要求，至于修学、修身、立人、立德，更不在话下。她要求仁宗随自己处理政事，同时也邀请很多有名望的鸿儒给仁宗讲经习史，谕辅臣曰："皇帝听断之暇，宜诏名儒讲习经史，以辅其德。"[5]为此，刘娥在崇政殿之西庑为仁宗专门设幄，"而日命近臣侍讲读。"[6]为仁宗中兴奠定了扎实的学问根基。作为一代帝王，仁宗在贤母的指教下，性情宽厚，不事奢华，在位之时，名臣辈出，国家安定，被历史学家称誉为"守成"贤主。

---

[1] 成都市方志办编纂委员会、四川大学历史地理研究所整理，《成都旧志·同治成都县志》第12册，成都时代出版社，2007年版，第417页。

[2] 成都市方志办编纂委员会、四川大学历史地理研究所整理，《成都旧志·同治成都县志》第12册，成都时代出版社，2007年版，第417页。

[3] 成都市方志办编纂委员会、四川大学历史地理研究所整理，《成都旧志·同治成都县志》第12册，成都时代出版社，2007年版，第417页。

[4] 成都市方志办编纂委员会、四川大学历史地理研究所整理，《成都旧志·同治成都县志》第12册，成都时代出版社，2007年版，第417页。

[5] 〔元〕托克托等修，《宋史·后妃上》卷242，《四库全书》第284册，上海古籍出版社，1987年版，第861-862页。

[6] 〔元〕托克托等修，《宋史·后妃上》卷242，《四库全书》第284册，上海古籍出版社，1987年版，第861页。

刘当可母王氏[1]是颇通大义的烈母。刘当可接母亲到兴元养老，那时候，元兵已经攻破蜀地，提刑庞授檄刘当可前往议事，刘当可捧着声讨檄文迟疑中告诉了母亲这件事，想问下母亲的想法，母亲王氏毅然决然地勉励儿子率兵御敌，王氏说："汝食君禄，岂可辞难？"[2]刘当可听从母亲的建议外出抗敌，不久元军屠杀兴元百姓，王氏义不受辱，大骂元军投江而死。

赵敏若之妻杨氏有胆识、知大义。赵敏若守汉中时，因与制置使郑损关系不和而奇祸加身，因罪免职闲居数年；元军攻打汉中时，赵敏若临危受命，但他不想再出仕了。杨氏劝他说："事君之义，不避害，不辞难，君何疑焉？"在妻子的劝说下，赵敏若"起视事军律"。[3]作为母亲、妻子，当可之母关心儿子的生命，敏若之妻杨氏也对丈夫被冤免职有深切的感受；但作为饱含家国情怀的女性，她们都能认识到家与国命运休戚相关，在国难时刻，她们总能以国家为重，抛却身家性命而不惜，岂不值得赞叹！

其他如华阳杜甫十世孙杜凖妻黎氏，黎教子严，一定要让她的儿子成为能够传承其家世门风的人。《成都旧志》记载："妻黎携归外家成都，教督甚严。"[4]黎氏子终为忠义之士，黎氏次子杜翊世，是绍圣元年（1094）进士，后来以死节显蜀，旧守名其居曰"忠义坊"。据《氏族谱》记载，靖康元年（1126），边寇乱作，西羌也兵临城下，整整三旬，援兵仍未到，最终城陷，杜翊世"先火其家，乃自缢"，至今"其门犹曰忠义杜"。[5]

《史夫人墓铭》记载，任逢母史夫人教子疏远小人，忠于国事，云："疏远小吏，祸且不测，敢复荣望，傥不得罪于名义，汝所就孰多？"她激励儿子为国立功，蜀地吴曦叛乱时，史夫人告诫儿子讨伐贼子，据城死守不能丢，也不要牵挂母亲。史夫人激励儿子不惧牺牲、为国立功的精神，对于今天而言仍值得赞誉，任何一个时代，为人处世皆当有责任心，家人家事很重要，但是更应该对国家、民族、社会、他人负责。

---

[1]〔元〕托克托等修，《宋史·列女传》卷460，《四库全书》第288册，上海古籍出版社，1987年版，第458页。

[2]〔元〕托克托等修，《宋史·列女传》卷460，《四库全书》第288册，上海古籍出版社，1987年版，第458页。

[3]〔宋〕魏了翁撰，《鹤山集》卷81，《四库全书》第1173册，上海古籍出版社，1987年版，第264页。

[4]成都市方志办编纂委员会、四川大学历史地理研究所整理，《成都旧志·民国华阳县志》第12册，成都时代出版社，2007年版，第469页。

[5]〔元〕周复俊编，《全蜀艺文志·氏族谱》卷54，《四库全书》第1381册，上海古籍出版社，1987年版，第750页。

顾氏一族，贤母辈出。其中顾金印母贾氏，正一品夫人。育有子金纯、金印、金瓯。张献忠作乱时，顾金印随父任驻防河南，贾氏及金印妻张氏则留在成都。张献忠欲擒贾氏以要挟顾氏父子。贾氏、张氏不忍坏顾氏父子征匪大计，自焚其室，节烈殉国，其不屈的节操令人钦佩。也正是因为有这样的贤妻、烈母，顾金印父子才能为国南征北战，以忠名世，顾金印"前明忠孝尽，靖锦永流芳；祖训常遵守，家声震玉堂"一诗，也成为顾氏家训子辈诗，一直被子孙谨守至今。

现代家长在教育子女方面，一味地重视文化课的教育，注重才华艺术的熏陶，认为孩子上学就得学好文化课，要为高考打基础，因为高考就是指挥棒，只有考上了好的大学，进入社会后，才能够找到好的工作，能够在社会上站稳脚跟，或者说光耀门楣；孩子接触文艺，则能够激发出孩子的艺术潜能，激活其艺术细胞，即使未来不能够走文艺这条道路，至少可以丰富其业余生活，等等。不可否认，这些想法有些道理，但是，教育的最终意义是什么？是培育人心、是获得幸福、是承担责任，如果我们忽视了在文化、艺术才能上的德行修养，不理睬传统文化重德、重责任的元素，我们将会为这个世界培育出怎样的下一代呢？

现今社会不仅需要一个人的生存、名誉、辉煌与骄傲，更需要那种令人荡气回肠的奉献与责任意识，这也是成都贤母支持丈夫、儿子承担大义职责"汝食君禄，岂可辞难？""事君之义，不避害，不辞难"的重要原因，我们这个社会过去、现在、未来都需要"不辞难""不避害""为天地立心、为生民立命，为往圣继绝学，为万世开太平"[1]的大义与豪迈。换言之，修身、齐家、治国、平天下，这些元素都不是社会的微量元素，而是主要元素，因为，如果孩子错失了应有的德行引导，丧失了应有的家庭、民族责任感，即使其学习再好、文艺范十足，这样的孩子也必然在气节上"长不高"，在民族情上有"侏儒症"，缺失道德与责任感的引导教育，甚至会毁了孩子的前程，这方面的教训，古有之，今亦有之。

六、重视家庭和谐，夫妇同音唱和

天府文化之"优雅时尚"是植根于成都精英文化与传统文化的一种文化特质，温和包容，融汇古今。在成都的人文、历史、自然、生活中都有所体现。成

---

[1]〔宋〕李幼武撰，《宋名臣言行录外集》卷4，《四库全书》，第449册，上海古籍出版社，1987年版，第684页。

都自古以来的人文优雅与时尚追求，不仅谱写了成都的诗风雅韵，书香茶气，也造就了成都闲适安逸、富足清雅的生活方式。成都文化底蕴深厚，内涵博大精深，有戏剧、话剧、音乐、舞蹈、曲艺、杂技、魔术、电影、书画、小说、诗词，等等。多彩的文化对于陶冶人们情操，提高文化素养，丰富生活具有积极的作用。

尽管曾有人有意扭曲并得出"女子无才便是德"的无理判断，但自古成都多才女、慧女。成都才女们尤擅长诗画，能唱能和、能绘能作，留下众多作品，为优秀的成都地域文化增色添彩，为天府文化百花园增加了靓丽的优雅时尚的文化元素。尤其是明清时代，人们对女性的才华逐渐由无礼判断开始转变为欣赏，这一种具有颠覆性的思潮最终碾压了"女子无才便是德"的陈旧声音，使得成都才女再次行走在优雅时尚的前端。这一时期，成都曾经涌现了一批又一批杰出的才女，她们留下大量的诗集、画集、翰墨、文集，照亮了明清女性文坛，也展示了成都文化"创新""乐观""包容""优雅""时尚"的诸多魅力与追求。至今令人感佩。

李鉴时妻杨氏，能诗，通于义翰，吟咏极工，《同音集》是由杨氏与兄举人杨泅常相唱和而辑成的，故集名"同音"。杨氏生有三个女儿，长女李涛年、次女李龙川、次女李瀛洲，三女均能诗，号"三朵金花"，母女四人，优雅相尚。李涛年后归成都人总兵张某，其诗稿未加搜集保存，全遭遗失。李龙川适中江恩贡生孟衍舆，衍舆初任河南信阳州州判，后擢江苏常州府同知，龙川随夫仕宦，足迹涉中原、江南，官阁清吟，大有唱随之乐。尤其在伯父中江进士孟邵的鼓励下，诗作大进。[1]

张问陶继室林顾（字韵征），四川布政使林西厓之女，生长于蜀中，幼承父训，工诗善画，有"四川才女"之称。张问陶林顾夫妇多默契之语，诗画唱酬，伉俪情深，艺林传为佳话；问陶在北京官翰林院任职期间，林顾则居家抚育幼女，常与张问陶及姊妹酬唱吟和，因此蜀地出现了诗坛罕见的"三兄弟（问安、问陶、问莱）、三妯娌（陈慧殊、林韵征、杨古雪）诗人"之家。自问陶以后，蜀中张氏家族，折桂如林，风雅满门，成为蜀中引人瞩目的文学世家。[2]

左锡嘉，华阳进士、江西吉安府知府曾咏的妻子。左锡嘉幼年失母，天性至孝，奉教婉婉，有"左家孝女"之称，她的父亲、继母也都喜欢她。左锡嘉既

---

[1] 李朝正、李义清著，《巴蜀历代名媛著作考要》，巴蜀书社，1986 年版，第 91、98 页。

[2] 李朝正、李义清著，《巴蜀历代名媛著作考要》，巴蜀书社，1997 年版，第 109 页。

有家学渊源，个人又很勤奋，不仅工绣谱，喜读书，书法绘画，能自成一家，为清代蜀中大家。嫁华阳太守曾咏后，对曾咏"为学之要，训诂明，义理顺，为人之要，律己严，责人宽"。曾咏早卒，遗下子女共九人，家贫，左氏为了更好地孝养舅姑、教育子女成才，含辛茹苦，王闿运云："（左锡嘉）安贫抚孤，以画自给，教子女皆成立，有才行。"[1]曾经"三迁"居住之地，归故里、移城南、宅浣花溪，安贫抚孤，以画自给。如果说孟母三迁为其子，成为千古流传的典范，左氏三迁，则为孝亲抚子，使曾氏一族代有贤能子孙，堪称贤母新典范。左氏教子有方，左氏四子五女，均立志成才。子曾光煦，为光绪举人，女曾懿也是一位才女，女曾彦"倾城名士，艳重一时"[2]。幼女曾鸾芷也精通翰墨，能诗文书画。由此曾氏子孙繁衍，人文渊薮，成为蜀中望门。

千百年来，优雅时尚、有品位的人生，是一代又一代成都人不懈的追求，也是成都贤母对自身形象的设计。当今社会竞争非常激烈，作为母亲，要想支持子女在社会上有所发展、有所成就，就不能仅仅满足于通过求学来找到其生存之地。作为父亲、母亲，或者其他家庭教育实施者，在引导子女德行修养的同时，在督促子女搞好文化课学习的同时，创造条件帮助子女在感兴趣的音乐、美术、书法、戏剧、诗词等领域提高素养，开阔视野，丰富其学习的内容，也必将为子女的学习生涯增添一抹亮丽的色彩。

七、重视亲族、邻里和睦，做到胸襟宽广、为人友善

在家庭、家族、亲族关系的处理上，贤母们总是表现得胸襟宽广、与人友善、热心公益、处事明理、勤俭自强。这些内容不仅饱含了对他人深切的关怀，也蕴含着更为崇高的道德理想，对培养子女的人生观、价值观、社会责任感、身心和谐，重建当代人性，提升生活境界，具有重要的启示作用。

（一）相让恤饷

譬如甲兵添锡妻巴噜氏，正黄旗满洲佐领下人，添锡阵亡后家中贫苦，巴噜氏支撑门户，上事公爹婆婆，下抚育子女，靠的就是自己的勤劳针黹，本来应该是儿子法什沙春所得的恤饷，巴噜氏均让给了丈夫的弟弟锡福，弟弟锡福

---

[1] 成都市方志办编纂委员会、四川大学历史地理研究所整理，《成都旧志·序》第16册，成都时代出版社，2007年版，第633页。

[2] 成都市方志办编纂委员会、四川大学历史地理研究所整理，《民国华阳县志·列女传》卷19，《成都旧志》第15册，成都时代出版社，2007年版，第480页。

也因故得官，官至兖州镇游击。

（二）不争田产

勾龙巏夫人黄氏，很孝顺，且重视宗族亲睦。她每天都去探视母亲张氏；张氏小女儿早亡，想把田产分给二女儿，黄氏只让不争，说："吾子幸有官，若仲娣则视我贫为尤者，吾岂忍宗党义焉。"

（三）不吝微资，慈爱存于母心

文昶妻陈氏，没有子女。陈氏有个姊妹，有六个儿子，陈氏求一子过继；张家姊妹不久也寡居，姐妹于是一同居住；两家都很贫苦，陈氏开始的时候略有微资，也用的差不多了，但陈氏"恃缝纫浣濯为活，无一刻暇"，而且将继子送入塾读，即使缺衣少食，也不让他废学，终有所成。

（四）胸襟宽广，不与人计较长短

廖朝卿妻秦氏，生有一子，刚刚周岁的时候，廖朝卿卒，由于家计困难，家中人口又多，时常缺食少饭，所以翁叔都希望她改嫁，但秦氏不愿意，誓死守节。过了一些时日，家中更加困窘，公爹又商量跟秦氏分家，秦氏一无怨色，生活虽苦，但依然孝亲养子不怠。

（五）亲族、邻里有恩有义

宋若水妻张氏，贤惠孝顺、颇识义理，奉祀庄重严肃，对待叔妹皆有礼有节，对待亲族讲究有恩有义，公爹之丧事，她全力相助，"办治如法，人以为难。"[1]

总之，善待他人、尊重他人，是人们之间相互交往的基本前提，只有这样的美德，才能化解人际之间尤其是家庭成员之间的矛盾与冲突，才可以使亲族、邻里、人际之间和谐交往。纵观《成都贤母懿行故事辑略》，诸多成都贤母宽广的胸襟、仁爱的品质、谦让的品格、诚挚的用心，不管他人地位如何，都能尊重他人，给人以尊严的处事之道，对当今社会构建和谐人际关系、和谐社会具有启示作用。

---

[1]〔宋〕朱熹撰，《晦庵集·运判宋公墓志铭》卷93，《四库全书》第1146册，上海古籍出版社，1987年版，第191页。

八、重视俭以养德，促成都慈善公益之风

自古以来，成由勤俭败由奢，节俭的道理人人都知道却总有人做不到，而成都历代贤母，则往往展示出勤俭持家的美德并影响子女的德行培养与发展，对成都慈善公益之风的形成，也具有重要意义。成都历史上，贤母尚俭，重视俭以养德、慈善公益的事迹有很多。

新都杨玫之妻熊氏，一生历经苦难，非常简朴，但为人慈善，姻里穷乏，有求辄应，总是尽一切力量帮助他人，救人急难。杨玫为官时，"尝赈饥齐鲁间"熊氏便是内助者，后来又督促儿子向父亲学习。可以说，她是一位贤内助，也是一位崇尚节俭、热心慈善、善于教子的母亲。杨氏家风对于"公益""慈善"精神的践行也在后代中得以传承。

勾龙蘷夫人黄氏，家道艰难，惟俭惟勤，但乐于帮助他人，不了解她家情况的人根本不会知道她家庭的贫苦。后来，儿子做了官，家境渐好，黄氏不事华饰，"俭于家而乐于宾客，啬于身而轻于施与"[1]，邻里之间有急难者，黄氏"不择高下，必解衣推食而救之"[2]。

刘昱妻张氏，俭朴仁恕，常教训子孙，做人不能祸害他人，不能因自己的利益去损害他人的利益，置他人于不顾，捡到他人的资产，也绝不能占为己有，"尝拾养子万良妇朱氏资，尽还之"。乐于施予，凡丐乞、僧道、桥梁、寺观，邻里婚丧，张氏皆量力相助。

王就夫人朱氏教子行善事，不拒贫。王就夫人朱氏抚养两个孤子，"蔽衣恶食，无失其常心"[3]。她的儿子时彦，仕官二十年未尝出蜀门户，泊然不动于荣利，时雍力学有志，不汲汲为进取。朱氏之子，临官治民，"不特畏三尺律令，而惕惕然以不当夫人之意为己忧"[4]。有一次，有人做了错事，朱氏子治县刚强果决，而没考虑到事出有因，朱氏在后堂听到了，说："第志之，后必败。"果然事出有因。朱氏曾从容教诲二子："某事之善汝父尝行，汝当勉之；某事，汝父虽

[1] 刘雨茂，荣远大编著，《成都出土历代墓铭券文图录综释·勾龙蘷夫人黄氏墓志铭》，文物出版社，2012 年版，第 323 页。

[2] 刘雨茂，荣远大编著，《成都出土历代墓铭券文图录综释·勾龙蘷夫人黄氏墓志铭》，文物出版社，2012 年版，第 323 页。

[3] 刘雨茂，荣远大编著，《成都出土历代墓铭券文图录综释·王就夫人朱氏墓志》，文物出版社，2012 年版，第 248 页。

[4] 刘雨茂，荣远大编著，《成都出土历代墓铭券文图录综释·王就夫人朱氏墓志》，文物出版社，2012 年版，第 248 页。

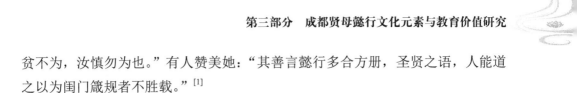

贫不为，汝慎勿为也。"有人赞美她："其善言懿行多合方册，圣贤之语，人能道之以为闺门箴规者不胜载。"[1]

宇文绍节母房妙光，日用尚俭，教导儿子要为官廉勤守公。房妙光在家乡经营宇文一族，"教愈力，用愈俭，岁入之余，悉储以听，一毫不自私。"[2] 为此，赢得兄嫂的尊敬。同样，她勉励儿子出仕时说："谈上世官业以勉之：且卑廉勤首公，无躁进，无诡随，不以驰惊宠禄为急也。"少子宇文绍节继伯祖为孙，她"每以书戒其尽力"[3]。楼钥赞其"平生动中准绳，高见绝识，有士大夫所不逮"[4]。

成纪夫人仇道真周旋英州期间，克苦俭约，当国步之艰时，仇氏也能变卖自己的首饰珠金，选用贤能之人处理他人忽略之事，"人仰之如泰山北斗。"[5]

吴琨妻孔氏品性淑良、友善，崇尚勤俭，"使库有余赀，廪有余粟，上而眷族，下而臧获，罔不诵德，乡党邻里咸以善称焉"[6]。

马惟用妻周氏，对丈夫与子孙，不求矜车服耀，而"辅之以德义、恭俭之志焉"[7]。

任逢之母史夫人，蔬食脱粟，非常俭苦，但对那些随奉议君游学的宗族子弟的吃穿洗涤饮食之需，她亲力亲为，毫不吝啬；对儿子的品行、操守、名义也十分关注，其子为官，以性格抗直闻名。

诸如此类，成都历代贤母母教资源中体现的节俭、慈善、怜弱、恤贫、睦邻、公益等传统美德，在当下的成都子女教育，家风建设，构建和谐社区等方面以及促进个体身心和谐、人际关系和谐等都具有一定的启示意义和价值。

当前，举国上行正在践行社会主义核心价值观，"正能量"充满长城内外、大江南北。在这政清人和、幸福满满的时代，家长应该乘势给子女上一节与人为

[1] 刘雨茂，荣远大编著，《成都出土历代墓铭券文图录综释·王就夫人朱氏墓志》，文物出版社，2012年版，第248页。

[2] 成都市方志办编纂委员会、四川大学历史地理研究所整理，《民国华阳县志·列女传》卷19，《成都旧志》第15册，成都时代出版社，2007年版，第478页。

[3] 成都市方志办编纂委员会、四川大学历史地理研究所整理，《民国华阳县志·列女传》卷19，《成都旧志》第15册，成都时代出版社，2007年版，第478页。

[4] 成都市方志办编纂委员会、四川大学历史地理研究所整理，《成都旧志·赠银青光禄大夫宇文公墓志铭》第15册，成都时代出版社，2007年版，第298-299页。

[5] 刘雨茂，荣远大编著，《成都出土历代墓铭券文图录综释·成纪夫人墓铭》，文物出版社，2012年版，第1167页。

[6] 刘雨茂，荣远大编著，《成都出土历代墓铭券文图录综释·孔氏墓志铭》，文物出版社，2012年版，第638页。

[7] 刘雨茂，荣远大编著《成都出土历代墓铭券文图录综释·扶风府君夫人周氏墓志铭》，文物出版社，2012年版，第221页。

善、和谐包容、互帮互助的思想教育课，学习正确处理人与人、人与社会交往的方法方式，树立正确的世界观、人生观、价值观，做践行社会主义核心价值观的宣传者、参与者，做继承和发扬包含"创新创造、优雅时尚、乐观包容、友善公益"内容的天府文化的实践者，促进成都优秀地域传统文化的传承和当代价值的发挥，让世界更好地认识成都、了解成都、热爱成都。

第三章
贤母之教与家风塑造

"家风家教是一个家庭最宝贵的财富，是留给子孙后代最好的遗产。要推动全社会注重家庭家教家风建设，激励子孙后代增强家国情怀，努力成长为对国家、对社会有用之才。"[1] 党的十八大以来，习近平总书记在讲话中多次提到了家庭、家教、家风，深刻阐述了家庭与社会、家庭与国家之间的关系。2022 年 6 月，习近平总书记赴四川考察期间，专程前往眉山"三苏祠"，了解苏洵、苏轼、苏辙"三苏"父子生平、主要文学成就和家训家风。眉山苏氏，"一门三进士"、唐宋八大家独揽三席；"三苏"父子携手，又创建"三苏蜀学"，更是为西蜀大地优秀地域文化、天府文化内涵的丰富做出了重要贡献，也成功写就了一段中国历史上著名的文化传奇。而眉山苏氏成就的取得，不仅离不开三苏生活的巴蜀学术以及天府生活环境的滋养，也离不开苏氏家族所秉持的"读书正业、孝慈仁爱、非义不取、为政清廉"的家风的传承。

家风，也称为门风，是一个家庭或者家族，在长期的家庭教育发展中，逐渐形成的一种被家族成员认可的、自觉遵循的生活方式、生活习惯、思想观念、审美取向、价值追求、精神追求等家庭道德风尚、风气或风习的简称，它是一个家庭或家族精神面貌的重要体现，具有一种潜移默化的教育力量。在某一家庭或家族中，特定风气或者说风习一旦形成，就会影响到家族成员在居家处世、德行操守、为官作宰、为学治学、持家治业、文化追求等多方面的基本观念与行为，甚至也能转化为一种影响社会道德、文化、伦理等多方面教育的传统或教化资源。

而良好家风的形成，与什么有关？其中有三类因素不可或缺。第一，家训。曾有人说家风的形成是长期教化后的结果，是祖辈长时间言传身教、引导约束、督责、惩戒的结果。其实，这种教化、约束等产生的家训，自《尚书》《礼

---

[1]《习近平在四川考察时强调 深入贯彻新发展理念 主动融入新发展格局 在新的征程上奋力谱写四川发展新篇章》，人民日报，2022 年 6 月 10 日。

记》便已有记载。第二，父教。父爱如山、父恩似海，自古有言："养不教，父之过。"父亲是一个家庭或者一个家族最具影响力的老师，我国历史上著名的家训往往出自良好的父教总结。譬如，周公对成王的《无逸》之训，祖己对祖庚的《高宗之训》，孔子对孔鲤的"过庭之训"，刘向的《戒子歆书》，东方朔的《诫子》，王褒的《幼训》，嵇康的《家诫》，诸葛亮的《诫子书》，杨椿的《诫子孙》，颜之推《颜氏家训》，等等。第三，母教。家庭是一个人的生命、思想、性格、情感的最初展开的场所，一个人的生活经验、思想观念，尤其是童年的经验与感受，往往会在一个人的潜意识中形成强大的力量，并在不知不觉中影响着一个人成长后的思想、感觉与生活行为。也正是因为这一点，"早教""家庭教育"一直是我国传统教育中比较重视且无法回避的现实问题，而这两者中有一类形象不可被忽略，这就是"母亲"。

第一节　成都母教的呈现
及母教对成都文化发展的影响

关于母教对家风的塑造与影响，《成都贤母懿行故事辑略》（简称《故事辑略》）中有许多经典的事例，本节将以此为例，探讨在成都优良家风塑造与形成中，成都贤母懿行的表现及作用。笔者发现，方志、史书等文献中，尽管贤母懿行故事的记述比较简略，但可以看出，贤母身上往往有友善之德，他们在一个家庭或家族家风的形成过程中，起到重要的推动作用。她们或"开一门之教化"，或"贞心苦节"，或"竭力事舅姑"，或"辛勤鞠育，教子成立"，或广施大爱于邻里大众，最后得到乡邻赞颂，得到子孙敬仰，得到国家旌表、得到民众爱戴。总之，她们依靠对家庭、家族、乡里以及国家的某些贡献，不仅成为家风自觉塑造者、践行者与传承者，也得以被口口相传、载入史册。

一、建一国之懿德，开一门之教化，具有家风规范塑造的自觉性

传承优的家规、家训，再塑优良的家风、家规，是继承、弘扬、发展民族优秀传统文化的一种重要形式，反映到国家的层面，它也是一个国家形象逐渐还原或再塑的问题。在我国，大到治国平天下，小到修身齐家，向来以立德为先。

在家庭教育中，所谓"道德传家十代以上，耕读传家次之，诗书传家又次之"[1]，强调的也是这个意思。根据《故事辑略》中的贤母故事，这些贤母在注重教化、传承家学、重视子女的官德懿行培养方面，往往成为模范，或成为家风、家规乃至一国懿德风范的自觉塑造者、践行者、传承者、再塑者与发展者。

（一）建一国之懿德

传说中诞生于蜀地阆中的华胥，是伏羲、女娲的母亲，如《汉书人表考·春秋世谱》卷二云："华胥生男名伏羲，生女名女娲。"[2] 华胥治天下时期，一心为族人鞠躬尽瘁，为开拓生存空间，她曾经带领族人四方迁徙，这期间，她还养育了伟大的伏羲、女娲，并制定了嫁娶之礼，后有孙少典，重孙炎帝、黄帝等。据说黄帝因为梦到华胥之国，羡慕始祖母华胥治国的伟大成就，便进行仿效，遂有轩辕圣世；炎帝也有赫然之德，百姓归属，万民胥附。华胥一族最终开辟了中华民族繁衍生息的伟大历史，华胥对后嗣的教导与影响也在圣王贤达的治国理世实践中得以传承。华胥的女儿女娲，也是名播华夏。传说中，女娲开世造物、抟土造人、补天救世，是公认的华夏创世神和始母神，她的伟大牺牲与无私奉献的精神深深积淀于中华文化的神话记忆之中，时刻影响着一个民族的道德意志与文化取向。

传说中的黄帝元妃嫘祖，是一位由中原入蜀而居的伟大贤母，她最大的贡献是发明了养蚕技术，并由此福祉万民，所以被奉为"天蚕圣母"。嫘祖是一位识大体、不徇私、有大爱的女子。嫘祖生有两子玄嚣、昌意，昌意被分封到蛮荒的蜀地，嫘祖并无怨言，而是以身垂范，与儿子一同入蜀，在辛苦教养昌意的同时，又教导蜀民养蚕、缫丝、制衣，为后来成都的锦城繁华奠定了基础。后来，嫘祖的儿子昌意取蜀山氏女昌濮为妻，生下高阳；高阳德才兼备，继承帝位，这就是帝颛顼。可以说，嫘祖不仅是黄帝以德立身、以身垂范、福祉万民的炎黄文化的积极创造者与传承者；她的躬桑懿行也影响着西蜀大地乃至中华民族——所有黄帝后裔的言行与品德，并对后世母教懿行有极大的影响。

（二）开一门之教化

在家风的塑造方面，张霸夫人司马敬，善于教子、重视家风。张霸是一代才华之士，曾兴办教育，使会稽大治，得到百姓的爱戴。张霸去世后，司马敬携诸

---

[1] 丁雅诵、周伟，《家风家训助力立德树人》，人民日报，2018年6月7日。
[2] 〔清〕梁玉绳著，《汉书人表考》，商务印书馆，1937年版，第36页。

子还蜀，她不仅没有被生活重担压倒，反而更注意对诸子女的教导。司马敬抚育张霸五子，一视同仁；这对张家的"孝悌礼让"家风的塑造与传承有着极大的推动作用。在司马敬的教训下，张氏一族"幼也知孝让，居然合礼仪"[1]。其子公超、光超，禀承母教，均为聘士；公超子张陵，举孝廉，官至尚书。自张陵以后，张氏家族世代有学、有仕，在任期间，承袭张霸之风。张氏子孙这样贤能通达，除了受到张氏家学渊源的影响，贤淑母教对其家风的传承与再塑造的作用自不待言。

《王武用夫人颜氏墓志铭》记载，王武用夫人颜氏是颜回的后裔，颜氏家族本就"儒风绵聊于世"，王武用家族也为"当世茂族"。颜氏一生"婉淑知礼""于家清勤，事职自钟""兹孝行多柔淑，得圭玉不杂之质，有松筠不变之操"[2]。在她的影响下，长子莫干，次子莫翰，长女利济等，也自幼慕道，家风遂传。

《范孺人墓志铭》记载，张察宇夫人范氏，是华阳人荣国公范百禄之女，才德兼具，相夫教子，张氏家学也因之得于范氏，据元费著《成都氏族谱·张氏》记载，张察宇范氏之子张晦，"侍学中原，有外家典刑，笔法尤工，历知雅恭简三州"[3]。可以说，范氏贤母之教，不仅使张氏家学得以构建，对张氏家族世代有学有仕、得以振兴，也具有积极的推动作用。

二、成都贤母之教的家族聚集性及其对成都家族文化的促进

四川有着源远流长的巴蜀文化，成都是天府文化的中心区域，历史上，这里曾活跃着众多名门望族。从两千多年前兴办教育的文翁及其后裔，东晋史学家常璩所属的常氏家族，到宋代的范氏、宇文氏等文化积淀比较深厚、学术氛围比较浓的书香世家、文化大族等，在成都的历史上形成一个特殊的以家族文化为传承文化核心的现象，一直绵延到现代。这些大家族中的家庭教育（包括贤母之教），具有典型的家族性、积极性特征，众多贤母，为这些家族的家风塑造、家学传承、家族乃至国家文化发展、人才培养等都做出了积极的贡献。

（一）华阳范氏家族

华阳范氏家族，以绵延六代不衰、历十代以上著称于世。在这个显赫的家族里，巾帼不让须眉。据资料记载，范家世代有贤母治家。范度妻李氏、庞氏，范

[1]〔晋〕常璩撰，刘琳校注，《华阳国志新校注》，巴蜀书社，1984版，第416页。

[2] 刘雨茂，荣远大编著，《成都出土历代墓铭券文图录综释·王武用夫人颜氏墓志铭》，文物出版社，2012年版，第20页。

[3]〔清〕张晋生撰，《四川通志》卷46，《四库全书》第561册，上海古籍出版社，1987年版，第606页。

百祉妻高平郡君，范百禄妻赵氏、宋氏，范锴妻郭氏，范镇妻张氏、李氏，都具有善良的品德和杰出的知识涵养。范氏家族中孝悌忠恕、仁爱助人、诲育子孙的家风纯正且绵延了数百年，在其家族中成长起来并走出的女子以及进入其家族的外姓女子，也往往具备贤良淑德的优秀品质，贤母之德非同寻常，对其家族与亲族的发展、兴旺起到了巨大的推动作用，如张察宇夫人范氏、范子有母范氏、范仲黼母王安人等。范氏家族的贤母主要具有如下特征。

其一，范氏家族的女性，无论是嫁入的媳妇还是走出去的范家女子，既受到纯正家风的影响，也成为范氏家族家风的塑造者、传承者、传播者、发展者。她们作为贤母，具有亲睦亲族、仁爱慈心，并能推至于他人。在处理家庭关系、教养家族子弟方面，能以家族文化发展为重，不藏私心。譬如，范锴的夫人郭氏，郭氏作为范镃的弟媳，范镇的嫂嫂，范百之的母亲，范祖禹的祖母，以贤惠抚教见称。她对待家族中的亲人，能养之如舅姑。如"（郭）府君之兄陇城府君镃治家严，夫人事之如舅。"[1] "府君之姊既嫁李氏，李贫不能归，留止于家，夫人事之如姑。"[2] 至于幼年失怙的兄弟姐妹及子侄之属，她能养之如子。范锴弟范镇四岁的时候就成了孤儿，由郭氏抚育。范锴的哥哥范镃死后，"孤女五人，皆夫人主嫁之"[3]。另外，堂兄弟家留下的孤儿，郭氏也一样收养教诲："府君之从父弟镛及其妇张氏相继亡，其孤百年、百行及一女皆幼，夫人收养教诲之。既嫁女，为百年娶妇，而后使归其家。"[4] 郭氏自己也有五个儿子，一并抚育。郭氏之懿行，不仅为范氏家族培养了数个进士，还培养了华阳"三范"之一、北宋一代名臣——范镇。范镇在《郭氏墓志铭》中曾云："昔者韩愈为嫂服期，以其有爱养之恩。镇幼时亦尝被爱养于夫人者，不敢违先王之典以服期也。"[5]

其二，范氏家族的女子或者嫁入的女子，往往受到家学的熏陶，不仅富有文化涵养，而且深受儒家文化、范氏家学的影响，在相夫教子方面，具有远见卓

---

[1] 刘雨茂，荣远大编著，《成都出土历代墓铭券文图录综释·宋故永寿县太君郭氏墓志铭》，文物出版社，2012年版，第157页。

[2] 刘雨茂，荣远大编著，《成都出土历代墓铭券文图录综释·宋故永寿县太君郭氏墓志铭》，文物出版社，2012年版，第157页。

[3] 刘雨茂，荣远大编著，《成都出土历代墓铭券文图录综释·宋故永寿县太君郭氏墓志铭》，文物出版社，2012年版，第157页。

[4] 刘雨茂，荣远大编著，《成都出土历代墓铭券文图录综释·宋故永寿县太君郭氏墓志铭》，文物出版社，2012年版，第157页。

[5] 刘雨茂，荣远大编著，《成都出土历代墓铭券文图录综释·宋故永寿县太君郭氏墓志铭》，文物出版社，2012年版，第157页。

识、家国情怀，所以她们的言行、建言等能对子女的思想有一定的影响。范仲黼是"三范"之一范祖禹之后。其母王安人，自幼以专静才明称于家，辅助丈夫清白为官，治理百姓也以公允称；教导子女，更以传承家学、以"清德直道"为门阀，为官以家国忠义为所求。而这也正是范氏家族"忠义"之传。"依靠忠孝修身、治家、为官而出现的一些学术家族、政治家族绵延一两百年不衰，尤为耀眼，如眉山苏氏、华阳范氏、绵竹张氏等。考察其发达兴盛之源流，其中一重要因素是都以'忠孝'二字作为传家'法宝'。"[1]可以说，王安人对儿子的忠君爱国之教，既是对范氏家风的自觉认同，也是一种传承与再塑，而这也对儿子的治学、为官思想产生了积极的影响。她教育儿子为官重在取得为人称道的成绩，为此，范仲黼出仕"遵守所闻，不狥世习，而忠君爱国"[2]，无不是受到家风、母教的影响。

范家之女，往往也会成为其他家族生活、家族文化发展的重量力量。如苏过之妻范氏，是范镇的孙女，也是范百嘉的次女。范氏品貌兼具，曾为苏轼所赞叹，故特意为儿子苏过求婚。苏轼认为，范氏出于积善人家，是名门闺秀，而且是非常出色的贤女、才女、孝女，犹如卫瓘之女。苏过范氏婚后，夫妇关系融洽，治家教子也皆由范氏打理；苏轼被贬儋州，苏过陪侍，范氏则与子苏钥等留在惠州，与兄嫂住在一起，抚子训子，使苏过无后顾之忧。苏轼《追和戊寅岁上元》曾以石建、姜庞氏两孝子比喻这个儿媳。

张察宇夫人范氏，是荣国公范百禄的女儿，范百禄自少受学于范镇，才识超拔。张察宇娶了范氏之后，张氏家学也因之得益于范氏，据《氏族谱》记载，张察宇的儿子晦，侍学中原，颇有外家典刑，笔法尤工。

其三，范氏家族的母教，严格治家，注重长幼有序，兄友弟恭、至孝先行。范氏家族，到了范度这一代，有三子范镒、范锴、范镇，由于范度夫妇早亡，三兄弟范镒、范锴、范镇（仅四岁）一起生活，范镇主要由郭氏抚养。对待丈夫的哥哥，郭氏能待之如公，甚是尊重孝养；对待弟弟范镇，郭氏犹如乳娘。范洋（范洋是范锴、郭氏之后）之妻史氏，支持丈夫的仁爱之心，与丈夫一样，爱护亲族、养孤推产，范洋"发余粟以分贫乏，为义以藏不葬者"[3]。史氏予以支持，

---

[1] 四川大学古籍整理研究所，四川大学宋代文化研究中心编，《宋代文化研究·论宋代巴蜀名家望族忠孝传家的传统——以眉山苏氏和华阳范氏为例》，四川大学出版社，2017年版，第79页。

[2] 成都市方志办编纂委员会、四川大学历史地理研究所整理，《民国华阳县志·安人王氏墓表·列女传》卷19，《成都旧志》第15册，成都时代出版社，2007年版，第477-478页。

[3] 刘雨茂，荣远大编著，《成都出土历代墓铭券文图录综释·宋故特封太孺人史氏墓》，文物出版社，2012年版，第318页。

故又云："家事类有□谋"[1]。

范氏家族自范镇中进士后，开始崛起，范镇作为北宋一代名臣，官至翰林学士，与司马光齐名。据文献记载，范氏家族自范锱始，历经宋代十余朝，冠盖相望，三岁一举，中进士的也有二十余人，范镇、范百禄、范祖禹、范冲等先后任翰林学士，"三范修史"更成为历史佳话，范氏家族被誉为"宋代著名的学术家族"，至今令世人关注。而这些溯源至范镨三兄弟之时，郭氏的贤母家教的作用不容忽略。之后又有王安人、史夫人等，不仅培养了范仲黼这样一位南轩学、蜀学传播的推进者、忠君爱国之士，也为范氏家族文化、家风的传承、发展做出了应有的贡献。所以范仲圭赞其母："履忧患变，故处之素定而不乱。"[2]朱熹曾赞王安人："范君为吏以清白著，其治狱以平允称，夫人盖有助焉。""夫人之所以相其夫而成其子者……处变事而不失其权，有当世士大夫之所甚难而深愧焉者，呜呼！贤哉！"[3]

（二）杜氏忠义一门

华阳杜氏，与唐代诗人杜甫有关。杜甫（712—770），字子美，河南巩县（今河南省巩义市）人，是我国古代伟大的现实主义诗人，世称"诗圣"，其作品号称"诗史"。

公元 759 年，杜甫为躲避"安史之乱"迁居成都浣花溪畔。在此期间，他写下大量传世名篇。其中"安得广厦千万间，大庇天下寒士俱欢颜！风雨不动安如山。呜呼！何时眼前突兀见此屋，吾庐独破受冻死亦足！"更是杜甫发出的旷世绝唱。尽管生活困苦，但是，逐渐稳定下来的寓居生活，激发了杜甫对广厦千万、天下欢颜的期盼，在杜甫铿锵有力的诗歌节奏中，他的心中迸发出充满乐观的激情和火热的希望。

杜凖，据传是杜甫十世孙。但杜凖早逝，杜凖妻黎氏携诸孤就于外氏，定居成都华阳。作为寡母，黎氏没有被生活的窘迫所困，她不仅勤苦治家，而且很重视杜氏家风的传承与再塑，更时刻不忘教导子女继承祖业，一片赤诚忠心为国

---

[1] 刘雨茂，荣远大编著，《成都出土历代墓铭券文图录综释·宋故特封太孺人史氏墓》，文物出版社，2012 年版，第 318 页。

[2] 刘雨茂，荣远大编著，《成都出土历代墓铭券文图录综释·宋故特封太孺人史氏墓［题额］》，文物出版社，2012 年版，第 318 页。

[3] 成都市方志办编纂委员会、四川大学历史地理研究所整理，《民国华阳县志·列女传·安人王氏墓表》卷 19，《成都旧志》第 15 册，成都时代出版社，2007 年版，第 477-478 页。

家。据费著《氏族谱》记载，"黎教子严，必使世其家"。《成都旧志》亦记载，"妻黎携归外家成都，教督甚严。"[1] 黎氏之子最终成为历史上有名的忠义之士。

黎氏次子杜翊世，是绍圣元年（1094）进士，其妻张氏，一样承续杜氏爱国家风，后与丈夫一起，以死节显蜀。据《氏族谱》记载，靖康元年（1127），边寇作乱，西羌也兵临城下，整整三旬，杜翊世与知军刘铨率众守御，他想把妻儿送往长安以求活，杜妻张氏曰："宁同死此城。"最终援兵未及时赶到导致城陷，敌人胁迫杜翊世投降。杜翊世怒斥边寇，举家皆赴烈焰中，《氏族谱》记载，杜翊世"先火其家，乃自缢"。尽管杜氏一门不再，但至今"其门犹曰：'忠义杜'"。[2] 其华阳所居住之地，也被称为"忠义坊"。以上事例都极大地丰富了天府成都的不惧强贼、舍生取义、忠心爱国的文化内涵。

（三）成都双流宇文氏

广都（今属于成都双流）的宇文氏，自宇文邦彦开始享名，其子有阆中、粹中、虚中、时中。宇文虚中，是宋朝著名的爱国大臣、诗人。宇文时中有子女师申、师说、张浚继室宇文氏。宇文师申又有宇文绍恭、宇文绍芳（张南轩夫人）；师说有子宇文绍獻、宇文绍节、宇文氏（知简州杨思成之妻）。宇文氏作为成都显赫一族，也出现了很多贤母、贤女。

其一，教子有方、教子有所成的贤母。如宇文邦彦贤妇黎氏，又称"黎贤妇"。黎氏原家境不好，但喜欢看书且能通大义，常常"手自编抄"，黎氏"劝相其夫，督励其子"，成为当时一位有名的贤妻良母。《天启成都府志》曰："子粹中等历词掖、跻显仕，皆所教也，人称其贤。"[3] 人们都认为宇文三兄弟有如此成就，宇文家族获得繁盛，都是黎氏教训的好。郭伯龙之妻宇文氏，具有闺阃仪范，是当地邻里中模范"邻里秒式"，宇文氏在家相夫教子，"相夫以义，教子以学，正顺慈严无有未至"[4]。其家中，藏书万余卷，对子女受学均有裨益。宇文氏四子皆中进士，大家都认为这是受到宇文氏贤母之教的影响。

[1] 成都市方志办编纂委员会、四川大学历史地理研究所整理，《成都旧志》15 册，成都时代出版社，2007 年版，第 469 页。

[2] 〔明〕周复俊编，《全蜀艺文志·氏族谱》卷 54，《四库全书》第 1381 册，上海古籍出版社，1987 年版，第 750 页。

[3] 成都市方志办编纂委员会、四川大学历史地理研究所整理，《成都旧志·天启成都府志》第 7 册，成都时代出版社，2007 年版，第 349 页。

[4] 〔宋〕文同撰，《丹渊集·龙州助教郭君墓志铭》卷 39，《四库全书》第 1096 册，上海古籍出版社，1987 年版，第 792 页。

其二，宇文氏贤母教子，重视家学承续，传承遗教。宇文师说的妻子、宇文绍节之母房妙光，更是一位具有高见绝识的女子，楼钥在《赠银青光禄大夫宇文公墓志铭》中称其才能品格"有士大夫所不逮"[1]。宇文师说早卒，诸子皆幼。房妙光决意好好教育子女，使之承续家学。《民国华阳县志》云："自后（妙光）专一教子，昼夜不殆。又举银青学行以为法，故诸子益自刻苦。"[2] "文安每举公之遗烈以教之，大略以为公之读书为文皆有准绳。"[3] 十年如一日。房妙光言传身教、教育子女而不懈。此外，张浚妻宇文氏重"德"又重"实"，"不为虚辞"[4]。

其三，宇文氏的贤妇也往往是贤内助。张浚继室宇文氏，张浚当时贵为一国重臣，宇文氏主要在家教训诸子，宇文氏为了能成为张浚的贤内助，曾经对儿女说："吾朝夕兢兢履地如履冰，惟恐一言之失，一事之差，盖其德诚足以配公焉。"[5]

其四，重视孝顺之道的培养。宇文氏家的女儿以孝心称闻。张浚继室宇文氏乃宇文时中之女，贤惠循礼，非常孝顺，"事太夫人尽礼"，每天鸡刚刚鸣叫便已经梳洗完毕侍奉于婆婆床前了，"已冠帔立寝前俟"[6]；晚上直到婆婆"寝至息匀寐安"，这才放心离开。姑舅饮食、汤药，向来亲力亲为，所以太夫人曾赞扬这个媳妇说："吾儿孝，天赐贤妇以成其心。"[7] 张栻之妻宇文绍芳，也以孝贤闻。朱熹在《张公神道碑》曾云："其配曰宇文氏，朝散大夫师申之女，事舅姑以孝闻，佐君子无违，德封安人。"[8]

[1] 成都市方志办编纂委员会、四川大学历史地理研究所整理，《成都旧志·赠银青光禄大夫宇文公墓志铭》第 15 册，成都时代出版社，2007 年版，第 298-299 页。

[2] 成都市方志办编纂委员会、四川大学历史地理研究所整理，《民国华阳县志·列女传》卷 19，《成都旧志》第 15 册，成都时代出版社，2007 年版，第 478 页。

[3] 成都市方志办编纂委员会、四川大学历史地理研究所整理，《成都旧志·民国华阳县志（卷 19）·列女传》第 15 册，成都时代出版社，2007 年版，第 478 页。

[4]〔宋〕朱熹撰，《晦庵集·魏国公致仕赠太保张公行状》卷 95，《四库全书》第 1146 册，上海古籍出版社，1987 年版，第 220 页。

[5]〔宋〕朱熹撰，《晦庵集·魏国公致仕赠太保张公行状》卷 95，《四库全书》第 1146 册，上海古籍出版社，1987 年版，第 220 页。

[6]〔宋〕朱熹撰，《晦庵集·魏国公致仕赠太保张公行状》卷 95，《四库全书》第 1146 册，上海古籍出版社，1987 年版，第 220 页。

[7]〔宋〕朱熹撰，《晦庵集·魏国公致仕赠太保张公行状》卷 95，《四库全书》第 1146 册，上海古籍出版社，1987 年版，第 220 页。

[8]〔宋〕朱熹撰，《晦庵集·右文殿修撰张公神道碑》卷 89，《四库全书》第 1146 册，上海古籍出版社，1987 年版，第 86 页。

其五，重视夫妇关系的和谐。张浚继室宇文氏。张浚是西汉留侯张良之后，南宋名相、抗金名将。据记载，宇文氏"贤明淑慎，与公同志。"[1] 又有云，宇文氏对自己的丈夫，相敬如宾，而且极为尊重，"起居饮食，亦皆如公，有常度不渝，相对如宾。"[2]

其六，重视亲族和睦。处理亲族关系，师说兄到合州时，房妙光留在家乡经营宇文一族，"教愈力，用愈俭，岁入之余，悉储以听，一毫不自私。"[3] 兄嫂为之敬叹有佳，妯娌关系、子侄关系也非常和谐。张浚继室宇文氏，对待内外宗族，也是敬仰有加，从无间言。

其七，重视家法。从宇文师说之妻、张栻之母、张栻之妻，以及郭伯龙之妻，都可以看出，宇文氏家族的贤母或走出来的女子，受其家风的影响，往往具有闺阃仪范，她们治理家事，要么"家法井井，为成都最"[4]，要么成为当地邻里中的模范，影响颇大。对家法的规范与坚持，也是家风家规塑造传承与发展的一部分。

其八，重视官德教育。宇文氏自宇文邦彦以来，走出来的宇文氏子或宇文甥舅关系的后嗣中，爱国大臣有之，文武全才者有之，为民奔走者有之，为国不惜牺牲者亦有之。宇文家族注重官德、品格教育，家中子女也都受到较多影响。如房妙光，长子出仕，她勉励道："谈上世官业以勉之：且卑廉勤首公，无躁进，无诡随，不以驰惊宠禄为急也。"[5]

黎氏的儿子宇文三兄弟粹中、虚中、时中并有名于时。粹中仕至尚书左丞，虚中被称为宋朝爱国大臣、诗人，时中仕至左中大夫、直龙图阁。房氏之子，绍猷为奉直大夫，知汉州；绍谔为文林郎、知叙州南溪县；绍彭，由权户部侍郎、右文殿修撰知太平州；绍节，以龙图治命，官至端明殿学士，签书枢密院事兼太子宾客。其他如张浚继室宇文氏有子张栻，右承务郎直秘阁，与朱熹、吕祖谦齐名，是"东南三贤"之一。郭伯龙之妻宇文氏有四个儿子，皆中进士。可以说，

[1]〔宋〕朱熹撰，《晦庵集·魏国公致仕赠太保张公行状》卷95，《四库全书》第1146册，上海古籍出版社，1987年版，第220页。

[2]〔宋〕朱熹撰，《晦庵集·魏国公致仕赠太保张公行状》卷95，《四库全书》第1146册，上海古籍出版社，1987年版，第220页。

[3] 成都市方志办编纂委员会、四川大学历史地理研究所整理，《民国华阳县志·列女传》卷19，《成都旧志》第15册，成都时代出版社，2007年版，第478页。

[4] 成都市方志办编纂委员会、四川大学历史地理研究所整理，《民国华阳县志·列女传》卷19，《成都旧志》第15册，成都时代出版社，2007年版，第477-478页。

[5] 成都市方志办编纂委员会、四川大学历史地理研究所整理，《民国华阳县志·列女传》卷19，《成都旧志》第15册，成都时代出版社，2007年版，第478页。

在宋代，成都宇文氏家族的发展可谓盛极一时，而盛极一时的背后，从黎氏，到房妙光，到诸位从宇文家族走出来的宇文氏女性，她们通过贤母之教，为我国的宋代理学的发展、爱国精神的弘扬、官德文化的充实、家风家范的塑造等都做出了积极的努力，培养了一代代杰出的人才。

（四）新都杨氏家族

新都杨氏家族，是明代集科举、政治、文化、学术声望于一身的成都名门望族。家族中自杨春中进士，科第相望，人才辈出。杨氏一族秉承优良家风、书香德行之润泽，大者登于台阁，官至宰相，成为我国历史上赫赫有名的"一门七进士，宰相状元家"。杨氏家族的兴起，也与熊氏、叶氏等贤母有极大的关系。

杨玫之前，杨氏尚湮没无闻，直到杨玫出仕，家境好转。杨玫之妻熊氏，孝敬勤俭，皆出天性，素有善德，姻里穷乏，有须辄应。可以说，是一位贤内助，善良的友邻，也是一位善于教子的母亲。但杨玫早逝，彼时熊氏孤儿寡母历经艰苦，护丧归于新都，家中由此也更为贫苦。据李东阳《怀麓堂集》记载：

时杨氏中落，公（杨玫）为县学生……及公膺贡入国学，（熊氏）留居故庐，手自织辟，畜鸡豚易钱谷，为朝夕费，裁取自给，余悉致京师，为旅资。公授永州吏目，太孺人从。岁所得禄奉，务节缩一钱，不妄费。公卒于官，……春及二季皆幼，未堪事，太孺人蓬头垢面负遗骸携两寡妇以归。……既抵家，治葬，家复贫如未仕时。脱所被簪珥，遣春就学。始令复杨姓。[1]

熊氏支撑门户，尽管贫苦非常，但一心想实现丈夫的遗愿振兴家门。熊氏宁愿变卖首饰，也坚决支持儿子求学入仕、移孝为忠，并教育儿子要当一名清官。[2]杨春遵从母训，孝友纯厚，诚信不欺，为官清廉，家业振兴。后杨春娶新都处士叶深之女为妻。叶氏刚嫁到杨家时，家境依然困苦，叶氏辅助熊氏毫无怨言、品行贤孝。据《叶氏墓志铭》云："（叶氏）力奉姑养，闭户织辟，笑言不闻于邻。"[3]后随杨春逆旅，"手执炊爨，虀盐或不继，未尝色愠"[4]。所以熊氏曾称赞

[1]〔明〕李东阳，《封太孺人杨母熊氏墓志铭》，《新都县志》卷11"艺文"，道光甲辰尊经阁藏本，本卷第28页。

[2]《新都县志（五）·人物下·贤良传》第五编，民国十八年（1929年）印本，第2页。

[3]刘雨茂，荣远大编著，《成都出土历代墓铭券文图录综释·叶氏墓志铭》，文物出版社，2012年版，第631页。

[4]刘雨茂，荣远大编著，《成都出土历代墓铭券文图录综释·叶氏墓志铭》，文物出版社，2012年版，第631页。

儿媳，云："吾子勤学类其父，吾妇勤家类其母。"[1] 可以说，有了熊氏、叶氏，杨春才能无后顾之忧，一心向学为官，报效家国，从而也为杨氏一门的兴盛起打下了基础。杨氏母教也由熊氏、叶氏、黄媛、黄峨之贤母懿行形成杨氏家族特有的内容。

其一，相较于成都其他家族，杨氏母训的特色鲜明。熊氏所遗"四重"家训，对杨氏子弟的事业追求、生活生产、亲族伦理、家法教育等做了规定，训云："家人重执业，家产重量出；家礼重敦伦，家法重教育。"[2] 熊氏以此训教育子孙，敦睦人伦，兴家立业。家训不同于一般的口头教育，家训一旦形成，在家庭、家族中，对子孙的立身处世、持家治业、为学致仕就有着重要的约束力量。在"四重"家训之下，杨氏还有非常严格的家规。最著名的莫过于熊氏"鞭笞"教育。熊氏教子比较严厉，"小不悦，辄加棰挞，公（杨春）安受之，惟恐意拂"[3] 熊氏的儿媳也继承这一严厉的方式，叶氏教子，必厉辞色。在这种严厉的母教影响下，杨氏家风逐渐形成了从严治家的特征。据文献记载，杨氏家的子女，即便是犯了小的过错，也是严惩不贷的。"（杨氏）治家严甚，闺廷整然，无敢轻出入者，虽诸孙燕见，不命之退，不敢退。"[4] 在严格的家教之中，杨氏一族的子女教育逐渐取得了显著成效，一门七进士，而且还有一位明代四川唯一的状元郎。可见，杨氏贤母的母训、严教等在杨氏一族家风家规的发展中所具有的举足轻重的地位；与此同时，也可以看出，严格教育在于家庭教育中的意义。

其二，娶媳，重视德才兼具，尤其是德行。据李东阳《杨母叶氏墓志铭》记载，熊氏为儿子选妇，十分慎重，认为这是为杨氏一族承祀发展的大事，后来，她听闻新都处士叶深之女"庄重有则"[5]，就帮儿子求娶，叶氏嫁入杨家之后，协助熊氏，尽心尽力，于母教上，亦能亲力亲为，颇有见识。后叶氏之子杨廷和娶妻黄媛、杨慎娶妻黄峨、杨恒娶妻王氏，也都是或出身名门，或深受家学教育影响，或涉猎书史，或德才兼具。黄氏一族，"家范夙成，姻连之贤，闻于列城"[6]。贤母德才，对杨氏家庭、家族后嗣的德行教育、文学发展、治学出仕、政治思想

---

[1] 刘雨茂，荣远大编著，《成都出土历代墓铭券文图录综释·叶氏墓志铭》，文物出版社，2012年版，第631页。

[2] 全威凡，《清白家风，化雨润物——探访新都区杨氏宗祠·杨氏家谱》，先锋，2022年04月刊，第69页。

[3] 〔明〕李东阳撰，《李东阳集·学士杨公神道碑铭》卷10（第四册），岳麓书社，2008年版，第261页。

[4] 〔明〕焦竑辑，《国朝献徵录·杨公春墓志铭》卷88，明万历四十四年（1616年）徐象橒曼山馆刻本。

[5] 《新都县志·艺文·封孺人杨母叶氏墓志铭》卷11，道光甲辰尊经阁藏本，本卷第26页。

[6] 〔明〕杨慎撰，《升庵集·姨母黄夫人墓志铭》卷8，文津阁四库全书本。

教育等都具有重要意义。据文献记载，杨氏家中，杨春、杨廷和、杨慎等人的基础教育都与贤母的积极参与有关。熊氏对杨春怀有很高的期望，"大儒人独心期之"[1]。杨玟死后，熊氏变卖首饰[2]，督促杨春入县学为诸生。叶氏子教尤其谆切。叶氏教子，必厉辞色。每次饭后，都要让诸子背诵讲授过的书。黄媛自己也是才德具备，教儿子学习唐诗宋词、学习书法，杨慎少年时代便有"相府小诗人"的称誉。杨慎继室黄峨，德才兼具，黄峨教养杨慎弟弟之子及杨慎侧室曹氏所生次子宁仁，也皆有成就。

其三，重视和谐的夫妇关系、音声相和、琴瑟和鸣更令世人艳羡。熊氏曾被时人称为杨玟的贤内助，杨玟为官时，"孺人留京邸，勤家政，内外截截，君子以为有内助焉"[3]。叶氏随杨春逆旅，从不怨生活之苦，而是"手执炊爨，齑盐或不继，未尝色愠"[4]。教育子女的时候，不忘提醒子女向他们的父亲学习，说："汝父少时欲学书，无佳纸笔，欲夜诵，无膏火，欲博观，无多藏书，今汝辈皆有之，而一一不能如汝父，何也？"[5]黄媛杨廷和更是才子佳人，夫妇琴棋书画、诗词唱和，一时成为当时士大夫阶层追求的榜样。而黄峨也是明代闺秀才女中的佼佼者，被誉为女才子班昭，有"才艺冠女班"[6]之称。杨慎曾赞誉自己的夫人，并将夫人黄峨看作女中圣贤来尊敬，说黄峨是"女洙泗、闺邹鲁"[7]。杨慎黄峨夫妇感情和谐，婚后夫唱妇随，传为佳话。杨慎因"大礼议"被终身流放，黄峨不离不弃、共同进退。和谐的夫妇关系为杨氏家族的家庭教育营造了优良的教育环境，也为杨氏诗书儒雅、忠义清白、公益慈善等家风的塑造、传承与发展奠定了基础。

其四，杨氏贤母具有和睦亲族之心，并将大爱推至于社会之慈善、公益。杨氏贤母具有博爱慈育之心，在母教上，视前室子视如己出，不偏私。熊氏为杨玟

---

[1] 〔明〕李东阳撰，《新都县志·艺文·留耕轩记》卷11，道光甲辰尊经阁藏本，本卷24页。

[2] 〔明〕刘春撰，《新都县志·艺文·杨留耕行状》卷11，道光甲辰尊经阁藏本，本卷第29页。

[3] 刘雨茂，荣远大编著，《成都出土历代墓铭券文图录综释·熊氏墓志铭》，文物出版社，2012年版，第601页。

[4] 刘雨茂，荣远大编著，《成都出土历代墓铭券文图录综释·叶氏墓志铭》，文物出版社，2012年版，第631页。

[5] 刘雨茂，荣远大编著，《成都出土历代墓铭券文图录综释·叶氏墓志铭》，文物出版社，2012年版，第631页。

[6] 陈廷乐，《明代女诗人黄峨·杨升庵先生夫人乐府·序》，文史知识，1989年第9期，第72页。

[7] 陈廷乐，《明代女诗人黄峨·杨升庵先生夫人乐府·序》，文史知识，1989年第9期，第72页。

继室,"(杨玫)前□(室)二子远、政,太孺人抚若己出"[1]。杨用贞夫人王氏明顺慈惠,为后嗣之事,王氏"置别室,有诞息者,育之若己出"[2]。黄峨为杨慎继室,杨慎弟弟杨惇、杨忱早卒,黄峨为之教养孤子,被称为"杨氏婴、臼矣,亦天以报公勤劳王家也。"[3]杨慎死后,黄峨徒步奔丧,到泸州迎柩,并把杨慎侧室曹氏所生次子宁仁携归抚教,宁仁不负厚望,荫尚宝司丞,升侍御史致仕归乡。

对于慈善公益,杨氏贤母更是代代相传。熊氏,在杨玫在世的时候,便支持丈夫赈灾济民,虽然自己生活简朴,但姻亲邻里有穷乏不支的,熊氏总是有求必应。杨玫死后,虽然家道艰难,熊氏依然热心慈善,捐济助人。杨用贞夫人王氏俭朴持家,但也乐善施与;遇到贫乏的就"助其急",不吝啬。这种慈爱公益之心也影响到熊氏的子孙。杨春"常以济物为心"[4],将自己的俸禄捐献出来修桥,并为之作《记》;杨廷和为官,位极人臣,也不忘秉承家训,"济物之心,则拳拳无时已也"[5]。据说,新都杨氏至今流传着杨氏"公益"族规,就是由杨春立下的。

其五,重视忠孝传家,重视官德教育。为学、修身与出仕,对一个家族的发展而言无疑是重要的。杨氏家族有位极人臣的宰相,也有为民父母的地方官员,"一门七进士,宰相状元家"名不虚传;对为学、修身与出仕,杨氏贤母也有比较高远的理念。熊氏以"忠义"教育其子杨春,君恩难报,要求儿子不能囿于孝顺而抛弃为国家承担责任义务的"忠",并教育儿子为官要做清官。杨春遵从母训,离家出仕,品行纯厚,为官清廉。其子杨廷和,接受母教——治学不能仅在于诵读,而应该是将学到的知识运用到实际中去,"无徒以诵为也"[6]。杨廷和后来不仅以文行著称于时,且在正德七年(1513)任首辅,因立身持正、关注民生、主持"正嘉改革",改革弊政,被称为"救时宰相"。杨慎在其《自赞》也说:"临利不敢先人,见义不敢后身。谅无补于事业,要不负乎君亲。""大礼议"事件发生之时,杨廷和、杨慎不惜以政治生命和个人命运为代价挺身而出,其正直

---

[1] 刘雨茂,荣远大编著,《成都出土历代墓铭券文图录综释·熊氏墓志铭》,文物出版社,2012年版,第601页。另《新都县志·艺文志》卷10"李东阳《杨母熊氏墓志铭》"有录,道光甲辰尊经阁藏本,本卷27-29页。

[2] 刘雨茂,荣远大编著,《成都出土历代墓铭券文图录综释·杨用贞夫妇王氏墓志铭》,文物出版社,第782页。

[3] 〔清〕黄宗羲编,《明文海·杨文忠公神道碑》卷453,《四库全书》第1458册,上海古籍出版社,1987年版,第541页。

[4] 〔明〕刘春撰,《新都县志·艺文·杨留耕行状》卷11,道光甲辰尊经阁藏本,本卷第29页。

[5] 〔明〕李贽撰,《续藏书》卷12,《太保杨文忠公》,明万历三十九年(1611年)王惟俨刻本。

[6] 刘雨茂,荣远大编著,《成都出土历代墓铭券文图录综释·叶氏墓志铭》,文物出版社,2012年版,第631页。

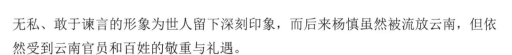

无私、敢于谏言的形象为世人留下深刻印象，而后来杨慎虽然被流放云南，但依然受到云南官员和百姓的敬重与礼遇。

（五）双流刘氏家族

近现代的双流刘家，也是成都文化大族。从这个家庭中，曾经走出数位儒学大师、教育家、医学家，包括被誉为"川西夫子"的刘沅（字止唐），晚清进士刘桂文，成都著名的"五老七贤"之一刘咸荥，会通儒道的思想家刘咸炘，书法家刘东父等。他们取得的成就，在一定程度上与母教的影响有关。就像《先妣行述》以王氏之教的意义所云：刘家贤母诚恳、诚挚的人生态度，不仅影响了子女做人做事的风格，更奠定了他们真诚问学、著书立说的态度与人性的基础。有关刘氏母教的内容，大致如下。

其一，重视贤妇之德。刘梖文夫人王氏曾训诫刘咸炘妻："为吾家妇，当守祖训，修身心，勤内职，不应以享福自期。"[1] 刘氏之妇，有很多都是修身心、勤于内职的贤妻良母。刘沅母向氏，为人矜重，勤俭耐苦，持家有道，为贤妻良母典范。刘彭焕妻杨氏食贫守苦，上奉舅姑得其欢心，下抚子孙秩然有法；尽管经济条件并不好，但她一生兢兢业业，忍饥挨饿，全力奉献[2] 感动了整个家族。杨氏与儿媳刘瑢妻杨氏、文举妻陈氏"一门之中三节妇，形影相依"，上养老、下恤孤，节衣缩食，毁妆力纫，她们吃苦耐劳的意志、无私奉献的精神，不容置疑的性情修养，实在不是一般的女子能做到。正是以杨氏婆媳三代为榜样，自此以后，刘氏家族的女性都是既有修养、又有才干的德才兼备的贤妻良母。"刘氏家族的媳妇们个个都是既有修养有非常能干的女中豪杰。他们对刘沅的开宗立派、刘咸炘的成名成家，具有不容忽视的重大作用。"[3]

其次，刘氏家族之所以取得大的成就，与背后贤妇的相夫教子支持有很大关系。刘沅娶妻彭氏，簉室陈氏、继配袁氏，这三位夫人"俱贤淑，善理家政，故先生无内顾之忧，钻研训诲，至老不倦"[4]。相夫之余，更重要的是教子。贤母都很重视子女问学，家教严格。刘沅六岁时，向氏即督之以正，稍长，又延师训

[1] 中国人民政治协商会议　四川省双流县委员会文史资料研究会编，《双流县文史资料选辑·刘咸炘先生传略》（第三辑），1984 年内部发行，第 16 页。

[2] 中国人民政治协商会议　四川省双流县委员会文史资料研究会编，《双流县文史资料选辑·刘咸炘先生传略》（第三辑），1984 年内部发行，第 16 页。

[3] 中国人民政治协商会议　四川省双流县委员会文史资料研究会编，《双流县文史资料选辑》（第三辑），1984 年内部发行，第 14 页。

[4] 余觉中编，《圣学梯航·清处士刘止唐先生墓志铭》，故宫出版社，2012 年版。

读，《刘沅年谱简编》记云："先生母督以文行，严于父师"。刘咸焌过继于七叔母何氏，在母亲黎氏的督促下，发奋读书，入塾伏案，每至深夜。刘梫文妻王氏，出身名门，自幼有严格的家教，她"治家严肃，昧爽即兴，诸妇随之入厨。晚休于内庭，犹各有操"。王氏对自己亲生的女儿也管教得非常严厉，说："女子不可姑息，姑息则难为人妇也。"

由于刘氏家族以学堂为职守，家里诸多男子无暇顾家，也有的是因为男子早卒，刘氏子女的管教任务就落在女性肩上。刘彭焕妻子杨氏与儿媳刘瑢妻杨氏、文举妻陈氏，以及刘汝饮妻向氏和刘梫文妻王氏，等等，她们无不是克勤克俭，在培养刘氏子孙上倾注全部力量，如果没有这些贤母的倾力家教，刘汝钦、刘沅、刘梫文、刘咸焌、刘咸荥等，就不可能进行薪火传递，在各自的领域做出重要的贡献。关于刘氏家族子弟为国家民族做出的贡献，谭继和在《刘沅：近代中国开端时期的启蒙思想家》中说："刘氏家族学术承传不辍，祖孙两代既创槐轩学，又创推十学，形成以槐轩推十学为核心，精于琴棋书画百科六艺的学术家族，培养了数代名人，如刘沅、刘梫文、刘咸炘、刘东父、刘锋晋、刘奇晋等，此外，两代进省文史馆，这些事例为巴蜀乡贤文化和乡愁文化做出了卓越贡献，为今日乡村振兴首在文化，留下了宝贵创意资源。"[1]

其三，在婆媳关系方面，情感深厚。刘沅母向氏嫁到刘家后，侍奉两代老人，任劳任怨，与长辈感情深厚，当时，刘汉鼎妻子正在生病，长期卧床不起，向氏亲奉侍养，洗衣做饭、喂饭乃至溲溺，十余年不懈。所以婆婆对她非常感激。《刘氏家谱》云："祖偿抚背谕之曰：'我老矣，劳汝太甚！恨无以付汝，他日夫妇安荣，寿如我，而康强倍我！'言毕，泪下不止。"刘梫文妻王氏对儿媳"极宽仁，曲体其情，有训诫，无呵斥"。儿媳自从嫁到刘家，也是"朝夕省定"，一点不敢嬉笑放诞；其儿媳临终时，最难舍的也是婆婆，她说："他无所恋，惟舍妈不得。"婆媳关系能相处到生死不相离，可谓难得。刘氏家族的这种婆媳关系，也影响到刘氏女儿。刘靓修出嫁之后，"孝养服勤，翼翼小心，先意承志"。对待孀居的长辈，她也是"将顺如母"。刘氏本来丰硕劼密，"然自治家以来，甫及十念而发落顶"[2]，可见其付出劳累。

[1] 谭继和，《刘沅：近代中国开端时期的启蒙思想家》，文史杂志，2018年第05期，第26页。

[2] 刘雨茂，荣远大编著，《成都出土历代墓铭券文图录综释·刘靓修墓志铭》，文物出版社，2012年版，第1143页。

其四，重视夫妻深情重义、互不相弃。刘咸荥夫人黄宜人，工绘能诗，与君偕隐，可惜早卒。刘咸荥继室凌氏，至孝柔惠，刘咸荥病后卧床，凌氏"食寝溲溺，扶掖调护，朝夕不怠者三年"[1]，实在可歌可叹、值得一书。不仅夫妻之间，在兄弟姐妹之间，刘家贤妇也非常注重和睦关系的维护。刘沅母向氏十分关心刘汝钦的弟弟妹妹，这些弟弟妹妹衣服换洗都由向氏包了，"就学衣履，寒暄纫浣殷勤"。同父异母的弟弟受人诱惑致使家庭不和，向氏就向他"申说大义，不惮频繁"，最终感动了弟弟。

其五，为人慈善，有施济之心。刘汝钦之妻向氏对待邻里宗族、乞丐路人，非常仁慈，"未尝不拳拳体恤"。刘家女刘靓修也非常支持丈夫施济，有时一散千金，颜楷撰《刘靓修墓志铭》云张祥和大兴慈善："实（刘靓修）左右之，至脱簪珥、鬻田亩，弗吝也。"[2]刘梫文妻王氏，她遵守刘梫文的规矩，礼尚往来、体恤之事，"素不以财乏而吝施减礼"。王氏为人极为慈悲，从来不嫌贫爱富。王氏对儿子刘咸炘说："尔以吾一味俭啬耶？当用仍须用。"[3]

其六，刘氏贤女贤妇，往往出身书香门第，或者本身好学，具有知识才华，这为其母教也提供了重要的条件。刘汝钦之妻向氏，出身书香门第，他的父亲是一位"明经宿儒"。向氏受家庭环境影响，对书本学问颇有自己的见解。她的兄长们挑灯夜读，她从旁边经过，就能背诵别人读过的书。刘沅曾学《易》，向氏云："吾幼嗜此书而弗通其义，今云曳此言，实天地之至理，人道之当然，曷可浅尝置之……命次子为读《易》，辄有所得，颜益腴，体益健。"[4]刘咸炘生母谢氏也生于书香门第之家，有一定文化素养。刘咸炘曾言："吾生母则刚直，故吾性怯于抗争，惟恐忤人，有过于徇情之失，而又时卞急暴气，乃至事亲不能柔声。惟好读书。"[5]

［1］〔清—民〕林思进《双流刘君豫波家传》，风土什志，1949 年第 6 期。

［2］刘雨茂，荣远大编著，《成都出土历代墓铭券文图录综释·刘靓修墓志铭》，文物出版社，2012 年版，第 1143 页。

［3］中国人民政治协商会议　四川省双流县委员会文史资料研究会，《双流县文史资料选辑·刘咸炘先生传略》（第三辑），1984 年内部发行，第 17 页。

［4］蜀太极生编，《刘沅年谱简编（稿本）》，白云深处人家网，2017 年 10 月 21 日，http://www.homeinmists.com/LiuYuanLife.htm.

［5］严寿澂《〈刘咸炘诗文集〉点校本序》引刘咸炘语，徐中玉、郭豫适主编，《中国文论的古与今》，华东师范大学出版社，2011 年版，第 475 页。

（六）龙潭曾氏儒雅家族

成都龙潭寺曾氏本不显著，但从曾咏中进士之后逐渐声名鹊起。由此曾氏子孙繁衍，人文渊薮，成为蜀中望门，而左锡嘉及曾氏姐妹兄弟均有著作传世，遂成为蜀中文宦之家。曾氏母教主要有以下内容。

其一，相互欣赏，诗词唱和，构建了和谐有情的家庭环境。左锡嘉嫁华阳太守曾咏后，对曾咏的为学、做人之道"为学之要，训诂明，义理顺，为人之要，律己严，责人宽"甚为推崇。左锡嘉之女曾懿嫁江南名士袁学昌，学昌才学出众，博综淹贯，且尤嗜金石，曾懿婚后，与丈夫协力同心，风雅随和，遍游闽皖赣。曾懿"家学渊源，流传有绪，根柢厚而阅历深"[1]，成为袁学昌的好助手、贤夫人。左锡嘉次女曾彦嫁才子张祥龄，二人生活有共同志趣，只可惜曾彦早卒，曾彦《虔共室遗集》就是曾彦死后张祥龄所刻。

其二，左锡嘉德才兼具，而曾氏儿媳以及曾家之女也各有天赋、具备贤母德行，为子女的性格、品质的培养起到垂范作用。左锡嘉，天性至孝，奉教婉婉，有"左家孝女"之称，父亲、继母也都喜欢她。左锡嘉既有家学渊源，个人又很勤奋，不仅工绣谱，喜读书、书法，画缋。与姐姐左锡蕙、左锡璇并称"左家三才女"。她的书画能自成一家，为清代蜀中大家。曾季昭，曾咏、左锡嘉之女，其母擅长绘画，工于文字，"海内以才女目之者也"[2]。受到母亲的濡染，曾季昭也兼通文艺，尤其精于绘画，"酷肖其母。"[3]谢述幼侍父任所，喜欢读书，闻学辄悟，善吟咏。丈夫曾光煦曾将她的诗词搜集整理编次成《玉辉馆诗稿》一卷。曾懿为母供笔磨墨，所以也学会了山水绘画、书法篆隶，而且常常以丹青运于女红，曾懿绣的山水，花卉、翎毛无不酷肖，精细入微。曾懿一生拥有多部著作，为清代四川闺秀中第一。曾彦天资美丽，读书引篆，弹丝翦彩，无不精妙，是当时出名的才女，有诗《桐凤馆集》（王闿运作序）。

其三，孝养舅姑，亦有善举，形成家庭德孝之道。曾咏早卒，遗下子女共九人，家贫，左氏考虑到公婆的生活需求，为了更好地孝养舅姑，就带着子女回到故家生活，直到公婆去世，才又带着儿女返回成都。曾光煦妻谢述，也性至孝，父母病重时，曾屡次割股和药以医双亲，双亲相继去世，兄弟在原籍读书，谢述

---

[1] 成都市方志办编纂委员会、四川大学历史地理研究所整理，《成都旧志》第16册，成都时代出版社，2007年版，第633页。
[2] 《新都县志（五）·人物下·节妇传》第五编，民国十八年（1929年）印本，第46页。
[3] 《新都县志（五）·人物下·节妇传》第五编，民国十八年（1929年）印本，第46页。

独自殡祭。侍奉左锡嘉也以极孝而闻名。谢述一生谨身俭用，但对善举之事，皆能殚精竭力，多所资助。

其四，善于母教，为子女教育择邻而出、或施之以夏楚，方式各异，但皆有成效。左锡嘉曾经"三迁"居住之地，归故里、移城南、宅浣花溪，安贫抚孤，以画自给。如果说"孟母三迁"为其子，成为千古流传的典范，"左氏三迁"则为孝亲抚子，亦堪称贤母新典范。左氏教四子五女，均立志成才。子曾光煦，为光绪举人，荫知县，官山西定襄；次子曾光岷，为戊子顺天（1888）举人，己丑（1889）连捷进士、官刑部贵州司主事。其女曾懿、曾彦、曾鸾芷等也精通翰墨，能诗能文，能书能画。曾懿还是蜀中著作至富的女诗人、女医学家。曾懿善于母教，养育了六个儿子，皆为晚清民国的名士。曾光煦《古欢室诗词集序》言："（曾懿）相夫教子，麟祉振振。诸甥儒雅、博学、多能，科第联绵，相继蔚起。或作宰名区，或螭声翰苑。[1]"现"新华门"匾额即为其子袁励准亲笔手书。刘必帅妻曾季昭，也善于母教，由于丈夫早卒，她上孝养公婆，下教养子女，"课督诸子，有过失则命侄作诰，施之以夏楚"[2]。有一年粮价飞涨，民生困苦，曾氏认为："人饥而己饱，已为失平，若更不惜物力，天必弃之矣。"[3]于是她就挑选好的粮食供给堂上。后来"恒以耕读勤俭训子"[4]，孜孜不懈，四十年如一日。

除范氏、杜氏、宇文氏、杨氏、刘氏、曾氏之外，成都历史上，还有很多文化大族，如常（璩）氏家族、王（珪）氏家族、李（调元）氏家族、蒲江魏（了翁）氏家族、金堂贺（麟）氏家族，等等，这些家族在方志开创、诗词创作、理学传承、新儒学的创新、蜀学的发展等各个方面不仅具有典型的家传文化特点，而且都在各个领域做出了重要贡献，当然，在这些贡献的背后，也有一批又一批贤母的辛苦付出。她们充满善意、富有责任心，她们重视子女的思想教育、知识教育，而且也往往能身体力行，德才兼备；她们具有孝养长辈、教育子孙、操持家务、承担责任的素养，也具有塑造、传承、重塑，发展家风、家训、家规的自觉。有了她们的辛苦付出与奉献，成都的家族文化色彩也更加流光溢彩，受世人瞩目。

[1]〔清〕曾光煦：《古欢室诗词集序》，引自《虔共室遗集》，光绪十七年辛卯刊本，第1页。
[2]《新都县志（五）·人物下·节妇传》第五编，民国十八年（1929年）印本，第46页。
[3]《新都县志（五）·人物下·节妇传》第五编，民国十八年（1929年）印本，第46页。
[4]《新都县志（五）·人物下·节妇传》第五编，民国十八年（1929年）印本，第47页。

第二节　成都贤母
大爱元素的垂范形式及其价值

根据对成都贤母故事的调研、整理发现，成都贤母教子往往呈现出对尊礼、至孝、慈爱、友善、博爱等文化精神的自觉接受与传承的特点。她们的付出，为成都家范形成、家风塑造、家业传承起到了积极的促进作用；其贤母垂范所呈现的无私大爱的文化元素，也往往以尊礼至孝、和睦宗亲、琴瑟和鸣、均一等爱、友善邻里、博爱善良等形式得以实现，为蜀都培育了众多清廉志士、蜀学贤达，抑或为蜀文学、蜀文化、蜀医学乃至蜀政治经济的发展都做出了杰出贡献。贤母教育对后嗣、家族乃至社会德行、文化教育的影响意义，堪称我国贤妻良母精神之楷模。其垂范形式及其影响如下。

一、贤母治家，心怀敬畏——尊"礼"而爱人

中华为礼仪之邦。"礼"，本渊源于一种信仰，本意为"敬神"，体现了人对秩序的一种追求；后又引申为一种表达敬意时持有的态度，成为社会秩序维护、治国安邦的制度，并附带了一系列表达尊重、爱戴、敬意、重视等的程序、仪式、行为，成为天下友善和谐、国家稳固的基础。在数千年的中华文明发展史上发生了重大而深远的影响，故孔子云："夫礼，先王以承天之道，以治人之情。故失之者死，得之者生。"[1]"君子敬而勿失，与人恭而有礼，四海之内皆兄弟也。"[2]但现代商业科技文明，却过多地将人的视野局限于物质利益、眼前利益，流传几千年的中华之礼的精神、家庭教育中礼的价值与内涵也已经面临着被误解、被异化、被抛弃，或沦为文化装饰品的危机，当人们对目前的精神状态、信仰追求出现困惑的时候，或许还可以回望我们贤母们是如何尊礼、行礼、教子以礼的。

通过对成都 400 余贤母懿行故事的梳理与考察，发现"尊礼"是成都贤母塑造、承续优良家风、以身垂范的第一步。这些贤母之"尊礼"，首先体现在蒸尝

---

[1] 上海古籍出版社编，《十三经注疏·礼记正义》，上海古籍出版社，1997 年版，第 1414 页。
[2] 上海古籍出版社编，《十三经注疏·论语注疏》，上海古籍出版社，1997 年版，第 2503 页。

祭祀仪式中一丝不苟、对父母晨省昏定的谨慎不懈等方面；其次是对婚丧嫁娶的操办，六姻亲伦的往来、长幼叔伯姊妹子孙的孝悌秩序等。

《杨氏墓志铭》记载，王就妻杨氏，淑兰行芳、馨四德备，她在治家过程中，逢年过节各种祭祀礼节从不马虎，"奉苹蘩而蒸尝以洁"[1]。这里的"洁"正是"敬"的体现，有了对先人的"敬"，也就树立了一种从文化精神上约束和规范，是子孙处理人际关系的基础。杨氏对"礼"的一丝不苟，在无形中通过蒸尝祭祀礼仪培养子女辈的敬畏之心，向子孙传达这样一种意识：要有敬畏、崇敬的自觉，有所敬畏则不敢胡作非为。此举最终成就了王氏家族礼乐炳然、亲伦六姻和美的家庭状态，时称鼎族，人袭儒风。

《扶风府君夫人周氏墓志铭》记载，马惟用妻周氏，教子有法、正家有礼，将礼教日常化，子女耳濡目染，精神面貌与那些"矜车服耀首饰者"[2]有很大不同，所以"夫人之子孙，儒其衣冠、济济一门则翱翔青云，可立而待，岂非室家之功？"[3]。

华阳县李夫人程氏、马惟用妻周氏、王武用夫人颜氏、张确夫人杜氏、勾龙巍夫人黄氏、张浚继室华阳宇文氏、许益之夫人刘氏、刘起妻张氏、刘昱妻张氏、宋若水妻张氏、范祖尧母赵氏，等等，无一不是"尊礼行事"的典型。华阳县李夫人程氏，出身华冠之族，自从嫁到华阳，"如蒸尝之献，綦组之修，任用周于族姻，友爱彰于娣姒，此又妇仪之可观也"[4]。程氏蒸尝之献讲究礼节，对待族姻和睦友爱，子女受其影响，很小的年纪便知修习，其"侁侁庭户，实禀母仪。"[5]马惟用妻周氏，教子有法、正家有礼，将礼教日常化，子女耳濡目染，精神面貌与那些坐着豪车穿着豪服的人有很大不同，所以"夫人之子孙，儒其衣冠、济济一门则翱翔青云，可立而待，岂非室家之功？"[6]王武用夫人颜氏，来

---

[1] 刘雨茂，荣远大编著，《成都出土历代墓铭券文图录综释·杨氏墓志铭》，文物出版社，2012年版，第33页。

[2] 刘雨茂，荣远大编著，《成都出土历代墓铭券文图录综释·扶风府君夫人周氏墓志铭》，文物出版社，2012年版，第221页。

[3] 刘雨茂，荣远大编著，《成都出土历代墓铭券文图录综释·扶风府君夫人周氏墓志铭》，文物出版社，2012年版，第221页。

[4] 刘雨茂，荣远大编著，《成都出土历代墓铭券文图录综释·李府君夫人程氏墓志铭》，文物出版社，2012年版，第1150页。

[5] 刘雨茂，荣远大编著，《成都出土历代墓铭券文图录综释·李府君夫人程氏墓志铭》，文物出版社，2012年版，第1150页。

[6] 刘雨茂，荣远大编著，《成都出土历代墓铭券文图录综释·扶风府君夫人周氏墓志铭》，文物出版社，2012年版，第221页。

自"儒风绵聊于世"的颜氏家族，婉淑知礼，云："兹孝行多柔淑，得圭玉不杂之质，有松筠不变之操。"[1] 颜氏有五个儿子，长子莫干、次子莫翰、长女利济，均自幼慕道。张确夫人杜氏，"见郎伯则尊敬如神，封叔妹则克己尽礼，事夫则能以柔济其刚，以顺守其正，得相成之道"[2]。如果说杜氏"尊礼"的行为与自我约束常人难以企及，那"合舅姑之心，诸妇亦能赖其能而相与欢爱，闺门雍穆"的效果也是一样令人企羡。勾龙薿夫人黄氏，早寡，凡是娣子娶妇、奉舅姑丧葬、岁时邻党相问之事，无不做到循礼而行。张浚继室华阳宇文氏，贤明淑慎，与公同志，她贤惠循礼，非常孝顺，事太夫人尽礼。许益之夫人刘氏，上孝下爱，以礼自制，事上接下，祥顺友爱，循蹈矩法。刘起妻张氏，生有懿德，禀性仁厚，出嫁后孝顺公婆，姻睦亲族，礼事夫党，柔惠逮下。刘昱妻张氏，祖舅姑、舅姑、伯舅姑之丧葬，辅助办理，送终如礼。宋若水妻张氏，贤惠孝顺、颇识义理，奉祀庄重严肃，对待叔妹皆有礼有节，对待亲族讲究有恩有义，公爹之丧事，她全力相助，"办治如法，人以为难"[3]。范祖尧母赵氏，早媚而能礼仪，相夫倚门尽心，教子以身为则，为世人称道。刘恩妻李氏，性情温和、品性雅娴，事舅姑以孝，每逢祭祀的时候，必躬亲醴俎，以示恭敬。诸如此类。这些贤母在日常生活中，能尊礼行事，以礼自制。

当然，这里贤母所尊奉的"礼"，不能简单视为"旧传统中束缚人的思想行动的礼节和虚伪的道德"，在烦琐的礼仪规范中，贤母向子孙传播的往往也包含了一种一丝不苟、礼敬世界的人生观、价值观。在某种程度上，这种"礼"的教育，将使后嗣懂得做人的道理，认识人生的责任和义务，完善人格的塑造与养成，在潜移默化中实现对子孙的德行引导与教化。

二、先意承志，承欢膝下——至孝则家和

成都贤母对"礼"的遵循，也常常表现为"贤妇至孝"。在我国浓重的家庭观念中，"孝"早已成为子女辈必须遵守的道德规范之一。"孝道的本质是爱与奉

---

[1] 刘雨茂，荣远大编著，《成都出土历代墓铭券文图录综释·王武用夫人颜氏墓志铭》，文物出版社，2012 年版，第 20 页。

[2] 刘雨茂，荣远大编著，《成都出土历代墓铭券文图录综释·张确夫人杜氏墓志》，文物出版社，2012 年版，第 197-198 页。

[3]〔宋〕朱熹撰，《晦庵集·运判宋公墓志铭》卷 93，《四库全书》第 1146 册，上海古籍出版社，1987 年版，第 191 页。

献，是一种爱与敬的情感与行为，也是人们实践道德的起点。"[1] 在家族的日常生活中，贤母对"礼"的遵循，也表现为"至孝"。孝是一种代代传承的天经地义：父母慈爱于子女，子受恩于父母，并不断地接受父母的养育和影响，从而实现大道美行的传续。

在成都历史文献中，关于贤妇恪守孝道的事迹记录最为普遍，贤妇纺织奉亲、朝夕不懈、承欢膝下、以礼营葬等懿行数不胜数，这些无不是贤妇用来表达孝行的方式或形式，尽管其中存在有"行孝方式""行孝内容"欠妥的地方，但总体上，对于至孝的精神的弘扬，却影响至今。这些贤妇行孝的事迹，或通过政府表彰，或通过文字记载，或通过家族记忆、乡邻的口述演绎等方式被记录下来，也有很多成为后来贤女孝妇相仿相效的道德标杆；而对于家族内部，贤母之至孝行为，则是对子女辈进行孝道传输和教育的最好方式。

张确夫人杜氏，不仅孝敬顺悌，而且孝心天然，能时时考虑到公婆的感受，从多角度表现孝心。据《张确夫人杜氏墓志》记载，杜氏出嫁张确，事公婆如事亲生父母，先意承志，温恭朝夕，从不倦怠。有一次，有污吏构陷、致罪于张确的兄长张砺，张确帮助兄长逃脱。吏勒令寻拿张确，杜氏劝张确也避开远去。吏拿张确家人问话，儿子张无逸准备过去。杜氏说："吾夫妻爱养汝，望汝兴门户，或为吏所害，则汝其奈何？我妇人无罪，彼焉能虐我哉？吾当往。"吏最终不敢肆虐其毒，而杜氏回到家中，首先便是去向婆母汇报情况，以安婆母之心。她的儿子张无逸说："能全身以蔽，夫与夫之兄皆免于难，而解舅姑之忧，诚为义也，烈也，而孝在其中。"[2]

宋若水妻张氏，在家尽孝父母，出嫁侍奉公婆，做常人所不能为之事。据《运判宋公墓志铭》所言，张氏贤惠孝顺，颇识义理，尚未出嫁的时候，张氏就常常引古喻今以劝其父。当时，张氏的父亲在永康为官"颇以严治"，张氏"每陈古谊以谏。"[3] 子曰："事父母几谏，见志不从，又敬不违，劳而不怨。"[4] 张氏侍奉父母，对父母的过错，能做到婉转规劝，这也是至孝的一种方式。出嫁之后，张氏对长辈十分尊敬孝顺，对弟弟妹妹，也是和气有礼，对亲戚里党，不纷争

---

[1] 刘永祥，《近代中国孝道文化研究》，山东师范大学研究生 2009 年学位论文，第 252 页。

[2] 刘雨茂，荣远大编著，《成都出土历代墓铭券文图录综释·张确夫人杜氏墓志》，文物出版社，2012 年版，第 197-198 页。

[3] 〔宋〕朱熹撰，《晦庵集·运判宋公墓志铭》卷93，《四库全书》第1146册，上海古籍出版社，1987年版，第 191 页。

[4] 上海古籍出版社编，《十三经注疏·论语·里仁》，上海古籍出版社，1987 年版，2014 年。

而和谐相助;"舅丧,悉力佐公,办治如法,人以为难。"[1]世人都认为,这是很难做到的。也正因为难以做到,就更能显示出一位贤母治家、身体力行的不同寻常。

有的至孝之妇,在世时就因为至孝赢得公婆以及世人的称誉。宋京夫人蒲洁,宋京母李硕人每次见到她都会说:"吾家之贤妇啊!"王就夫人朱氏至孝,双亲年高,她左右奉甘脂无违;婆婆病了很多年,她始终是"胝膳尝药而后进",婆婆临终祝愿朱氏:"希望你将来也能有个这样的好儿媳妇。"丈夫王就也对儿子们说:"我这一生之所以能得父母欢心,都是你们的母亲能竭诚代我行孝啊!"杨春妻叶氏,勤劳至孝,力奉姑养,闭户织辟,笑言不闻于邻;后随杨春逆旅,烧火煮饭,清贫的素食都有可能断了吃,但她从来不会怨怒什么。熊氏曾云:"吾子勤学类其父,吾妇勤家类其母。"[2]

有的贤妇非常关注长辈的老年生活,能考虑到老年人的心理需求、生活环境的习惯问题。戴春魁妻叶氏,早寡,有二子皆幼,戴春魁父母健在;母性刚烈,叶氏小心服侍二十余年,从没有发生什么抵触或不高兴的事,叶氏还常命两个儿子朝夕随侍,以承老人之欢。也有的虽然遭受公公婆婆的不待见,或者被赶出家门,但并不发出怨言,而是孝顺依然,在子孙后代中形成良好的家庭氛围。廖朝卿妻秦氏被迫与翁婆分家但秦氏一无怨色,生活虽苦,但依然孝亲养子不怠。曾咏妻左锡嘉,曾咏早卒,有子女共九人,家贫,左氏为了更好地孝养舅姑,便带着子女回到故里,直到公婆去世。

有的端茶奉药,长年累月。秦日珍妻田氏,早寡,田氏孝养婆婆,并抚侄震和为嗣;婆婆生病,田氏日侍榻旁,检点医药,往往一夜三四起,经旬累月不稍倦。叶正昆妻范氏,养亲教子,公爹婆婆病十余年,药饵羹汤无不是范氏亲自调制。

有的因为家庭贫苦,缺衣少食,但只要是有了好吃好穿的,总会先及公婆所需。曾儒学妻周氏,通诗书、至孝。周氏早寡,家中贫苦,婆婆衰老,周氏砥志自奋,勤于纺绩,有时"或为人女师",只要有了收入,她就一定会买些美食给婆婆吃,她自己和子女则只吃一些粗粝之食。松潘镇游击萧太和之妾黄氏,萧太

---

[1] 〔宋〕朱熹撰,《晦庵集・运判宋公墓志铭》卷93,《四库全书》第1146册,上海古籍出版社,1987年版,第191页。

[2] 刘雨茂,荣远大编著,《成都出土历代墓铭券文图录综释・叶氏墓志铭》,文物出版社,2012年版,第631页。

和死后，继母贾氏已经七十多岁了，贾氏嫡子不才，尽破其财；而黄氏子萧建勋尚幼，无以为生，黄氏便以帮邻里家瀚濯烦扣，挣些佣钱度日。晚上纺绩缝纫，以备一家老弱的衣履，等等。

　　我国是祖先信仰、宗法意识极浓的国度，孝顺思想自古就显得深沉和厚重。西周以来，"孝顺"之德几乎成为约束和衡量人们行为的最重要的道德规范和准则，成为世俗伦理的核心。[1] 长辈尤其是父母对后嗣子女的养育，付出了无数心血；而作为子女，赡养父母长辈，尽力孝道，以报长辈、父母的养育之恩也是情理之中的事情。而且在传统意义上，"孝顺"不仅是一种报恩之举，也是修德之实践，是一个人个性品质的基础呈现。孔子曰："孝，德之本也，教之所由生也……孝，始于事亲，中于事君，终于立身。"[2] 这也就是说，"孝"是所有德行的根本，是一切教化产生的根源；孝，始于侍奉父母，用于效力国君，最终成就的是君子自身；故"孝"是君子修身、齐家、治国、平天下的根本。成都历代贤母的至孝之行为，也正是在这种传统"至孝"理念下的具体实践和表现，其中的很多内容还是值得今人借鉴和学习的。

三、道义相期，琴瑟和鸣——夫妇和而家道兴

　　在家庭中，夫妻关系无疑是核心关系，而其他的关系都是围绕着这个关系展开的。在一个家庭之中，夫妻关系是否和谐亲近，往往决定家庭中的其他关系是否可以更为健康和谐的关键。换言之，夫妻关系关系到一个家庭的生活氛围、文化以及家风。所以《诗经》首章便以《关雎》起兴，以"后妃之德"作为"风天下而正夫妇""用之乡人焉，用之邦国焉"[3] 的教化天下起始，而婚礼上"宜其室家""宜其家人""宜尔子孙""与子偕老"等这样的祝愿在《诗经》中也比比皆是。《民国华阳县志》云："夫夫妇妇而天下正，盖欲正天下，未有不自家者始。《易》基乾坤，《诗》首'关雎'，《书》美'厘降'其旨远矣。"[4]《增广贤文》云："父子和而家不败，兄弟和而家不分，乡党和而争讼息，夫妇和而家道兴。"[5]

---

[1]　冯和一，《英藏 S2204〈董永变文〉董永至孝感天意义分析》，成都师范学院学报，2014 年第 05 期，第 69-72 页。

[2]　上海古籍出版社编，《十三经注疏·孝经注疏·孝经》，上海古籍出版社，1997 年版，第 2545 页。

[3]　上海古籍出版社编，《十三经注疏·毛诗正义》，上海古籍出版社，1997 年版，第 269 页。

[4]　成都市方志办编纂委员会、四川大学历史地理研究所整理，《成都旧志·民国华阳县志·列女》第 15 册，成都时代出版社，2007 年版，第 477 页。

[5]　〔清〕周希陶撰，杨根乔等评注，《增广贤文》，安徽文艺出版社，2004 年版，第 37 页。

分析成都贤母故事，我们可以发现，贤母主持下的家庭，几乎都有着比较和谐的夫妻关系；夫妇之间，或者恩爱至厚、举案齐眉；或者相互尊重、相互辅助；或者有错警劝，有难相救；或者白首知心、道义相期、琴瑟和鸣。不仅如此，她们还会关注子女的婚姻嫁娶、重视男女方的德行操守，重视家庭生活的美满等。

有些贤女，颇有见地，有胆有识、能规善劝，与丈夫的关系可以说亦师亦友。据《文安县君刘氏墓志铭》记载，许益之夫妇犹如严师益友。许益之常以设宴聚饮放荡出游自喜，其妻刘氏每次都乘间引古说今，述说古代因这种行为而最终招致祸殃的人来劝谕，许益之惕然愧畏，后来就不再这样了。为此，许益之赞叹说："盖使人听其言，惕然若严师良友在侧，动静语默以教义、谆谆警诲人者，予过渐鲜有奥助尔。"[1]

宋若水之妻张氏，善于规劝。宋公闲居在家，曾有人想请他去摄局，张氏很不高兴，说，我们现在的资产足够了，跟随别人谋求禄位，这不是毁坏你向来怀有的志向吗？所以被赞"方直之操，士夫或有愧焉。不但为妇人之贤而已。"[2]

宋构夫人李纯慧，夫妇恩爱甚厚。宋构事三朝，出入中外，以才闻名，行义无一毫玷缺，那都是多亏了李纯慧内助之力。李纯慧曾对宋构说："士以寒苦自奋，其后鲜不以利欲丧其节；公年少时，志气飘飘，讵肯出人下，先人以我从公者，正欲助公为善尔！今公资适逢世，宜黾勉就功名，贫富有无吾自顺之，不敢以为公累。愿公行止进退一橥于衙（道）而已。"[3]有了这位贤内助的支持与规劝，宋构居官，只需尽瘁于国事，而不用为家事操心。而且李纯慧颇有智识才干。因为宋构好贤乐善、重于唯诺，当世士大夫大多喜欢与他交游，后生晚进也常常争相趋附，所以他们家常常冠盖满门。李纯慧曾经从户屏间窃听他们的谈话，继而与宋构评论是否适当，以警劝丈夫。"金部公尤嫉恶，为使时，遇部吏有犯法必钩摘不少容；夫人闻之，阴察其可恕者，徐为解释，金部公亦加敬爱，多所咨纳。"

赵敏若妻杨氏。蜀地大将吴曦叛乱，当地居民将伺时抢夺绢丝财物等，赵很担心，但杨氏不忧不惧，心有所思。她以探视兄长为名到阆州，"奉母出三峡，

---

[1]〔宋〕文同撰，《丹渊集·文安县君刘氏墓志铭》卷40，《四库全书》第1096册，上海古籍出版社，1987年版，第796页。

[2]〔宋〕朱熹撰，《晦庵集·运判宋公墓志铭》卷93，《四库全书》第1146册，上海古籍出版社，1987年版，第191页。

[3] 刘雨茂、荣远大著，《成都出土历代墓铭券文图录综释》，文物出版社，2012年版，第234页。

乞荆襄之师"[1]，她借用杨氏私兵，扫除盗贼之患。当时，杨氏治酒浆炙请将士进食，每天如此，大得人和，盗患因此得以屏息。后来，赵敏若抵虁，杀吴曦爱将禄禧以抚慰其将士，从那以后，赵敏若分符授钺，颇受重任，杨氏里居则恬淡无欲。赵敏若守汉中的时候，因与制置使郑损关系不和而奇祸加身，因罪免职闲居数年。后来元军攻打汉中，赵敏若本不想作为，杨氏劝他不能因为个人私心违背国家忠义，劝丈夫危难面前"不避害，不辞难"，赵敏若这才临危受命。[2]

　　贤女至孝双亲、主内治家、支持丈夫、尊重丈夫、相夫教子更是主流。宋京夫人蒲洁，高智卓识，为人处世行若男子，家里的事多而杂，但她从来不因此拖累丈夫，她治家井井有条，为丈夫分忧，使他专意宦学，置身朝右。所以宋京特别感激这个贤德之妻，说："吾家之贤妻啊！"王就夫人朱氏适丈夫之志，以相内事，夫妇和谐。王就曾对儿子说："吾平生啜菽饮水以为养，而能得父母之欢心者，以汝母能竭诚以相吾之孝也；吾箪食瓢饮萧然四壁而食客之归者日以十数，以汝母能不计后日之有亡，以从吾之志也。"[3]黄峨与杨慎结为伉俪，夫妻唱和，恩爱有加；黄峨才德无不受人称颂。后经黄峨劝促，杨慎辞别家人回京任职，黄峨留下持家；杨慎被流放后，黄峨不离不弃、共同进退。李芳春妻陈氏，二人异姓兄妹，陈氏为人至孝至勤，陈氏享年46岁，当时李芳春为之悲泣而撰写墓志铭，称赞妻子"孝视亲而慈育子，宜家人而睦族邻，且其治家也，就深浅而勤劳，虽有忘而黾勉，惟期家道成而子显贵"[4]。其他如张确妻杜氏"事夫则能以柔济其刚，以顺守其正，得相成之道"[5]。宇文氏，嫁张栻，"佐君子无违，德封安人"[6]。郭伯龙之妻宇文氏，在家相夫以义，教子以学，正顺慈严无有未至。范洋养孤推产，其妻史氏是相为支持，"家事类有口谋"[7]。皆为此类。

[1]〔宋〕魏了翁撰，《鹤山集·恭人杨氏墓志铭》卷82，《四库全书》第1173册，上海古籍出版社，1987年版，第263页。

[2]〔宋〕魏了翁撰，《鹤山集·恭人杨氏墓志铭》卷82，《四库全书》第1173册，上海古籍出版社，1987年版，第264页。

[3]刘雨茂、荣远大著，《成都出土历代墓铭券文图录综释·王就夫人朱氏墓志》，文物出版社，2012年版，第248页。

[4]刘雨茂、荣远大著，《成都出土历代墓铭券文图录综释·陈氏墓志铭》，文物出版社，2012年版，第1055页。

[5]刘雨茂、荣远大著，《成都出土历代墓铭券文图录综释·张确夫人杜氏墓志》，文物出版社，2012年版，第198页。

[6]〔宋〕朱熹撰，《晦庵集·右文殿修撰张公神道碑》卷89，《四库全书》第1146册，上海古籍出版社，1987年版，第86页。

[7]刘雨茂、荣远大著，《成都出土历代墓铭券文图录综释·宋故特封太孺人史氏墓》，文物出版社，2012年版，第318页。

有夫妇，琴瑟和谐，感情甚笃，为教育子女营造了极好的家庭氛围。唐君毅之母陈大任嫁给唐迪风后，处夫妇之道以"道义相期""情为夫妇，而义兼师友"[1]。为子女营造了温纯敦厚、勤劳孝友和严格要求、砥砺志节的家庭氛围，养育了唐君毅及其弟妹。郭齐勇《思复堂遗诗》的序中称："达到了儒家夫妇理论的最高境界。"[2]韦毅夫人张氏，十六岁出嫁将门相族，淑德茂才，琴瑟和谐，夫妻情感的和睦，"已谐偕老之期，冀保宜家之道"。顾汝修继室李瀛洲，其诗笔清流，兼有嶙峋气概；其书法字体娟秀，尤为工整，诗才书才均在其兄弟姊妹之上；李龙川对其妹嫁顾汝修的婚事深表赞许，诗云："匣藏宝剑海藏珠，良玉终难混碔砆。绿衣自弹谁是解？文君今日遇相如。"敬有斋，敬华南之女，同县国学生赵遵素妻。敬有斋持家有方，诗文有法度，与赵遵素举案齐眉，夫唱妇随，作诗甚多，远近闻名，有诗集传世。郭名锦妻孙佑纯，随父宦蜀，寄籍成都。刘玉坡任蜀藩司时，因爱郭名锦之才，着重培养，后刘玉坡调浙江任巡抚，郭名锦及妻孙佑纯随往，因白莲教起义，孙佑纯为避兵乱，夫妇辗转回蜀，定居成都。虽然生活清苦，备历艰辛，但夫妇共力维持，唱和不间断，每至一地咏怀写意，高歌林下。张问陶继室林颀（字韵征）（林颀的父亲为成都知府，张问陶赘居成都府署），夫妇多默契之语，诗画唱酬，伉俪情深，艺林传为佳话，她常与问陶及娣妹酬唱吟和，因此张氏家族还出现了诗坛罕见的"三兄弟（张问安、张问陶、张问莱）、三妯娌（陈慧殊、林韵征、杨古雪）诗人"之家。自问陶以后，蜀中张氏家族，折桂如林，风雅满门，成为蜀中引人瞩目的文学世家。[3]谢梦贞，少颖悟，喜读书，年十六岁许配给郑方得，婚后孝翁姑备至，与夫相敬如宾，严守妇道，克尽妇职，有子二人，均遵父母遗教成才。孙慎仪，适邛州进士、翰林院编修、顺天乡试同考官、尊经书院院长伍肇龄。婚后夫妇生活情驾，相处甚欢，于北京、成都、邛崃居家，夫唱妇随。新津处士黄堂之女黄氏，董万贯妻；"孝敬以事舅姑，柔顺以事夫子，勤俭以理中馈。"黄氏是一位典型的贤妻良母，所以董君很敬重她，夫妻和谐，感情益笃。高浣花，为江南拔贡生杨廷贤继室。杨廷贤染疾，高氏多方疗救，曾割股疗夫，终无所救，后纺织课子，期以成人。景豫之妻倪淑仪，嫁景豫后，夫妇伉俪甚笃。

---

[1] 唐君毅撰，《思复堂遗诗·1973年台湾影印本编后记》，陈卓仙著，秦燕春笺注，《思复堂遗诗》，上海古籍出版社，2018年版，第305页。

[2] 郭齐勇撰，《思复堂遗诗·序》，陈卓仙著，秦燕春笺注，《思复堂遗诗》，上海古籍出版社，2018年版，第4页。

[3] 李朝正、李义清著，《巴蜀历代名媛著作考要》，巴蜀书社，1997年版，第109页。

有娴于弓马，具有胆识，与丈夫征战沙场鞍前马后、又能治理家事的贤女。柳雅夫人仇道真，柳雅在英州时，仇氏也在此"周旋英州，克苦俭约"[1]，英州城之所以能抗敌而立，"由夫人内辅之力焉"[2]。岳钟琪继室高氏，一品夫人，文武双全。高氏精通翰墨，又娴于弓马，明悉军事，佐理内政也是井井有条。岳钟琪每出征战，家在高氏的治理下也内外莫不肃然。高氏待人以宽，人咸敬服。另外，高氏还雅好诗歌，高氏与岳钟琪伉俪情深，时常诗词唱和，被誉为"天地奇偶"。

根据现代教育的观念，夫妻关系的和谐，在家庭教育中有着至关重要的地位。夫妻关系和睦的家庭，子女往往能更好地感觉到爱，感觉到安全，并最终将这一份爱、安全感反馈、传播到社会。夫妻和睦对子女的生活成长也将产生积极有益的影响。琴瑟和谐的夫妻在日常生活中也往往相互体现为互相关爱、包容，善于沟通和理解，家庭生活幸福美满、和谐温馨，子女耳濡目染，再加上父母言传身教，其品性修养、思想观念自然趋向于宽容无私、知书识礼。在处理与人际关系时，也会表现为乐观、包容、博爱、友善、举止有度、彬彬有礼，即便遇到一些问题，也会较好的沟通、交流和解决。纵观成都贤母家庭教育出来的子孙，高志确然、独拔群俗者有之；博学多识、传承贤孝者有之；家风纯正绵延数百年者有之；不汲汲于进取，蜀人高其行者有之；生贵家而不骄纵，显宦而不侈随者有之；以母为师，躬奉温清，敬事不息者有之……纵观成都贤母嘉言懿行故事，夫妇和谐关系的经营，无疑对无数家庭、家族家范形成，家风塑造，家业传承具有积极的促进作用。

四、继母至慈，若一均等——贤母之爱无私

纵观《成都贤母懿行故事辑略》，贤母的大爱精神，其贤母慈爱的母性，往往能超越狭隘的个人血缘，实现人之"大爱"的自然发展与自觉延伸。如继母对前室子女的关爱与教育。作为特殊母亲形象群，文艺作品中的继母常常具有虐待子女、专横跋扈、偏袒自私的特点，然而，翻开《成都贤母懿行故事辑略》，我们发现，她们刚刚及笄或人到中年、老年，有的天生柔静或本性严肃，或者出身高贵或平凡人家……但重要的是这些贤母，她们既是贤女，又是贤媳，又是贤

---

[1] 刘雨茂、荣远大著，《成都出土历代墓铭券文图录综释·成纪夫人墓铭》，文物出版社，2012年版，第1167页。

[2] 刘雨茂、荣远大著，《成都出土历代墓铭券文图录综释·成纪夫人墓铭》，文物出版社，2012年版，第1167页。

妻，为人母之后，其仁爱贤惠的母性便具有了包容、乐观、友善、博爱的道德张力，并以此影响一个家庭、一个家族，甚至一方天地。

汉代贤母司马敬，出嫁为继室，丈夫前室有子，司马敬也有自己的亲生儿子，但是对于张霸五个儿子，她作为继母，"拂教五子，恩爱若一"[1]。作为一位主母，司马敬关注的是子女的健康成长与教育，是整个张氏家族的血脉。后来张霸去世，司马敬与子女们一起还蜀，就更注意对诸子女施以母教、训导子女，从而张氏家族世代有学有仕。

大酉继母程曼卿，由于大酉的母亲史氏早亡，程氏作为继母，便倾心教养他。程氏此人，少年疾苦，气禀坚耐，嫁到夫家后以至孝称，养育丈夫的前室之子也尽心尽力，而且重视大酉的文化学习。大酉稍稍长大些，便送他入学，"喜音泮分也"，程氏为大酉的进步与努力而欢喜，常常为他加餐。每讲习至夜深，程氏一定会心疼地问其寒饥并优恤抚慰他。有人曾说："人非母不生，不幸无母，非继母无以生。"[2]大酉少失母，有幸遇到程氏这样的继母，对待他就像亲生的一样。甚至这种教育直至大酉为官作宰之后也一直持续，大酉接程氏养老，程氏仍不忘教子救民于苦难，曰："流莩当散不当聚。"[3]为此大酉积极筹粮，"几累月无一疾殣，全活以万数"[4]。程氏如此教育子女的训敕还有很多，不可殚述。当然，大酉与继母关系很好，长大后他尽心奉养程氏，程氏说："史恭人劳而不食，吾愧之名义。"[5]蜀地大贤魏了翁也曾赞颂这母子二人的关系："每见其闺门肃穆，母子怡愉，不知其有先后之间也，迨得罪南迁，为史恭人志，竟然后知大酉鞠于继母，然而数十年间无一间言，人至于视己子如一，未足异也，视非己出者，人莫能名其薄厚，则蕴诸中者可知。诗曰：'鸤鸠在桑，其子七兮，淑人君子，其仪一兮，其仪一兮，心如结兮'。吾于程氏之子母，盖两贤之。"[6]

---

[1]〔晋〕常璩撰，《华阳国志·先贤士女总赞论》卷10，《四库全书》第463册，上海古籍出版社，1987年版，第238页。

[2]〔宋〕魏了翁撰，《鹤山集·太令人程氏墓志铭》卷87，《四库全书》第1173册，上海古籍出版社，1987年版，第317页。

[3]〔宋〕魏了翁撰，《鹤山集·太令人程氏墓志铭》卷87，《四库全书》第1173册，上海古籍出版社，1987年版，第318页。

[4]〔宋〕魏了翁撰，《鹤山集·太令人程氏墓志铭》卷87，《四库全书》第1173册，上海古籍出版社，1987年版，第318页。

[5]〔宋〕魏了翁撰，《鹤山集·太令人程氏墓志铭》卷87，《四库全书》第1173册，上海古籍出版社，1987年版，第318页。

[6]〔宋〕魏了翁撰，《鹤山集·太令人程氏墓志铭》卷87，《四库全书》第1173册，上海古籍出版社，1987年版，第319页。

李化楠妻罗氏，早亡，长子李调元当时只有五六岁，还有一个妹妹才三岁，兄妹二人伶仃孤苦。李化楠又娶吴氏。吴氏上奉舅姑，下抚前室幼子，甚为勤苦。乾隆十二年（1747），吴氏生李生子，乳名龙、虎，但她也未因此偏爱自己的儿子，而是精心抚养前室子，李调元这时也首出《幼学草》诗稿；乾隆十六年（1751），李化楠上京候选；李调元乡试落第后，继母吴氏带着婆婆赵氏、调元下三峡去浙江李化楠任所。李调元问学于李虹舟，受业于徐君玮，向前开拓人生之路，乾隆二十九年（1764），李调元考中进士，成为清代四川"三才子"之一。继母之爱，不仅给予李调元快乐的童年回忆，"夜阑忽记髫时乐，放学归来著雨蓑。"也使李调元为官一方的时候心中有所牵念，挂念这位母亲，《狱中除夕寄墨庄（李鼎元）》云："君恩未报遗诸子，老母难归托病妻。"乾隆五十年（1785）春，李调元被奸臣陷害，被降旨发配新疆伊犁，吴氏便急忙派侄孙李朝全到保定府向袁守呈明详情，央求以金赎罪，经过一番辗转，乾隆允以二万金免李调元罪，于是吴氏变卖家财、缴纳赎金，这才免了李调元囹圄之灾，正因为贤母对非亲生子"爱若己生""逾于己出"，所以才最终成就了四川才子李调元。

成都苦子曾传，六岁失母，继母李氏，待之比亲生子还要亲。有一次，曾传牧涉甘河（崇州市，今有甘河镇），突遇暴雨被冲走了。继母李氏心有感应"心动惊"，于是到甘河寻觅并把曾传背回家，哭曰："曾氏只此孤耳，非天地祖宗之灵其能免乎！"曾家家贫，李氏料理家务，亲"操井臼"，曾传父亲让曾传辍学，能略微减轻家里的负担，李氏不忍心误了曾传的前程，宁愿自己受劳苦，尽力供曾传到城里学习，颇"有割柱剉荐之风"[1]。不仅如此，李氏非常关注母子关系对曾传的影响，从各个方面关心体贴曾传，"每传入城读，则依闾望其归，盖传孤子，族人有甘心者；或暝还，则从门外大呼，传必答乃止，示族人毋窥孤也"[2]。故《成都旧志》曰："继母至慈之极，可格神明，录之以为继人妇者劝。"[3]

才女岳照，是岳钟祺曾孙女，陈国器继室，夫妇二人琴瑟相好。陈国器后调泰安任知县，以政绩著称；陈国器历官巨邑，家政全赖岳照经理。岳照对下和而有礼，内外无不感泣。陈国器前室留下五子一女，岳照视之如亲子，给予多方

[1] 成都市方志办编纂委员会、四川大学历史地理研究所整理，《成都旧志·天启成都府志》第 7 册，成都时代出版社，2007 年版，第 364 页。

[2] 成都市方志办编纂委员会、四川大学历史地理研究所整理，《成都旧志·天启成都府志》第 7 册，成都时代出版社，2007 年版，第 364 页。

[3] 成都市方志办编纂委员会、四川大学历史地理研究所整理，《成都旧志·天启成都府志》第 7 册，成都时代出版社，2007 年版，第 364 页。

照护、施教，居家厚道和顺，家庭和谐美满。岳照晚年多疾，前室子陈煦曾割股以疗岳照，岳照得以康复。这件事十年后岳照才知道，她曾经特意写了《征孝篇》以记其事，云："昔室遗五子，敬事无后先。更有第五儿，总角慕子骞。十四依膝下，精诚至性专。承欢与侍疾，日日意缠绵。三载患痰喘，委顿床缛眠。医药弗凑效，垂危命欲捐。儿年届十七，向夜祷苍天。执刀割左臂，救母惶可怜……"这样的继母子关系，岂不令人赞叹。

其他还有蒲江宋德章妻何氏的继母唐令人。何氏出自名门，生母为冯氏，继母有计氏、唐氏。何氏自幼失去母亲，由继母唐令人抚养长成，唐氏本身也"知书好礼"[1]，有很高的文化修养，唐令人对何氏钟爱如己出。杨钟林继室蒋氏，杨钟林前妻遗有一子，蒋氏也是爱如己出；杨钟林殁后，蒋氏痛不欲生，但因公爹婆婆年老无人照看，前室之子尚幼，蒋氏便代夫至孝，抚子成立。王表民母黎氏，其丈夫科举不偶，命运乖蹇，黎氏麻枲饎爨米盐靡，亲躬劳作，丈夫死后，黎氏靠自食其力持家，对待子女，"视己出若元配所出，拊育均一，人莫能厚薄名。"[2]顾复初继配范雏娟，端雅聪淑，言动以礼，心地善良，亲戚家族的人都喜欢她、尊敬她，举家称之为"菩萨"；顾复初前室有二子，即顾璜、顾琦；范氏有二女，顾珍、顾瑗，皆得范氏教养。

当然，也有一些贤母，其母爱及庶女，视妾生为己子。杨用贞夫人王氏，为杨家后嗣之事，王氏为杨用贞置别室，妾所生下的儿子，王氏养育之若己出。子辈有杨志仁，孙辈省吾（新都庠生）、养吾、因吾。杨用贞死后，王氏抚其子杨志仁曰："未亡人不即死者，以有此儿。"训子之务从此更出于其身。王氏每以慈训教子，并取《女孝经》《女诫》教诸孙女。《杨用贞夫妇墓志铭》记云："翁生四子，长修撰，次职方，即寺副君，次举人，抢魁雅行、竞爽济美。"[3]许契妻胡氏，生有三个女儿，许契还有两个妾，"孺人后以恩遇，室无间言。"妾生子，胡氏抚育妾生之子，"慈爱周悉，无异己出。"[4]等等。

这些贤母，她们自愿承担着对前室子女的抚养、呵护和教育，并使他们走

[1] 刘雨茂，荣远大编著，《成都出土历代墓铭券文图录综释·何氏墓志铭》，文物出版社，2012年版，第417页。

[2] 〔宋〕魏了翁撰，《鹤山集·太孺人赐冠帔黎氏墓志铭》卷70，《四库全书》第1173册，上海古籍出版社，1987年版，第110页。

[3] 刘雨茂，荣远大编著，《成都出土历代墓铭券文图录综释·杨用贞夫人王氏墓志铭》，文物出版社，2012年版，第782-783页。

[4] 刘雨茂，荣远大编著，《成都出土历代墓铭券文图录综释·胡氏墓志铭》，文物出版社，2012年版，第799页。

上健康、感恩、积极、成才、幸福之路，而不是把对抗和煎熬留给社会和他们自己。鲁迅曾经说过："女人的天性中有母性。"贤母正是将这份母性在所有的子女这里无私地表达了出来。

还有一些抚养孤儿的伯母、舅母、叔母、嫂子们，也常常成为事实上的娘亲。范锴弟范镇，四岁而孤，从二兄为学，由嫂嫂郭氏抚育，范锴从弟子女幼孤，也由郭氏收养教诲。范镇撰《郭氏墓志铭》道："昔者韩愈为嫂服期，以其有爱养之恩。镇幼时亦尝被爱养于夫人者，不敢违先王之典以服期也。"[1]

范宋京夫人蒲洁。作为叔母，蒲氏对孤侄宋衍也非常照顾，宋衍撰《宋京夫人蒲洁墓志铭》云："衍幼孤，乳于叔父母之侧室……叔父母爱之犹子也。"[2]

张极明妻舒氏，守节孝亲养子；婆婆病中，舒氏与嫂氏尽心调护。嫂子卒，遗下幼小的子女，舒氏爱逾己出。[3]

杨慎夫人黄峨，因杨慎弟弟杨惇、杨忱均早卒，他们的子女都交给了黄峨教育。赵贞吉记云："惇、忱亡，诸孙幼……纪刚家务，付慎继室黄氏，氏有才志，凡杨氏婴、曰矣，亦天以报公勤劳王家也。"[4]杨慎死后，黄峨徒步奔丧，到泸州迎枢，并把杨慎侧室曹氏所生次子宁仁携归抚教，宁仁不负厚望，荫尚宝司丞，升侍御史致仕归乡。

顾慈，张诚妻，举人张湘任之母。"万事莫如为善乐，百花争比读书香。"顾慈所接受的家庭教育一为"善"，二为"书"，慈爱友善也是顾慈的品性。

李维楫妻周氏，李维楫殁时，儿子李兆盛年方五岁，女儿三岁，李维楫遗下的产业不多，周氏纺绩以养以教。李维楫有个哥哥李维枚，两家析居多年，李维枚因"社仓"被连累，周氏劝李维楫用自家的田地出押代偿，并让儿子李兆盛不时倾助。后来李维枚卒，周氏召诸侄到一起，拿出他们父亲的借券，让儿子兆盛焚烧，说："汝辈务自成立，好贻父母令名也。"[5]诸侄感泣而去。

---

[1] 刘雨茂，荣远大编著，《成都出土历代墓铭券文图录综释·宋故永寿县太君郭氏墓志铭》，文物出版社，2012年版，第157页。

[2] 刘雨茂，荣远大编著，《成都出土历代墓铭券文图录综释·宋京夫人蒲洁墓志铭》，文物出版社，2012年版，第281页。

[3] 成都市方志办编纂委员会、四川大学历史地理研究所整理，《成都旧志》第11册，成都时代出版社，2007年版，第392页。

[4] 〔清〕黄宗义编，《明文海·书华盖殿大学士赠太保杨文忠公神道碑》卷453，《四库全书》第1458册，上海古籍出版社，1987年版，第541页。

[5] 成都市方志办编纂委员会、四川大学历史地理研究所整理，《成都旧志·同治成都府县志》第12册，成都时代出版社，2007年版，第417页。

奉议君之妻，任逢之母史夫人。奉议君教授成都广汉期间，家中境况一般，史夫人菅簪衣布、蔬食脱粟，非常俭苦，家里面凡是蚕绩丝枲米盐细密之事，都是亲躬劳作，这时，有一些宗族子弟随奉议君游学，这些宗族子弟的吃穿洗涤饮食之需，史夫人率身任之；所以史夫人殁时，这些宗族子弟无不失声痛哭，云："教我者，余兄也，养我者，余嫂也。"[1]

刘起妻张氏，生有懿德，禀性仁厚，公婆去世后，张氏任劳任怨，记云："舅姑既没，夫之姊弟有未聘娶者，皆与之择良夫贤妇而配偶焉。不足，则又以嫁奁贷之。故姊姒之间友若兄弟。"[2]

《成纪夫人墓铭》记载，成纪夫人仇道真报恩外氏，"车币致之，解衣推食，待遇甚宠，与二表弟娶妇，用慰老妗之意。温州之子枢，赏延未及，英州以郊礼恩奏名上之今保义郎；又尝出囊金数十，星作在所往来之费与侄。"[3] 正因为仇氏关心亲戚，柳雅罢守的时候，她们家中仍然是亲宾盈门，酒馔满桌。

陈安节妻陈堂前王氏女，陈早卒，王氏事亲养子，治家有法："初，堂前归，陈夫之妹尚幼，堂前教育之，及笄以厚礼嫁遣，舅姑亡，妹求分财产，堂前尽遗室中所有，无靳色，不五年，妹所得财为夫所罄，乃归悔堂前。为买田置屋，抚育诸甥无异己子。"[4] 对于妹妹，王氏无愧于嫂娘之称了；而对于家族中其他亲戚，得她救助的多达三四十人："亲属有贫窭不能自存者，救养婚嫁，至三四十人，自后宗族无虑。"[5] 据说，"百数里有故家甘氏，贫而质其季女于酒家，堂前出金赎之，俾有所归"。王氏这样的贤德待人，对其子女教育、优良家风的形成影响很大："子孙遵其遗训，五世同居并以孝友儒业著闻。"[6]

另有一些贤母，作为伯母、舅母、叔母、嫂子，也实为娘亲一般。譬如抚育弟侄的郭氏，养育侄庶的黄峨、养育侄女顾慈、不计钱财帮助兄侄的周氏，关心

[1] 〔宋〕魏了翁撰，《鹤山集·史夫人墓铭》卷70，《四库全书》第1173册，上海古籍出版社，1987年版，第117页。

[2] 刘雨茂，荣远大编著，《成都出土历代墓铭券文图录综释·刘起夫人张氏归祔志》，文物出版社，2012年版，第210页。

[3] 刘雨茂，荣远大编著，《成都出土历代墓铭券文图录综释·成纪夫人墓铭》，文物出版社，2012年版，第1167页。

[4] 〔明〕解缙等撰，《古今列女传·宋》卷3，《四库全书》第452册，上海古籍出版社，1987年版，第114页。

[5] 〔明〕解缙等撰，《古今列女传·宋》卷3，《四库全书》第452册，上海古籍出版社，1987年版，第114页。

[6] 〔明〕解缙等撰，《古今列女传·宋》卷3，《四库全书》第452册，上海古籍出版社，1987年版，第114页。

宗族子弟的史氏，用心照顾姑姐兄弟的张氏等。

永寿县郭氏（994—1067），享年74岁。郭氏是成都范氏范锴的夫人，范镃的弟媳，范镇的嫂嫂，范百之的母亲，范祖禹的祖母，以贤惠抚教见称。《郭氏墓志铭》云："陇城殁，孤女五人，皆夫人主嫁之。府君之姊既嫁李氏，李贫不能归，留止于家，夫人事之如姑。"[1]范锴弟范镇，四岁而孤，"从二兄为学"[2]，由郭氏抚育。范镇《郭氏墓志铭》云："昔者韩愈为嫂服期，以其有爱养之恩。镇幼时亦尝被爱养于夫人者，不敢违先王之典以服期也。"[3]范锴从弟子女幼孤，亦由郭氏收养教诲，《郭氏墓志铭》云："府君（范锴）之从父弟镛及其妇张氏相继亡，其孤百年、百行及一女皆幼，夫人收养教诲之。既嫁女，为百年娶妇，而后使归其家。"[4]

宋京夫人蒲洁，北宋蒲宗闵之女。作为叔母，蒲氏对宋京的孤侄宋衍也非常照顾："衍幼孤，乳于叔父母之侧室……叔父母爱之犹子也。"[5]

范洋夫人史氏，范洋孝悌以闻，爱护亲族，养孤推产，"子侄环侍以听"[6]。其妻史氏，则是他的贤内助，"家事类有□谋"[7]，夫妇相互支持。史氏相夫教子，生有两个儿子仲圭、仲璋。范洋早亡，子尚幼。后来，家中的这些苦儿便皆由史氏教养。范仲圭撰《宋故特封太孺人史氏墓》云："自先君不幸，子妇继亡，履忧患变，故处之素定而不乱。"[8]

"人之爱子，罕亦能均；自古及今，此弊多矣。贤俊者自可赏爱，顽鲁者亦当矜怜，有偏宠者，虽欲以厚之，更所以祸之。"[9]不可否认，父母偏疼某个子女

---

[1] 刘雨茂，荣远大编著，《成都出土历代墓铭券文图录综释·宋故永寿县太君郭氏墓志铭》，文物出版社，2012年版，第157页。

[2] 刘雨茂，荣远大编著，《成都出土历代墓铭券文图录综释·宋故永寿县太君郭氏墓志铭》，文物出版社，2012年版，第157页。

[3] 刘雨茂，荣远大编著，《成都出土历代墓铭券文图录综释·宋故永寿县太君郭氏墓志铭》，文物出版社，2012年版，第157页。

[4] 刘雨茂，荣远大编著，《成都出土历代墓铭券文图录综释·宋故永寿县太君郭氏墓志铭》，文物出版社，2012年版，第157页。

[5] 刘雨茂，荣远大编著，《成都出土历代墓铭券文图录综释·宋京夫人蒲洁墓志铭》，文物出版社，2012年版，第281页。

[6] 刘雨茂，荣远大编著，《成都出土历代墓铭券文图录综释·宋故范君元嘉墓志铭［志盖］》，文物出版社，2012年版，第318页。

[7] 刘雨茂，荣远大编著，《成都出土历代墓铭券文图录综释·宋故范君元嘉墓志铭［志盖］》，文物出版社，2012年版，第318页。

[8] 刘雨茂，荣远大编著，《成都出土历代墓铭券文图录综释·宋故范君元嘉墓志铭［志盖］》，文物出版社，2012年版，第318页。

[9]〔南北朝〕颜之推撰，王利器集解，《颜氏家训集解》，上海古籍出版社，1980年，第34页。

的现象，在成都也同样存在。据《成都母教现状调研》调查显示，有 17% 的母亲表示对待自己喜欢的子女有偏爱之心，有 23% 的母亲并不接受家里有非亲生子女，有 9% 的母亲表示对此不知道自己能做到什么样。亲疏均一之爱的施与是有极大难度的，在重组的家庭中，偏爱亲生子而忽略、歧视甚至虐待非亲生子，或者不知如何教育的现象也时常存在。按照现代心理学的观点，每个孩子都渴望被爱，渴望被认可，渴望得到母亲的关注；但如果母亲毫无原则的偏爱某一个子女，而忽视、冷淡、歧视、苛求、否定、压抑对其他孩子的情感，那么，在生活中、在情感上被忽略、被冷淡、被否定、被压抑的其他孩子就会感到与母亲的关系有所不足，会在焦虑、疑惑、被压抑的情感与诉求中，感到苦恼、愤慨、委屈或是受到权益的侵犯而心怀怨恨，产生危机感与恐惧感，最终可能会逐渐形成一种特殊的心理防御，或者说会在心理上产生脆弱点，甚至是产生异常的病态心理，影响着他们的人际关系，以及自我心理的发展。

五、 与人谦让，处事明理——和睦家族、亲族关系

家和万事兴，这个家，不仅是指一个小家庭，也指代一个大的家族。贤母之所以被称为贤母，不仅在于礼敬先人、至孝双亲、夫妻恩爱、养子教子，更在于对一家一族的"至和"状态的营造与维护。可以说，在家庭、家族、亲族关系的处理上，贤母们总是表现得与人为善，处事明理，友善谦让，勤俭自强。

甲兵添锡妻巴噜氏，正黄旗满洲佐领下人，添锡阵亡后家中贫苦，巴噜氏支撑门户，上事公爹婆婆，下抚育子女，靠的就是自己的勤劳针黹，本来应该是儿子法什沙春所得的恤饷，巴噜氏均让给了丈夫的弟弟锡福，弟弟锡福也因故得官，官至兖州镇游击。勾龙黼夫人黄氏，很孝顺，且重视宗族亲睦。她每天都去探视母亲张氏；张氏小女儿死得早，想把田产分给二女儿，黄氏也是只让不争。文昶妻陈氏，没有子女。陈氏有个姊妹，有六个儿子，陈氏求一子过继；张家姊妹不久也寡居，姐妹于是一同居住。宋若水妻张氏，贤惠孝顺，喜欢读史书，能通晓古今，颇识义理，"既归公，事舅谨敬，奉祀庄肃，和叔妹有礼，遇族党有恩，舅丧，悉力佐公，办治如法，人以为难"[1]。

娣姒者，多争也，人们常常将妯娌关系与婆媳关系视作最难处理的家庭关系。来自不同血缘、不同家庭、不同背景、不同素养、不同性格、不同理念的

---

[1]〔宋〕朱熹撰，《晦庵集·运判宋公墓志铭》卷93，《四库全书》第 1146 册，第 191 页。

万姓女子同归于一个家族后，一方面延伸着兄弟关系，另一方面面对集体事务的时候又难免有"私情"，肩负大家庭责任时又难免因个人恩义出现一些摩擦、冲突，尤其是在生活资源方面，妯娌之间往往会因为利益的分配而出现某些问题。妯娌关系的好坏，看似简单，但波及面很广。首先，它会影响到血脉至亲、一父同胞的感情；其次，会影响到公婆的幸福、下一代的家族情感与德行教育。可以说，妯娌结怨、兄弟失和、孙子树敌，这都是家长最不愿意看到的场景。子孙绕膝，和气致祥，姐妹相助，兄弟相谐，一家人和和气气，这才是做家长的愿望。

在《成都贤母懿行故事辑略》中，我们往往看到能很好地处理妯娌关系的贤母，她们本着循礼、至孝、博爱、谦让不争之心行事，其一，不争财，"让"出感情；其二，能够把别人的孩子当成自己的孩子加以爱抚，"帮"出情分；其三，厘清大家庭责任与小家庭的恩义，不自私。

华阳房永之女、宇文师说夫人房妙光。宇文师说早卒，房妙光及其子女就与哥嫂共同经营家族。师说的哥哥到合州任职时，房妙光带着子侄在故里经营宇文一族，房氏教养子弟，日用节俭，家里岁余收入，她虽然生活辛苦，从来不占为私有[1]，所以赢得兄嫂的敬叹，家里的妯娌关系也自然融洽，另外，房妙光同意小儿子宇文绍节过继给伯祖为孙，且"每以书戒其尽力"[2]。

成都范祖尧母赵氏，相夫倚门尽心，教子以身为则，为世人称道："成都范祖尧之母赵夫人……叔求异炊而不争财，可谓母仪父师者耶！"[3]

蒯森之妻宗妙佑处理妯娌关系"尚于和"[4]；对待下人处以宽，所以宗氏治家之时，蒯氏家庭和睦，亲族友善，子女孝顺。

刘璜妻陈昭容，为人义气，刘璜的妹妹出嫁时，按家规，嫁奁将由刘璜兄弟俩分担，而刘璜弟家境不好，陈昭容屡劝刘璜不要计较，尽力资助。

刘桂文妻黎氏，阆中名族，七叔母何氏早寡无子，黎氏便将子咸焌过继于何氏，同时也不忘督促咸焌发奋读书，孝顺何氏。

---

[1] 四川省社会科学院编，《家规家风与廉洁文化学术研讨论文集·家风家教之母教篇略记》，四川人民出版社，2017 年版，第 419 页。

[2] 〔宋〕楼钥撰，《民国华阳县志·赠银青光禄大夫宇文公墓志铭》，《成都旧志》第 15 册，成都时代出版社，第 298-299 页。

[3] 〔宋〕黄庭坚撰，《山谷集·成都赵夫人墓表》别集卷 9，《四库全书》第 1113 册，上海古籍出版社，1987 年版，第 626 页。

[4] 刘雨茂，荣远大编著，《成都出土历代墓铭券文图录综释·宗妙佑墓志铭》，文物出版社，2012 年版，第 599 页。

黎裔隆妻廖氏，守节养亲。黎裔隆弟赐隆妇蔡氏新寡，仅十八岁，廖氏便请她搬过来与自己同住，蔡氏抚侄光穆为嗣，与嫂廖氏同励冰操，同居一室，和睦相处，侍奉公爹婆婆克尽天年，寝处数十年妯娌无间，子侄也均得有成。

张确夫人杜氏，公婆让其他家妇与她一起分摊家事劳作，均其劳逸，杜氏从来不辞难、不厌苦；即便不是她自己的事情，也会私下相助，诸妇间感情相笃，赖其能而相与欢爱，闺门雍穆。

成都贤母用自己的实际行动，诠释了如何处理与妯娌关系，如何"让"出妯娌关系，如何在和谐的妯娌关系中，为下一代做好榜样，实现"家和万事兴"。由于妯娌关系、亲族关系的和睦融洽，所以子侄一辈也会相互友爱、兄弟之间的亲情关系也会得到维护，从而使得一个家庭更加和谐、一个家族也更为和睦，这对下一代生活环境、情感环境、家庭环境、学习环境的营造具有非常积极的意义。换言之，一门一族的和睦与兴旺，与妯娌之间的言行、处事方式、相处之道有着很密切的关系。

六、自爱而爱人，自俭而丰人——心怀博爱

贤母对各种仪礼的遵循、崇尚和坚守，不仅具有广泛的塑造、传承和发扬优良家风的作用，也影响到这些贤母对他人的尊重、对亲族乡邻、上下人等的包容、友善和博爱情怀，并最终体现到她们对下一代的善德教育的成效中。贤母敬礼，自谦而敬人，无论富贵与贫贱；贤母爱亲，自爱而爱人，无论亲疏与老幼；"爱亲者，不敢恶于人；敬亲者，不敢慢于人。"（《孝经》[1]）贤母之心，往往心存敬畏、心怀自律、具有博爱，所以面对公婆，她们是至孝的贤妇；面对丈夫，又是贤妻良友；对于亲族，这些贤女是贤亲眷族；对于乡邻，这些贤母更是善人；而且这一"善"意，从家庭中母亲的身体力行品格取向出发，水到渠成，终将由血缘亲情之爱广推为天下之爱。

嫘祖，母仪天下，以身垂范，她入蜀之后，教导蜀民养蚕、缫丝、制衣，蜀中贤母义方教子而大爱无疆，有文记载以来，嫘祖可谓开其端。

涂山氏，启刚刚出生，呱呱而泣，大禹不在家中，涂山氏"独明教训而致其化"，夫妇二人，候人兮猗南歌初创，救民水火之志不绝。

宋构夫人李纯慧，聪明爱敬出于天姿，静专而能谋，勤俭而有度，临事能断见，义必为当，不仅善于治家，和睦族人，慈恩也推于亲戚奴妾："亲戚之贫

---

[1] 曾振宇注释，《孝经今译今注》，人民出版社，2018年版，第224页。

者，必赒之，无德色，或为之备物，以成其婚姻；左右妾侍，一皆抚之以恩，故其殁也，哭者皆为之恸，里巷间如闻空中有音乐声。传以为异。"[1]

宋京夫人蒲洁也具有高智卓识，为人处世行若男子，宋京死后，蒲氏勉励儿子继承世业，教育儿子做人清白、恤孤穷。《宋京夫人蒲洁墓志铭》记载其"勉以世业，冀励志亚怠，既入仕，则安于贫窭，□教以清白故"[2]。"生贵家而不骄纵，显宦而不侈随，小官而不□□□□□□□予恤孤穷□。"[3] 所以她的儿子非常尊敬母亲，说："吾家之贤母"。作为叔母，蒲氏对宋京的孤侄也非常照顾："衍幼孤，乳于叔父母之侧室。……叔父母爱之犹子也。"

王就夫人朱氏，顺适丈夫之志，以相内事；很关心思堂先生的弟子，"其贫无赀者，教诲饮食之，夫人欣然劝相无恡色"[4]。

刘起妻张氏，生有懿德，禀性仁厚，很小的年纪便知笃孝事亲。出嫁后，孝顺公婆，姻睦亲族，礼事夫党，柔惠逮下，"故有愿为之役而不忍去者将终身焉。"[5]

勾龙巍夫人黄氏，不事华饰，但"其贤哉，夫人刚而仁，外急而中宽，俭于家而乐于宾客，啬于身而轻于施与，凡里巷急难，不择高下，必解衣推食而救之"[6]。黄氏喜佛事，很孝顺，而且重视宗族亲睦。母亲张氏想把田产分给黄氏姊妹，黄氏说："吾子幸有官，若仲娣则视我贫为尤者，吾岂忍宗党义焉。"

王表民母黎氏，有人有急事相求，力所逮给，从不吝啬，丈夫宾朋至，从没有拒之门外的："人缓急叩门，力所逮给，未始有爱，吾父之宾客至，无留门者。"[7]

蒯森之妻宗妙佑，不喜奢华丽靡，勤劳孝顺，夙夜惟勤，孝养长亲，朝夕不

[1] 刘雨茂，荣远大编著，《成都出土历代墓铭券文图录综释·宋构夫人李氏墓志铭》，文物出版社，2012年版，第234页。

[2] 刘雨茂，荣远大编著，《成都出土历代墓铭券文图录综释·宋京夫人蒲洁墓志铭》，文物出版社，2012年版，第281页。

[3] 刘雨茂，荣远大编著，《成都出土历代墓铭券文图录综释·宋京夫人蒲洁墓志铭》，文物出版社，2012年版，第281页。

[4] 刘雨茂，荣远大编著，《成都出土历代墓铭券文图录综释·王就夫人朱氏墓志》，文物出版社，2012年版，第248页。

[5] 刘雨茂，荣远大编著，《成都出土历代墓铭券文图录综释·刘起夫人张氏归袝志》，文物出版社，2012年版，第210页。

[6] 刘雨茂，荣远大编著，《成都出土历代墓铭券文图录综释·勾龙巍夫人黄氏墓志铭》，文物出版社，2012年版，第323页。

[7] 〔宋〕魏了翁撰，《鹤山集·太孺人赐冠帔黎氏墓志铭》卷70，《四库全书》第1173册，上海古籍出版社，1987年版，第109-110页。

怠。对待亲朋邻居，从没有骄矜之态；宗氏心肠好，喜乐施与，在乡里间见到贫乏的人，就会矜悯他们，见到生病的，就会施之以药，所以在宗氏治家之时，蒯氏家庭和睦，亲族友善，子女孝顺。

杨玫妻熊氏非常简朴，"岁所得俸禄，务节缩，一钱不妄费"。但姻里穷乏，有求辄应。可以说，她是一位贤内助，善良的友邻，也是一位善于教子的母亲。

吴琨妻孔氏，品性淑良友善，勤俭勤劳，识大体，"惟以人之治生，非财无以足用，非粟无以养生，为急必黾勉同心，使库有余赀，廪有余粟，上而眷族，下而臧获，罔不诵德，乡党邻里咸以善称焉。"[1]

廖铉夫人徐氏，乐善好施，同情悲苦，虔诚佛事，曾课梵经几万卷，"语因果，至夜分合，国朝劝善之典，平生教戒，恻怛类此者多。盖其心孝慈，纯朴好施，与约自奉。故其索壶范足于人。"[2]

刘昱妻张氏，天性仁恕，很少责骂或杖责家人或奴婢，即便是很愤怒的时候也不见其发火，张氏至孝重礼，勤劳持家。教训子孙不能祸害他人，家里有人存积硝膏，"悉令投阱，权量少不合时者，焚毁"。教训子孙捡到他人的资产，也绝不能占为己有。乐于施予，热心公益，凡丐乞、僧道、桥梁、寺观，邻里婚丧，张氏皆量力相助。

杨用贞夫人王氏，虽然处身富贵之中，但自奉澹如简朴，又乐于施与，遇到贫乏的就帮助他们，从不吝啬："乐施与，贫乏者辄助其急，弗悋。"[3]

刘恩妻李氏，教育子女，务成远器；体恤贫穷孤寡，仁爱待人，"（李氏）恩及媵嬖，有樛木之风。""宗戚乡党，咸被其仁。他如悯孤恤寡、敬老慈幼，懿行缕缕，不可殚述。"[4]

李芳春妻陈氏，和睦亲邻，"（陈氏）孝视亲而慈育子，宜家人而睦族邻，且其治家也，就深浅而勤劳，虽有忘而黾勉，惟期家道成而子显贵。"[5]

---

[1] 刘雨茂，荣远大编著，《成都出土历代墓铭券文图录综释·孔氏墓志铭》，文物出版社，2012 年版，第 638 页。

[2] 刘雨茂，荣远大编著，《成都出土历代墓铭券文图录综释·廖铉夫人徐氏墓志铭》，文物出版社，2012 年版，第 743-744 页。

[3] 刘雨茂，荣远大编著，《成都出土历代墓铭券文图录综释·杨用贞夫人王氏墓志铭》，文物出版社，2012 年版，第 782-783 页。

[4] 刘雨茂，荣远大编著，《成都出土历代墓铭券文图录综释·李氏墓志铭》，文物出版社，2012 年版，第 901 页。

[5] 刘雨茂，荣远大编著，《成都出土历代墓铭券文图录综释·陈氏墓志铭》，文物出版社，2012 年版，第 1055 页。

张凤征妻王氏，"为人耿介有节操，虽贫无求于人，赴人之急，如救水火。"[1]

李兆盛妻韩氏，性好施济，乐于规劝，族戚邻里，多有赖其帮助而得以殡殓婚嫁与成人起家的。

黎廷赞妻晏氏，为人善良不吝啬，"复能厚待贫困，不啬人以自丰。"[2]

顾复初夫人范雏娟，心地善良，"周困拯乏、损己益人，每若不及。"待人"庄而和淡而永"，亲戚家族的人都喜欢她、尊敬她，举家称之为"菩萨"。临殁，她处分众事毕，交代众人说："善心最好，各宜勉之。"[3]

景豫之妻倪淑仪，乐善好施，博通经史，矢志冰霜，倾力教子。

曾光煦妻谢述，吃长斋，崇奉佛教，谨身俭用，但对善举之事，皆能殚精竭力，多所资助。

马汝邺到北平时曾对北京新月女子中学创举极为赞誉，并慷慨捐助基金法币一千元存入银行，供其每月提息以维持学校开支。

马开泰妻江氏，早寡，江氏家不甚丰，但是"亲旧之贫者有求必应"，曾"施棺木百副，族党翕然称之"。[4]

雍大龄妻傅氏，善心仁厚，资助亲邻，从不吝啬，待亲戚族人非常好。有时候，遇到收成不好的年岁，她还会让儿子"发米以济团众"。

安士俊妻朱氏，二十二岁矢志守节，寿六十有余，事媚姑杨氏至孝。朱氏性尤慈惠，"遇人有患难，必使子伙助"[5]。

旗籍哈喇马利妻王氏，"仁慈宽恕，敬高年，周贫乏，教七子俱成伟器"[6]。

现当代成都著名作家巴金的母亲陈淑芬，性格善良、宽厚。在仁爱对待他人的思想上，母亲对巴金的性格影响最大。巴金说："最初的回忆抄就是从母亲开始的"[7]，她使我知道爱与被爱的幸福。她常用温和的口气，对我解释种种事情。

[1] 刘雨茂，荣远大编著，《成都旧志·嘉庆成都县志》第 10 册，文物出版社，2012 年版，第 148 页。

[2] 成都市方志办编纂委员会，四川大学历史地理研究所整理，《成都旧志·同治成都府县志》第 12 册，成都时代出版社，2007 年版，第 417 页。

[3] 刘雨茂，荣远大编著，《成都出土历代墓铭券文图录综释·范雏娟墓志铭》，文物出版社，2012 年版，第 1135 页。

[4] 成都市方志办编纂委员会、四川大学历史地理研究所整理，《成都旧志·同治成都府县志》第 11 册，成都时代出版社，2007 年版，第 356 页。

[5] 成都市方志办编纂委员会、四川大学历史地理研究所整理，《成都旧志·同治成都府县志》第 11 册，成都时代出版社，2007 年版，第 369 页。

[6] 成都市方志办编纂委员会、四川大学历史地理研究所整理，《成都旧志·同治成都府县志》第 11 册，成都时代出版社，2007 年版，第 414 页。

[7] 谭兴国著，《巴金的生平与创作》，四川文艺出版社，1983 年版，第 2-3 页。

她教我爱一切人，不管他们贫或富。她教我帮助那些在困苦中需要扶持的人。"[1] 童年的巴金，爱一切人的思想正是从他母亲那里来的。所以《巴金的生平与创作》言及于此，不无感慨地说："这个大家庭充满了倾轧和仇恨，但巴金的童年却是在温柔、和平的气氛中度过的，很大程度上是因为有一个慈爱的母亲。"[2]

这些贤母，有的教导蜀民养蚕、缫丝、制衣，获得生存的基本技能，大爱无疆；有的支持丈夫救民于水火，德泽宇内；有的矜悯贫乏、体恤孤寡，邻里婚丧，皆量力相助；有的推恩于亲戚奴妾，仁爱待人，养孤推产，柔惠逮下；有的啬于身而轻施与，亲旧之贫者有求必应，救人急难、救死扶伤；有的拾金不昧，不取不义之财；有的胸襟宽广、热心公益，对善举之事，皆能殚精竭力，凡丐乞、僧道、寺观多所资助，家有余资便修桥铺路；有的发余粟分贫乏，出粟济里党，分粮食于饥民，简地救荒，活以万数；有的开仓施赈，不待报即行；有的借贷相资、施药相救、守望相助，赴人之急，如救水火；懿行缕缕，不可殚述。家是最小国，国是千万家。

第三节　贤母的家国担当
对家风塑造及子女官德、懿行的影响

自古以来，我国教育者就很重视对受教者"修身""齐家""治国""平天下"等道德修养与政治经济文化理想的全面引导；与此相应的，历代优良家风塑造、家国责任的担当、"治国""平天下"精神的传承以及官德懿行的培养，也都成为中国传统家庭教育、社会教育及学校教育的重要组成部分。这样的背景下，中华历史上曾有无数贤母，懿行慈训，示范千秋，为中华民族培育明君忠臣、圣人高士、清官廉吏、英雄豪杰、才女贤妇做出重要贡献。成都贤母故事中，有大量有关贤母开启教化、家风塑造、家范传承、忠义卫国、官德教育的内容，向我们呈现了一个在祖训、父训之外的曾经被忽略的"母教"世界。这对研究成都几千年来的政治经济文化建设与发展，服务我国现阶段的优良家风建设、家国意识与责任的强化，为民不为利的官德品质与懿行培养等都具有重要价值。

---

[1] 谭兴国著，《巴金的生平与创作》，四川文艺出版社，1983年版，第2-3页。
[2] 谭兴国著，《巴金的生平与创作》，四川文艺出版社，1983年版，第2-3页。

一、成都贤母懿行的家国担当铸就家国精神的一道靓丽风景

（一）成都"母教"的懿行垂范，家风世范特点，通过家族教育使其家国担当精神得以传承

传说，诞生于蜀地的华胥不仅为开辟中华民族繁衍生息的伟大历史做出了贡献，而且华胥对后嗣的教导与影响也在代代口传与圣王贤达的治国理世实践中得以传承。而女娲补天所具有的救世精神、牺牲精神也深深影响着中华民族的道德意志与文化取向。将养蚕、缫丝、制衣技术带入巴蜀大地的嫘祖，成为中华民族以德立身、以身垂范、福祉万民的炎黄文化的积极创造者与传承者，她的行为也影响着中华民族——所有黄帝后裔的言行与品德，尤其是对后世后妃躬桑、母教懿行等有着极大的影响。此外，涂山氏也一样辅助大禹为后嗣建构了一种舍小家为大家的圣贤精神，而且在我国民歌创作、音乐发展史上也做出了贡献。

历史上记载的成都贤母，在这方面也有很多贡献。如司马敬在张氏家学传承发展中所作出的努力。王武用夫人颜氏用作为颜回后裔的自觉在家庭教育中对子女产生了"得圭玉不杂之质，有松筠不变之操"[1]的品格影响。王就妻杨氏，通过祭祀礼节之"敬"培养子女辈的敬畏之心，从文化精神上为子孙树立的一种约束和人际交往的规范，最终成就了王氏家族礼乐炳然、亲伦六姻和美的家庭状态，时称鼎族，人袭儒风。此外，王氏家族家中诸贤母亦互为影响。这种婆媳之间代代相传的贤母之风，也正是王氏发挥家庭贤母教育影响之力的最好阐释。

从传说到现实，成都历史上有很多具有远见卓识的贤母，对优良家风的塑造、传承、发展也奉献了积极的力量，进而影响后嗣官德、懿行的培养，促进后嗣修身、齐家、治国、平天下大业的代代传承。

（二）成都贤母德才兼备、远见卓识，往往将家庭文化教育与国家事务、社会服务相联系

杨春妻叶氏对子女仅仅诵读小学的内容并不满意，她认为，学以致用才是更重要的，如果不能将知识用到施政的现实事务中，服务于国家大业，那这些"诵"再多再熟练也没有价值。所以她告诫孩子们一定要学以致用才好："无徒以诵为也。"[2]在叶氏"学以致用"思想的引导下，叶氏之子为学、为官皆能将所学

---

[1] 刘雨茂、荣远大编著，《成都出土历代墓铭券文图录综释》，文物出版社，2012年版，第20页。

[2] 刘雨茂、荣远大编著，《成都出土历代墓铭券文图录综释》，文物出版社，2012年版，第631页。

与国家事务、社会责任联系起来，为国为民做出不少贡献，被后人称颂。

缪开鼎寡妻葛氏，在家庭教育中，不仅亲授子女诗书，而且重视对子女器量、德行修养方面的培育，主张"以器识为先务。"[1] 也正是这样的教育，最终成就其子为官廉洁的操守。

刘恩妻李氏，性情温和、品性雅娴，尽管独支门户，但她非常重视对子女的思想教育，她要求子女"体恤贫穷孤寡，仁爱待人"[2]。学习的目标在于"务成远器"。这种重视"学为世用"，并能将家庭教育理想与一个人的操守、器识，甚至国家事务、社会服务相联系的远见卓识，即便置于当下，也是非常具有远见的一种行为。

学校教育、社会教育，教师的传道、授业、解惑，对教育有着不可推卸的责任，但即便如此，家长仍是子女的第一任老师，尤其是在德行的引导方面。了解子女应该学什么，怎么学才是重要的，古代贤母教子的内容、方式、原则，给我们拓展了多种思路。作为家庭教育的实施者，在督促子女学习文化知识的同时，如果能做到从"为世所用"的层次开阔其视野，树立其远志，丰富其品格，健康其精神，则将为子女的社会生涯增添更亮丽的色彩。

（三）成都贤母重视对子女家国责任意识的培养，强调爱国精神

蜀后主的母亲李太后曾劝导后主任用贤能以强国兴邦；太后刘娥严格要求皇室子弟修学、修身、立人、立德，并成就了新一代"守成"贤主；刘当可母王氏勉励儿子率兵御敌，不辞国家之难；赵敏若夫人杨氏劝谏丈夫将个人恩怨置于忠义之下，为家为国而不避危难；任逢母史夫人教子不惧牺牲、为国立功；杜準妻黎氏教督甚严，儿子杜翊世以死节显蜀，至今"其门犹曰忠义杜"。[3] 作为饱含家国情怀的女性，这些贤母都能认识到个人与家国命运休戚相关，在国难时刻，她们总能以国家为先，他们的精神不仅影响到子女的家国精神，也是成都贤母故事重要的精神宝藏。

"家是一个家，国是大中国，都是一家人，不分你和我。相扶风雨中，患难见真情……"这是吴博文所作歌曲《一家人》中的一段歌词，唱出了我们的心

---

[1] 成都市地方志编纂委员会、四川大学历史地理研究所整理，《成都旧志·同治成都县志》，成都时代出版社，2007年版，第417页。

[2] 刘雨茂、荣远大编著，《成都出土历代墓铭券文图录综释》，文物出版社，2012年版，第901页。

[3] 〔元〕费著著，《氏族谱》，〔明〕周复俊编《全蜀艺文志》卷54，《四库全书》第1381册，上海古籍出版社，1987年版，第750页。

声，有国才有家，有党才有国。

上文所列举的对国、对家具有宽广胸怀的贤母，给当今家庭就如何开展爱国、爱家教育提供了范例。对青少年进行爱党、爱国、爱家教育，主要是教育其热爱中国共产党、热爱中华人民共和国、热爱社会主义，对党、对国家忠诚，然后爱家、爱父母及他人。一个真正具有家国情怀的人，才能在国家、人民需要的时候，主动挺身而出，为国家、社会和人民作出自己的贡献，这样的人才是一名有理想，敢作为的有用之人。任何一个时代，为人处世皆当有责任心，家人家事重要，但是更应该对国家、民族、社会、他人负责；作为母亲，如果能超越一般的世俗趋利观念，具有清晰的家国责任意识，不避害、不辞难，自觉承担责任与义务，势必能影响后嗣的义利观的形成，从而成就子女的家国大业。

二、成都古代贤母德行之教对子女官德、懿行的影响

中国古代社会最根本的特征是家国同构、以血缘关系为纽带的宗法制度以及由此形成的以"修身"为基础的"齐家、治国、平天下"的人生追求。所以出仕为官，德行其首。德行建设，对于官者严以修身、严以用权、严以律己以及国运兴衰都具有重要意义。但为官施政的高尚官德、为国为民的仁心懿行，离不开良好的家庭教育环境。"在家庭教育中，由于施教者与受教者之间的特殊关系，使得家中的道德教育与学校教育相比，有其不言而喻的优势。"[1] 所以，贤母对子女的为官出仕的德行教育就显得格外重要，在这方面，成都贤母教子也堪称楷模。

（一）在家庭德育引导中，注重子女德行的培养，重德而不为利

在个人利益与修养德行之间，如何选择？以德行为先。《刘起夫人张氏归祔志》记载，刘起妻张氏"生有懿德""禀性仁厚"，善于持家，刘起因此无后顾之忧，德行文章为当时之杰。刘起去世后，张氏抚养幼子，以孝谨称于其亲长。张氏教育子女，"诸孤及长男则导之以箕裘之业，而不为利，女则训之以柔顺之德而及他"[2]。"不为利""柔顺之德"看似简单，却体现了一位母亲的卓识。在利益与立德二者之间进行选择其实并不容易。张氏守寡，衔恤忍苦，但她并未因此以利隐德，而是坚持教育子女立德为先，正因为有这样的贤母引导，刘氏一族终成望族。

---

[1] 冯和一、王飞朋著，《颜之推家庭教育思想研究》，山西人民出版社，2020年版，第77页。

[2] 刘雨茂、荣远大编著，《成都出土历代墓铭券文图录综释》，文物出版社，2012年版，第210页。

（二）家庭中的出仕理想教育，贤母主张出仕"不患不达，患无以称"

"达"具有通达，得到显要地位之意。但是身居高位，却不是出仕者根本的理想与追求。那么，应该追求的是什么？曾经有一批有识之母，她们坚持操守，教育子女清廉淡泊，忠君爱国、重视百姓的"称誉"。如宋代某一时期官场上唯利是图、贪污腐败之风一时弥漫。在这一环境下，范仲淹母王安人，抛开世俗，教育儿子要清德直道，做学问要知道根本，做官不要担心不通达，应该担心的是没有什么值得称道的成绩。在母亲的教育下，"范仲淹兄弟更加自励于学，尤其是范仲淹，曾经'闭门几十年，不汲汲于进取'"[1]。贤母见识高人一筹，子孙德行自然高；而这样德行修养高尚的人为官，不仅处理政事的能力获得了提升，也必然因为他的德行，使他为官一任时能不受歪风邪气的影响而坚守志向，从而更好地为国为民。一代理学大师朱熹在《安人王氏墓表》中曾赞范氏兄弟在朝为官时，"遵守所闻，不狗世习，而忠君爱国，悃款无已，识者皆倚重焉"[2]。这无不是遵从母亲谆谆教导的结果。

（三）在具体的品行培养上，贤母主张提倡出仕有节操，卑廉勤首公

为官一任，无论在何种环境下，都能不畏强权、勤政清廉、坚持公心，这是古往今来出仕者最高也最不容易坚守的节操与理想。对此，宇文绍节母房妙光，曾勉励其子"谈上世官业以勉之：且卑廉勤首公，无躁进，无诡随，不以驰惊宠禄为急也"[3]。即出仕要有节操、有德操，代表的一个家族的德行形象，不能因为一时私利辱没祖先之德；具体而言，就是不仅要考虑尽力廉勤、尽职尽责，而且要讲究官德操守，不能躁进、诡随，急于追求宠禄。房氏之语虽然简短，但是却道出了一位母亲对儿子为官操守寄予的深深厚望。所以楼钥在《赠银青光禄大夫宇文公墓志铭》中赞曰："（房妙光）平生动中准绳，高见绝识，有士大夫所不逮。"[4] 正是有了房妙光这样的贤母教导，宇文绍节兄弟不仅在品格上正直刚毅、不畏权贵，而且为官一任都颇有政绩，受到后人的赞誉。

---

[1] 四川社会科学院编，《家规家风与廉洁文化学术研讨论文集·家风家训之母教篇略记》，四川人民出版社，2017年版，第418-419页。

[2] 成都市地方志编纂委员会、四川大学历史地理研究所整理，《成都旧志·民国华阳县志》第12册，成都时代出版社，2007年版，第480页。

[3] 成都市地方志编纂委员会、四川大学历史地理研究所整理，《成都旧志·民国华阳县志》第12册，成都时代出版社，2007年版，第478页。

[4] 成都市地方志编纂委员会、四川大学历史地理研究所整理，《《成都旧志·民国华阳县志》第12册，成都时代出版社，2007年版，第298-299页。

（四）清白做人，干净做事，坦荡做官的"清白"教育，离不开家庭教育的引导

宋京夫人蒲洁，就是一位以"清白"教子、令人敬重的母亲。她勉励儿子继承世业，教育儿子做人要清白、恤孤穷。无论将来官运如何，都要有为官的操守，用仁爱公益之心待人，《宋京夫人蒲洁墓志铭》记载了蒲洁的教育成效，云："生贵家而不骄纵，显宦而不侈随，小官而不□□□□□□□予恤孤穷□。"[1] 蒲洁的儿子也以母亲的贤德为荣，称"吾家之贤母"[2]。这不仅是子女对母亲思想教导的深切认同和发自内心地接受，也同样反映了母训对子女道德观念的影响之深、力量之大。

（五）从家庭教育的角度，贤母能对事物做出准确的价值判断，以引导子女去追求美、力行善

"善"是一种正理正念，"恶"却是一种偏险和悖乱；为人有善恶之分，为官也有善恶之别。该做什么不该做什么，都需要有一定的原则，有所为有所不为。王就夫人朱氏的两个儿子相继为官，治县刚强果决，但有一次，在治理政事有一丝私心显露，被朱氏看到了，朱氏从容教诲二子，说："某事之善汝父尝行，汝当勉之；某事，汝父虽贫不为，汝慎勿为也。"朱氏借丈夫之善行教育、鼓励儿子行善事，不能为谋财而丧失为人的原则。有这样的母亲，善于发现子女的一时为私的苗头，能够坚持德育的原则，抓住实质的问题予以规劝，实在是子女之幸，更是百姓之福。

（六）为官者仁心、识见、正气的培养，离不开家庭的施教者

为官者一定要有仁者爱人之心，也要有明辨是非、浩然正气的能力。新都杨春，为赡养母亲，辞官回老家，这是孝顺。但母亲熊氏严厉督促儿子，要以国事为重、小家要服从国家，并催促杨春北上任职。杨春还善于治狱明断，而这些也赖于母亲的教诲。据《熊氏墓志铭》记载："缙举进士，授莱州府推官，孺人实就养。每讯狱声彻屏翰，辄为废食饮。缙归，必问之故。往戒之曰：'汝父之为是物，恒自虑获谴，及出赈活人多甚，吾知其必有后也。汝无亦为后地乎？'"熊氏教子，通过"废食饮"对孝子强调国事的重要性，并借助父亲的示范来启迪

[1] 刘雨茂、荣远大编著，《成都出土历代墓铭券文图录综释》，文物出版社，2012 年版，第 281 页。
[2] 刘雨茂、荣远大编著，《成都出土历代墓铭券文图录综释》，文物出版社，2012 年版，第 281 页。

和教育儿子：第一，其父为官明断，思虑长远；第二，其父亲爱民如子，仁爱天下；第三，作为母亲，她相信自己的儿子会以父亲为榜样，不辜负自己的辛苦期望。"一个人的成长，最先在家中起步。父母是教导子女由家庭迈向社会的最初榜样与导师。"[1] 熊氏这种"汝父之为"的劝导模式，既利用了家庭教育中情感沟通的力量，也利用了家长言传身教的作用，可谓善于教子，事半功倍。

（七）如果说知识教育多在学校完成，那么家庭教育则更需要重视品格教育

良好的家庭教育，不仅有知识的传递，更有良好品格的养成。品格是一个人的基本素质，但品格的高下往往决定了一个人回应人生处境的最终方式与方法。古往今来，要想出仕而且能保持本心尊严、坚守高尚品行，需要很强的思想理念作为支撑，而为人父母能做到教育子女不流于俗也一样不容易。因为为人父母首先要能意识到出仕的真正意义或者能感知到高尚品格在人生中的价值，才会对子女有相应的教育。据《宋故范君元嘉墓志铭》记载，范洋远近闻名，是个非常孝顺父母、友爱兄弟的人，他爱护亲族，养孤推产，"以正心诚意日教督其子。"[2] 他的儿子应进士举的时候，范洋曾教育儿子说："戒毋效流俗谒牒试以幸进取。"[3] 又云："昔岁饥民莩，尝发余粟以分贫乏，为义以藏不葬者。"[4] 范洋的这些作为及思想，背后还有一个坚定的支持者，就是范洋妻史氏，据《史氏墓志》记载，范洋夫人史氏"家事类有口谋"[5]，事事支持丈夫，相夫教子。也正是夫妇二人在孝悌亲族、养孤推产、毋效流俗、分贫爱人等思想方面的契合，才会教育出积极有为的新一代。

（八）家庭施教者对个人的权力观、利益观、是非观、价值观所持有的态度往往会影响受教者最终的发展方向

自古对为官之道的理解可谓复杂，但终归不出"公""私"二字；在"私"，又往往凸显在对"财富"的贪婪与占有上。对此，宋构夫人李纯慧认为，作为官员，最重要的是要有"才"、有"节"、为"善"，在国事上要做到鞠躬尽瘁、有担当，这才是为官之道；至于财富之求则是不用挂在心上的。所以她劝"位高权

---

[1] 冯和一、王飞朋著，《颜之推家庭教育思想研究》，山西人民出版社，2020 年版，第 13 页。

[2] 刘雨茂、荣远大编著，《成都出土历代墓铭券文图录综释》，文物出版社，2012 年版，第 318 页

[3] 刘雨茂、荣远大编著，《成都出土历代墓铭券文图录综释》，文物出版社，2012 年版，第 318 页

[4] 刘雨茂、荣远大编著，《成都出土历代墓铭券文图录综释》，文物出版社，2012 年版，第 318 页

[5] 刘雨茂、荣远大编著，《成都出土历代墓铭券文图录综释》，文物出版社，2012 年版，第 318 页

重”的丈夫行止进退应该一概于道。据《宋构夫人李氏墓志铭》云：“金部公遽事三朝，出入中外，所至以才称，时闻人而行义，无一毫玷缺者，盖夫人辅导之力为多。”[1] 李纯慧曾经对宋构说：“士以寒苦自奋，其后鲜不以利欲丧其节；公年少时，志气飘飘，讵肯出人下，先人以我从公者，正欲助公为善尔！今公资适逢世，宜黾勉就功名，贫富有无，吾自顺之，不敢以为公累。愿公行止进退一槩于衙（道）而已。”[2] 也正因此故，“金部公居官，惟尽瘁国事、不以家为恤者”[3]。宋构在夫人的官德激励下，成就了自己“无一毫玷缺”的为官生涯，比起某些贪污受贿的官员，宋构夫人之卓识，更令人敬重。

（九）公益精神，尤其是友善精神的培养，也是需要从家庭起步的

公益是关系到民生福祉、大众利益的事业，对传承民族精神、引领社会风尚具有重要意义。成都曾经有很多热心公益的贤母，她们教育并影响着子女以及身边的人，丰富着天府成都公益文化的内涵。魏了翁祖母高氏，心地善良，博爱慈善，有人有所求，她必给予力所能及的帮助，并以此激励她的丈夫最终成为“乡里善人”。魏了翁在《祖妣孺人高氏行状》中曾由衷地赞誉祖母高氏的大爱精神。可以说，这种慈善利他的精神也促进了魏氏子孙的爱国、爱民、爱弟子情怀的形成。

杨玫妻熊氏，也是热心公益的贤母，熊氏素有善德，“姻里穷乏，有须辄应”[4]。可以说，她不仅是一位贤内助，也是一位善良的友邻，善于教子的母亲。杨玫为官时“尝赈饥齐鲁间”[5]，熊氏为内助。杨玫死后，熊氏一心教子杨春，以关护百姓之德为重。一直流传至今的新都杨氏公益族规，就是杨春受母亲的影响所立，要求入朝为官、衣锦还乡的子孙，不能忘记生养自己的故乡，不能忘记故乡的人，所以，每次回乡必须捐资为乡民做一件好事。这种公益精神，不仅感染、影响到家庭中的每个成员，还强化了杨氏子孙入朝为官之后保持一颗利他之心与为国为民的责任感，也影响了一个家族、一方百姓对学而仕、为官之德、力行公益的积极认同。

---

[1] 刘雨茂、荣远大编著，《成都出土历代墓铭券文图录综释》，文物出版社，2012年版，第234页。
[2] 刘雨茂、荣远大编著，《成都出土历代墓铭券文图录综释》，文物出版社，2012年版，第234页。
[3] 刘雨茂、荣远大编著，《成都出土历代墓铭券文图录综释》，文物出版社，2012年版，第234页。
[4] 刘雨茂、荣远大编著，《成都出土历代墓铭券文图录综释》，文物出版社，2012年版，第601页。
[5] 刘雨茂、荣远大编著，《成都出土历代墓铭券文图录综释》，文物出版社，2012年版，第601页。

（十）母亲在家族教育中承担着一个重要施教者、奉献者、人生导师的角色

良好的家庭教育，能为子女提供良好的成长环境，也将为子女一生的成就奠定基础。俗语有云"慈母多败儿"，意思是说有的母亲对子女的言行不分是非曲直一味溺爱，结果因为不能给子女正确的教育引导而害了子女；换句话说，母亲的引导教育对子女德行发展的影响非常大，所以有"贤母使子贤"[1]的说法。在成都历史上，曾有很多贤母，她们相夫教子，培养了无数"良吏邦媛"。新津处士黄堂之女黄氏，董万贯妻，相夫教子，是一位典型的贤妻良母。在她的教育下，儿子董乾为邑掾，被称为良吏，董坤则廪育于庠，积学有待，"咸母有以成之也"。黄氏有三女，也均嫁给名门，这些女儿个个娟好静秀，"森森然兰惠之英"，有五个孙女，皆遵闺范，各成懿贞，"诚邦之媛也"。有其母则有其子、其女、其孙等一门之秀。

这样的例子还有很多，这些贤母对子女的德行垂训，尽管囿于时代的限制，在某些观念上不可避免地存在一些糟粕，但是从客观分析，教子的贤母与某些败儿之母，形成鲜明的对比，她们对子女为君为臣、为官为宦的德行教育，最终汇成的是令世人瞩目的华夏贤母教子的辉煌呈现。

习近平总书记在《注重家庭·注重家教·注重家风》[2]一文中强调，家风不仅是一个家庭的精神内核，也关系到社会风气、党风政风的建设。所以廉洁修身，要从家风塑造做起。如何通过丰富的贤母懿行故事，让更多的人关注、思考母训资源的家风塑造价值，充分发挥母教在子女职业道德、官德教育、懿行培养等方面的特殊优势，实现对子女全面、系统、多层次的家国意识、职业道德、官德修养的提升，这不仅关系到未来国家建设者身心的健康成长、良好习惯的养成、家庭家风的兴衰传承，也影响到我国传统尊德文化精神的传承、国家社会的安定与发展。作为中华贤母资源中的重要组成部分，成都贤母懿行故事，以其"知悉国家之重"的家国情怀、"为民不为利"的远见卓识、"学以致用"的教育理念、以身垂范的教育方式，为我们留下了无比丰富的母训典范。贤母的家国担当精神为我们当下的家风塑造、官德懿行的修养也提供了具有启示性的丰富资源。我们应充分利用这些贤母垂范故事，弘扬优秀的母教文化，深刻认识母教对女性自我价值实现的意义，并充分发挥母亲角色的德行教育力量，为我国政治经济文化的长远发展服务。

---

[1] 屈守元笺疏，《韩诗外传笺疏·田子为相》，巴蜀书社，1996年版，第757页。

[2] 黄小希，《注重家庭·注重家教·注重家风——深化家庭文明建设工作综述》，人民网，2016年12月14日，http://www.people.com.cn。

第四节　发掘成都贤母教育资源
促进成都人文和谐的名城建设

成都历史文化底蕴深厚，贤母懿行故事蕴藏丰富。天府大地为成都经济发展、文教兴盛、社会和谐以及人才培养提供了深厚的土壤，众多的贤母则为天府之国政治、经济、社会的发展奉献了应有的智慧力量。如今，成都贤母懿行故事，已是成都作为千年历史文化名城的一张靓丽名片。

全面、系统地发掘具有成都地域特色、体现天府文化元素的贤母文化资源，对于弘扬良好家风，推进成都家规家风与廉洁文化建设，促进天府成都的和谐社会建设，具有重要的文献价值、学术价值和现实意义。

一、发掘成都贤母懿行故事的价值，有益于强化当代女性的贤母意识，提高社会对母教当代价值的理解

成都母教资源，不仅有益于彰显成都女性的个性追求，也有益于强化母性意识，促进社会、家庭对母教价值的重视，协调女性事业个性追求与履行家庭教育责任之间的冲突。毋庸置疑，成都当代女性已经拥有更多机遇享受教育平等，更为广阔的事业发展空间，获得更高知识素养的机会以及实现个人价值的权利，这些就为成都女性承担教养子女、促进和谐家庭构建等提供了更有利的基础。

不可否认的是，因现代社会、家庭对母教存在一些片面认知，对当代母教责任与义务的认识与承担产生一些消极影响。其一，丰富的知识素养并不能取代道德素养，社会对个人权利的片面化宣扬，也会不同程度地伤害、淡化家庭女性对赡养老人、教养子女的权利与义务的认知。其二，母教的价值并没有引起社会应有和足够的重视，尤其是没有引起社会的足够支持与理解，致使一部分家庭女性承担的角色压力增大，一些地方出现了不同程度的"母教危机"，不能发挥其应有的作用。其三，女性在获得工作、生育、教育自由的同时，承担的母教义务与实现其个人价值呈现出一定程度的冲突；就业压力也促使女性对工作、家庭和社会地位的需求与较为完美的母教责任出现了不协调；职业女性生而不养、养而不育、育而无闲暇，而使家中老人、保姆照顾孩子的现象渐渐成为一种常态，"母

教危机""母教困惑"等不良现象在家庭、社会时有发生。

与此同时，古代贤母懿行故事的现代家庭教育价值、家风家规文化建设、和谐社会建设价值也没有得到应有的发掘。人们对历代贤母的定位就在于"相夫教子"。检索《成都古代贤母懿行故事辑略》时发现，历代大多数贤母主要的成就感、幸福感确实有很大一部分是与"相夫教子"有极大关联的，历代女性的事业追求与个人价值的实现也往往被丈夫或者子女的事业成就所隐藏，她们在我国家庭教育史上的贡献也似乎更倾向于被人称为是成功者"背后"的那道光芒。

但在此之外，我们也发现，历代贤母的贡献不仅仅在于简单的"相夫教子"，如在建一国之懿德，开一门之教化方面，她们也具有家风、家规塑造的自觉性，她们在我们的婚姻文化、服饰文化、音乐文化、诗词文化、民俗文化、家庭文化、政治文化、经济发展等各个领域都具有一定的开创性贡献、推进性付出。在家国责任的担当、"治国""平天下"精神的传承，以及子女的官德懿行培养方面，她们也一样在历史上留下了可歌可泣、令人敬仰的诸多言行；在一些大的家庭、家族文化建设发展中，她们也能以独立的贤母形象为这些家庭、家族的家风塑造、家学传承、家族文化发展、人才培养等做出不可替代的积极贡献。她们的善良友悌、大爱精神的播撒，对子培养社会公益、慈善精神，关注民生、热于奉献的价值追求，其价值与意义也不容低估。总之，整理历代贤母懿行故事，与历史上众多贤母"零"距离接触，我们将感受到历代贤母懿行大爱精神、无私奉献的魅力，也能感受到贤母对个人、家庭、乃至全社会的作用与价值。历代贤母懿行故事等待我们去发掘利用、古为今用。

结合现代社会女性事业追求与发展，我们或者应该思考更多的问题。如女性走出家庭之后，应该如何处理事业与家庭的关系？我们如何看待当代女性在家国情怀下的家庭教育责任与义务？社会应该怎样才能给女性更多的时间和精力在实现自己事业追求的同时，承担教育子女的重任？等等。

女性获得个人事业发展的自由，是一种权利，也是一种进步。故而女性不应该放弃事业，但是又不能因此放弃对子女的家庭教育，以隔代教育、保姆教育、社会教育等方式替代。当前，这一矛盾已经困扰了众多年轻而富有追求、具有责任感的女性。女性追求事业与家庭和谐，不仅仅是女性本身需要正确处理的问题，亦是社会必须面对的问题。社会将如何赋予女性平等追求事业的权利，又能让更多的女性从繁重的工作压力下解放出来，有足够的精力和时间自觉或乐于回归家庭，承担起教育子女的重任，如果找到平衡事业与母教之间的支点，将会充分发挥出母亲这一身份或角色在教育子女中的特殊力量和作用。

另一方面，不利状态下的母教现状，需要我们更好地利用历代贤母懿行故事呈现出来的示范价值，以此更好地弘扬我国优秀的传统母教文化。对母教价值的重视、对优秀母教文化的发掘、传承、发展，将更有助于当代女性从物质文化诱惑中能更清醒地关注到自己在家庭、社会、国家教育事业中的地位、价值与责任，强化女性的"母亲"角色意识，深刻认识"母亲"角色的重要性以及母教自我价值实现的意义，从而能自觉承担且乐于承担母教的职责，为子女的健康成长、社会长远发展贡献力量，也能更好地协调女性事业个性追求与履行家庭教育责任之间的冲突，彰显出新时期女性的事业追求与承担家庭教育责任的个性特征。

二、多渠道开发和利用成都贤母资源，有益于促进天府成都的文化建设与文化自信，更好地实现成都优秀地域文化的传承与发展

发掘成都贤母文化所具有的创新创造、优雅时尚、乐观包容、友善公益精神，及其对成都文化精神开放包容、诚信节义、喜文好艺、标新立异、知快守慢、道法自然[1]等特质魅力的行为诠释，将更有助于提升人们对天府文化内涵的深刻理解，从而在个人、家庭到社会的各个层面，更好地实现成都优秀地域文化的发展与传承，促进天府成都的当代社会和谐家庭与社会的构建、文化建设与文化自信。

至于如何发掘、利用好成都丰富的古代贤母资源，我们认为可以从理解、敬畏、重塑贤母形象，学习、传播和弘扬成都历代贤母教子故事开始。

其一，借助成都历代贤母懿行故事，积极推进各区市县贤母故事的场景化。一方面巩固好经典故事的影响力；另一方面弃糟取精，从多角度深入挖掘经典贤母故事的当代价值与意义，将成都历代贤母懿行文化资源融入成都地方优秀文化资源发掘工程，以及成都公园城市主题社区、街道、公园、文化建设中，譬如，可以选出"成都十大贤母"，通过她们的资源整理、形象再塑、文化发掘及现代化传播，营造出崇尚贤母的环境氛围。成都历代贤母故事资料非常丰富，经典故事也不胜枚举，对此加以高度重视和合理开发，对弘扬优秀的家风、家训和家

---

[1] 彭邦本教授在 2017 "天府文化论坛"上的讲话，引自虞鹰《天府文化论坛在成都举行 专家论道文化根脉传承》，中新网，2017 年 6 月 30 日，https://www.chinanews.com/cul/2017/06-29/8265134.shtml。

规，提高社会对贤母教育价值的重视度，促进成都和谐家庭、文化建设具有特别的重要意义。

其二，利用丰富的成都贤母懿行文化资源，进一步深化学术整理与研究，形成一批有关母教研究的高水平学术成果，梳理出一个立体的贤母文化体系。在涵养社会主义核心价值观、天府文化十六字内涵的过程中融合成都贤母文化资源，引导人们追求真善美，远离假恶丑的道德价值。例如，通过推出定期的专题的研讨会、开设高等教育专门课程等方式，利用学界、高校等机构的文化研究、传播职能，发掘并深入研究成都贤母懿行这一特色资源，将有益于成都的文化建设，增强全市人民的文化自信。

其三，创造性地丰富成都贤母故事的各种文化载体与传播形式，借助各类文化载体与传播载体的辐射力，扩大成都贤母典型故事的影响。可以依据《成都贤母懿行故事辑略》取精去糟，发掘贤母故事的特色文化要素，进行当代意义的文化诠释、编辑、整理并积极传播。传播过程中也可以适当借助具有强大策划、创意、创作、表演能力的专业人才与团队，如联合各高校、社会组织、文化传媒、文创类企事业单位、协会及团体等，推出具有原创性，又能接地气且群众喜闻乐见、宣传效果好的贤母故事作品，采用雕塑艺术、影视艺术、戏剧艺术、文学艺术等多种方式，吸引市民积极参与相关活动，加强贤母故事内涵的优秀价值的传播。此外，还可以辅以主题公园建设、主题社区宣传等形式，借鉴历史上成都贤母家教的经验，引导并强化当代成都女性自觉树立贤母担当的意识，提高社会各界对母教当代价值的理解，做到家庭教育不流于形式，而是务实、有效地开展。

其四，利用成都历代丰富的贤母形象资源，推进当代"贤母"新典型的塑造。每个时代对"贤母"形象的界定总是具有其典型的时域特征。成都历代贤母形象也是一样。譬如，在营造良好家庭环境方面，远古传说时期的贤母，为民族繁衍生息、福祉万民等故事成为经典；在之后的汉代、魏晋时期则融入了更多的慈育母爱、启蒙重学、孝亲养亲的内容，对于贤母的知识素养、忠义意识的要求也逐渐增强，尤其是宋代，贤母身上具有的德行修养、知识素养、家学传承意识、精忠报国之志、尊师重教之举等更为凸显。这些都为一个家庭或家族的发展奠定了良好的母教基础。与此同时，由于封建社会特殊的"男权"背景，贤母的形象有时也会受到一些负面因素的影响。现今，如何界定新时代的"贤母"，如何为当代社会推出新的"贤母"典型，也是新时期女性发展、家庭文化建构、家庭教育发展以及整个社会文化建设的重要需求。

在个人事业自由发展的环境中，今天的女性不管是否意识到自己的母亲职责，是否乐意去承担母亲职责，客观上在一个核心主干家庭中，作为母亲的女子，依然会扮演着子女的主要照顾者和主要教育者的角色。据调查结果显示，尽管受到一些家庭与事业矛盾关系的影响，但还是有大部分人表示母亲在家庭教育中的责任重大。正如我们所熟悉的，女性在家庭教育中有着独特的作用。毕竟，每个人的生命都毫不例外地由母亲孕育，来到世界上接触到的第一个人也是自己的母亲。在子女的婴幼儿时期任何人都不能替代母亲的作用，体现了母亲教育的唯一性。母亲不仅能满足孩子的生理和情感需求，还是孩子灵魂的塑造者和人生的引路人，对孩子智能的发展、人格的形成和行为模式的养成都有着极其重要的影响，体现了母亲教育的全面性。母亲与孩子血脉相连，息息相关，这种亲子依恋关系使孩子乐于听从母亲的教育，体现了母亲教育的权威性；母亲与孩子朝夕相处，在寓教于日常生活之中，这种自然的教育方式易于被子女所接受，体现了母亲教育的高效性。但是，我们也注意到，目前有很多母亲还是"自然母亲"，就是所谓的"你第一次做孩子，我第一次做母亲。""自然母亲"就是凭着感觉、本能或老辈的经验来养育孩子，缺乏科学的教育理论和教子方法，存在着"重教不会教"的现象。母亲希望掌握更多科学的教育知识和方法。在梳理成都历代贤母故事资源过程中，我们发现，在一个优秀的家庭或家族中，贤母的教育理念、教育方式、教育内容等都有值得我们借鉴的地方。发掘天府成都历代贤母懿行文化资源，弘扬优秀传统母教文化，对当代母亲更多了解母教文化的精髓，学习母教的成功经验，掌握更有效教子方法，提升母教的质量，由"自然母亲"成为"合格母亲""优秀母亲"，贤母有着重要的意义。

三、营造浓厚的贤母文化氛围，服务于新时期幸福家庭与和谐社会的构建

随着时代的发展和社会的进步，在当代成都的幸福家庭和谐社会构建过程中，女性的角色重任也被赋予更为丰富的诠释以及更为重要的责任与义务。在这些责任与义务担当中，她们一方面需要不断充实和发展自身；另一方面要成为幸福家园的经营者，为治家、孝亲、相夫育子而负重前行。

其一，在父慈子孝、人伦和谐的家庭、社会幸福氛围营造中，女性的创造性劳动与经营显得非常重要。在当代社会，女性的性别角色决定着她们是家庭的主角，是幸福家园的经营者。幸福和谐的家庭，是每个社会、每个家庭、每个人的

重要渴求，也是和谐社会的具体表现。在当代社会，女性往往身兼数职，她们既要担负社会职责，又有处理家庭事务、治家理家、孝养长辈等义务，当然也包括教育子女，而且是重中之重。"家"构成了一个微型的天下，家庭幸福了，社会也就和谐了。

和谐家庭与和谐社会的构建，需要和谐建设发展的人才，而人才的培养成长则需要由父母把好第一关，尤其是母亲的综合素质与教养方式会影响孩子一生的发展。如果一个人自幼得到母亲良好的教育，使之将来步入社会成为一个具备良好素质和修养的公民，这是一个家庭的幸事，也是社会的幸事。正如德国教育家福禄培尔所说："国民的命运，与其说是操在掌权者手中，倒不如说是握在母亲手中。因此，我们必须努力启发母亲——人类的教育者。"[1] 深入挖掘天府成都贤母懿行故事的现代家庭教育价值，将有助于我们在弘扬历代优秀母教传统，借鉴优秀传统母教教育方法、教育理念、教育经验，塑造有文化、有道德、有理想、守纪律、勇挑社会和谐发展重任的社会主义接班人，践行社会主义核心价值观等方面提供支撑素材与力量。

同时，作为母亲，女性自身的综合素质及其对子女的教养方式，不仅引领、感染着子女的人生观、世界观、价值观的树立，品性学养与追求对女性自身成长同样具有重要意义。例如，在教育子女的过程中，母亲也伴随子女的成长而不断成长，这种成长需要女性在家庭教育中尽量展示自己最优秀的方面，起到榜样的作用，同时还要清醒地认识到自己的缺点并努力克服，从而实现自己形象的塑造并以此对子女产生潜移默化的影响。

其二，贤母懿行往往也蕴含着丰富的和谐友善精神，对构造幸福家庭、和谐社会具有积极意义。在整理历代贤母懿行故事过程中，我们发现，大多数贤母懿行对个人、家庭乃至社会的作用与价值及其所展示出的大爱精神、无私奉献的魅力令人十分感动。贤母在敬礼、至孝、和睦宗族、亲善邻里、尊师重教、忠义廉洁、无私大爱、友善公益等方面，塑造出诸多感人至深的母教典范。所以，全面、深入地发掘这类优秀资源，服务于当代成都和谐家庭、和谐社区、和谐社会的构建，不仅是可贵、可亲的，也是很有必要和价值的。积极和有序地传播、发展、弘扬优秀母教文化，有益于在社会范围内形成一种备受期待的尊母、爱母、尊老、敬老的社会风尚，有益于人们健康的教育观念、教育方法的不断更新与应

---

[1] 王东华，《推动世界的手是摇摇篮的手》，母婴世界，2008 年第 03 期，第 7 页。

用；有益于促进家庭的完美和社会的和谐。和谐家庭、社会的构建不仅是和谐社会发展的应有之义，也是每个家庭的重要期待，需积极参与。

其三，重视中国优秀传统母教文化，在全社会形成尊母、爱母，重视母亲教育的社会风尚，加强母爱精神的弘扬，不仅有益于社会伦理道德建设，也有益于个体的健康成长，以及正确的价值观、人生观、世界观的形成，有益于家庭的完美和社会的和谐。近代以来，由于一些片面发展观、过度享受观，拜金主义观等不良思想的影响，有一部分人的价值观念扭曲，欲念畸形发展，以致道德泯灭，精神被物质奴役支配，身心健康受损，社会关系陷于极端冲突等，有损甚至危害着社会的和谐发展。如何通过培育人文精神来丰富人们的内心世界，解决个人的身心不和谐、价值观扭曲等问题，实现真正意义上的社会现代化和人的全面发展，无疑是很重要的时代课题。成都贤母所具有的家庭人际关系处理能力，对子女身心健康的引导作用，对子女的人生理想、价值观念的塑造作用十分明显。譬如，作为继母，司马敬抚养前室之子，将其视为己出，传习张霸家学与兄友弟恭家风，为其营造了良好的家庭生活氛围；大酉继母程氏，对待大酉，从生活起居、课业学习到为官之德，无不关怀备至，大酉虽幼年丧母，但是生活中并没有缺失母爱，所以母子怡愉受人感叹。更有范氏家族郭氏，作为弟媳、兄嫂、姊娘、堂婶、母亲，她使家里的兄弟姐妹、下代孤儿寡母等都感受到了一种"大爱"奉献，接受正向的思想引导与关怀。这大概也是范氏家族家风纯正、有家国责任担当而不苟苟于私利、没有出现价值观扭曲现象的重要影响因素。

如今，构建和谐社会不仅是当今中国人的追求，也是人类的普遍追求。我国在几千年的历史发展长河中，全民族共同创造并积累了灿烂辉煌的文化成果，形成了丰富、全面的道德规范，也孕育了优秀的民族品格和民族精神：克己为人、勤于奉献，讲求仁义、注重信誉，敬老爱幼、尊师重教，谦逊明礼、爱国团结，等等。因此，和谐社会的构建，从理论构建这方面来说，从传统文化中寻找资源并得到启示，是可行的和必要的。成都历代优秀的贤母懿行故事及其构成的贤母文化是我国优秀传统文化的组成部分，合理、充分发掘和利用优秀的母教资源，对家庭幸福建设、社会和谐构建，社会健康发展、国家的繁荣和富强大有裨益。

后记

在撰写《敦煌文献苦儿故事研究》过程中，我深深为敦煌俗文学作品中那些失去母亲，被继母、兄嫂、伙伴嘲笑、打骂，甚至被谋害的苦儿忧伤感怀；为《孤儿行》中那个遭受了无数痛伤却只能向父母的亡灵申诉的苦儿感到深深的无奈和同情；当然，还有很多孤儿寡母的世界，母亲的辛苦、勤劳、坚韧与无私，终于让孤儿的生存有了些许亮色，有了些许希望。文学是一个反映社会、家庭、人物矛盾的世界。文学中的苦儿世界，尤其是失去母亲的苦儿世界，在文学的演绎中，总是会将人带入到一种生活的大悲悯状态。在现实中也正是这样的思考，促使我去关注真实生活中的"母亲"。而真正将"成都贤母"作为研究的对象，则与一次阅读《中华家训》的书籍有关。也正是这次阅读，我发现学界对母教的关注度很低，即便有一些母教类的研究论文、书籍，也倾向于以家族为视角去研究母教传统与母教特征，对传统的贤母故事尤其是地域文化中的贤母懿行故事整理、研究及其真正的社会教育普及价值却没有给予积极关注。本稿的故事编纂与研究，也就是基于此开始拟入撰写计划。

毫无疑问，"母亲"，是一个伟大的词汇。现实中"母亲"的故事，其感人、惊人、令人可敬的程度，比文学更令人震撼。因为，呈现在眼前的文献资料，更为真实地记录下了历代贤母，用她们的礼"敬"与孝"顺"坚守了一份礼敬先人、孝养长辈的文化传承，用她们的举案齐眉、琴瑟和鸣诠释了夫妇和谐的家庭生活的营造，用她们相夫教子、成就他人、和睦家族、拯济困穷、忠义为国，甚至舍生取义的贤母懿行，向子孙后嗣昭示着一种女性对平凡世界的超越。诸多的感触下，觉得能整理贤母文献资料，向世人呈现曾经被掩盖、或者被遗忘、或者没有被重视的贤母故事，是一件有意义的事情。

在文稿撰写之初，也就是在四川省社科院主办的一次《家规家风与廉洁文化学术研讨会》上，我见到景仰已久的谭继和先生，并向他请教有关巴蜀家风家训研究的一些问题。谭先生是一位极为和蔼可敬的学者，非常关注后学的研究方向与内容，他不顾研讨会奔波的疲惫，对后学知无不言，并推荐了相关的文献书目。在拙稿成稿之时，祁和晖先生再次为本稿提出相关修改建议。在两位老师的关心、支持下，本稿对家庭教育、母教、贤母的内涵、成都贤母涉及的地域范围以及本稿研究的范围等也做了相关思考和修改整理。"自怜菲薄才，不堪错蒙恩。"在本稿即将付梓之际，谨以此后记，向两位老师表达深深地感激之情，并祝愿两位老师身体健康、幸福吉祥！

另外，非常感谢天府文化研究院谭平院长和陈静副院长，以及天府文化研究院学术委员会谭继和先生、祁和晖先生、彭邦本先生、王川先生等诸位专家在本稿的开题、撰写及完成过程中给予的鼓励与建议；非常感谢陈静副院长在本稿出版资助方面提供的帮助！

在写作过程中，获得 2018 年成都市社科联合项目经费支持及 2022 年天府文化研究院"天府文化研究与传播"后期出版经费资助，一并致谢！

冯和一

2022 年 7 月 25 日于成都明蜀陋室

附录

成都历代贤母懿行简表

时代	贤母	籍贯	居地	主要事迹	其他备注
远古	华夏始祖母华胥	华胥	巴蜀、黄河流域	华胥"履巨人迹"而生伏羲以及伏羲、女娲婚姻模式的出现，结束了华夏大地子女只知其母不知其父的原始群婚状态	创立新的婚姻制度
远古	黄帝元妃嫘祖	西陵	蜀	教民养蚕，福祉万民；生二子，皆有天下	天蚕圣母
远古～夏	大禹妻涂山氏	涂山	蜀	候人兮猗，启home兵商独明教训，化其德而从其教，卒致令名	蜀中女德之贞有自来矣
汉	张霸妻司马敬	成都	成都	霸前妻有三男一女，敬同产一男、长则为家之孝女，老则为子之慈一，拊教五子，恩爱若一	
汉	王遵妻张叔纪	成都	成都、孟州部、广汉郡	少则为家之贤妇，坚决让常璩继续学业，传承常氏家学	化明惠母
晋	常璩之母	／	崇州	以织布、耕田为生，熟读兵书，有文韬武略，勤俭自律	
蜀汉	诸葛孔明妻黄月英	荆州白水	成都	黄氏容貌甚陋而有奇才，家育方，改良蚕桑，忠孝训子，一心教子	黄氏持家家素
蜀汉	任安母姚氏	孟州部绵竹	孟州、绵竹、成都	早年守寡，一心教子	任母冶内，子成名贤

/ 320 /

续表

时代	贤母	籍贯	居地	主要事迹	其他备注
唐	王武用妻颜氏	鲁地琅琊	成都	于家清勤，事职自钟。孝行多柔淑	得圭玉不杂之质，有松筠不变之操
唐	王班妻杨氏	/	成都	善持门户，淑兰行芳，馨四德备	文藻愈班氏之业，家肥传孟母之贤
唐	李夫人程氏	华阳	华阳	任用周于族姻，友爱彰于娣姒	代习仁贤，母仪可观
前蜀	王崇侃妻张氏	成都	成都	操持家庭事务，效法石奋孝敬对教导子女	怀道韫才，布礼教子家
前蜀	张道华	成都	成都	女儿得其教训，幼年皆承慈母土风，郁有士风	严整自持，慈格无爽
后蜀	蜀后主母李太后	山西太原	成都	劝谏后主要任用"秉心忠实，多所经练"者	明辨是非，颇知大体
宋	刘娥	益州华阳	河南开封	英明果断，富有才干，是宋朝第一个临朝称制的女主，功绩赫赫	有吕武之才，无吕武之恶
宋	范镇夫人郭氏	华阳	华阳	爱养诸孤，贤惠抚教	
宋	范廷杰妻范氏	华阳	华阳	子弟问难学问文章，侍立无敢哗颐，畏忌无敢	虽廷杰亦若懔懔缩缩
宋	张察宇妻范氏	华阳	华阳	张氏娶荣国公百禄之女，张氏家学因之得于范氏，儿子颇有外家典刑	
宋	苏洵之妻程氏	眉山	眉山	程氏箴劝苏洵，二十七岁时幡然醒悟，励励儿子效法古贤，借范滂故事，鼓	"三苏"对于蜀学，天府文化的发展做出了巨大贡献
宋	苏过妻范氏	华阳	眉山	家在惠州白鹤峰下，过子不着妇子，笃孝	姜庞不解叹噂嗽
宋	范仲麟母王安人	华阳	华阳	教育子女以情德以勉之，且卑廉勤首公，平生动中准绳，做学问"宜知根本"	
宋	房妙光	华阳	华阳	营业以勉之，宠禄为急也。高见绝识，有士大夫所不逮	家法井井，不以驰惊，为成都最

续表

时代	贤母	籍贯	居地	主要事迹	其他备注
宋	宇文邦彦妻黎贤妇	成都	成都	黎氏劝相其夫，督励其子，她的儿子字文粹中、时中"并有名于时"	子粹中等历词掖，跻显仕，皆所教也，人称其贤
宋	张栻母宇文氏	华阳	绵竹	朝夕兢兢履地如履冰，惟恐一言之失、一事之差、盖其德诚足以配公焉	儿孝，天赐贤妇以成其心
宋	阎阁妻杨氏	华阳	成都	以文章句字画训诲诸女及里中内外亲表之甥侄	既知书达理若寻常妇人
宋	马惟用妻周氏	成都	成都	夫人之于姑也，不独侍左右而已，尝事之以夙夜，孝敬之道焉；若乃教子有法、正家有礼，不可以一言	夫人之淑行，固与夫秩车服耀首者远矣
宋	张确妻杜氏	成都	成都	有污吏构陷，致罪令张拿其兄，杜氏劝张确避免远得以逃脱。吏拿张确家人问话，子张无逸准备过去。杜氏说："吾夫妻爱养汝，望汝兴门户，或为吏所害，则汝奈何？我妇人无才，彼焉能悟吾哉？吾当任。吏最终不敢肆虐唐毒其妇	义也，烈也，而孝在其中
宋	许益之妻刘氏	简州阳安	成都	许益之死后，刘氏携孤之屋归成都，这时候，许家旧产已空，萧然无一椽之屋可以居住。于是寄人舍下，由此开始教学"以给朝夕""合聚闾巷"，亲族良家儿女之稚齿者，授训诚教书字通十年"，她所取教费不营于他，满足生活所需就可以了	夫人之懿烈懿行愈闻于人，万口一词，谓绝伦类
宋	李纯惠	双流	成都	夫人嗜教诸子，自其幼时，口诵九经以授之，既长，出从良师友，犯日加训诲，亲戚之贫者，必赒之，无愿色，出或为之备物，以成其婚姻，左右妾待，一皆抚之以恩	
宋	蒲洁	阆州新井	成都	一则勉励儿子继承世业，二则教育儿子做人清白，蒲氏对亲京的孤侄也非常照顾，拊养两个孤子，"蔽衣恶食，无失其常"。其善言懿行多合方册，圣贤道之以为闺门懿规者不胜载	为人处世行若男子
宋	王蔗妻朱氏	眉山	成都		

时代	贤母	籍贯	居地	主要事迹	其他备注
宋	赵复妻黎氏	成都	成都	认为为人子女要做到以下几点。其一，作为人子，要有一定的才能与经济收入，孝顺长亲，不能求俭；其二，要追求名声的显扬	
宋	刘起妻张氏	成都	成都	孝顺公婆，姻睦亲族，礼事夫党，柔惠逮下。公婆去世，张氏任劳任怨，对待丈夫的弟弟妹妹如长亲，而不为"姊姒之间友若兄弟"。诸孤及长男则导之以箅装之业，而不为利，女则训之以柔顺之德而及他	
宋	勾龙凝夫人黄氏	盂州导江		惟俭惟勤，循礼而行，黄氏不事华饰，"俭于家而乐于宾"，邻里之间有急难者，黄氏"不急而急之容，啬于身而轻于施与"，"必解衣推食而救之"	其贤哉，夫人刚而仁，外急而中宽
宋	范洋妻史氏	＼	华阳	自先君不幸，子妇继亡，故处之素定而不乱	
宋	张栻妻宇文氏	华阳	绵竹	宇文氏，朝散大夫师中之女，事舅姑以孝闻，佐君子无违	
宋	宋若水妻张氏	＼	双流	父亲在永康为官，"颇以严治"，张氏"每陈古谊以谏"。出嫁之后，张氏对长辈十分尊敬，孝顺，对弟弟妹妹，不纷争而诸相助；"舅丧，办治如法，人以为难"，也是和气有礼，对亲戚里党，悉力佐公，办治如法	夫人之教子，尽之矣
宋	范祖禹母赵氏	＼	成都	幼孤而知诗书，早孀而能礼仪，斥炊而争财，可谓母仪父师者耶	
宋	杜湖世母黎氏	华阳	成都	黎教子严，必使世其家	
宋	何夫人唐氏	＼	蒲江	知书好礼，对向氏也钟爱如己出	

续表

时代	贤母	籍贯	居地	主要事迹	其他备注
宋	刘当可母王氏	\	成都	元兵攻破蜀地，王氏毅然勉励儿子帅兵御敌，说："汝食君禄，岂可辞难？"刘当可依母意而行。元军屠杀兴元百姓，王氏义不辱，投江而死	
宋	范孝纯妻师氏	彭州	蜀某地	建炎初年，夫妻还蜀，走到唐州方城县，正遇到朱显终抢掠方城，夫妻纯孝被杀害，乱贼执师氏，师氏骂道："我中朝言官女，岂可受贱辱，吾夫已死，宜速杀我！"遂被杀害，其妹抱其姊亦助而骂贼并遇害	
宋	郭伯龙妻文氏	蜀地	成都	闺闱仪范，为邻里的模范女子，在家"相夫以义，教子以学，藏书万余卷，皆中进士。"字文氏家中，正顺慈严无有未至。字文氏家中，对子女受学均有裨益	
宋	赵敏若妻杨氏	资中	成都	赵敏若闲居数年，元军攻打汉中，这时赵敏若临危受命，杨氏劝他说："事君之义，不避害，君问疑焉？"赵敏若这才"起视事军律"	
宋	大西大母苏夫人	\	成都	苏夫人训导大西等兄弟姐妹，要向他们的母亲学习孝顺之道，云"妇道不当是平？而他，师也。"	
宋	大西母史稷	\	成都	时起躬奉温情，敬事不怠。"事重亲，树而兄弟至至忘其身之疾，岁时来宁，尚嫁时衣"	母，师也
宋	大西母程曼卿	\	成都	程氏至孝，奉姑尽礼。人云："人非母不生，不幸无母，非继母无以生。"大西少失母，程氏待之去亲生，大西音洋分也，"为他加餐，每讲习至夜，程氏"必问其寒饥而燠休之"	视非己出者，人莫能名其；则蕴诸薄厚，人莫能名其中者可知

续表

时代	贤母	籍贯	居地	主要事迹	其他备注
宋	王表民母黎氏	＼	成都	黎氏教授诸子，为不坠先训，有人有急事相求，"力所逮给，未始有爱"，从不吝啬，丈夫虽朋至门，黎氏持家更辈自食其力，对待子女"视己出若元配所出，拊育均一，人莫能厚薄名"	
宋	魏了翁祖母高氏	蒲江	蒲江	"事尊章无违志，子肉外属，皆尽恩意，以及于童妾无家。""故居邑外，田家品市无明日储备脱，缓急扣门，则货者资之，耕者种食之，疾病死伤者处业振赡之，子取子求，用励相我王考为乡里善人"	大善人
宋	魏了翁母谯氏	蒲江	蒲江	黄芝紫兰，膏润风雨	
宋	任逢母史夫人	广汉	成都	史夫人督劝儿子以名义："疏远小吏，祸目不测，敢复荣望，倪不得罪于名义，汝所就执多？蜀地吴曦之乱时，史夫人告诫儿子死守，并告诫儿子："吾视汝我骨相捐目直情，径行与物多作，是吾所念也。"	土益谓夫人善知子，虽斋弃汝我骨相陳潜母亡以远过
宋	成纪夫人仇道真	＼	成都	柳雅在英州时，仇氏也在此"周旋英州"，英州城之所以抗敌而立，"由夫人内辅之力很少推许他人，但"独称夫人贤范，尤敬惮之"	英州兵变，"兑苦俭约"。柳雅父以远
宋末元初	虞汲母杨氏	眉山	成都等	宋末兵变，汲母忍负吾夫，无书。民口授集兄弟《论语》《孟》《左民传》、欧苏文	
明	昭母杨氏妙明	成都	成都	吾姑不负吾勇，吾邑忍忍负吾夫，姑媳孀居，抚相成立，事闻旌表	

续表

时代	贤母	籍贯	居地	主要事迹	其他备注
明	蒯森妻宗妙佑	成都	成都	宗氏虽然出自大家，但勤劳孝顺，夙夜惟勤；喜乐施与，在乡里间见到其贫乏得他们，见到生病的，就会施之以药；治家勤俭忠仁，真女中之男子；妯娌的关系尚干和，对待下人处于宽，宗姻本以敬。	
明	杨政妻熊氏	新都	新都	素有善德，"姻里穷乏，有须辄应。"可以说，她是一位贤内助，善良的友邻，也是一位善于教子的母亲	立杨氏四重家训
明	杨春妻叶氏	新都	新都	叶氏教子，必厉辞色	
明	吴琨妻孔氏	成都	成都	孔氏"家世业儒""惟德之行"，她品性淑良友善，崇尚勤俭，主持烹任等家事严肃认真，对待亲族和睦有加	
明	聂庆妻徐夫人	/	成都	侍奉婆婆非常孝顺，吃穿淡漠之养，不惧懆寒之节，皆能勤劳操持	
明	谢惟时妻何氏	/	成都	纺绩补贴家用，靠勤俭使得家用不匮	
明	廖铉夫人徐氏	/	成都	其表心孝慈，纯朴好施，与约自律。故其素壶范足于人。	
明	刘显妻张氏	郫县	成都	张氏一重干德。张氏子未娶之时，所聘女因疾残废了，必须靠他人才能活动；张氏子问母亲怎么办，张氏说："未疾而聘，既疾而悔，岂有德者乎？"	
明	杨用贞夫人王氏	/	新都	王氏"乐施与"，助急善施。为后嗣之事，王氏"置别室"，有诞息者，育之若己出。"每以慈训"教子，"间取《女孝经》《女诫》以教诸孙女"	
明	黄媛	眉山	新都	杨慎七岁，母夫人教之句读，并授以唐诸绝诵，辄成诵	

续表

时代	贤母	籍贯	居地	主要事迹	其他备注
明	黄峨	遂宁	新都	继室黄氏，氏有才志，凡杨氏婴，白矣，亦天以报公勤劳王家也	女涞泗、闽邹鲁、故毛语
明	蒋芹妻曹氏	成都	成都	曹氏"多方训迪，有不驾学者，即跪夫灵前以咎之"	
明	许妻胡氏	凤冈	成都	胡氏抚育妾生子"慈爱周悉，无异己出"	
明	刘恕妻李氏	\	成都	"躬亲醴爼"，以示木敬，"恩及暖壁，有穆木之风"。教育子女，"务成远器"；体恤贫劳孤寡，"树孤恤寡，敬老慈幼，懿行绦绦，不可殚述	
清	孙慎仪	\	成都	夫妇生活情写，相处甚欢，伍肇龄喜善文，著有《石室诗钞》《尊经书院二集》《直隶绵州志》等书，孙慎仪多有校阅之功	
清	金素兰	南京	成都	郑母知道金素兰贤而有才，非常喜欢她，将她纳为子妻	
清	岳照	成都	资阳	陈国器前室留下五子一女，岳照视之如亲子，给子多方照护、施教，居家厚道和顺。晚年多疾，前室子陈昀割股以疗岳照，十年后岳照才知道，曾特意写《征孝篇》记其事	
清	刁佩琼	郫县	郫县	生活维艰，设闺塾教习女弟子，不服华彩；刁氏喜诗文，常歌咏，有诗集留世	
清	王麟书	华阳	金堂	平生喜为诗，文亦雅洁深致，极有个性	
清	萧楼妻陈氏	金堂	\	克尽孝道，既抚养幼子，又负担全家生计	
清	倪淑仪	郫县	崇宁	夫妇伉俪甚笃，乐善好施，博通经史，与子媳顾氏、切磋诗艺，多有唱和诗文	

续表

时代	贤母	籍贯	居地	主要事迹	其他备注
清	郑淑昭	遵义	成都	性孝谨，嗜读六经、四子书，间亦学吟咏	
清	陈昭容	灌县	成都	夫妻倡和无间。陈氏为人颇义气，刘璜的妹妹出嫁时，按家规，嫁妆将由刘璜兄弟俩分担，而刘璜家境不好，陈昭容屡劝刘璜不要计较，尽力资助	
清	左锡嘉	＼	华阳	曾咏早卒，遗下子女共八人，家贫，左氏为了更好地孝养舅始，教育子女成才，令舍如苦，"三迁"居住之地，归故里，移坡南，宅浣花溪，安贫抚孤，以画自给	左家三才女
清	刘沅妻向氏	双流	双流	孝俤母长幼，勤俭耐苦，持家有道，为贤良母典范	
清	彭陈袁	＼	双流	三位夫人"俱贤淑，善理家政，故夫人无内顾之忧，研训诲，至老不倦"	
清	刘桂文妻黎氏	阆中	双流	刘咸焌，名仲韬，刘沅三代孙，过继于七叔母何氏，在母亲黎氏的督促下，发奋读书，入塾伏案，每至深夜	备娴四德，兼擅六行
清	刘靓修	双流	华阳	张祥和性恻隐，能近取譬，有时施济，一散千金，刘氏"实左右之，至脱簪耳，弗吝也"	
清	刘咸荥妇凌夫人	＼	双流	侍巾栉，先意承事，及君瘦卧，食寝漫渴，扶被调护，朝夕不怠者三年，是亦可书也	
清	曾季昭	华阳	新都	恒以耕读勤俭训子	
清	曾懿	华阳	江苏武进	与丈夫协力同心，风雅随和，遍游闽皖赣。曾懿家学渊源，流传有绪，根柢厚而阅历深，成为袁学昌的好助手，贤夫人	清代四川闺秀中第一女医
清	曾光煦妻谢述	三台	华阳	谢述吃长斋，崇奉佛教，曾为婆婆乞寿。谢述一生谨身俭用，但对于善举之事，皆能竭力捐精，多所资助	

续表

时代	贤母	籍贯	居地	主要事迹	其他备注
清	曾彦	华阳		伏生老去传经卷，愿作来生生等人	
清	何生美妻顾氏	成都		没有书纸笔墨，她"必摘木叶，手书四子章句训之	
清	陈继舜母张氏	／		养子不易，不泯其慈善之心	
清	刘汉伦妻郑氏	／		教导儿子，不取他人之财，更要为他人着想	
清末	沈仪顺	湘潭	新繁	好学精思，诗文至情，谆谆教诲，含辛茹苦，诗中常记有其艰辛之事	
清末	李湘竹	新繁	新繁等	早寡，勤奋为诗，并育有三个儿子，均具有诗名	
清末	曾兰	华阳	新繁等	性聪颖，好学，为文谨严，倡导女权。教养五女，均富才华	
清末	王蓉	温江		娴于诗词，平日以经授弟王志、王绍德、王肇元，三个弟弟均能诗能文，乡人极称誉之	

其他略，具体材料可参见《故事辑略》。

参考文献

一、专著类

[1] 上海古籍出版社编,《十三经注疏·毛诗正义》，上海古籍出版社，1997年版。

[2] 〔汉〕郑玄注，〔唐〕陆德明音义、贾公彦疏，《周礼注疏》卷 2，《四库全书》第 90 册，上海古籍出版社，1987 年版。

[3] 〔汉〕刘向撰，《古列女传·启母涂山》卷 1，《四库全书》第 448 册，上海古籍出版社，1987 年版。

[4] 〔汉〕王逸撰，《楚辞章句·离骚经章句第一》卷 1，《四库全书》第 1062 册，上海古籍出版社，1987 年版。

[5] 屈守元笺疏，《韩诗外传笺疏·田子为相》，巴蜀书社，1996 年版，第 757 页。

[6] 〔晋〕王嘉撰，《拾遗记》卷 1，《四库全书》第 1042 册，上海古籍出版社，1987 年版。

[7] 〔晋〕常璩，刘琳校注，《华阳国志新校注》，巴蜀书社，1984 年。

[8] 〔晋〕郭象注，〔唐〕成玄英疏，《庄子注疏·庚桑楚》卷 8，《四库全书》第 1056 册，上海古籍出版社，1987 年版。

[9] 〔晋〕陈寿著，《三国志·蜀书五·诸葛亮传》卷 35，裴松之注引《襄阳记》，崇文书局，2009 年版。

[10] 〔南朝宋〕范晔撰，《后汉书·儒林列传》卷 79 上，太白文艺出版社，2006 年版。

[11] 〔北齐〕颜之推撰，王利器集解，《颜氏家训集解》，上海古籍出版社，1980 年版。

[12] 〔唐〕白居易原本、〔宋〕孔传续撰，《白孔六帖·后妃桑蚕十四》卷 82，《四库全书》第 892 册。

[13] 〔宋〕江遹撰，《冲虚至德真经解·黄帝》卷 2，《四库全书》第 1055 册，上海古籍出版社，1987 年版。

[14]〔宋〕林之奇撰，《尚书全解·益稷·虞书》卷6，《四库全书》第55册，上海古籍出版社，1987年版。

[15]〔宋〕司马光撰，胡三省音注《资治通鉴》卷17《汉纪九》，《四库全书》第304册。

[16]〔宋〕司马光撰，《涑水记闻》卷5，《四库全书》第1036册，上海古籍出版社，1987年版。

[17]〔元〕司马光撰，李文泽、霞绍晖校点《司马光集》，四川大学出版社，2010版。

[18]〔宋〕司马光著，《增广司马温公全集（四）·苏轼母程氏墓志铭》卷110，广西师范大学出版社，2020年版。

[19]〔宋〕苏轼《文忠集原序》，欧阳修《文忠集》，《四库全书》第1102册，上海古籍出版社，1987年版。

[20]〔宋〕李石撰，《方舟集·范孺人墓志铭》卷17，《四库全书》第1149册，上海古籍出版社，1987年版。

[21]〔宋〕黄庭坚撰，《山谷集·成都赵夫人墓表》卷9，《四库全书》第1113册，上海古籍出版社，1987年版。

[22]〔宋〕马廷鸾撰，《碧梧玩芳集·书张母陈氏礼部符后》卷16，《四库全书》第1187册，上海古籍出版社，1987年版。

[23]〔宋〕晁公遡撰，《嵩山集·师公传》卷52，《四库全书》第1139册，上海古籍出版社，1987年版。

[24]韩鹏杰、于宏明、雪菊编，《中国十大文豪全集·苏洵全集·祭亡妻程氏文》，成都时代文艺出版社，2001年版。

[25]〔宋〕苏辙撰，《栾城后集·亡兄子瞻端明墓志铭》卷22（四部丛刊本），上海商务印书馆缩印明活字印本。

[26]〔宋〕苏过著，舒大刚校注，《斜川集校注·大隐堂为范氏西田题》，巴蜀书社，1996年版。

[27]〔宋〕苏轼撰，孔凡礼点校，《苏轼文集·与过求婚启》卷47，中华书局，1986年版。

[28]〔宋〕苏轼撰，孔凡礼点校，《苏轼文集·追和戊寅岁上元·跋》卷43，中华书局，1986年版。

[29]〔宋〕朱熹撰，《晦庵集·魏国公致仕赠太保张公行状》卷95，《四库全书》第1146册，上海古籍出版社，1987年版。

[30]〔宋〕文同撰,《丹渊集·华阳县君杨氏墓志铭》卷40,《四库全书》第1096册,上海古籍出版社,1987年版。

[31]〔宋〕王安礼撰,《王魏公集》卷2,《四库全书》,第1100册,上海古籍出版社,1987年版。

[32]〔宋〕朱震撰,《汉上易传·说卦传》卷9,《四库全书》第11册,上海古籍出版社,1987年版。

[33]〔宋〕程公说撰,《春秋分记·序》,《四库全书》第154册,上海古籍出版社,1987年版。

[34]〔宋〕罗愿撰,石云孙点校,《尔雅翼》卷14,引《字说》,黄山书社,1991年版。

[35]〔宋〕轶名著,顾逸点校,《宣和书谱·妇人薛涛》卷10,上海书画出版社,1984年版。

[36]〔元〕托克托等修,《宋史·后妃上》卷242,《四库全书》第284册,上海古籍出版社,1987年版。

[37]〔元〕周复俊编,《全蜀艺文志·氏族谱》卷54,《四库全书》第1381册,上海古籍出版社,1987年版。

[38]〔明〕曹学佺撰,《蜀中广记·人物记第四》卷44,《四库全书》第591册,上海古籍出版社,1987年版。

[39]〔明〕孙毂编,《古微书·礼纬》卷17,《四库全书》第194册,上海古籍出版社,1987年版。

[40]〔明〕董斯张撰,《广博物志·服饰》卷38,《四库全书》第981册,上海古籍出版社,1987年版。

[41]〔明〕李贤撰,《明一统志》卷67,《四库全书》第473册,上海古籍出版社,1987年版。

[42]〔明〕梅鼎祚编,《东汉文纪》卷26,《四库全书》第1397册,上海古籍出版社,1987年版。

[43]〔明〕杨时伟编,《诸葛忠武书·遗事》卷9,《四库全书》第447册,上海古籍出版社,1987年版。

[44]〔明〕解缙等撰,《古今列女传》卷3,《四库全书》第452册,上海古籍出版社,1987年版。

[45]〔清〕段玉裁注,《说文解字注》,上海古籍出版社,1998年版。

[46]〔清〕张玉书等编纂,《康熙字典·辰集下·母部·一画》,康熙五十五年（1716）初刻本。

[47]〔清〕倪涛撰,《六艺之一录》卷205,《四库全书》第834册,上海古籍出版社,1987年版。

[48]〔清〕马骕撰,《绎史·太皞纪》卷3,《四库全书》第365册,上海古籍出版社,1987年版。

[49]〔清〕秦蕙田撰,《五礼通考·亲桑享先蚕》卷126,《四库全书》第137册,上海古籍出版社,1987年版。

[50]〔清〕乾隆,《国朝宫史·典礼四》卷8,《四库全书》第657册,上海古籍出版社,1987年版。

[51]〔清〕储大文纂,〔清〕觉罗石麟修,《山西通志·帝王》卷61,《四库全书》第544册,上海古籍出版社,1987年版。

[52]〔清〕吴景旭撰,《历代诗话·楚辞》卷9,《四库全书》第1483册,上海古籍出版社,1987年版,第65页。

[53]〔清〕张晋生撰,《四川通志·列女》卷11,《四库全书》第559册,上海古籍出版社,1987年版。

[54]〔清〕纪昀等,《三国志文类·荐称》卷30,《四库全书》第1361册,上海古籍出版社,1987年版。

[55]〔清〕曾光煦,《虔共室遗集·古欢室诗词集·序》,光绪十七年辛卯刊本。

[56]〔清〕张诰纂修,《张氏家乘·世传上》卷2,清乾隆五十九年（1794）耜洲山庄刻本影印本。

[57]〔清〕黄宗羲原著,《宋元学案·岳麓诸儒学案》卷71,中华书局,1986年版。

[58]孙安邦编,《续眉庐丛话·闺秀之文武兼备者》第484,《民国笔记小说大观》,山西古籍出版社,1995年版。

[59]〔清〕李调元撰,《罗江县志》,中华书局,1985年版。

[60]张凤《读画楼诗稿·哭三伯父》,道光十四年（1834年）家刊本。

[61]〔清〕汪启淑辑,《撷芳集》卷10,清乾隆间刊本。

[62]〔清〕和珅撰,《钦定大清一统志》卷309,《四库全书》第481册,上海古籍出版社,1987年版。

[63]〔清〕嵇璜等撰，《钦定续通志》卷 590，《四库全书》第 401 册，上海古籍
出版社，1987 年版。

[64]〔清〕傅以渐等，《御定内则衍义》卷 11，《四库全书》第 719 册，上海古
籍出版社，1987 年版。

[65]〔清〕黄宗义编，《明文海·杨文忠公神道碑》卷 453，《四库全书》第 1458
册，上海古籍出版社，1987 年版。

[66]〔清〕孙清士.《蒲江县志·义学田》卷 1，清光绪四年（1878 年）重纂刊本。

[67]〔清〕彭定求等修编，《御定全唐诗·笔离手》卷 803，《四库全书》第 1430
册，上海古籍出版社，1987 年版。

[68]〔明〕吕坤撰，《闺范·母道》，载陈宏谋撰《五种遗规》，线装书局，2015
年版。

[69]〔清〕周希陶撰，杨根乔等评注,《增广贤文》，安徽文艺出版社，2004 年版。

[70] 陆惟鋆纂，《平湖经籍志》卷 26，民国二十七年（1938 年）平湖陆氏求是
斋刻本。

[71]《〔民国〕创修红水县志》，一九六三年甘肃省图书馆油印本。

[72] 刘贞安等撰，朱世铺、黄葆初修，《中国地方志集成》，巴蜀书社，1992
年版。

[73] 莲花镇龙洞村《张氏族谱》手抄本。

[74]《新都县志》，民国十八年（1929 年）印本。

[75] 王明编，《太平经合校》，中华书局，1960 年版。

[76] 谭兴国，《巴金的生平与创作》，四川文艺出版社，1983 年版。

[77] 中国人民政治协商会议四川省双流县委员会文史资料研究会编，《双流县文
史资料选辑》（第三辑），1984 年内部发行。

[78] 平湖县地名委员会编，《平湖县地名志》，浙江省平湖县地名委员会整理
本，1985 年版。

[79] 李朝正、李义清著，《巴蜀历代名媛著作考要·云栈纪行》，巴蜀书社，
1997 年版。

[80] 龚济民、方仁念著，《郭沫若传》，北京十月文艺出版社，1988 年版。

[81] 吴福辉著，《沙汀传》，北京十月文艺出版社，1990 年版。

[82] 黄稚荃著，林孔翼注，《杜邻诗存注》，上海古籍出版社，2019 年版。

[83] 戴维著，《帛书老子校释》，岳麓书社，1998 年版。

[84] 释印光著述，《印光法师文钞全集·家庭教育为天下太平之根本发隐》第 2 册，团结出版社，2013 年版。

[85] 张复旦著，《龙山诗集·杨聋山明经以御赐墨见惠，乃备述事实，遂成长歌纪之》，1996 年张明清整理本。

[86] 王文才、万光治，《杨升庵丛书》，天地出版社，2002 年版。

[87] 艾芜著，《艾芜全集·艾芜年谱简编》，人民文学出版社，2004 年版。

[88] 邹重华、粟品孝主编，《宋代四川家族与学术论集》，四川大学出版社，2005 年版。

[89] 王嘉陵，郭志强著，《李劼人图传》，天地出版社，2005 年版。

[90] 吴虞著，《吴虞文录》，黄山书社，2008 年版。

[91] 刘咸炘著，《推十书》，上海科学技术文献出版社，2008 年版。

[92] 岑玲编著，《赵氏闺媛诗注评》，浙江大学出版社，2011 年版。

[93] 徐中玉、郭豫适主编，《中国文论的古与今》，华东师范大学出版社，2011 年版。

[94] 江丕栋、陈莹等《中老胡同 32 号：老北大宿舍纪事：纪念我的父亲贺麟教授》，北京大学出版社，2011 年版。

[95] 刘雨茂，荣远大编著，《成都出土历代墓铭券文图录综释》，文物出版社，2012 年版。

[96] 余觉中编，《圣学梯航》，故宫出版社，2012 年版。

[97] 蔡东藩著，唐松波注，《宋史演义》，金盾出版社，2012 年版。

[98] 王伟萍，袁益梅著，《中国传统母教文化的现代价值研究》，现代教育出版社，2015 年版。

[99] 陈岳，赵宇，谭平编，《国学经典成都读本》，四川少年儿童出版社，2016 年版。

[100] 纪国泰著，《西道孔子——扬雄》，巴蜀书社，2017 年版。

[101] 唐君毅撰，陈卓仙著，秦燕春笺注，《思复堂遗诗》，上海古籍出版社，2018 年版。

[102] 四川省省志编辑委员会等编，《四川文史资料选辑》第 45 辑，四川人民出版社，1998 年版。

[103] 四川省社会科学院编，《家规家风与廉洁文化学术研讨论文集·家风家教之母教篇略记》，四川人民出版社，2017 年版。

二、期刊论文、报刊杂志文稿类

[104] 李鹏，《纪念我的母亲赵君陶》，人民网，2003 年 1 月 21 日，https：//www. 163. com/news/article/EKPU7STJ0001875N. html。

[105] 李谱春，《委员呼吁：把母亲教育列入基本国策》，北京娱乐信报，2004 年 03 月 10 日。

[106] 何佩东，《伏羲文化与巴蜀文明》，中国商报，2006 年 8 月 18 日 C03。

[107] 涂思贤，《重修中华涂氏大成宗谱涂山朴公传略》，天下涂氏网，2009 年 06 月 08 日，http：//tushi. lezhi99. net/article/833. html。

[108] 蜀太极生编，《刘沅年谱简编（移本）》，白云深处人家网，2017 年 10 月 21 日，http：//www.

[109] homeinmists. com/LiuYuanLife. html。

[110] 何绳武，《方孺人墓志铭》，陈学林，《揭开尘封的历史：神秘的方夫人墓》，微蒲江，2019 年 04 月 12 日。

[111] 刘龙天《追念黄稚荃先生》，四川省省志编辑委员会等编，《四川文史资料选辑》第 45 辑，四川人民出版社，1998 年版。

[112]〔清—民〕林思进《双流刘君豫波家传》，风土什志，1949 年第 6 期。

[113] 全威帆，《清白家风，化雨润物——探访新都区杨氏宗祠》，《先锋》期刊，2022 年第 4 期。

[114] 郭开文，《先妣杜宜人事略》，郭沫若学刊，1987 年 02 期。

[115] 陈廷乐，《明代女诗人黄峨》，文史知识，1989 年第 9 期。

[116] 祁和晖，《郭沫若业绩背后四位东方女性的奉献》，郭沫若学刊，2002 年第 04 期。

[117] 王东华，《推动世界的手是摇摇篮的手》，母婴世界，2008 年第 03 期。

[118] 汪丽华，《谢廷光的德行与唐君毅的性情教育——唐君毅生命人格与思想的生命教育意义研究》，西南民族大学学报，2009 年第 03 期。

[119] 马加力，《"适者生存"定律》，新湘评论，2010 年 06 期。

[120] 吕金华，《明太师顾存志埋骨绥阳》，贵阳文史，2015 年 02 期。

[121] 谭继和，《刘沅：近代中国开端时期的启蒙思想家》，文史杂志，2018 年第 05 期。